켄 윌버의

통합영성

근대와 탈근대 세상에서 종교의 놀라운 새 역할

Ken Wilber 저 | **김명권·오세준** 공역

INTEGRAL SPIRITUALITY

A starting New Role for Religion in the Modern and Postmodern World

학지사

Colin Bigelow[1]에게,

누군가는 '문수보살[2]이 금강수보살[3]에게'라고 말할 테지만

---

1) 역주: 그는 15세 때 어머니로부터 Ken Wilber의 『모든 것의 역사(A Brief History of Everything)』를 선물로 받고 정신적인 충격을 받았다. 19세 때 Wilber가 있는 통합 기구의 자원자로 갔으며, 4개월 후 자리를 제안받고, 다시 Wilber의 개인 조수가 되었다. 이후 통합 기구, Integral Naked(www.kenwilber.com/cultural/naked, Wilber의 저서와 주요 개념 등에 관한 모든 논의와 에세이를 볼 수 있는 사이트) 및 통합 대학의 발전을 위해 기여하게 되었다. Wilber는 그의 스승이자, 친구이자, 멘토이자, 나아가 '아버지'가 되었다. 사이트 www.integralnaked.org 및 www.integralinstitute.org는 현재 없으며, 관련 내용들은 www.kenwilber.com과 www.integrallife.com을 참조하면 된다. 따라서 원문에 실린 과거의 웹사이트 주소도 현재의 주소로 바꿔 놓았다.

2) 역주: Manjushri. 대승 불교에서 제일 중요한 보살로 흔히 문수보살文殊菩薩로 불린다. 언제나 반야 지혜의 상징으로 표현되어 왔다. 여기서 Wilber는 자신을 문수보살로 묘사하고 있다.

3) 역주: Vajrapani. 대승 불교에서 금강수보살金剛手菩薩로 불리며, 보통 금강저를 쥐고 있다. 금강저는 모든 것을 깨뜨릴 수 있는 견고한 무기이자 번뇌를 부수는 보리심의 상징이다(두산백과). Wilber는 이 책을 사랑하는 조수 Bigelow에게 바쳤다.

역자 서문

여전히 우리는 전근대의 세계에 살고 있다. 복을 바라며 부적을 사고, 길일을 택하여 이사를 하며, 아파트엔 4층이 없다. 죽을 사死를 연상시킨다는 이유에서다. 진화는 거짓이기에 교과서에서 삭제해야 하고, 성경은 비유가 아닌 문자 그대로의 진실이며, 독재자의 영정을 걸고 제사를 지내며 반신반인으로 섬기는 이곳은 무려 21세기의 대한민국이다.

분명, 우리는 근대를 살아가고 있다. 민주주의, 시장자본주의, 법치주의 등 우리 삶의 근간을 이루는 원리 원칙들은 전부 근대의 것들이다. 지금은 삐거덕거리지만 한때는 효율적이었던, 그러나 그보다 더 효율적인 것을 '아직은' 찾기 힘든 학교, 회사, 국가 시스템도 전부 근대의 산물이며, 그것은 우리가 전근대에 맞서 피와 눈물로 힘겹게 얻어 낸 것들이다. 이성과 합리의 힘으로 만든 인터넷이 전 세계를 하나로 연결한, 오늘은 2018년이다.

어쩌면 우리는 탈근대의 시대를 살고 있는지도 모른다. 70억 인류가 각자 자신의 정체성을 정의하고, 남자가 남자를 사랑하고 여자가 여자를 사랑하며, 종교가 힘을 잃고 영성이 힘을 얻는 시대, 모든 가치가 존중받는 것 같지만 사실은 멸시받고 모든 이데올로기를 소리 높여 부르짖지만 정작 듣는 이는 없는 탈근대의 시대, 전근대의 악몽과 근대의 헛된 희망을 벗어나 탈근대의 벌판에 홀로 서서 '평등한' 가치들의 전쟁과 테러의 위험에 노출되어 있는, 오늘도 2018년이다.

우리는 전근대, 근대, 탈근대를 '동시에' 살아가고 있다. 그것은 축복이고 재앙이며 기회다. 각자의 가치와 장점을 '있는 그대로' 인정하고 수용하면 축복이지만 서로를 부정하고 적대하면 재앙이 되고, 모두를 포용하는 새로운 시선을 얻으면 기회가 된다. 이 책 『통합 영성』은 바로 재앙을 피하고 축복과 기회의 땅으로 안내하는 지도다.

통합의 시대는, 통합의 세계는, 통합적 영성은 우리에게 신대륙과 다름없다. 분명 존재하지만, 아직은 사람들 발걸음이 거의 닫지 않은 그곳 말이다. 그렇지만 우리가 지금 손에 쥔 이 지도는—혼돈의 전근대, 분열의 근대, 방치의 탈근대 너머 '통합의 시대Integral Age'로 안내하는—콜럼버스가 손에 쥐었던 조악하기 짝이 없는 그 지도와 다를 바 없다. 그만큼 선명하지 않고 자세하지 않으며 모호하고 불확실하다.

하지만 실망하기엔 이르다. 저자 Ken Wilber의 목적은 신대륙의 묘사가 아니라 신대륙으로의 인도이며, 이 책은 그러한 목적을 충분히 달성하고 있다. 특히 그곳을 향하는 배의 이름이 '종교'라는 통찰은 그야말로 충격적인 반전이다. 근대인의 주적, 탈근대인의 냉소의 대상인 종교가 좌충우돌하는 가치들을 온전히 담을 그릇의 역할을 다시금 수행할 수 있다는 Wilber의 낙관은 우리의 영Spirit에 대한 용기와 신뢰에 근거하고 있다. 결국 언제나 그러했듯이 우리는 길을 찾아낼 것이고, 그 길은 우리가 지난 수만 년간 걸어 온 종교라는 길과의 단절이 아니라 연속이며, 보다 통합적인 종교Integral Religion의 출현이야말로 우리가 나아갈 길임을 말하고 있는 것이다. 참으로 담대한 길이다.

이 책의 번역은 참으로 오래 걸렸다. 역자 두 명이 나눠서 했지만 내용의 난해함과 각자의 바쁜 사정이 더해져 예상보다 오래 걸렸다. 하지만 번역을 마무리하는 시점에 하나의 생명이 새로 태어난 경사가 있었고, 공교롭게도 번역 내용 검토와 역자 서문을 마무리하는 지금은 전근대와 근대, 탈근대의 기괴한 '강제 합병'이 만들어 낸 권력이 무너지고 있는 순간이다.

그동안 압축된 전근대와 근대, 탈근대를 경험하면서 가슴에 분열의 상처를 가득 안고 살아왔지만, 이제 치유와 성장의 여정을 걷기 시작한 이 땅의, 이 시대의, 이 대한민국의 온전한 사람들Integral Human에게 이 책 『통합 영성』이 작은 선물이 되기를 기원하는 마음이다.

이 책의 번역에는 두 역자 외에, Wilber 사상에 깊은 애정을 품고 또한 박사논문 주제도 Wilber 관련이었던 자아초월상담학 박사 김혜옥 님의 지대한 도움이 있었다. 깊이 감사드린다. 또한 같은 전공인 강미연 님의 윤문에도 감사드린다.

또 한 권의 Ken Wilber 저서가 학지사에서 번역되었다. 잘 나가지도 않는 책, 그러나 인간의 의식 진화를 위해서는 너무나 소중한 책, 바로 이러한 가치를 인식하시고 넉넉한 마음으로 번역을 허락해 주신 학지사 김진환 사장님과 까다로운 책의 편집으로 고생해 주신 편집부 선생님들께 깊은 감사를 드린다.

Let there be Integral!

독자에게 전하는 말

지난 20년 동안, 세계와 세계 내 활동들을 조직화하는 급진적으로 새롭고 뛰어난 이론적 체계가 폭넓게 인식되기 시작했다. **통합적 접근**Integral Approach으로 알려진 이것은 사업에서 의료로, 심리학에서 법학으로, 정치학에서 지속 가능성으로, 그리고 예술에서 교육으로 모든 분야에서 사용되어 오고 있다. **통합적 틀 구조**Framework는 포괄적이거나 총괄적이기를 주장하기 때문에 그것을 사용하는 각 분야는 보다 포괄적 · 효율적 · 효과적 · 총괄적인 방식으로 스스로 재조직화할 수 있었다. **통합적 접근**은 그 자체로는 이런 분야들에 어떠한 내용도 덧붙이지 않는다. 그것은 단순히 그들 자신의 접근 분야가 덜 통합적인지 혹은 덜 포괄적인지를 그들에게 보여줄 뿐이다. 그리고 어떤 경우에는 그야말로 혁명적이라고 판명되는 방식으로 이런 분야들을 재조직화하는 안내자로 작용하기도 한다.

통합적 접근이 **영성**에 적용되면 어떻게 될까? 이것이 바로 이 책의 주제다.

이 주제의 성격이라는 것이 매우 심각하고 음울하며 이 주제와 관련하여 파생된 문제들의 범위가 너무나 크기 때문에, 나는 이 책의 논조의 심각성에 독자들이 질식하지 않길 바랐다. 그래서 나는 어떤 경우에는 다른 방향에선 너무 멀리 벗어나 버린 것처럼 보이는, 가볍다 못해 심지어는 경박해 보이기까지 한 방침을 선택했다. 그러나 나는 이것이 적어도 신이나 영, 구속救贖과 해방, 죄와 구원, 미망과 각성 같은 궁극적 주제들을 포함하여 진행할 수 있는 유일한 방법이라고 생각한다. 경쾌한 터치는 지혜로운 톤이며, 은총의 빛이다.

통합적 접근을 제시하는 데 있어서 주된 어려움 중의 하나는 당신이 이것을 적용하기 전에 이것을 설명해야만 한다는 것이다. 그래서 나는 서주나 전주곡의 형태로, 소위 '서론: 통합적 접근'이라고 불리는 40쪽 분량의 개관을 포함시켰다. 만일 당신이 이 통합적 접근에 친숙하다면 이것을 대충 훑어보거나 혹은 모두 생략하고 넘어가도 무방할 것이다.

통합적 접근을 간략하게 소개하고 설명한 후에, 이 접근을 영성에 적용할 것이다. 나는 이 책이 도달하는 결론에 대한 요약은 제공하지 않을 것이지만, 영성을 마주함에 있어서 부각되는 가장 인상적인 네 가지 혹은 다섯 가지 주제들—일상생활에서 영성을 적용하기, 영의 존재를 증명하기, 영성 발달 단계, 명상과 관상觀想의 역할, 종교에 대한 동양과 서양의 접근—과 근대와 탈근대적 세계 내 동향과의 관계에 대해서는 간략하게 지적하고 넘어갈 것이다. 그 결과는 통합적 영성을 위한 선언문이 될 것이다.

나는 영성에 대한 통합적 접근이 전적으로 간과되어 왔던 근대와 탈근대적 세계 내의 종교의 역할을 발견해 줄 것으로 확신한다. 그리고 이런 급진적이고 새로운 종교의 역할은 인류 전체를 위해 도움을 줄 뿐 아니라, 매우 진정한 구원의 유형을 제공할 것이라고 확신한다. 그 역할이 정말로 무엇인지는 앞으로 논의가 전개됨에 따라 설명할 것이다.

이 책에는 몇 개의 각주가 있으며, 이런 주제들을 좀 더 깊이 탐구하고 싶은 독자들은 www.kenwilber.com과 wilber.shambhala.com에서 수백 쪽에 달하는 미주를 볼 수 있을 것이다. 이 책 전체에서 독자들은 또한 '발췌 A-G'를 발견하게 될 것이다. 이것들은 온우주Kosmos 3부작(성, 생태, 영성의 1권임) 중 2권에서 나온 발췌들이다. 이 발췌들도 또한 www.kenwilber.com과 wilber.shambhala.com에 게재되어 있다.

다음 장에서는 통합적 접근에 대해 저술할 때, 나는 종종 대명사 '나' 대신 '우리'를 사용하였다. 이 '우리'는 통합 기구(I-I)의 동료들을 말하며, 또한 이 책에서 사용하는 '우리'라는 표현은 통합 기구의 스텝으로 기구가 설립되자마자 즉시 참여한 수백 명의 공동의 노력(그리고 만 명에 달하는 I-I의 구성원)을 의미한다. 이 **통합 기구**는 삶의 모든 영역에서 보다 통합적인 접근을 제공하기 위해 헌납되었다. 만일 당신이 이 특별한 모험을 돕고 싶다면 이 책에서 당신은 여러 번 우리(www.integrallife.*com)와 함께하도록 초대받을 것이다.

지금은 새로운 날이고, 새로운 여명이며, 새로운 남자이며, 새로운 여자다. 새로운 인간은 통합적이고, 영성도 그러할 것이다.

2006년 봄
미국 콜로라도 덴버에서
켄 윌버

* 통합 기구는 현재 integrallife로 바뀜. 원문에는 www.integralinsite.com이지만 현재 사이트가 폐쇄되고 www.integrallife.com으로 접속해야 함.

차례

서론

통합적 접근

개관

지난 30년간 우리는 세계의 모든 문화를 손만 뻗치면 만날 수 있는 첫 역사적 시대에 살고 있었다. 과거에 만일 당신이 중국인으로 태어났다면, 당신은 어떤 하나의 문화와 한 지역, 한 집에서만, 그리고 좁은 한 군데 땅덩어리에서만 살고 사랑하고 죽는 삶을 살았을 것이다. 그러나 오늘날에는 지리적으로 유동적일 뿐만 아니라, 지구상에 알려진 모든 문화를 탐구할 수 있으며, 실제로 탐구해 왔다. 지구촌 시대에 모든 문화는 서로가 서로에게 노출되어 있는 것이다.

이제 지식은 전 지구적이다. 이것은 유사 이래 처음으로 인간 지식의 총합이 우리 손에 들어와 있으며, 지식, 경험, 지혜 그리고 모든 주요 인간의 문명—전근대, 근대 및 탈근대—에 대해 누구나 연구할 수 있음을 의미한다.

만약 우리가 문자 그대로 모든 것, 즉 모든 다양한 문화가 인간 잠재력—영적 성장, 심리적 성장, 사회적 성장—에 대해 우리에게 말하고 있는 그 모든 것을 취해서 이것들을 모두 탁자 위에 올려놓는다면 어떻게 될 것인가? 지금 우리가 사용할 수 있는 인간 지식의 총합에 근거하여 인간 성장에 대한 결정적으로 핵심적인 열쇠를 발견하려는 시도를 한다면 어떻게 될 것인가? 복합적인 지도, 포괄적인 지도, 모든 것을 포함하는 혹은 **통합적인** 지도를 창조하기 위해 광범위한 횡-문화적 연구에 근거하여 세계의 모든 위대한 전통을 활용하는 시도를 한다면 어떻게 될 것인가?

이런 말들이 복잡하고 혼란스러우며 힘겹게 들리는가? 어떤 의미로는 그렇게 보일 수 있다. 그러나 다른 의미로 보면 그 결과는 놀랍게도 단순하고 우아한 것으로 판명이 날 것이다. 지난 수십 년을 지나오면서 인간 잠재력에 관한 포괄적인 지도를 위해 정말로 광범위한 조사가 이루어졌다. 이 지도는 고대 샤먼과 현자들로부터 오늘날의 인지 과학의 획기적인 진전에 이르기까지 알려진 모든 인간 성장 모형과 체계를 사용하고 있다. 그리고 이 지도는 그들의 주요 구성 요소를 다섯 가지 요인들로 추출해 내고 있다. 이 요인들은 인간 진화를 촉진하고 풀어내는 핵심적인 요인이거나 열쇠들이다.

통합적 접근에 온 것을 환영한다.

통합적 혹은 포괄적 지도

이 다섯 가지 요소란 무엇인가? 우리는 이들을 **사분면**四粉面 · quadrant, **수준**, **라인** line, **상태** 그리고 **유형**이라고 부른다. 앞으로 보게 되겠지만, 이 모든 요소를 바로 지금 **의식적으로 활용할 수 있다.** 이들 다섯 요소는 단순히 이론적인 개념이 아니라 당신 자신의 경험의 요소이며, 당신 자신의 의식의 형태다. 당신은 우리가 앞으로 나아갈수록 당신 스스로 이것을 쉽게 확증할 수 있을 것이다.

이 통합적 지도를 사용함에 있어서 요점은 무엇인가? 첫째, 당신이 사업, 의료, 심리치료, 법률, 생태학, 혹은 단순히 매일의 일상과 배움 중 어떤 곳에서 일한다 하더라도 통합적 지도는 당신이 '모든 기반과 접촉하고 있음'을 확신하도록 도와줄 것이다. 당신이 로키산맥 위를 비행할 때, 당신이 가진 지도가 정확할수록 충돌할 가능성은 적어질 것이다. 통합적 접근은 당신이 어떤 상황에 대해서도 자원의 충분한 범위를 활용하고 있음을, 매우 높은 성공 가능성을 가지고 확신시켜 줄 것이다.

둘째, 당신이 당신 스스로의 자각 속에서 다섯 가지 요인들을 정확히 관측하는 것을 배울 수 있다면—그리고 이들은 어떤 사상事象에서도 거기에 있기 때문에—당신은 보다 쉽게 그것들을 평가하고 연습하며 사용할 수 있다. 그리고 그것으로 당신 자신의 성장과 발달을 존재의 보다 높고, 넓고, 깊은 방식으로 엄청나게 진척시킬 수 있다. **통합적 모형** 내 다섯 가지 요인에 친숙해지는 것만으로도 당신은 이 흥분된 발견과 깨어남의 여정에서 보다 쉽고 온전하게 자신의 방향을 찾아갈 것이다.

간단히 말해서, **통합적 접근**은 당신이 당신 자신과 자신의 주변 세계를 보다 포괄적이고 효율적인 방식으로 볼 수 있도록 돕는다. 그러나 처음부터 한 가지 알아 둬야 할 것이 있다. **통합적 지도**는 그저 하나의 지도라는 것이다. 그것은 실제 땅이 아니다. 우리는 정말로 지도와 땅을 혼동하고 싶지 않을 뿐 아니라, 부정확하거나 잘못된 지도를 가지고 작업하고 싶어 하지도 않는다. 당신은 부정확한 지도를 가지고 로키산맥을 여행하고 싶은가? **통합적 지도**는 단순히 지도일 뿐이지만, 그것은 이 시대의 우리가 가지고 있는 가장 완전하고 정확한 지도다.

IOS는 무엇인가

IOS는 단순하게 **통합적 운영 체계**Integral Operating System를 의미한다고 할 수 있다. 정보 네트워크 안에서 운영 체계는 다양한 소프트웨어 프로그램들이 작동하도록 허용하는 하부 기반이다. 우리는 **통합적 운영 체계** 혹은 IOS를 **통합적 지도**와 같은 의미로 사용한다. 요점은 간단하게, 만일 당신이 당신 삶에서—당신의 사업, 일, 놀이, 혹은 인간관계—어떤 '소프트웨어'를 가동하고 있을 때 당신은 당신이 찾을 수 있는 최선의 운영 체계를 원할 것이고, 이때 IOS가 가장 적합할 것이다. 모든 기본적인 것들과 접촉하는 데 있어서 그것은 사용할 수 있는 가장 효과적인 프로그램을 제공할 것이다. 이것은 **통합적 모형**의 종합적이고 포괄적인 성질에 대해 말할 수 있는 또 다른 방식이다.

우리는 또한 통합적 지도나 운영 체계에 관한 가장 중요한 사용법에 대해 탐색할 것이다. 왜냐하면 IOS가 그 어떤 활동도 색인할 수 있도록 사용할 수 있으며—예술에서 춤, 사업, 심리학, 정치학, 생태학 그리고 영성까지—그것은 이런 각각의 영역이 서로 소통할 수 있게 도와주기 때문이다. IOS를 사용하면 상업은 생태학과 충분히 의사소통할 수 있는 용어를 갖게 되며, 예술과도, 법과도, 시, 교육, 의료 그리고 영성과도 소통할 수 있게 된다. 인류 역사에 있어서 이것은 이전엔 전혀 가능하지 않았던 것이다.

통합적 접근—통합적 지도나 통합적 운영 체계—을 사용함으로써 우리는 횡-학제적 및 초-학제적 지식을 촉진하거나 극적으로 가속화할 수 있어 세계 최초의 진정한 통합적 학습 지역 사회를 창조하게 된다. 그리고 종교와 영성에 있어서 통합적 접근을 사용하면 통합적 영성센터를 창조할 수 있다. 여기서 모든 주요 종교로부터 세계의 지도적인 영적 교사들이 모여 서로의 입장을 경청할 뿐만 아니라 '교사들을 가르쳐서', 결국 상상할 수 있는 가장 뛰어난 학습 이벤트 중 하나를 만들 수 있다. 우리는 이 중요한 모임과 방식으로 돌아갈 것이고, 당신이 원한다면 그 방식에 동참할 수 있다.

그러나 모든 것은 당신 자신의 의식의 틀 안에서 이 단순한 다섯 요소와 함께 시작된다.

의식의 상태

우리는 통합적 모형 다섯 요소의 모든 측면이 바로 지금 당신 의식 안에서 활용이 가능하다고 말해 왔다. 따라서 다음에 따라오는 것은 어떤 의미로는 당신 자신의 경험을 통해 안내를 받으면서 여행하는 일이다. 만약 당신이 지금 이 순간 당신 자신의 의식에서 일어나는 양상들을 관찰할 수 있다고 한다면, 이들을 따라가면서 확인해 보지 않겠는가?

이들 중 어떤 양상들은 당신 안의 주관적 실재에 대해서, 어떤 것은 세상 밖의 객관적 실재에 대해서, 그리고 또 다른 것은 타인과 공유하는 소통과 공동체적 실재에 대해서 관여한다.

모든 사람은 깨어 있고 꿈꾸며 깊이 잠자는 것과 같이, 주요한 **의식의 상태들**states에 익숙해 있다. 바로 지금 당신은 의식의 깨어 있는 상태에 있다(혹은, 당신이 피곤하다면 아마도 의식의 백일몽 상태에 있을 것이다). 의식에는 많은 종류의 다른 상태가 있다. 거기에는 **명상적 상태**(요가, 관상觀想 기도, 명상 등에 의해 유도된), **변성 상태**altered states(약물에 의해 유도된) 그리고 다양한 **절정 체험**이 있다. 이들 중 많은 것은 사랑하거나, 자연 속을 걷거나, 혹은 매우 아름다운 음악을 듣는 것과 같은 강렬한 경험들에 의해 유발된다.

위대한 지혜 전통(기독교 신비주의, 베단타 힌두교, 금강승 불교 그리고 유대 카발라 같은)은 의식의 세 가지 **자연 상태**—깨어 있음, 꿈, 깊은 무형의 수면—가 영적 지혜와 영적 깨우침awakening이라는 보물창고를 실제로 갖고 있다고 말한다. ……만일 우리가 그것들의 정확한 사용법을 안다면 말이다. 우리는 보통 꿈 상태를 덜 실제적으로 생각하지만, 만일 꿈속에서 깨어 있을 수 있다면 어떨 것인가? 깊은 잠 속에서도 그렇다면 어떨 것인가? 이들 각성된 상태에서 당신은 매우 특별한 것을 배우게 되지 않을까? 그것을 시도해 보지 않고 어떻게 확신할 수 있겠는가? 특별한 의미로 우리가 깨어 있음, 꿈 그리고 깊은 잠이라는 세 가지 위대한 자연 상태를 탐구하는 것을 계속 추구해 나간다면 영적 **깨달음**Enlightenment의 전체 스펙트럼을 포함할 수 있게 될 것이다.

그러나 보다 단순하고, 보다 세속적인 수준에서 모든 사람은 의식의 다양한 상태를 경험하며, 이 상태들은 종종 심오한 동기, 의미 그리고 추동들을 당신 자신과 타인 모두에게 제공한다. 어떤 특정한 상황에서는 의식의 상태가 매우 중요한 요인이 될 수 없거나, 혹은 결정적인 요인이 될 수 있겠지만, 어떤 **통합적 접근**도 이들을 무시할 수는 없다. 당신이 IOS를 사용할 때마다, 이러한 주관적인 실재들과 함께 기반에 접촉할 수 있다면 당신은 자동적으로 확인하고 알게 될 것이다. 그전에는 그 영토가 존재한다고 상상도 할 수 없었겠지만, 이것이 지도—이 경우는 IOS 혹은 **통합적 지도**—가 영토를 찾도록 도울 수 있는 방법의 한 예다.

발달의 단계 혹은 수준

의식의 상태에 대해 재미있는 것이 있다. 이 상태들은 왔다가 다시 간다. 아무리 위대한 절정 체험이나 변성 체험이라 하더라도, 또 그것이 아무리 심오하더라도, 잠시 머물다가 사라지고 마는 것이다. 그들의 능력이 아무리 놀랍더라도 그것들은 일시적일 뿐이다.

의식의 상태는 일시적이지만, **의식의 단계**stages는 영속적이다. 단계들은 성장과 발달의 실제 이정표를 말해 준다. 당신이 어떤 단계에 있다면, 그것은 지속되는 특징이다. 예를 들면, 아이가 발달의 언어적 단계를 거치면서 성장할 때, 아이는 언어를 영속적으로 습득할 수 있다. 언어의 습득은 잠깐 나타났다가 곧 사라지는 것이 아니다. 같은 현상은 성장의 다른 유형에도 일어난다. 일단 당신이 성장과 발달의 단계에 안정적이게 도달하면, 당신은 그 단계의 가능성에 접근하게 되고—보다 위대한 의식, 보다 넓은 사랑, 보다 높고 윤리적인 소명들, 보다 능력 있는 지능과 자각과 같은—실제로 원하면 언제든지 접근이 가능하다. **일시적인 상태는 영속적인 특성으로 전환된다.**

얼마나 많은 발달 상태가 존재할까? 어떤 지도에서도 실제 영토를 분할하고 표기하는 방식은 임의적이라는 것을 기억하라. 예를 들면, 물이 얼고 끓는 사이에 얼마나 많은 도수가 존재할까? 당신이 섭씨 척도, 즉 '지도'를 사용한다면, 얼고 끓는 사이에 100도가 존재할 것이다. 그러나 당신이 화씨 척도를 사용한다면, 32도에서 얼고 212도에서 끓는, 그래서 이들 사이에는 180도가 존재하게 될 것이다. 어떤 것이 옳은가? 둘 다 옳다. 그것은 단지 당신이 파이를 몇 개로 나누어 썰 것인가에 달려 있을 뿐이다.

이것은 단계에도 적용된다. 발달을 분할하고 나누는 수많은 방식이 있으며, 따라서 수많은 **단계 개념**이 존재한다. 그들 모두가 유용할 수 있다. 예를 들면, **차크라** 체계에선 의식의 일곱 가지의 주요 단계 또는 수준들이 있다. 유명한 인류학자인 Jean Gebser는 고태적 · 마술적 · 신화적 · 합리적 · 통합적의 다섯 가지로 나누었다. 어떤 서구 심리학적 모형은 여덟, 열둘 혹은 그 이상의 발달 수준으로 구분하기도 한다. 어느 것이 옳은가? 그들 모두가 옳다. 그것은 단지 성장과 발달에서 당신이 유지하길 원하는 트랙이 무엇인가에 달려 있다.

'발달의 단계'는 '발달의 수준'이라고도 부르는데, 이때 수준은 각 단계가 조직화의 수준이거나 혹은 복잡성의 수준으로 사용할 때 쓰인다. 예를 들면, 원자로부터 분자, 세포, 유기체의 연계에서, 진화의 이들 단계들의 각각은 복잡성의 보다 큰 수준을 포함한다. '수준'이란 단어는 경직되거나 배타적인 방식을 의미하지 않고, 하나의 분리되거나 양자와 같이 도약적인 방식으로 존재하려는 경향을 가진, 중요한 불시에 나타나는 **창발적인**emergent 성질을 가리킨다. 그리고 이들 발달적 도약 혹은 수준들은 여러 자연 현상의 중요한 측면들이다.

일반적으로 **통합적 모형**에서 우리는 여덟 개 혹은 열 개의 의식 발달 수준 혹은 단계를 중심으로 작업한다. 수년간 현장 작업을 한 후 우리는 이들보다 많은 것은 지나치게 부담스러워지고, 이들보다 적은 것은 지나치게 모호해진다는 것을 발견하게 되었다. 우리가 종종 사용하는 어떤 단계 개념들은 Jane Loevinger나 Susanne Cook-Greuter에 의해 창안된 자기 발달의 단계들, Don Beck과 Chris Cowan에 의해 창안된 **나선 역학**spiral dynamics, Robert Kegan이 연구한 의식의 서열orders 등과 같은 단계 이론들을 포함시키기도 한다. 그러나 **통합적 접근**과 함께할 수 있는 다른 많은 유용한 단계가 있으며, 당신은 자신의 상황에 적합한 단계 이론들을 채택할 수 있다.

이 책에서 구체적인 내용들로 들어감에 따라 당신은 점점 더 중요한 단계가 존재할 수 있다는 것을 알게 될 것이다. 그러나 지금은 무엇이 포함되는지를 보여 줄 수 있는 간단한 예부터 살펴보도록 하자.

자아중심적, 민족중심적 그리고 세계중심적

수준이나 단계들에 포함된 것들을 보여 주기 위해 이들 중에 단지 세 개의 단계만 갖고 있는 매우 단순한 모형을 사용해 보자. 예를 들면, 우리가 도덕 발달을 살펴본다면, 태어날 때 영아는 문화적 윤리와 관습을 가질 만큼 아직 사회화되지 않았다는 것을 발견할 수 있다. 이 단계를 **전前인습적 단계**preconventional stage라 부른다. 이 단계에서는 영아의 자각이 대체로 자기-몰입적이라는 점에서 **자아중심적**egocentric이라고도 부른다. 그러나 어린아이가 그가 속한 문화의 규칙과 규준을 학습하기 시작하면서 도덕으로 대표되는 **인습적 단계**conventional stage에 들어가게 된다. 이 단계에서 어린아이는 자신들의 특정한 집단, 부족, 무리 그리고 국가를 중심으로 생각하며, 자신이 속한 집단이 아닌 경우는 배제한다는 점에서 **민족중심적**ethnocentric이라고도 부른다. 그러나 도덕 발달의 중요한 다음 단계인 **후後인습적 단계**postconventional stage에서 개인의 정체성은 다시 한 번 확장되고, 이 시기에는 민족, 피부 색깔, 성 혹은 신조들과는 무관하게 모든 사람에 대한 배려와 관심을 포함하기 때문에 **세계중심적**worldcentric이라고 부르기도 한다.

이와 같이 도덕적 발달은 '나me'에서 '우리(자아중심적)'로, '우리(민족중심적)'에서 '우리 모두(세계중심적)'로 이동하는 경향이 있다—이것은 의식이 펼쳐지는 단계에 관한 좋은 예다.

이 세 단계들을 형상화하는 또 다른 방식은 **몸**, **마음** 그리고 **영**이다. 이 단어들은 모두 많은 타당한 의미를 지니고 있지만, 특별하게 단계들로 언급될 때는 다음을 의미한다.

단계 1은 나의 조대한gross[1] 신체적 실재에 의해 지배되는 것으로, '몸' 단계(신체적 몸에 대한 대표적인 의미로서의 몸을 사용함)다. 이 단계에서 당신은 단지 분리된 신체적 유기체 및 생존 추동과 동일시하고 있기 때문에 이것은 '나' 단계라고도 부른다.

단계 2는 '마음' 단계로서 공유된 가치, 공동의 관심사, 공동의 이상, 혹은 공동의 꿈들에 기반을 두어 정체성이 분리된 조대한 몸으로부터 확장되어 다른 많은 사람과 관계를 공유하기 시작한다. 내가 다른 사람의 역할을 취해 볼 수 있는 마음을 사용할 수 있기 때문에—나 자신을 타인의 입장에서 바라보며 그들이 된 느낌이 어떤

---

1) 역주: gross는 거칠고 크다는 의미의 '조대粗大한'으로 번역하였으며 드물게 '거친'으로 하였음.

것인지를 느껴 보는—나의 정체성은 '나'로부터 '우리'로 확장된다(자아중심성으로부터 민족중심성으로 이동).

단계 3은 나의 정체성이 다시 한 번 확장하는데, 이 시기는 '우리'라는 정체성으로부터 '우리 모두'라는 정체성으로 확장한다(민족중심성으로부터 세계중심성으로 이동). 여기서 나는 인간과 문화의 놀라운 다양성에 덧붙여서 유사성과 공유된 공통성들이 있음을 이해하기 시작한다. 모든 존재의 공익을 발견하는 것은 민족중심성으로부터 세계중심성으로 이동하는 것이며, 모두 감각이 있는 존재들에게 공통된다는 점에서 '영적'이다.

이것이 몸에서 마음으로, 마음에서 영으로의 전개를 보는 하나의 방식이다. 여기서 이들 각각은 자아중심성에서 민족중심성 그리고 세계중심성으로 이동하며, 드러나고 전개되는 배려unfolding care와 의식의 하나의 단계, 파동 혹은 수준으로 간주된다.

우리는 진화와 발달의 단계들로 되돌아갈 것인데, 매번 이 단계들을 새로운 각도에서 탐색할 것이다. 지금은 '단계'란 당신 자신의 고유한 진화의 길을 따른 점진적이고 영구적인 이정표를 의미한다는 것을 이해하면 충분하다. 우리가 의식의 단계, 에너지의 단계, 문화의 단계, 영적 실현의 단계, 도덕 발달의 단계 등 그 무엇에 대해 말한다 해도, 우리는 당신의 보다 높고 깊고 넓은 잠재력들의 전개 내에서 중요하고 근본적인 이 단계들에 대해 말하고 있는 것이다.

당신이 IOS를 사용할 때마다 어떤 상황에서라도 중요한 **단계 측면들**stage aspects을 포함했는지 당신은 자동적으로 확인하고, 보고 싶어질 것이다. 그러면 이것은 당신의 성공 가능성을 극적으로 높여 줄 것이다. 여기서 이 성공은 개인적 변용, 사회적 변화, 사업에서의 탁월함, 타인에 대한 배려 혹은 삶에서의 단순한 만족감 등에서 측정된다.

발달 라인: 나는 어떤 것은 잘하지만, 다른 것은 잘 못하고……

당신은 우리가 실제로 얼마나 불균등하게 발달해 왔는지에 대해 주목해 본 적이 있는가? 어떤 사람은 말하자면 논리적 사고는 높게 발달했으나, 정서적 감정에선 형편없게 발달했다. 어떤 사람은 인지적 발달에선 매우 높은 진보를 보였으나(이들은 매우 영리하다.) 도덕적으로는 형편없다(이들은 비열하고 인정머리 없다). 어떤 사람은 정서 지능은 뛰어나지만 그 쉬운 2 더하기 2도 못할 수 있다.

Howard Gardner는 이것을 **다중 지능**multiple intelligence이라는 개념을 통해 널리 알렸다. 인간은 다양한 지능을 갖고 있는데, 여기에는 인지적 지능, 정서적 지능, 음악적 지능, 운동 지능 등이 있다. 대부분의 사람은 이들 중 한두 개에서 뛰어나지만 다른 것에서는 그렇지 못하다. 꼭 그런 것은 아니지만 보통은 나쁜 일이 된다. 통합적 지혜가 하는 일 중의 하나는 사람들이 자신이 어느 분야에서 탁월한지를 발견하고 세상에 자신이 타고난 가장 뛰어난 재능을 어디에 선사할지를 찾는 것이다.

그러나 이것은 우리가 자신의 강점(혹은 뽐낼 수 있는 지능들)뿐 아니라 약점(어떤 일을 형편없이 하거나 병적으로 못하는) 또한 인식할 필요가 있음을 의미한다. 그리고 이것은 우리를 다섯 근본 요소 중 다른 곳, 즉 우리의 다중 지능 혹은 발달 라인으로 안내한다. 지금까지 우리는 **상태**와 **단계**에 대해 살펴보아 왔는데 그렇다면 **라인** 혹은 다중 지능은 무엇인가?

다양한 다중 지능은 인지, 대인 관계, 도덕, 정서 및 아름다움 등을 포함한다. 우리가 이것을 발달 라인이라고 부르는 이유는 무엇일까? 그것은 이 지능들이 성장과 발달을 보여 주기 때문이다. 이것들은 점진적인 발달에서 전개된다. 그러한 점진적 단계란 무엇인가? 이 단계에 대해선 방금 개관했었다.

다른 말로 하면, 각각의 다중 지능은 세 개의 주요 단계를 통해 성장한다—혹은 성장할 수 있다—(또는 어떤 발달 모형에서의 어떤 단계들을 통해서도 그것이 세 단계든, 다섯 단계든, 혹은 일곱 단계든 간에, 즉 그것은 마치 섭씨 온도나 화씨 온도와도 같다는 것을 기억하라). 예를 들면, 당신은 인지 발달에서 단계 1, 단계 2 그리고 단계 3이라는 발달 단계를 가질 수 있다.

다른 지능들에서도 마찬가지다. 단계 1에서의 정서 발달은 당신이 '나me'에 집중하는 정서 잠재력을 발달시키는 것인데, 특히 배고픔, 생존, 자기보호 추동과 정서에서 그렇다. 당신이 정서적으로 단계 1에서 단계 2로 성장을 계속한다면—혹은 **자기중심성**에서 민족중심성으로—당신은 '나'에서 '우리'로 확장하며, 정서적 전념과 애착을 다른 사랑하는 사람들, 즉 당신의 가족 구성원, 가까운 사람들, 아마도 당신의 모든 부족이나 전체 국민에게로 발달시키기 시작할 것이다. 당신이 단계 3의 정서로 성장하면 당신의 부족과 국가를 넘어서는 배려와 자비에 대한 더 커진 잠재력을 발달시키고, 모든 인류는 물론 심지어 세계중심적 배려와 자비로 살아 있는 모든 존재를 껴안으려는 시도에 대한 잠재력을 발달시킬 것이다.

이것들은 단계이기 때문에 당신은 이들을 영구적인 방식으로 획득할 것이라는 점을 기억하라. 그것이 일어나기 전에는 이런 잠재력들 중 어떤 것은 단지 지나가는 상태일 뿐이다. 즉, 당신은 확장된 앎과 존재의 놀라운 절정 체험, 놀라운 '아하' 체험들 중에서 어떤 것과 연결될 수 있고, 만약 그렇다면 당신은 자신의 높은 가능성에 심오한 변성된 일별一瞥을 일시적으로 체험한 것이다. 그러나 수련을 통해서 당신은 이런 상태들을 당신의 영역 내에서 단계들, 혹은 영구적인 특성으로 전환시킬 수 있을 것이다.

통합적 심리도

이런 지능이나 다중 라인을 표상하는 매우 쉬운 길이 있다. [그림 서-1]에서 우리는 주요 세 단계들(혹은 발달 **수준들**)과 가장 중요한 지능의 다섯 단계들(혹은 발달 **라인들**)을 보여 주는 단순한 그래프를 그려 보았다. **주요 단계들 혹은 발달 수준들을 통해 다양한 라인은 전개된다**. 세 수준 혹은 단계들은 어떠한 발달 라인—즉, 성적 · 인지적 · 정서적 · 도덕적 라인 등—에서도 적용할 수 있다. 하나의 특정한 라인의 수준은 그 라인의 성장과 의식이라는 맥락에서 단순하게 그 라인의 '고도altitude'를 의미하는 것이다. 우리는 종종 다음과 같이 말하곤 한다. "그 사람은 도덕적으로 매우 발달

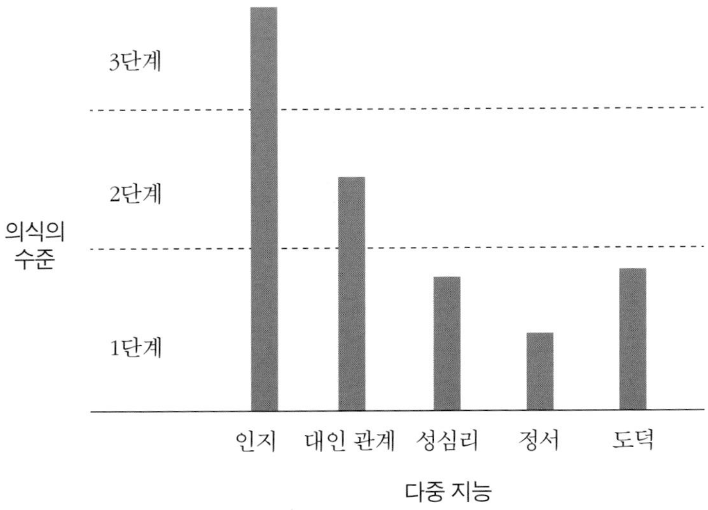

[그림 서-1] 심리도

되어 있다." 혹은 "그 사람은 정말로 영적으로 매우 높은 수준에 도달해 있다."

[그림 서-1]에서 우리는 인지 발달에서 탁월하고 대인 관계에서 능하지만, 도덕과 정서 지능에 있어선 형편없는 사람을 보여 주고 있다. 물론 다른 개인들은 다른 '심리도psychograph'를 가지고 있을 것이다.

심리도는 당신의 가장 큰 잠재력이 어디에 위치하고 있는지 알 수 있도록 도와준다. 당신은 어떤 분야에서 당신이 가장 탁월하고 그렇지 않은지 이미 알고 있을 가능성이 매우 높다. 그러나 **통합적 접근**은 당신 자신의 윤곽에 대한 이런 지식을 놀랄 만큼 정교하게 학습하도록 도움으로써 보다 확신을 가지고 다른 사람의 강점과 약점은 물론 자신의 것도 다룰 수 있도록 한다.

심리도는 또한 실제로 우리 모두가 불균등하게 발달하는 방식을 알도록 도와주며, 이것은 단지 우리가 어떤 한 영역에서 형편없다고 해서 다른 모든 영역에서도 형편없을 것이라고 생각하지 않도록 돕는다. 사실상 보통은 그 반대다. 수많은 지도자나 영적 교사, 혹은 정치가들이 이런 단순한 실상들에 대한 이해의 부족으로 자신의 지위에서 낭떠러지로 형편없이 추락했다.

'통합적으로 발달된' 상태라는 것은 당신이 이 모든 알려진 지능에서 탁월해야 한다는 것을 의미하는 것도, 또는 당신의 모든 라인이 단계 3에 도달해야 한다는 것을 의미하는 것도 아니다. 외려 이것은 당신 자신의 심리도 상태에 대한 이해를 발달시켜 보다 풍부한 통합적 자기 이미지를 가지고 자신의 미래 발달을 계획할 수 있도록 해야 한다는 것을 의미하는 것이다. 어떤 사람에게 이것은 정말로 어떤 특정 지능이 약해서 문제를 야기하는 그런 지능을 강화시키는 것을 의미할 수 있다. 다른 사람에게 이것은 (성적 라인과 같은) 한 라인에서 심각한 문제나 병리를 제거해 버리는 것을 의미할 수도 있다. 그리고 또 다른 사람에게 이것은 단순히 자신의 강점과 약점이 어디에 있는지 인식하고 이에 따라 계획하도록 도울 수 있다. **통합적 지도**를 사용함으로써 우리는 보다 확신을 갖고 자신의 심리도들을 자세히 살펴볼 수 있는 것이다.

따라서 '**통합적으로 알고 있다**'는 것은 당신이 발달의 모든 라인을 통달해야 한다는 의미보다는 단지 이것들에 대해 자각하고 있어야 한다는 것을 의미한다. 당신이 어떤 불균형들을 치유하려고 선택한다면, 이것은 **통합적 삶의 수련**Integral Life Practice: ILP이 될 것이고, 실제로 이것은 통합된 접근을 통해 의식과 발달의 수준을 향상시키도록 도울 것이다(우리는 제10장에서 ILP에 대해 논의할 것이다).

또 다른 매우 중요한 점에 대해서 알아보자. 심리적 · 영적 훈련의 특정 유형에서 당신은 처음부터 의식 **상태**와 신체적 경험들의 전체 스펙트럼을 경험할 수 있다—절정 체험, 명상적 상태, 샤먼 비전shamanic vision, 변성 상태 등과 같은. 이런 절정 체험들이 가능한 이유는 많은 의식의 주요 상태들(예컨대, 깨어 있는-조대, 꿈꾸는-정묘 그리고 무형의-원인)이 항존하는 가능성들이기 때문이다. 그래서 당신은 매우 빨리 다양한 의식의 **보다 높은 상태**로 들어갈 수 있다.

그러나 당신은 실제적인 성장과 수행 없이 **보다 높은 단계의** 특질로 들어갈 수 없다. 당신은 보다 높은 **상태**의 절정 체험을 할 수 있는데(내면의 정묘한 빛이나 모든 자연과 하나 되는 느낌과 같은), 왜냐하면 많은 상태들이 항존하기 때문에 이것은 바로 지금 '훔쳐보는peek'—경험이 될 수 있기 때문이다. 그러나 당신은 보다 높은 단계의 절정 체험을(콘서트-수준의 피아니스트처럼) 할 수는 없는데, 왜냐하면 단계들은 연계적으로 전개되며, 발달하기 위해서 아주 많은 시간을 요하기 때문이다. 단계들은 매우 구체적인 방식으로 자신의 이전의 것을 기반으로 하여 구축되며, 그렇기 때문에 생략하고 건너뛸 수는 없다. 마치 원자가 분자로, 다시 세포로, 다시 기관으로 나아갈 때 원자에서 세포로 분자를 건너뛰며 나아갈 수 없는 것과 같다. 이것은 상태와 단계 간의 많은 중요한 차이들 중 하나다.

그러나 보다 높은 상태와 접촉하는 반복적인 수련으로 당신의 발달 단계는 훨씬 빠르고 쉬운 방식으로 전개될 수 있을 것이다. 사실 이것을 정확히 입증하는 엄청난 실험적 증거가 있다. 당신은 명상 상태와 같은 높은 의식 **상태**에 보다 많이 접속될수록 의식의 어떤 **단계**들을 통해 **보다 빨리** 성장하고 발달할 것이다. 그것은 마치 높은 상태 훈련이 발달 나선에서 윤활유로 작동하는 것 같은데, 그것은 당신이 지속적으로 높은 자각 수준을 유지할 수 있게 하고, 그 결과 일시적 상태가 영구적 특성이 될 때까지 낮은 단계와 탈동일시하여 다음의 높은 단계가 출현하도록 돕는다. 명상과 같은 이런 높은-상태 훈련 유형들은 변용을 위한 **통합적 접근**의 일부분이다.

요약하면, 당신은 실제적 단계들을 생략하고 건너뛸 수는 없으나, 명상과 같은 다양한 유형의 상태-수련을 이용함으로써 단계들을 통과하는 성장을 가속화할 수는 있다. 이런 변용적 수련들은 **통합적 접근**에선 중요한 부분이다.

유형의 종류: 소년 혹은 소녀?

다음 요소는 쉬운데, 이전 요소들 각각은 남성과 여성 유형을 갖는다.

여기에 두 개의 기본적인 아이디어가 있다. 첫째는 **유형**들 자체에 대한 아이디어에 관한 것이고, 다른 하나는 유형의 한 예로서 남성과 여성에 관한 것이다.

유형들은 단순히 실제로 그 어떤 단계나 상태에서도 나타날 수 있는 항목들에 관한 것이다. 예를 들면, 일반적인 유형 중 하나가 마이어-브릭스Myers-Briggs[2]다(이것

2) 역주: 국내에 표준화되어 있는 MBTI(Myers Briggs Type Indicator)와 같다.

의 주요 유형들은 감정/사고, 감각/직관이다). **당신은 실제 발달의 어떤 단계에서도 이들의 어떤 유형들이 될 수 있다.** 이런 '수평적 유형론들'의 종류는 매우 유용할 수 있는데, 특히 이것이 수준, 라인 및 상태들과 결합될 때 그렇다. 관련된 것을 보여 주기 위해 우리는 '남성' 혹은 '여성'을 사용할 수 있다.

Carol Gilligan은 그녀의 대단히 영향력 있는 책인 『다른 목소리로(In a Different Voice)』에서 남성과 여성은 둘 다 도덕적 발달에서 셋이나 네 수준 혹은 단계들을 통해 발달하는 경향이 있음을 지적한 바 있다. 엄청나게 많은 연구 증거를 바탕으로 Gilligan은 이들 셋 혹은 네 개의 도덕 단계들을 **전前인습적**, **인습적**, **후後인습적 그리고 통합적**이라고 부를 수 있다고 하였다. 이들은 실제로 우리가 사용하고 있는 세 개의 단순한 발달적 단계들과 대단히 유사한데, 이번에는 도덕적 지능에 적용시켜 보겠다.

Gilligan은 단계 1이 '나me'에 전적으로 집중된 도덕성임을 발견했다(그래서 이 전인습적 단계 혹은 수준은 **자기중심적**이라고 불린다). 단계 2의 도덕 발달은 '우리'에 집중됨으로써 나의 정체성은 오직 자기 안으로부터 내가 속한 집단의 다른 살아 있는 존재들을 포함하는 것까지 확장된다(그래서 이 인습적 단계는 종종 **민족중심**적, 전통적 혹은 순응주의자로 불린다). 단계 3에서의 도덕 발달에서 나의 정체성은 다시 한 번 확장되어 '우리'에서 '우리 모두'로 혹은 모든 인간 존재(심지어 모든 생물)로까지가 되고(그래서 이 단계는 종종 **세계중심적**이라고 부른다.) 지금 나는 배려와 자비를 갖고 있지만 이것은 단지 나 자신(자기중심적)을 위해서나 내 가족, 내 민족, 내 나라(민족중심적)을 위해서가 아니라, 인종, 피부 색깔, 성 혹은 종교적 신념과 상관없이(세계중심적) 모든 인간, 모든 남자와 여자를 위해서다. 그리고 만일 내가 심지어 단계 4의 도덕 발달 단계로 나아간다면, Gilligan은 이를 **통합된**integrated이라고 불렀는데 그렇다면…….

자, 우리가 Gilligan의 업적에 관한 중요한 결론을 보기 전에 먼저 그녀의 주요 공헌들에 주목해 보자. Gilligan은 여성도 남성처럼 세 개 혹은 네 개의 주요 위계적 성장 단계를 통과하며 발달한다는 것에는 강하게 동의했다. Gilligan은 이런 단계들을 정확히 **위계적**이라고 불렀는데, 왜냐하면 각각의 단계는 배려와 자비를 위한

보다 높은 역량을 갖고 있기 때문이다. 그러나 그녀는, 여성은 다른 논리 유형—'다른 목소리로'—을 사용하는 것으로, 이런 단계들을 통해 진보한다고 말했다

남성 논리 혹은 남성의 목소리는 자율성, 정의 그리고 권리라는 맥락에 기초하는 경향이 있다. 반면에 여성의 논리나 목소리는 관계, 배려 그리고 책임감이라는 맥락에 기초하는 경향이 있다. 남성들은 독자성agency을 지향하나 여성들은 공동성communion을 지향하는 경향이 있다. 남성들은 규칙을 따르고, 여성들은 연결을 따른다. 남성들은 보고, 여성들은 만진다. 남성들은 개인주의를, 여성들은 관계를 지향한다. Gilligan이 좋아하는 이야기 중 하나는 다음과 같다. 꼬마 남녀 아이들이 놀고 있다. 남자아이가 소리친다. "해적 놀이를 하자!" 여자아이가 말한다. "그래, 그런데 우리들이 서로 옆집에 사는 것처럼 하고 놀자!" 남자아이는 "싫어, 난 해적 놀이를 할 거야." "좋아, 너는 내 옆집에 사는 해적이 되어 놀아."

어린 남자아이들은 그들이 야구 같은 게임을 할 때 소녀들이 옆에 얼쩡거리는 것을 좋아하지 않는다. 왜냐하면 그 두 목소리가 좋지 않게 충돌하고, 때로는 우스운 꼴이 되고 말기 때문이다. 야구경기를 하는데 한 아이가 삼진 아웃이 되어 퇴장을 당하면 어떤 아이들은 울기 시작한다. 다른 남자아이들은 그 우는 아이가 그칠 때까지 요동도 하지 않는다. 결국 규칙은 규칙이기 때문이다. 그 규칙이란 삼진 아웃이면 퇴장이라는 것이다. Gilligan은 만일 거기에 여자아이가 있었다면 보통은 "자, 이리 와! 다시 한번 해 봐!"라고 할 거라는 것이다. 그 소녀는 그가 우는 것을 보고 있다가 그를 돕고, 연결하고, 기도해 주고 싶었을 것이다. 그러나 이것은 소년들을 무시하는 처사다. 소년들은 이 경기를 규칙과 남성 논리 세계로 들어가는 입문식으로 인식하기 때문이다. Gilligan은 이 소년들이 규칙을 지키기 위해 감정을 다치게 할 수 있고, 소녀들은 감정을 구하기 위해 규칙을 깨뜨릴 수 있다고 했다.

이들은 서로 목소리가 다른 것이다. 소년과 소녀는 모두 세 개 혹은 네 개의 도덕 성장의 발달 단계(자기중심적에서 민족중심적으로, 다시 세계중심적으로)를 통과해야 하는데, 이들은 서로 다른 논리를 사용하여 다른 목소리로 통과하는 것이다. Gilligan은 이런 여성의 위계적 단계들을 구체적으로 **이기적**selfish**(자기중심적) 배려**care(민족중심적), **보편적 배려**universal care(세계중심적) 그리고 **통합된**integrated이라고

불렀다. 다시, 왜 Gilligan(그녀는 이 원칙과 관련해 심각한 오해를 받고 있다.)은 이런 단계들이 위계적이라고 말했을까? 왜냐하면 각 단계는 배려와 자비에 관한 보다 높은 가능성을 갖고 있기 때문이다(모든 위계가 나쁜 것은 아니며, 이것은 그 이유에 대한 좋은 예다).

그러면 통합적, 혹은 단계 4란 무엇인가? Gilligan에 의하면, 도덕 발달의 네 번째, 혹은 가장 높은 단계에서 우리 각자 내면의 남성적 그리고 여성적 목소리들은 통합되는 경향이 있다. 이것은 이 단계의 개인이 남성과 여성의 특징들을 상실하고, 그래서 일종의 재미없고, 양성적이고, 무성無性의 존재가 되기 시작한다는 것을 의미하는 것이 아니다. 사실상 남성과 여성의 차원은 보다 더 강화될 수도 있다. 그러나 그것은 개인이 자신 안의 남성적 · 여성적 양식 모두에 더 친근해지기 시작했다는 것을 의미한다. 이들이 때로는 주도적으로 어느 한쪽을 특징적으로 더 사용할 수 있다고 해도 말이다.

당신은 카듀세우스caduceus(의료 직업의 상징)를 본 적이 있는가? 이것은 두 마리의 뱀이 축을 중심으로 서로 꼬아 올라가고 있고, 날개가 맨 위에 있는 모양의 지팡이다([그림 서-2]를 보라). 지팡이 자체는 중심 척추를 의미하며, 거기서 지팡이를 꼬아 올라가는 뱀은 척추의 가장 낮은 곳에서부터 가장 높은 곳으로 향해 나아가는 개인 **차크라**chakra[3]를 의미한다. 두 뱀은 각 **차크라에서**의 태양과 달(혹은 남성적 · 여성적) 에너지를 말한다.

이것이 바로 결정적인 점이다. 일곱 개의 차크라는, 이것은 단순하게 세 수준이나 단계의 보다 복잡한 형태인데, 모든 인간이 갖고 있는 의식과 에너지의 일곱 수준을 나타낸다. (처음 세 개의 차크라—음식, 성 그리고 권력—는 대략 단계 1을 말하며, 차크라 4와 5는 관계지향적인 마음과 의사소통인데 이것은 기본적으로 단계 2이다. 차크라 6과 7은—심령적 · 영성적—전형적인 단계 3이다.) 전통에 의하면, 여기서 중요한 점은 **수준 7의 각각은 남성적 · 여성적 측면**, **유형 및 '목소리**voice'**를 갖는다**는 것이다. 남성적인 것도 여성적인 것도 더 높거나 좋은 것이 아니라, 이들은 각 의식 수준에서

3) 역주: 에너지 센터

[그림 서-2] 카듀세우스

두 개의 등가적인 유형인 것이다.

같은 차크라 안에도 남성적 · 여성적 모습이 있는데, 예를 들면 차크라 3(자아중심적 권력 차크라)에서 남성은 자동적으로 권력 중심으로 향하는 경향이 있고("내가 하자는 대로 하거나 아니면 떠나라."), 여성들은 공동으로 혹은 사회적으로 움직이는 경향이 있다("이렇게 해. 아니면 나는 너랑 앞으론 말을 하지 않을 거야."). 그리고 다른 나머지 주요 차크라에서도 이들은 각각 양(태양)과 음(달), 혹은 남성과 여성의 차원을 띠고 있다. 그 어떤 것도 보다 더 근원적이지 않으며, 그 어떤 것도 무시될 수 없다.

그러나 차크라 7에서는 남성적 뱀과 여성적 뱀 둘 다 근본 바탕ground이나 근원source으로 사라진다. 남성성과 여성성은 정수리에서 만나서 통합된다. 즉, 그들은 문자 그대로 하나가 된다. 이것이 Gilligan이 도덕 발달 단계 4에서 발견한 것이다. 각 개인 내의 두 목소리는 통합되고 그래서 자율성과 관계, 권리와 책임감, 독자성과 공동성, 지혜와 자비, 정의와 연민, 남성과 여성 간의 역설적인 연합이 존재하게 된다.

중요한 요점은 당신이 IOS를 사용할 때마다, 당신은 어떤 상황—당신 스스로, 타인에게서, 조직에서 그리고 문화 내에서—을 자동적으로 점검하고, 가능한 한 종합적이고 포괄적이 되기 위하여 남성적 · 여성적 유형을 모두 포함시켰다고 확신할 수 있게 될 것이다. 남성과 여성 간에 주요한 차이들이 전혀 없다고 믿는다거나, 혹은 이런 차이에 대해 당신이 의심이 든다면 그것도 좋다. 이들을 당신이 원하는 대로 똑같이 취급해도 상관없다. 우리는 어떤 경우에도 남성과 여성 측면 모두를 고려하면서 사물의 기본을 봐야만 한다는 것을 말하고 싶은 것이다.

그러나 이 이상으로, 포괄적인 IOS의 일부가 될 때 매우 유용한 여러 '수평적 유형론'들이 존재하며, **통합적 접근**은 이러한 유형론들의 일부 혹은 전부를 적절히 활용한다. '유형'은 사분면, 수준, 라인, 상태와 마찬가지로 중요하다.

아픈 소년, 아픈 소녀

유형에는 재미있는 것들이 있다. 당신은 유형의 건강한 측면과 불건강한 측면을 지니고 있을 수 있다. 어떤 사람이 불건강한 유형에 사로잡혀 있다고 말한다면, 이것은 이들을 판단하는 것이 아니라 이들을 보다 명확하게 이해하고 소통하는 방식이다. 예를 들어, 만일 발달의 각 단계가 남성적 · 여성적 차원을 갖고 있다고 한다면, 이들 각각은 건강하거나 불건강할 수 있는데, 이것을 우리는 때로 '병든 소년, 병든 소녀'라고 부른다. 이것은 수평적 유형 짓기의 또 다른 종류로 단순하지만 대단히 유용한 것이다.

건강한 남성 원리가 자율, 힘, 독립 그리고 자유를 향해 움직인다면, 이 원리가 불건강해지거나 병리적으로 될 때 이 모든 긍정적인 덕목은 과대 혹은 과소하게 힘을 발휘하게 된다. 자율이 아니라 고립이, 힘이 아니라 지배가, 독립이 아니라 관계와 전념에 대한 병적인 두려움이, 자유를 향한 추동이 아니라 파괴를 향한 추동이 남게 된다. 불건강한 남성적 원리는 자유 안에서 초월되는 것이 아니라 두려움 속에서 지배하게 될 뿐이다.

건강한 여성적 원리가 유연함, 관계, 배려 그리고 자비를 향해 움직인다면, 불건강한 여성적 원리는 이들 안에서 허우적거릴 것이다. 관계 속에 머무르기보다는 관계 속에서 길을 잃을 것이다. 타인과 공동체 속에서 건강하게 함께하기보다는 무리 속에서 자신을 상실하고 그녀가 속한 관계에 의해 지배당할 것이다. 연결이 아니라 융합이 되고, 몰입 상태가 아니라 공황 상태가 되고, 공동으로서 함께하는 것이 아니라 용해되어 버리고 말 것이다. 불건강한 여성적 원리는 연결 속에서 충만함을 찾지 못하고 융합되어 혼돈에 빠질 것이다.

IOS를 사용한다면, 당신은 당신과 타인 안에서 작동하는 건강하고 불건강한 남성적 · 여성적 차원 모두를 발견하게 될 것이다. 그러나 여기서 중요한 점은 단순하다. 즉, 다양한 유형론은 우리가 타인을 이해하고 소통하는 것을 도와주는 데 있어서 유용하다는 것이다. 또한 어떤 유형론에 있어서도 건강하거나 불건강한 형태들은 존재한다. 불건강한 유형을 지적하는 것은 사람을 판단하는 것이 아니라, 사람들과 보다 명확하고 효율적으로 이해하고 소통하는 방식이다.

여러 몸을 위한 각각의 공간이 존재한다

이 모든 것을 결합하여 하나의 통합적 결론을 맺기 전에 마지막 종지부를 찍기 위해 의식의 상태로 되돌아가 보자.

의식의 상태는 공중을 떠다니거나, 매달려 있거나, 몸에서 유리되어 있지 않다. 반대로, 모든 마음은 자신의 몸을 갖고 있다. 모든 의식의 상태에는 느낄 수 있는 에너지 요소나 구체화된 느낌이 있는데, 이것은 어떤 자각 상태에 대해서도 실제적인 지지를 제공하는 구체적인 수단이다.

지혜의 전통으로부터 간단한 사례를 들어보겠다. 우리 각자는 세 개의 커다란 의식의 상태를 갖고 있다. 일상적으로 깨어 있음, 꿈꾸고 있음 그리고 무형의 수면이 그것이다. 지혜의 전통은 **세 개의 몸**body과 같은 것으로 이들 각자는 흔히 **조대**粗大**체**gross body, **정묘**精妙**체**subtle body 그리고 **원인**原因**체**causal body라 부른다.

내가 세 개의 몸을 갖고 있다는 말인가? 지금 농담하는 거야? 하나의 몸으로도 충분한 것 아닌가? 그러나 몇 가지를 생각해 보자. 지혜의 전통에서 '몸'은 에너지 느낌energetic feeling이나 경험의 양식을 의미한다. 그래서 거칠고 조대한 경험, 정묘하고 미세한 경험 그리고 매우 정묘하고 원인적인 경험이 있는 것이다. 이들이 철학자들이 부르는 '현상학적 실재' 혹은 우리 자신의 즉각적인 자각에 만나게 되는 실재다. 지금 당장 당신은 자신의 조대체와 조대한 에너지, 정묘체와 정묘한 에너지 그리고 원인체와 원인적 에너지에 접근할 수 있다.

이 세 몸에 대한 예는 무엇인가? 바로 지금 당신은 깨어 있는 자각 상태에 있음을 주목해 보라. 이때 당신은 당신의 **조대체**—신체적 · 물질적 · 감각운동적 몸—를 자각하고 있는 것이다. 그러나 당신이 밤에 꿈꿀 때 거기에 조대한 신체적 몸은 없다. 마치 그것이 사라진 것처럼 느껴진다. 꿈꾸는 상태에서 당신은 자각하고 있으나, 밀도가 높은 물질로 된 조대체가 아니라 빛, 에너지, 정서적 느낌, 액체와 같은 흘러 다니는 이미지들로 구성된 정묘체를 가지고 있는 것이다. 꿈꾸는 상태에서는 자유로워서 마음과 영혼은 그들이 좋아하는 것을 창조하고, 조대한 감각적 실제에 제한되지 않은 광활한 세계를 상상하고, 거의 마술적으로 다른 영혼과 다른 사람과 저 멀리 있는 다른 장소와 마음이 바라는 리듬에 따라 마치 폭포처럼 제멋대로 굴며 빛을 방사하는 이미지들과 접촉한다. 자, 꿈속에서 당신은 어떤 종류의 몸을 갖고 있는가? 느낌과 이미지와 심지어 빛의 **정묘체**일 것이다. 그것이 꿈에서 당신이 느끼는 것이다. Martin Luther King이 "나는 꿈을 갖고 있다."라고 말했을 때 이것은 심상적 꿈꾸기라는 위대한 잠재력의 표본으로, 여기서 정묘체와 마음은 가장 높은 가능성을 향해 솟구치기 위해 자유로운 것이다.

당신이 정묘체로 꿈꾸는 상태에서 깊은 잠이나 무형의 상태formless state로 넘어갈 때, 그곳에는 생각과 이미지들마저 떨어져 나간 단지 거대한 공空, 즉 개인적 '나'나 자아 혹은 자기를 넘어선 무형의 광활한 영역이 있다. 위대한 지혜의 전통들은 실제로 우리가 거대한 무형의 영역, 위대한 공Emptiness, 혹은 존재의 기반, 거의 무한에 가까운 의식의 영역에—이것은 단순히 텅 빈 공간이나 무와 같은 것인데—진입하고 있다는 것을 의미한다. 이 거의 무한한 의식의 광활한 영역을 따라가면 거의 무한한 몸이나 에너지가 있는데 이것이 **원인체**다. 이것은 아주 미세하고 정묘한 경험으로 창조적 가능성들이 일어날 수 있는 위대한 무형의 상태다.

물론 많은 사람은 이런 깊은 상태를 아주 충분히 경험하지 않는다. 그러나 다시 지혜의 전통들은 이런 **무형의 상태**와 **원인체**는 충분한 자각을 가지고 경험할 수 있고, 그 결과 성장과 자각을 위한 놀라운 잠재력을 획득할 수 있다고 말하고 있다.

한 번 더 언급하면, 요점은 단순하다. IOS를 사용할 때마다 우리의 깨어 있는-상태 실재, 우리의 정묘한-상태 꿈과 비전과 혁신적인 생각들, 그리고 많은 창조성의 근원인 우리 자신의 개방되어 있는 무형의 기반 등을 확인하도록 상기시켜 준다. **통합적 접근**에 관해 중요한 점은 해결, 성장 그리고 변용이라는 맥락에서 아무것도 잃지 않기 위해 우리는 가능하면 많은 잠재력을 확보하길 원한다는 것이다.

의식과 복잡성

혹시 세 개의 몸이라는 것이 너무 난해하게 들리진 않는가? 이들은 단지 현상학적 실재들 혹은 경험적 실재들이며, 이들을 보는 이 시대에 맞는 완고한 과학적 입장에 서 있는 보다 단순하고 덜 난해한 방식이 있다. 그것은 이것이다. **내면 의식의 모든 수준은 외면 물리적 복잡성의 수준을 동반한다.** 의식이 커질수록 그것을 구성하는 체계도 더 복잡해진다.

예를 들면, 살아 있는 유기체에서 **파충류 뇌간**reptilian brain stem은 기초적인 충동과 같은 기본적인 내면 의식을 갖고 있다. 그런 충동들이란 음식과 배고픔, 생리적 감각 그리고 감각운동 작용들(우리가 앞에서 '거친' 혹은 '나'에게 집중된 모든 것)을 말한다. 우리가 보다 복잡한 **포유류 변연계**를 획득하면 기본 감각은 확장되고 대단히 복잡한 감정, 욕망, 정서적-성적 충동 그리고 욕구들까지 포함하도록 진화한다(그래서 우리가 정묘한 경험이나 정묘체라고 부르는 것의 시작이 되며, 이것은 '나'에서 '우리'로 확장될 수 있다). 진화가 신피질neocortex을 갖춘 **삼중뇌**triune brain처럼 더 복잡해지면 의식은 다시 한 번 '우리 모두'라는 세계중심적 자각으로 확장한다(그래서 우리가 원인체라고 부르는 데까지 접촉하기 시작한다).

증가하는 내면 의식은 그것을 구성하고 있는 증가하는 외면인 복잡성이 수반된다는 매우 단순한 사실이 이것의 한 예다. IOS를 사용할 때, 우리는 종종 의식의 내면 수준과 그에 상응하는 물리적 복잡성의 외면 수준 양쪽 모두를 보게 된다. 이 둘을 포함하는 것이 훨씬 더 균형 있고 포괄적인 접근에 이르도록 하기 때문이다. 우리는 이것이 무엇을 의미하는지 곧 정확하게 보게 될 것이다.

그리고 지금: 어떻게 이 모든 것은 서로 잘 어울릴까

IOS—그리고 **통합적 모형**—는 그것이 이 모든 다양한 요소가 서로 연관되어 있는 방식을 제시하지 못한다면 단지 하나의 '무더기'에 지나지 않을 것이다. 어떻게 이 모든 것이 서로 잘 어울릴까? 단순히 횡-문화적인 조사의 단편들을 탁상 위에 늘어놓고 "이것들은 매우 중요한 거야!"라고 말하는 것과 이 단편들을 실제로 연결하는 패턴을 잡아내는 것은 전혀 다른 것이다. **연결하는** 심오한 **패턴**을 발견하는 것이야말로 **통합적 접근**의 주요 업적이다.

이 결론 부분에서 우리는 이런 패턴들을 간단히 요약할 것이다. 이들 모두는 때로는 A-Q-A-L(발음은 **아퀄**이다)로 부르기도 하는데, 이것은 '온 분면, 온 수준, 모든 라인, 모든 상태, 모든 유형'의 약자다. 그리고 이것은 (다음에 설명할 사분면을 제외하고) 우리가 이미 개관한 요소들이다. AQAL은 IOS 혹은 **통합적 지도**의 다른 이름이며, 단지 이런 특별한 접근을 지칭할 때 종종 구체적으로 사용되는 것이다.

서론의 시작 부분에서 우리는 **통합적 모형**의 다섯 요소는 **당신이 바로 지금 자각해 낼 수 있는** 요소들이라고 언급했으며, 이것은 사분면에 대해서도 그렇다.

당신은 주요 언어들이 우리가 소위 1인칭, 2인칭, 3인칭이라고 부르는 대명사를 갖고 있다는 것에 대해 생각해 본 적이 있는가? **1인칭** 관점은 '말하고 있는 사람'에 대한 것이다. 즉, **나**, **나를**, **나의 것**(단수) 그리고 **우리**, **우리들**, **우리의**(복수)를 포함한다. **2인칭** 관점은 '~에게 언급할 때 그 사람'으로 **너** 그리고 **너의**와 같은 대명사를 포함한다. **3인칭** 관점은 '~에 대하여 언급할 때 그 사람이나 사물'로 **그**, **그를**, **그녀**, **그녀의**, **그들**, **그들을**, **그것** 그리고 **그것의**다.

이와 같이 만일 내가 당신에게 나의 새 차에 대해 언급할 때, '나'는 1인칭이고, '당신'은 2인칭 그리고 새 차(혹은 '그것')는 3인칭이다. 자, 당신과 내가 만일 서로 말하고 의사소통하고 있을 때, 예를 들면 "우리는 서로 이해한다."처럼 단어 '우리'를 사용함으로써 이것을 나타낸다. '우리'는 기술적으로 1인칭 개인 복수이지만, 만일 당신과 내가 소통하고 있을 때는 당신의 2인칭과 나의 1인칭이 이 특별한 '우리'의 부분이 된다. 이와 같이 2인칭은 종종 '당신/우리' 혹은 종종 단지 '우리'를 나타낸다. 그래서 우리는 1인칭, 2인칭, 그리고 3인칭을 '나' '우리' 그리고 '그것'으로 단순화해서 사용한다.

그런데 지금 말한 모든 것이 좀 사소해 보이지 않은가? 좀 지루한가? 그렇다면 이것을 시작해 보자. '나' '우리' 그리고 '그것'을 사용하는 대신에 **미**Beautiful, **선**Good, 그리고 **진**True을 쓰는 것은 어떤가? 그리고 미, 선, 진이 성장과 발달의 모든 차원과 각각의 차원을 포함하여 매 순간 바로 당신 존재의 차원이 된다면 어떤가? 그리고 통합적 수련을 통하여 당신이 보다 깊은 당신 자신의 선과 진과 미의 차원을 발견한다면 어떤가?

음, 분명히 보다 재미있을 것이다. 미, 선 그리고 진은 모든 주요 언어에서 발견되는 1인칭, 2인칭 그리고 3인칭의 단순한 변주다. 그리고 이들은 모든 주요 언어에서 발견되는데, 그 이유는 언어가 적용되는 실재에 대한 매우 실제적인 차원들이기 때문이다. 3인칭(혹은 '그것')은 객관적 진실에 대한 것인데, 이것은 과학에서 가장 잘 탐구되는 대상이다. 2인칭(혹은 '당신/우리')은 선에 대한 것이거나 당신과 나인 우리가 서로를 대하는 방식, 그리고 이것은 우리가 품위, 정직, 존경의 마음을 가지고 하는가에 대한 것이다. 다른 말로 하면, 기본적 윤리성이다. 1인칭이 다루는 것은 '나' 자신과 자기표현, 예술과 미학 그리고 보는 사람의 눈('나')에 들어오는 미를 다룬다.

그래서 경험의 '나' '우리' 그리고 '그것'의 차원은 정말로 **예술**, **윤리** 그리고 **과학**에 대한 것이다. 혹은 **자기**, **문화** 그리고 **자연**이다. 혹은 미, 선 그리고 진이다. (다른 이유로 철학자들은 항상 이들을 다음 순서로 표기한다. 선, 진 그리고 미. 당신은 어떤 것을 더 좋아하는가? 어떤 순서든 좋다.)

요점은 이 세상에서 일어나는 모든 사상事象 · event은 **모두** 앞의 **세 가지 차원을 갖고 있다**는 것이다. 당신은 어떤 사상이라도 '나'의 관점에서(혹은 내가 얼마나 개인적으로 사상들을 바라보고 느끼는지), '우리'의 관점에서(즉, 단지 나뿐만 아니라 다른 사람들도 사상들을 어떻게 바라보는지) 그리고 '그것'의 관점에서(혹은 사상의 객관적 사실) 바라볼 수 있다.

이와 같이, 통합적으로 안내된 길은 이 모든 차원을 설명할 수 있고, 따라서—'나'와 '우리'와 '그것'에서—또는 자기와 문화와 자연에서 보다 포괄적이고 효율적인 접근에 도달할 수 있다.

당신이 과학을 멀리한다면, 혹은 예술을 멀리한다면, 혹은 윤리를 멀리한다면 당신은 무언가를 빠뜨린 것이고, 무언가가 망가진 것이다. 자기와 문화와 자연은 함께 자유로워지거나 그렇지 않다면 함께 무너지는 것이다. 기본적인 것은 '나' '우리' 그리고 '그것' 차원으로서 우리는 이것을 사분면이라고 부르며, 우리는 이것으로 통합적 틀 작업이나 IOS를 만든다. (우리는 '그것'을 단수 '그것'과 복수 '그것들'로 구분하기에 이르렀다.) 몇 개의 도표가 기본적인 요점을 명확히 하는 데 도움이 될 것이다.

[그림 서-3]은 사분면의 구성도이다. 이것은 '**나**(개인의 안쪽)', '**그것**(개인의 바깥쪽)', '**우리**(집합의 안쪽)' 그리고 '**그것들**(집합의 바깥쪽)'을 보여 준다. 다른 말로 하면, 사분면은 대단히 단순하다. 사분면은 어떤 경우에라도 네 개의 근본적인 관점(혹은 무엇을 바라보는 네 개의 기본적인 방식)을 갖고 있다. 사분면은 **개인**과 **집합**의 **안쪽과 바깥쪽**들이다.

[그림 서-4]와 [그림 서-5]는 사분면의 세부적인 점들을 보여 준다(이들 중 어떤 것은 이 기본적인 개론에서 이해하려고 힘들어할 필요가 없는 전문적인 용어다. 간단히 구성도를 보고 사분면의 각각에서 찾을 수 있는 서로 다른 항목들에 대한 감을 잡았으면 충분하다). 예를 들면, **좌상**左上 사분면(개인의 내면)에서 당신은 자신의 즉각적인 생각, 감정, 감각 등을 알게 된다(이 모두는 1인칭 용어로 기술된다). 그러나 당신이 개인을 **바깥쪽에서** 바라보면, 즉 주관적인 자각이 아니라 객관적인 과학의 맥락에서 보면 신경전달물질, 대뇌변연계, 신피질, 복합 분자구조들, 세포, 유기체, 유전자 등은 3인칭의 객관적인 용어('그것'과 '그것들')로 기술된다. 그래서 우상右上 사분면은

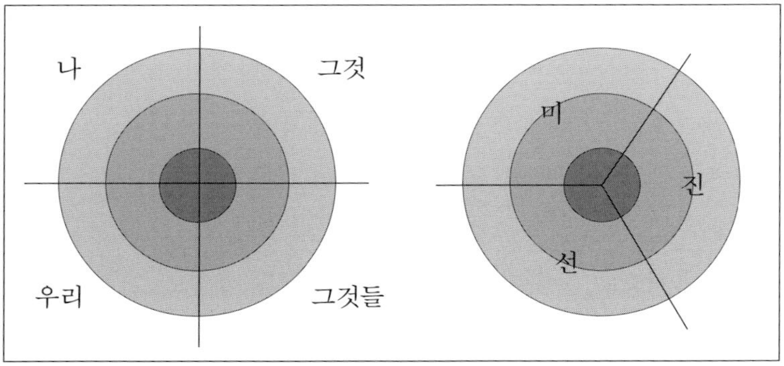

[그림 서-3] 사분면

바깥쪽에서 보는 개인의 어떤 것들이다. 이것은 특별히 물리적 행동, 물질적 요소, 그 질료와 에너지 그리고 구체적인 몸을 포함한다. 이 모두는 객관적, **3인칭**, '그것' 방식과 관련된 것들이다.

그것은 객관적인-그것의 입장으로, 물질과 에너지와 대상으로 구성된 바깥쪽에서 당신 혹은 당신의 유기체가 어떻게 보이는가에 대한 것이다. 반면에, 안쪽에서 당신은 **1인칭** 즉시성으로 기술되는 신경전달물질이 아닌 감정을, 대뇌변연계가 아닌 강렬한 욕망을, 신피질이 아니라 내면의 비전을, 질료-에너지가 아니라 의식을 알아차릴 것이다. 어떤 관점이 옳은 것인가? 통합적 접근에 의하면 둘 다 옳다. 이들은 같은 상황, 즉 당신에 대한 서로 다른 두 개의 관점이다. 모든 사분면은 어떤 통합적 관점에서라도 포함될 필요가 있다.

연결은 계속된다. 모든 '나'는 다른 '나'들과의 관계 속에 있으며, 이것은 모든 '나'는 수많은 우리의 구성원이라는 것을 의미한다. 이들 '우리'는 **개인**적이 아니라 **집단**group(혹은 **집합**collective)의식을, 주관적이 아니라 상호 주관적인 자각 혹은 넓은 의미에서 **문화**를 나타낸다. 이것은 좌하左下 **사분면**으로 표기된다. 마찬가지로 모든 '우리'는 외면이나 바깥쪽에서 보이는 것과 같은 것을 갖고 있고, 이것이 우하右下 **사분면**이다. 좌하는 소위 **문화적** 차원(혹은 집단의 안쪽 자각—집단의 세계관, 집단의 공유된 가치, 공유된 느낌 등등)이며, 우하 차원은 **사회적** 차원이다(혹은 체계 이론과 같은 3인칭 과학에서 연구하는 외면 형태와 집단의 행동).

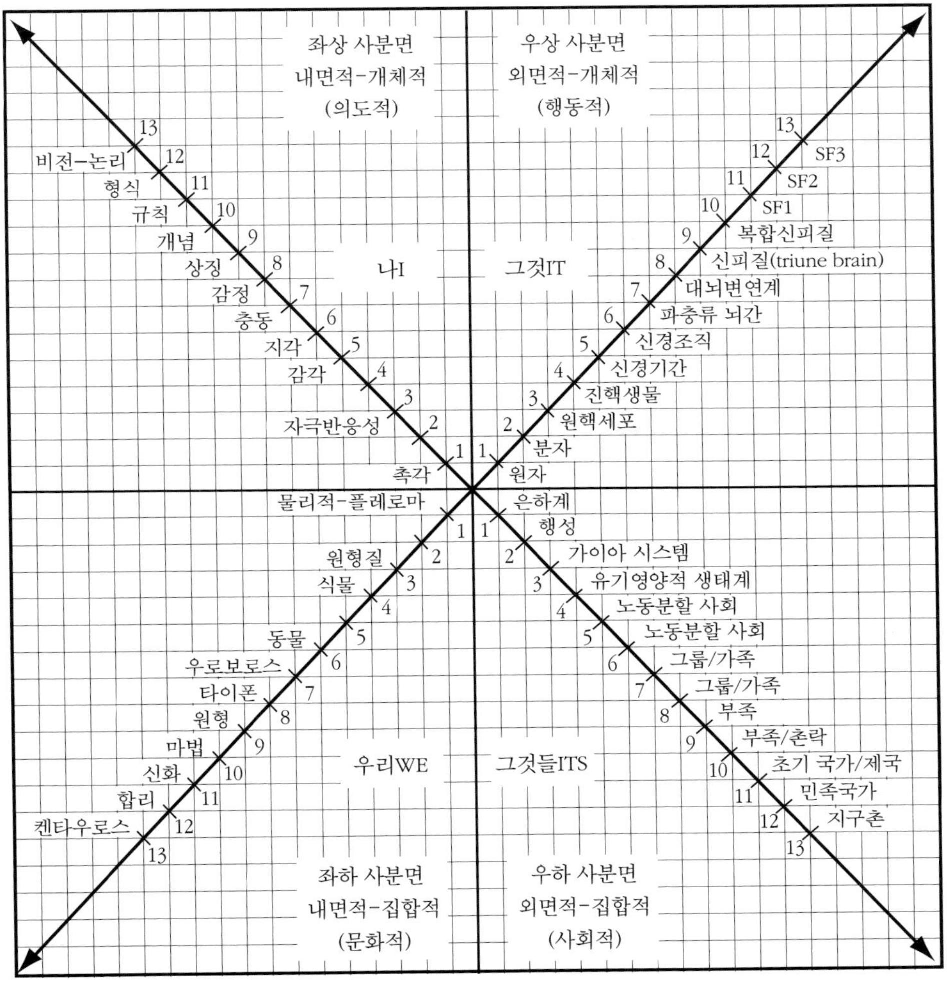

[그림 서-4] 사분면의 상세 내용

다시 말하면, 사분면이란 단순히 **개인**과 **집합**의 **안쪽**과 **바깥쪽**이며, 핵심은 만일 우리가 최대한 통합적이고자 한다면 모든 사분면이 포함되어야 한다는 것이다.

우리는 이제 모든 통합적 조각을 한데 모을 수 있는 지점에 와 있다. 사분면, 수준, 라인, 상태 그리고 유형들이 그것이다. 먼저 **수준**levels과 **단계**stages부터 시작해 보자.

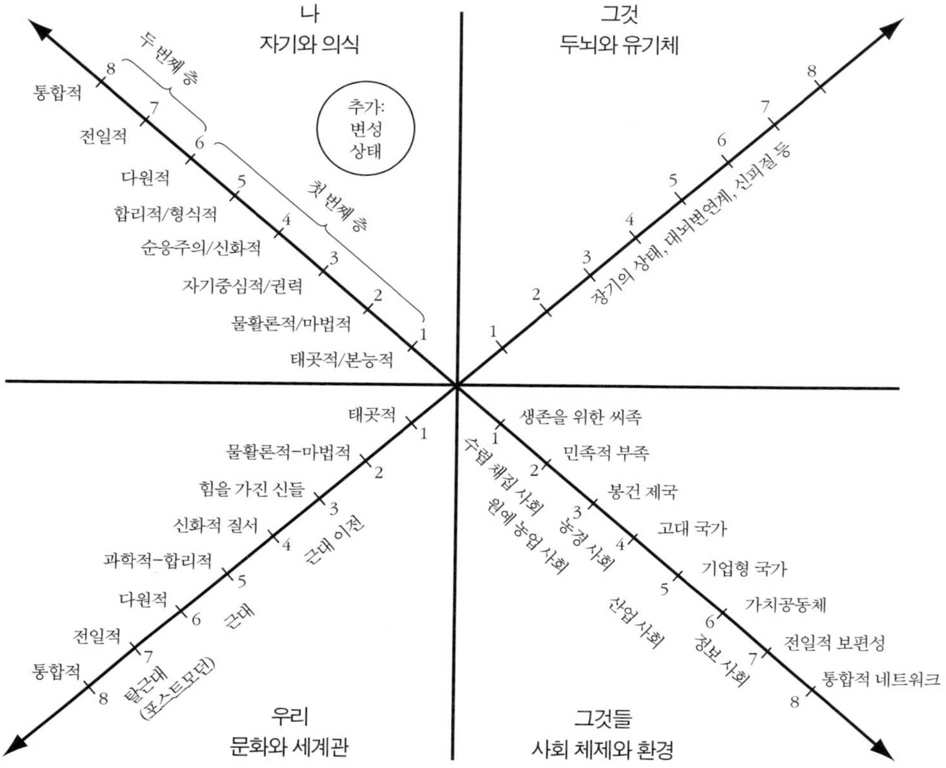

[그림 서-5] 인간에 초점을 둔 사분면

모든 사분면은 성장, 발달 그리고 진화를 보여 준다. 즉, 이것은 발달의 수준이나 단계에 대한 어떤 것을 보여 주며, 사다리의 경직된 가로장이 아닌 유연하게 흘러가며 전개되는 파동이다. 이것은 자연 세계의 도처에서 일어나는데, 마치 떡갈나무가 도토리에서 발달과 성장의 단계들을 거치면서 전개되고, 시베리아 호랑이가 수정란에서 잘 다듬어진 발달과 성장의 단계들 속에서 어른 유기체로 되는 것과 같다. 인간도 마찬가지다. 우리는 이미 인간에게 적용된 이런 단계들의 몇 개를 보고 있다. 좌상 사분면이나 '나'를 예로 들어 보면, 자기는 자아중심에서 민족중심 그리고 세계중심으로 전개된다. 혹은 **신체**에서 **마음**, **마음**에서 **영**으로 전개된다. 우상 사분면에서 느껴진 에너지는 현상학적으로 **조대**에서 **정묘**, **정묘**에서 **원인**으로 확장된다. 좌하 사분면에서 '우리'는 **자기중심**('나를')에서 **민족중심**('우리')으로 다시 **세계중심**('우리 모두')으로 확장한다. 이 집단 자각의 확장은 사회적 체계가—우하 사분면에서—단순한 집단에서 국가와 궁극적으로는 지구 전체까지 보다 복잡한 체계로 확장되도록 한다. 각 분면에서 이 세 개의 단순한 단계는 [그림 서-6]에 나와 있다.

수준에서 **라인**으로 나아가 보자. 발달 라인들은 모든 사분면에서 일어나지만, 우리가 개인적 발달에 초점을 맞추기 때문에 우리는 이런 라인들이 좌상 사분면에서 드러나는 방식을 관찰할 수 있다. 우리가 보았던 것처럼 열 개가 넘는 다중 지능 혹은 발달 라인들이 존재한다. 이들 중 보다 중요한 것은 다음과 같다.

- 인지 라인(혹은 현상에 대한 자각)
- 도덕 라인(당위성에 대한 자각)
- 정서 혹은 정동情動 라인(정서에 대한 전체 스펙트럼)
- 대인 관계 라인(타인과 사회적 관계를 맺는 방식)
- 동기 라인(Abraham Maslow의 동기 위계)
- 자아-정체성 라인(혹은 Loevinger의 자아 발달과 같은 '나는 누구인가?')
- 미적美的 라인(혹은 자기표현 라인, 아름다움, 예술 혹은 느껴진 의미)

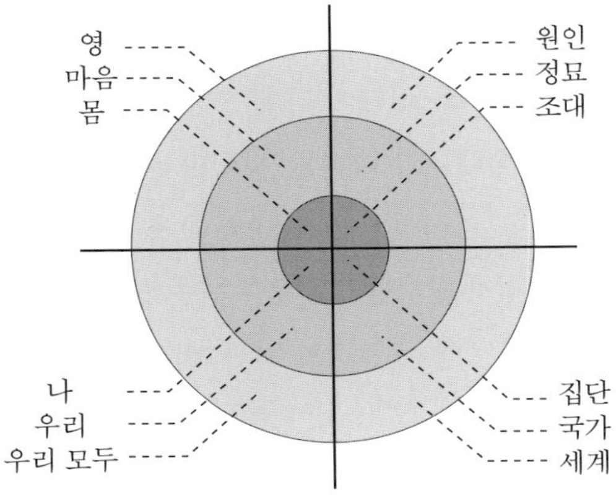

[그림 서-6] 아퀄(AQAL)

• 심리성적 라인으로, 이것은 넓은 의미에서 에로스의 전체 스펙트럼을 의미(조대에서 정묘, 정묘에서 원인)
• 영성 라인(오직 존재의 토대나 최고의 단계로서의 '영성'이 아니라 발달하는 고유한 영성)
• 가치 라인(혹은 개인이 가장 중요하다고 생각하는 것으로 Clare Graves에 의해 연구되었고 나선 역학으로 널리 알려진 것)

이 모든 발달 라인은 기본 단계나 수준을 통과하며 나아갈 수 있다. 이들 모두는 심리도에 포함될 수 있다. 우리가 Kegan, Loevinger 혹은 Clare Graves와 같은 사람들의 단계나 수준에 관한 개념들을 사용한다면 우리는 다섯 개나 여덟 개 혹은 그 이상의 발달 수준을 갖게 되며, 이것으로 우리는 발달 라인이나 라인의 자연적인 전개를 따르게 된다. 다시 한 번 언급하지만, 이것은 어느 것이 옳고 그름의 문제가 아니라 주어진 상황을 보다 적절하게 이해하기 위해 필요한 얼마나 많은 '정교성'이나 '복잡성'을 가졌는가의 문제다.

우린 이미 하나의 심리도를 제시했다([그림 서-1]). [그림 서-7]은 노트르담Notre Dame 경영 학교에서 발표한 것을 가져온 것인데 여기선 경영에 AQAL 모형을 사용한다.

언급한 것처럼 모든 분면은 발달 라인을 갖고 있다. 우리는 단지 좌상左上 사분면에 있는 것들에 초점을 맞출 것이다. 우상右上 사분면에서 이것을 인간에게 적용할 때 가장 중요한 것은 신체적 물질-에너지 라인인데, 이것은 이미 앞에서 본 것처럼 조대에서 정묘 그리고 원인 에너지로 나아갈 것이다. 발달적 연계로서 이것은 당신 존재의 에너지적인 요소들을 의식적으로 극대화할 수 있는 잠재력을 영구적으로 성취하는 것을 의미한다(그렇지 않으면 그것들은 단순히 상태들에 불과할 것이다). 우상 사분면은 모든 바깥쪽 행동, 행위 그리고 나의 객관적 신체의 동작에 관한 것이다(조대, 정묘 혹은 원인).

좌하 사분면에서 문화적 발달은 종종 파동 안에서 그 자체로 전개되는데, 선구적인 천재인 Gebser가 사용한 용어인 고태에서 마술로, 신화로, 마음으로, 다시 통합

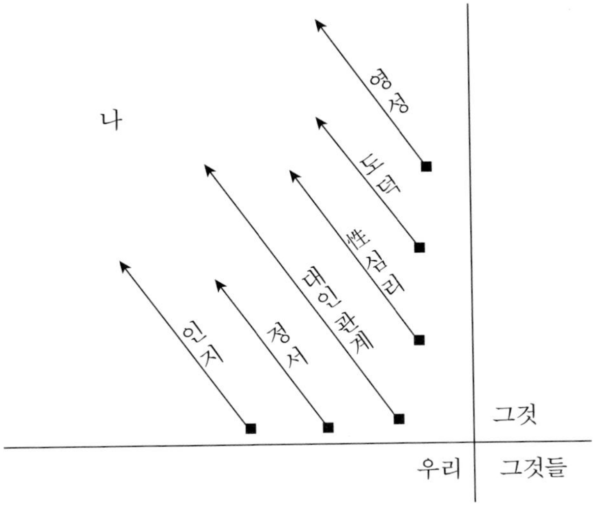

[그림 서-7] 심리도의 다른 버전

으로 그리고 그 이상으로 나아가는 것이다. 우하 사분면에서 체계 이론은 진화하는 집합적 사회적 체계를 탐구한다(인간에게 있어서 이것은 **수렵 채집 체계**에서 **농경 체계**로, **산업 체계**로, **정보 체계**로 나아가는 단계를 말한다). [그림 서-6]에서 우리는 이것을 '집단, 국가 및 세계'로 단순화했으나, 간단히 말해 전반적인 개념은 보다 큰 체계로 통합되며 더 거대한 사회적 복잡성 수준으로 전개되는 것에 관한 것이다.

다시 한 번 이 간략한 개관에서 구체적인 것은 의식, 보호, 문화 그리고 자연에서 확장되는 영역들을 포함할 수 있는 **모든 사분면의 개화하는 성질** 혹은 전개에 대한 전반적인 이해보다 중요하지 않다. 요약한다면, 나와 우리와 그것은 진화할 수 있다. 자아와 문화 그리고 자연은 모두 발달하고 진화할 수 있다.

우리는 이제 다른 요소들에 대해 빨리 마무리해 볼 수 있을 것이다. **상태**(날씨 상태부터 의식의 상태까지)는 모든 분면에서 일어난다. 우리는 좌우 사분면의 **의식의 상태**(깨어 있고, 꿈꾸고, 잠자는)와 우상 사분면의 **에너지 상태**(조대, 정묘, 원인)에 초점을 두었다. 물론 이들 중 어떤 것이라도 영구적으로 획득이 된다면, 그것은 상태가 아니라 단계가 될 것이다.

모든 사분면에는 또한 **유형**들이 존재하지만, 우리는 개인에게서 나타나는 **남성과 여성** 유형에만 초점을 맞췄다. 남성 원리는 독자성과 보다 더 동일시하고 여성 원리는 공동성과 더 동일시하는데, 핵심은 모든 개인이 이 두 가지 요소를 다 가지고 있다는 것이다. 마지막으로, 우리가 보았던 것처럼 모든 단계에서 남성과 여성의 **불건강한 유형**이 있다는 것이다—모든 단계에서 병든 소년과 병든 소녀가 존재한다.

너무 복잡해 보이는가? 어떤 의미로는 그렇다. 그러나 다른 의미로는 인간과 인간의 우주와의 관계가 갖는 엄청난 복잡성이 다음의 것들에 기초를 둠으로써 놀랄 만큼 단순화될 수 있다는 것이다. 즉, 모든 사건은 나, 우리 혹은 그것의 관점에서 볼 수 있는 **사분면**이 있고, **발달적 수준들**(신체에서 마음에서 영으로)을 통과하여 발전하는 다중 지능과 같은 **발달 라인**들이 있고, 각 수준마다 **상태**와 **유형**이 있다는 것이다.

이 **통합적 모형**은—'모든 분면, 모든 수준, 모든 라인, 모든 상태, 모든 유형'—모든 진정한 기본적인 항목을 다룰 수 있는 가장 단순한 모형이다. 우리는 때때로 이 모든 것을 축소시켜 단순히 '모든 사분면, 모든 수준'—혹은 **AQAL**—으로 부르는데, 여기서 사분면은 자기, 문화 그리고 자연이며, 수준들은 신체, 마음 그리고 영이다. 그래서 우리는 통합적 접근은 **자기**, **문화 그리고 자연 내에서 신체**, **마음 그리고 영의 계발**을 포함한다고 말한다. 이것을 가장 단순하게 편집한 것이 [그림 서-6]이며, 이 도표에 대해 전반적인 이해를 할 수 있다면 그 나머지는 매우 쉬울 것이다.

IOS 앱

지금 소개하고 있는 것은 'IOS 기초 개론'이라고 부를 수 있는데, IOS 적용 혹은 앱apps에 대한 간단하고 빠른 예를 제시함으로써 이것에 대해 결론을 내리겠다.

통합 의학

의학 분야만큼 **통합 모형**이 즉각적으로 적용되는 분야도 없으며, 또한 이것은 전 세계적으로 의료서비스 전문가들에 의해 나날이 더 채택되고 있다. **통합 모형**이 도움이 되는 이유에 대해 사분면을 통해 간단히 살펴보겠다.

정통 혹은 전통의학은 고전적으로 우-상 사분면 접근이다. 이것은 신체적 개입을 함으로써 신체적 유기체를 전적으로 다룬다. 즉, 수술, 약물 복용 그리고 행동수정을 한다. 정통의학은 근본적으로 신체적 질병의 원인이 신체에 있다고 믿기 때문에 대부분 신체적 개입을 처방한다. 그러나 **통합 모형**은 모든 신체적 사건(우상 사분면)은 최소한 네 개의 차원(사분면)이 있다고 믿기 때문에 신체적 질병이라도 모든 네 개의 차원에서 조명한다(수준을 의미하는 것이 아니다. 이것은 뒤에 얘기할 것이다). **통합 모형**은 우-상 사분면이 중요하지 않다고 주장하는 것이 아니라, 그것만으로 설명하려고 한다면 전체 이야기의 1/4밖에 되지 않는다는 것을 말하고자 하는 것이다.

대체 치료alternative care에 대한 최근의 폭발적인 관심은 개인의 **내면 상태**(정서, 심리적 태도, 이미지 및 의도)가 심지어 신체적 질환에서도 **원인**과 **치유** 모두에 결정적인 역할을 한다는 것을 분명히 보여 주고 있다—심리신경면역학과 같은 분야를 말하는 것이 아니다. 다른 말로는 좌-상 사분면은 어떠한 포괄적인 의학적 치료에 있어서도 중요한 요소이다. 시각화, 긍정 및 이미지의 의식적 사용은 대부분의 질병 관리에 있어서 의미심장한 역할을 해 왔음이 경험적으로 나타났고, 그 결과 정서적 상태와 정신적 관점에 달려 있다는 것을 보여 주었다.

그렇지만 주관적인 요소들만큼이나 개인의식이 진공 속에서는 존재할 수 없다는 것도 중요하다. 개인의식은 공유하고 있는 문화적 가치, 신념 및 세계관에 어쩔 수 없이 영향을 받는다. 한 문화(좌하 사분면)가 특정한 질병을 바라보는 방식은—돌봄과 연민 또는 조롱과 경멸—개인이 질병을 대처하는 방식(좌상)에 중대한 영향을 줄 수 있는데, 그것은 신체적 질병 그 자체(우상)에 직접적으로 영향을 줄 수 있다. 좌-하 사분면은 어떤 인간의 상호 작용에서 결정적인 수많은 **상호 주관적** 요소들의 모든 것을 포함한다—의사와 환자의 상호 작용, 가족과 친구의 태도, 그 태도가 환자에게 전달되는 방식, 에이즈AIDS와 같은 특정한 질병의 문화적 수용(혹은 경멸), 질병 그 자체가 위협하는 문화의 가치 등이 그것이다. 이런 모든 요인은 어느 정도는 신체적 질병의 원인이 되며 치료가 된다(단순히 **모든** 경우 사분면을 갖고 있기 때문에).

물론 실제로는 이 좌하-사분면은 효과적으로 관여할 수 있는 요인들에 국한될 필요가 있다—아마도 의사와 환자의 상호 작용 기술, 가족과 친구라는 지지 집단, 질병에 대한 문화적 판단과 노력에 대한 일반적 이해 등이 그것이다. 예를 들면, 연구 결과에서는 지지 집단 속에 있는 암 환자가 비슷한 문화적 지지가 없는 집단보다도 더 오래 산다는 것을 일관되게 보여 주었다. 좌-하 사분면에 좀 더 관련된 요인들 중 어떤 것들은 종합적인 의학적 치료에서 이와 같은 결정적인 영향을 줄 수 있다.

우-하 사분면은 질병 실체의 부분으로서 거의 전혀 고려되지 않는 모든 물질적 · 경제적 · 사회적 요인에 관여하지만, 사실은 다른 모든 사분면처럼 질병과 치유에 있어서 **원인적인** 역할을 한다. 먹을거리를 전달해 주지 않는 사회 체제는 당신을 죽게 만들 것이다(슬프게도 매일같이 기근으로 파멸되어 가는 국가들에서 보듯이). 실제 세상에서 모든 실체는 사분면을 갖는데, 우상 사분면의 바이러스는 쟁점이 될 것이지만, 치료를 제공하는 사회 체계(우하 사분면)가 없다면 당신은 죽게 될 것이다. 모든 경우가 사분면을 지니고 있기 때문에 이것은 분리된 문제가 아니라 문제의 핵심이다. 우-하 사분면은 환경 독소 같은 것은 말할 것도 없이, 경제, 보험, 사회적 운송 체제, 심지어 병실 설계 방식(방문객의 이동과 접근성을 쉽게 할 수 있지 않은가?)과 같은 단순한 일까지 포함한다.

다음 항목들은 질병의 원인과 관리의 '모든-사분면' 측면에 관한 것이다. '모든-수준' 부분은 개인이 최소한 신체적, 정서적, 정신적 및 영적 수준을 갖고 있음을 말한다([그림 서-6]을 보라). 어떤 질병은 대체로 신체적 원인과 신체적 치유를 필요로 한다(버스에 치이거나, 다리가 부러졌을 때). 그러나 대부분의 질병은 **정서적**, **정신적** 및 **영적** 요소들을 포함하는 원인과 치유 방법을 갖고 있다. 문자 그대로 전 세계 수백 명의 연구자들이 질병의 원인과 치유의 '다중 수준multi-level'에 대한 이해를 엄청나게 축적해 가고 있다(샤머니즘부터 티베트 불교까지 이르는 위대한 지혜 전통으로부터 나온 소중한 축적된 지혜들을 포함하여).

요약하면, 진정으로 효과적이고 포괄적인 의료 계획은 모든-사분면, 모든-수준이어야 할 것이다. 이 사상은 단순히 각 사분면이나 차원([그림 서-3])은—즉, 나, 우리 그리고 그것—신체적, 정서적, 정신적 및 영적 수준 혹은 파동([그림 서-6])을 갖고, 또한 진정으로 통합적인 처치는 이 모든 실체를 고려하려는 것이다. 이 유형의 통합적 처치는 보다 효율적일 뿐 아니라 비용 절감이 된다. 그러한 이유로 의료기관도 이것을 면밀히 검토하고 있다(만일 이 접근에 관심이 더 많다면, www.integrallife.com에서 Health & Wellness 토픽을 찾아보기 바란다).

통합 경영

통합적 모형의 적용은 최근에 경영 분야에서 폭발적인 반응을 보이고 있는데, 아마도 이 적용이 매우 즉각적으로 할 수 있고 명확하기 때문에 그런 것 같다. 사분면은 상품이 살아남아야만 하는 네 개의 '환경들'과 '시장들'을 제공하며, 수준은 제품을 생산하고 구입하는 가치 유형을 제공한다. Maslow나 Graves(예를 들어, 나선 역학)의 가치 위계에 관한 연구는 이미 경영에 엄청난 영향을 미쳤는데, 이것은 사분면과 조합되어(이런 가치 수준들이 네 개의 서로 다른 환경에서 드러나는 방식을 보여 주는데) 시장의 진정한 포괄적 지도를 제공할 것이다.

더욱이 **통합적 리더십** 훈련 프로그램도 통합 혹은 AQAL 모형에 기반을 둔 것으로서 성행하기 시작했다. 오늘날 경영 관리에서는 네 개의 주요 이론이 존재한다(이론 X는 개인행동을 강조하고, 이론 Y는 심리적 이해를 강조하고, 문화적 경영은 조직문화를 강조하며, 체계 경영은 사회적 체제와 행정을 강조한다). 이 네 개의 이론은 사실상 사분면이며, **통합적 접근**은 필연적으로 모든 네 개의 접근을 포함하게 된다. 여기에 수준과 라인을 더하면 리더십에 있어서 놀랄 만큼 풍부하고 정교한 모형이 되는데, 이것은 아마 오늘날 가장 포괄적이며 유용할 것이다(만일 이 접근을 더 보기 원한다면 www.integrallife.com에서 Leadership 또는 Money 토픽을 찾아보기 바란다).

관계 및 사회적 참여 영성

영성에 대한 AQAL 접근의 주된 함의는 우리 존재의 신체적, 정서적, 정신적 및 영성적 수준이 동시에 자기, 문화 그리고 자연(즉, 나, 우리 및 그것 영역)에서 실천될 수 있다는 것이다. 사회적 참여 영성부터 영적 길로서의 관계 맺기까지 이 주제와 관련된 여러 가지 변형이 있으며, 우리는 **통합적 삶의 수련**에서 이런 중요한 기여들도 포함시킨다. 통합적 영성에 관한 함의(www.Integralspirifualcenter.org)[4]는 심오하고 넓은 것으로서 이제 막 영향력을 발휘하기 시작했다.

통합 생태학

통합 혹은 AQAL 생태학은 이미 **통합 기구**의 여러 협력자들에 의해 시작되었고, 환경적 쟁점들에 관해 생각하는 방법과 이것들을 실용적으로 파헤치고 치유하는 방법을 혁신할 것을 약속해 준다(원문에서 추천한 www.integraluniversity.org 사이트는 운영이 중단됨).

기본적인 사상은 단순하다. 환경적 쟁점에 대한 통합적 혹은 포괄적 접근보다도 못한 것은 실패할 수밖에 없다. 내면(혹은 **좌측**) 혹은 외면(혹은 **우측**) 사분면은 신중히 고려할 필요가 있다. **외면** 환경의 지속 가능성은 명확히 필요하지만, 의식과 가치의 세계중심적 수준을 향한 **내면** 영역에서의 성장과 발달이 없다면 환경은 중대한 위기에 처할 것이다. 외면 해결에만 집중하는 것은 문제를 키우고 말 것이다. 자기, 문화 그리고 자연은 함께 해방되어야만 하고 그렇지 않다면 그 어느 것도 자유로울 수 없다. 그렇게 할 수 있는 방법을 찾는 것이 통합 생태학의 초점이다.

통합적 삶의 수련

앞에서 언급한 'IOS 앱'은 **통합적 접근**의 몇몇 이론적 측면에 초점을 맞추는 경향

---

4) 현재는 운영되지 않는 사이트임.

이 있다. 그러나 우리 자신의 자각, 성장, 변용 그리고 깨달음의 경험적이고 실용적인 측면에 대해선 어떤가?

인간에 대한 어떤 지도는 명시적이거나 또는 암묵적인 실질적 접근을 갖고 있으며, 통합적 접근의 실제적, 즉 1인칭, 경험적 차원을 **통합적 삶의 수련** 혹은 **ILP**Integral Life Practice라고 부른다.

ILP의 기본적 성격은 단순하다. 나는 도식적 요약을 해 볼 것이다. 당신이 몸, 마음 그리고 영(수준으로서)을 갖고 있고, 자기, 문화 그리고 자연(사분면으로서)을 갖고 있다면, 당신은 그것들을 조합하여 성장과 깨달음에서 가능한 아홉 개의 영역을 얻을 수 있게 된다. 통합적 삶의 수련은 가능한 가장 효율적인 개인적 변용을 위해 이 모든 것을 횡-조합cross-combine하는 첫 번째 시도다(www.intergrallife.com).

조금 더 확장된 예를 살펴보기 위해 [그림 서-6]을 본다면, 사분면에서 3개의 수준은 12개 영역을 실제로 제공한다는 것을 알아차릴 것이다. 통합적 삶의 수련은 모든 열두 영역에서 성장을 위한 실질적인 연습들을 만들었다. 이것은 성장, 발달 그리고 깨우침에 있어서 놀랍게도 독특하고 역사적으로도 유례가 없는 접근이다(제10장에서 ILP로 다시 돌아갈 것이다).

요약 및 결론

앞으로 제시될 것은 통합적 모형의 몇 가지 '적용' 혹은 앱이다. 이 모형 자체에 대한 주된 특징을 간단히 요약하면서 끝맺겠다.

AQAL은 '**모든 사분면, 모든 수준**'의 약어다—실제로는 '모든 사분면, 모든 수준, 모든 상태, 모든 유형'의 약어인데, 이것은 엄밀하게 통합적이거나 포괄적인 접근에서 포함되어야 하는 가장 기본적인 요소 다섯 개를 말한다.

AQAL이 어떤 활동을 이해하거나 조직하기 위해 안내하는 틀로서 사용된다면, 이것을 **통합적 운영 체계** 혹은 단순히 **IOS**로 부를 수 있을 것이다. IOS의 더 발전된 형태로도 사용할 수 있겠으나, 기본 IOS는 누구나 보다 포괄적이고, 일체를 포함하며, 효율적인 접근을 취할 수 있도록 하는 모든 핵심적인 요소를 갖고 있다(사분면, 수준, 라인, 상태, 유형).

물론 AQAL이나 IOS 자체는 단지 지도일 뿐이지 그 이상은 아니다. 그러나 이것은 내 생각으로는 지금 우리가 가질 수 있는 가장 포괄적인 지도다. 더구나 이것이 중요한데, **통합적 지도** 자체는 우리가 실제 영토로 나가야 하며, 말이나 생각 혹은 개념에 빠지지 않아야 함을 주장한다. 사분면은 바로 1인칭, 2인칭 그리고 3인칭 실재의 변형임을 기억해야 한다. **통합적 지도**와 IOS는 바로 3인칭 언어이며, 추상적 관념이고, '그것' 지표와 상징의 연속물이다. 그러나 3인칭 언어는 2인칭 대화, 계약 및 대인 관계상의 배려뿐 아니라 또한 1인칭의 직접적 감정, 경험 그리고 의식을 포함해야 한다고 주장한다. 통합적 지도는 다음과 같이 말한다. 이 지도는 바로 3인칭 지도이기에 다른 중요한 실재들을 잊지 않는데, 이 모든 것은 그 어떤 포괄적인 지도에도 포함되어야 한다.

이것이 통합적 삶의 수련과 같은 것이 도입되는 곳이다. AQAL 혹은 IOS가 실제 삶에서 성장과 발달을 위해서 사용된다면 우리는 **통합적 삶의 수련**을 언급할 것인데, 이것은 가용한 변용에 있어서 가장 포괄적이고 따라서 효과적인 방법이 될 것이다.

여기 또 다른 하나의 중요한 결론이 있다. IOS는 **중립적인** 틀이다. 그것은 우리가 무엇을 생각하게 하지도, 혹은 당신에게 어떤 특정한 사상을 강요하지도, 혹은 어떤 특정한 방식으로 당신의 의식에 압력을 가하지도 않는다. 한 예로, 인간이 깨어 있고, 꿈꾸고, 그리고 깊이 잠자는 상태를 갖는다고 말하는 것이 당신이 깨어 있을 때 반드시 무엇을 생각해야만 하거나 혹은 꿈꿀 때 반드시 무엇을 봐야만 한다는 것은 아니라는 것이다. 그것은 단순히 다음을 말하는 것이다. 당신이 포괄적이고 싶다면, 확신을 가지고, 깨어 있는, 꿈꾸는 그리고 무형적인 상태를 포함시키면 된다.

마찬가지로, 모든 경우는 사분면—혹은 단순히 '나' '우리' 그리고 '그것' 차원—을 갖는다는 것은 '내가' 반드시 무엇을 해야만 하거나, 혹은 '우리'가 무엇을 해야만 하거나, '그것이' 무엇을 해야만 하다는 것을 의미하지 않는다. 그것은 단순히 만일 당신이 모든 중요한 가능성을 포함시키려고 시도한다면 1인칭과 2인칭과 3인칭 관점을 포함해야 하는데, 왜냐하면 이들이 전 세계의 모든 주요 언어에 존재하기 때문이다.

명백하게 IOS는 **중립적인 틀**이기 때문에 보다 많은 명료성, 배려 그리고 포괄성을 실제 어떤 상황에서도 가져다주곤 한다. 개인적 변용, 사회적 변화, 사업에서의 성공, 타인을 위한 배려, 혹은 단순한 삶의 행복 등을 측정하는 맥락과 상관없이 보다 큰 성공을 이루면서 말이다.

그러나 이 모든 것 중에서 가장 중요한 것은 아마도 IOS가 그 어떤 분야—의료에서 예술, 경영, 영성, 정치, 생태학까지—에서도 사용될 수 있기 때문일 것이다. 역사상 처음으로 우리는 이런 모든 분야 간에 광범위하고 실효성 있는 대화를 시작할 수 있다. 경영에서 IOS를 사용하는 사람은 시, 춤, 혹은 예술에서 IOS를 사용하는 사람과 보다 쉽고 효과적으로 대화를 할 수 있다. 왜냐하면 그들은 그것으로 소통할 수 있는 하나의 공통된 언어—혹은 하나의 공통된 운영 체계—를 갖고 있기 때문이다. 우리가 IOS를 사용할 때, 우리는 수백 개의 서로 다른 '소프트웨어' 프로그램을 사용할 수 있는데, 이 모든 프로그램은 상호 작용할 수 있고, 상대로부터 배울 수 있고, 그래서 존재와 앎과 행동의 매우 거대한 차원까지 진화적 전개를 발전시킬 수 있다.

이것이 전 세계 수천의 학자와 교사들이 함께 모여 **통합 대학**Integral University[5]을 시작한 이유다. 이것은 세계 최초의 통합 학습 커뮤니티다. 모든 다양한 인간의 행동은 이전에는 셀 수 없이 많은 알 수 없는 말과 용어들로 서로 분리되었는데, IOS를 운영시킴으로써 사실상 서로 효율적으로 소통할 수 있어 각 분야의 사람들은 이젠 서로 대화하고 서로 학습할 수 있게 되었다. 이것은 역사상 어느 곳에서도 결코 효율적으로 해 본 적이 없었던 것이고, 통합적 모험이 정말로 이제 막 시작되려는 이유다.

그러나 이것을 자세히 들여다보면, 이것은 몇 개의 단순한 지점으로 귀결된다.

---

5) 역주: 현재는 이 역할을 www.integrallife.com에서 수행하고 있다.

당신은 자신의 성장과 발전에서 점차적으로 보다 높고, 넓고, 깊은 존재의 양식으로 자신과 문화와 자연을 성장시킬 능력을 갖게 된다. 이것은 **진**과 **선**과 **미**를 향한 당신의 능력이 확장되어 감에 따라 당신을 '나'라는 분리된 정체성으로부터 '우리'라는 보다 충만한 정체성으로, 또한 '우리 모두'—어디에나 존재하는 모든 생명 존재—라는 훨씬 더 깊은 정체성을 향해 확장한다는 것이다. 계속 확장되는 포용과 함께 계속 위대해지는 의식은 자기 안에서 실현되고, 자연에서 구체화되며, 그리고 문화에서 표현된다.

이와 같이 **우리는 자기**, **문화 그리고 자연 안에 있는 몸**, **마음 그리고 영을 계발한다**. 이것이 통합적 접근의 범상치 않은 목적이고 목표이며, 우리는 이 흥분되는 모험에 우리와 함께 당신이 참여하기를 원한다.

그러나 만일 이것을 전형적으로 '전체적' 혹은 '영적' 혹은 '뉴 에이지' 혹은 '새로운 패러다임' 접근의 또 다른 하나라고 생각한다면, 당신은 첫 번째 큰 실수를 저지르는 것이 될 것이다.

●●●

제1장

통합 방법론적 다원주의

영적 전통의 '형이상학'이 근대와 탈근대 인식론 학자들로부터 철저하게 비판받아 왔고—'폐기되어 왔다'는 표현이 더 적합할 만큼—아직도 그들이 입지를 회복할 만한 어떤 것도 없다는 것에 대해 간략히 살펴보겠다. 그래서 형이상학적 짐이 아니라 위대한 지혜의 영적 전통 체계가 재건될 수 있는 유효한 방법론을 찾아보면서 이 장을 시작하려 한다.

통합 방법론적 다원주의(Integral Methodological Pluralism: **IMP**)는 다른 것들 사이에서 재생산할 수 있는 지식(증명할 수 있는 반복적인 경험들)을 얻기 위한 최소한 여덟 개의 기본적이고 명백하게 환원 불가능한 방법론들, 권고들 그리고 패러다임과 관련되어 있다. AQAL 통합 이론의 본질적 주장은 이 여덟 개의 패러다임 중 어떤 것이라도 빼놓는다면, 이 시대의 인간에 관한 지식은 믿을 만하며 적합한 접근이 되지 못한다는 것이다.

IMP를 이해하기 위한 가장 쉬운 방법은 어떤 상황이든 안쪽과 바깥쪽을, 그리고 개인적이고 집합적인 영역을 가지고 있다는 것을 시사하는 **사분면**과 함께 시작하는 것이다. 이것은 개인과 집단의 안쪽과 바깥쪽 모두를 함께 고려하여 설명하고 있다. 그것은 나, 너/우리, 그것 그리고 그것들(1인칭, 2인칭, 3인칭 대명사들의 변화: 선善, 진眞, 미美 또는 예술, 도덕, 과학 등. 이를 테면 외적 과학의 객관적 진리, 또는 그것/

그것들. 심미적인 것들에 대한 주관적 진실, 또는 나 그리고 도덕에 관한 공동의 진리, 또는 너/우리)을 나타낸다.

[그림 1-1]은 이들을 함께 공통적으로 연구한 믿을 만한 지식을 사분면에 나타낸 현상들의 도식이다(만일 이런 용어들이 익숙하지 않더라도 걱정하지 마라. 나중에 중요한 것들을 다시 살펴볼 것이다).[1)]

우리는 종종 어떤 사건을 **홀론**holon이라고 부르는데—'전체/부분'이거나 다른 전체의 부분인 전체—따라서 다양한 분면으로 분류된 각 항목을 홀론이라고 할 수 있다(예를 들면, 우상 사분면에서 분자는 전체 원자를 포함한 홀론이고 전체 세포에 의해 포함되어 있다. 좌상 사분면에서 한 개념은 모든 상징을 포함한 홀론이고 전체 규정 안에 포함되어 있으며, 이렇게 모든 것이 이어진다).

여기에 흥미로운 점이 있다. 만일 당신이 다양한 분면 내에서 어떤 현상(혹은 홀론들)을 상상한다면, 당신은 그들의 안쪽이나 바깥쪽에서 그것들을 볼 수 있다는 것이다. 이것은 당신에게 **여덟 개의 기본 관점**을 제공하는데, 즉 이는 한 홀론에 대한 네 분면 곳곳에서의 내 · 외적 관점을 말한다.

어떤 사건에 대한 이 여덟 개의 기본 관점(혹은 관점)을 [그림 1-2]에 요약해 놓았다. 이 여덟 개의 관점에 대한 전체 요약을 **통합적 관점주의**Integral Perspectivism라고 부른다.

실제 현실에서 우리는 이 여덟 개의 공간, 구역, 생활세계에 살고 있다. 이들 각 구역은 단순한 하나의 관점이 아니라, 실제 세계에서의 행위이며, 지시injunction이

---

1) 서론에서 우리는 "사분면은 개인과 집단의 내면, 외면 관점(아니면 관점)이다."라고 하였다. 더 전문적으로 말해, 이런 관점과 관련해서 우리는 '통하여 보는 것view through'과 '떨어진 입장에서 보는 것view from'을 구분한다. 모든 개별(혹은 감각) 홀론은 그들이 세상을 보거나 만짐을 통하여 네 개의 관점을 **소유**하는데, 그것이 사분면(통하여서 보는 것)이다. 그러나 어떤 것은 사분면으로부터—혹은 어떤 관점으로 어떤 것을 보는 것—보일 수도 있는데, 그것은 전문적으로 말하자면 사과四科 · quadrivium다. 예를 들면, 인공물로서 의자는 네 개의 분면을 갖고 있지 않지만 그것은 네 분면이나 관점으로부터 보일 수 있고, 의자의, 혹은 의지에 대한 네 가지 관점일 수 있다. 개체 홀론(당신 또는 나와 같은)은 나, 우리, 그것 그리고 각 차원에서의 관점(즉, 통하여 보는 것)을 지니고 있다: 인공물은 그렇지 않지만, 나는 그 인공물을 각각의 관점으로부터, 혹은 각 사과로부터 바라볼 수 있다. 마찬가지로 여덟 개 구역은 '여덟 분면들', 그리고 여덟 가지 방법론은 '여덟로 나뉜 것'이다. 부록 II를 보라.

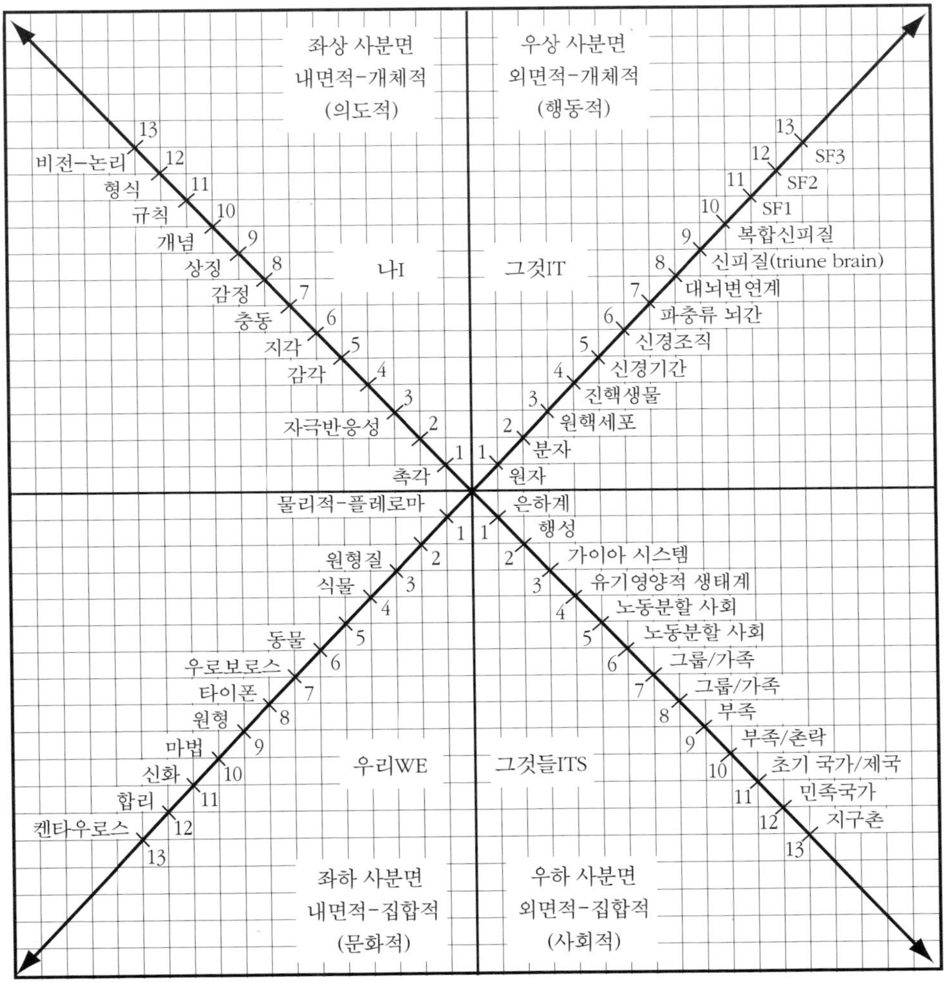

[그림 1-1] 사분면의 상세 내용

고, 일련의 분명한 행동이다. 각각의 지시는 다양한 관점을 통해 이해하는 현상들을 **생산하거나** 드러나게 한다. 이것은 관점이 먼저 오고 활동이나 지시들이 나중에 오는 것이 아니다. 그것은 동시에 함께 일어난다(정말로 넷이 나타난다). '관점'이란 지각된 홀론을 AQAL 영역에 단순하게 위치시키는 것이다. 어떠어떠한 관점을 갖는다는 것은 AQAL 모형의 어느 특정 영역에서 일어나고 있다는 의미다(실제 우리

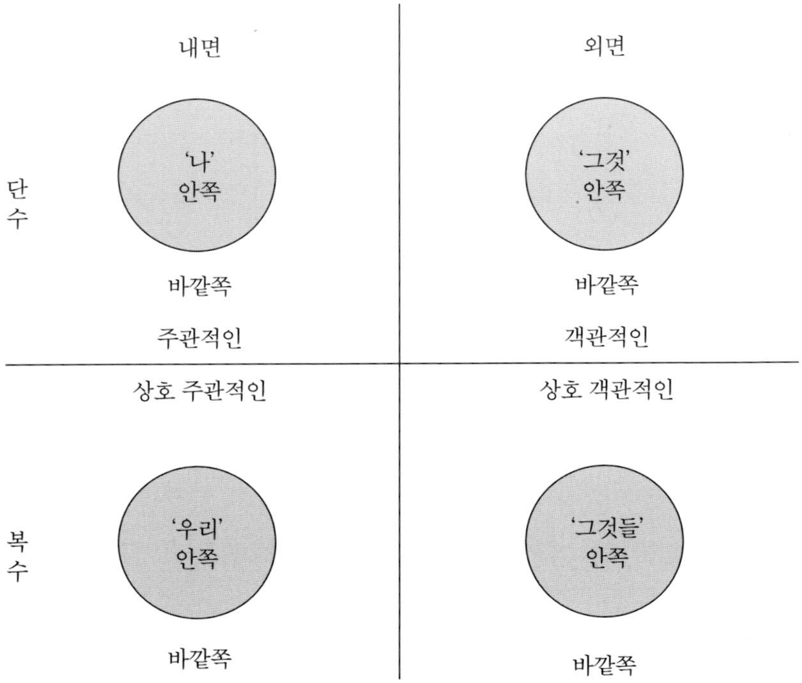

[그림 1-2] 8개의 기초 관점

는 AQAL 모형에서 홀론의 '주소'를 제시할 것이다. **주소＝고도＋관점**이며, **고도**란 발달의 정도를 의미하고, **관점**이란 그것이 위치한 분면이나 관점을 의미한다).

우리는 나중에 여기로 다시 돌아올 것이다. 기본 초점은 여덟 개의 기본 관점들 역시 여덟 개의 기본 방법론과 관련되어 있다는 간단한 것이다. 당신은 관점을 가질 수 있을 뿐 아니라 그에 따라 행동할 수 있다. 이 방법론에 대해 좀 더 잘 알 수 있는 것은 [그림 1-3]에 요약하였다. 함께하는 이 방법론은 **통합 방법론적 다원주의**와 연관되어 있다.

아이디어는 아주 단순하다. 어떤 분면에서 어떤 현상(아니면 홀론)으로 시작할 때, 예를 들면 좌상 사분면에서 '나'의 경험이 있다고 하자. 이 '나'는 안쪽에서 혹은 바깥쪽에서 볼 수 있다. 나는 지금 이 순간 '나'를 안쪽에서부터 내 현재 경험의 주체로 존재하는 경험을 느끼면서 1인칭 경험을 누리는 1인칭을 경험할 수 있다. 만일 그렇게 한다면, 그 결과는 내관內觀, 명상, 현상학, 관상觀想 같은 것들이 포함된다(이 모두는 [그림 1-3]에 **현상학**으로 간단히 요약하였다).

그러나 나는 또한 **바깥쪽에서** 객관적인 자세로 혹은 '과학적인' 관찰자로서 '나'에게 접근할 수도 있다. 나는 내 고유의 인식 안에서 (내가 나 스스로에 대해 '객관적'이려고 하거나, '다른 사람들이 나를 보는 것처럼 나를 보려고' 할 때) 그렇게 할 수 있고, 또한 다른 '나들I's'에 대해서도 이것을 시도할 수 있는데, 이는 어떻게 사람들이 그들의 '나들I's'을 경험하는지에 대한 연구로서 과학적인 시도다. 나-의식I-consciousness에 대한 이러한 가장 유명한 과학적 접근으로는 체계 이론과 **구조주의**가 있다.

마찬가지로, 나는 '우리'에 대한 연구에서 그것의 안쪽과 바깥쪽으로부터 접근할 수 있다. **안쪽으로부터의** 이것은 바로 지금 당신과 내가 서로 바르게 이해하려고 하는 시도를 포함한다. 어떻게 당신과 내가 단순히 대화를 통해 어떤 것에 대해 **상**

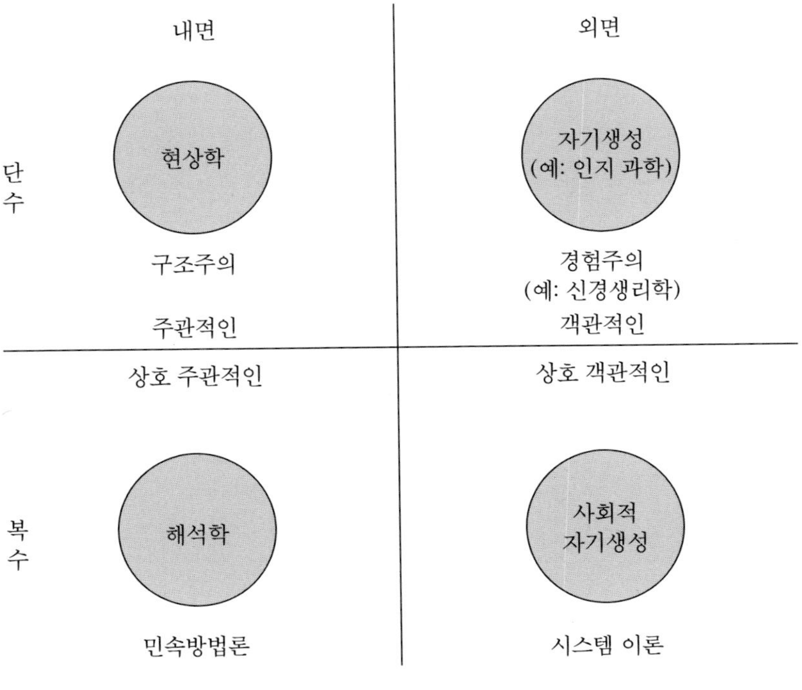

[그림 1-3] 8개의 주요 방법론

호 이해하게 되는 것일까? 어떻게 당신의 '나'와 나의 '나'가 당신과 내가 같이 부르는 '우리'로 함께하는 것일까(어떻게 이처럼 '너와 나—우리—가 서로를 이해하는 것'일까)? 우리-해석의 예술과 과학을 전형적으로 **해석학**이라고 부른다.

그러나 나는 또 어쩌면 문화인류학자나 민속방법론자[2]들 혹은 푸코주의 Foucauldian 고고학자로서 **바깥쪽으로부터** 이 '우리'를 연구해 볼 수도 있다(**민속방법론**은 [그림 1-3]에 모두 요약하였다).

그리고 사분면을 중심으로, 따라서 여덟 개의 기본 **관점**들과 여덟 개의 기초 **방법론**들을 연구해 볼 수 있다.

그러면 왜 이것이 오늘날의 영성에서 그렇게 중요한지 여기서 지적하겠다. 많은 사람이 **나선 역학**Spiral Dynamics에 익숙한데, 이것은 심리사회적 발달 체계에서 Graves의 가치 체계 단계에 대한 선구적인 연구에 기초하고 있다(만일 나선 역학에 익숙하지 않더라도 염려하지 마라. 나중에 그것을 이해할 수 있도록 설명할 것이다). 나선 역학은 사람들의 세계관, 가치 그리고 인간이 통찰을 통하여 의미를 창조하는 단계들을 이해하는 매우 가치 있는 연구 유형의 표본이다. 그리고 사람들은 흔히 **합일의 신비**, **본삼매**sahaj, **견성**見性 · satori(혹은 광명과 깨우침)이라고 일컫는 깨달음의 깊은 명상 상태에 대해서 알고 있다. 이것은 위대한 전통에서 말하는 궁극의 현실에 대한 자각이나 앎을 제공하는 상태들이다(이런 용어에 당신이 익숙하지 않아도 걱정할 것 없다. 우리는 여기로 다시 돌아올 것이다).

여기에 요점이 있다. 당신은 수십 년 동안 명상하면서 나선 역학의 단계들과 유사한 어떤 것도 맛보지 못할 수 있다. 그리고 소가 집으로 돌아올 때까지[3] 나선 역학을 공부하고서도 당신은 전혀 견성하지 못할 수도 있다. 통합의 요점은 만일 당신이 그 둘을 포함하지 않는다면, 당신은 인간 존재나 현실과 그들과의 연관성 또는 신을 결코 이해하지 못할 것이라는 데 있다.

명상적 이해는 내면으로부터 '나'를 바라보는 탁월한 방법(현상학의 사용에 의한)

---

2) 역주: 민속방법론ethnomethodology은 배심원들에 관한 연구 과정에서 도달한 개념을 언급하기 위해 헤럴드 가핑겔Harold Garfinkel에 의해 만들어진 사회학 용어이다.

3) 역주: 십우도 비유

과 관련되어 있고, 나선 역학은 바깥쪽으로부터 (구조주의의 사용에 의해) 그것을 연구하는 것과 관련되어 있다. 이 둘은 모두 인간의 의식을 연구하지만 매우 다른 것을 보고 있는데, 왜냐하면 그들이 다른 방법론을 사용하여 다른 위치, 다른 관점을 따르고 있기 때문이다. 나아가 개개인은 어느 하나에 매우 정통하지만 다른 것에는 그렇지 않을 수 있고 그 반대도 마찬가지인데, 그들로서는 자기가 둘 중 어떤 판단 기준을 쓰고 있는지를 분간할 방법도 없고, 심지어 두 기준이 서로에 대해 전혀 알지 못하기 때문이다.

떠오르는 수평-구역

각자의 견해와 관점은 각각의 행동과 지침으로 현상 세계를 산출한다. 그 결과로서(네 개)의 세계 공간worldspace이 나타난다. 즉, 수평적인 세계 공간이 있다. 이 모두를 요약하여 우리는 간단히 **수평-구역**, 혹은 짧게 **구역**이라고 부른다. 한 구역은 그것의 활동, 그것의 지시, 그것의 일상 세계 그리고 앞으로 다룰 전체적인 틀에 대한 견해다. 당신은 그것을 일상의 구역, 알아차림의 구역, 생활 공간 등—어떠한 용어로도 생각할 수 있다.

그렇지만 그것은 AQAL 모형에서 절대적인 위치를 차지한다. 이 구역에 거하는 실제 홀론은 이러한 활동으로 이러한 현상들을 산출한다는 의미다. 이 모두는 매우 분명한 용어다. 구역은…… 마치 쇼핑을 하러 가는 것과 흡사하다. 즉, 당신이 그 공간에서 머물면서 보고 듣고 느끼는 모든 것이 구역인 것이다.

(우리는 앞에서 간략히 홀론의 주소 = 그것의 고도 + 관점이라는 것을 언급했다. 우리는 다음 장에서 여기로 돌아와 어떻게 그 구역들과 관련되어 있는지를 살펴볼 것이다. 이것을 발견하는 것은 중요한데, 그것은 어떤 것의 존재가 바위인지, 명제인지, 혹은 신인지…… 를 '증명'하는 것과 관련하고 있기 때문이다.)

관점과 방법론은 수평 구역의 부분일 뿐이다—그것들은 발생 중인 구역에서 일어날 수 있는 일들의 일부일 뿐이다. 이것 역시 앞으로의 과정 속에서 더 분명해질

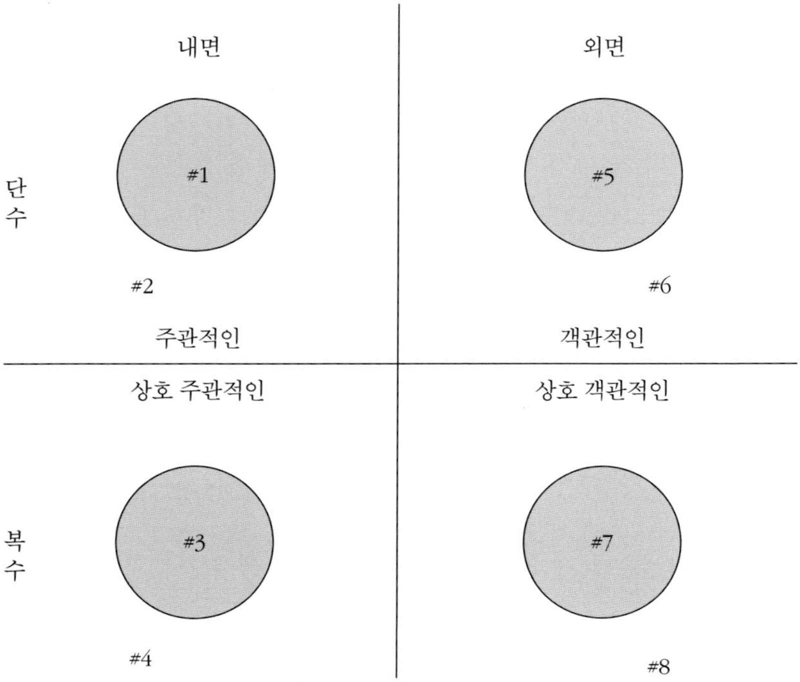

[그림 1-4] 여덟 개 구역

것이다. 지금은 구역을 [그림 1-2]와 [그림 1-3]의 여덟 개 구역 중 어디서든 나타날 수 있는 모든 것이라고 단순화시켜 생각해 보자. 편의를 위하여 우리는 그것에 이름을 붙일 것이다([그림 1-4]를 보라).

나선 역학과 명상으로 되돌아오는 것은 내면 의식(좌상 사분면)에 있을 때 구역 #1과 구역 #2의 방법론은 지식에 결정적으로 중요한 형태로서 서로를 멋지게 보완한다. (이러한 것들에 당신이 낯설지 모르므로 다음 두 장에서는 다방면의 예를 제공할 것이다.) 이 둘을 고려하는 것은 근대와 탈근대 세계에서 종교와 영성의 역할을 이해하는 데 절대적으로 필요하다.

일단 우리가 이 둘의 중요성과 연구를 인정하면, 요령은 그들이 어떻게 관련되어 있는지 이해하는 것이다. 구역 #1과 구역 #2이 어떻게 연관하고, 또 여덟 개의 모든 구역이 정말 어떻게 연결되는 것일까?

이것이 이 책의 주요 주제다. 그리고 이것을 넘어, 이 모든 것이 근대와 탈근대 세계에서 종교와 무슨 관련이 있는 것일까?

통합 수학의 기초 관점

거기 상급 수준의 학생은 여덟 개의 방법론이 우리에게 관점에 대한 관점에 대한 관점을 실제로 제공한다는 것에 주목하라. 예를 들면, 명상은 개인적 관점의 내면적 관점에 대한 안쪽 관점과 관련되어 있다. 생물학적 현상에 관한 Francisco Varela의 접근은 외면 관점의 안쪽 관점에 대한 바깥쪽 견해다. 해석학은 집단 관점의 내면의 관점에 대한 안쪽 관점이다. 이렇게 계속한다. 실제로 각 **구역**은 그것을 위치시키기 위해 최소 **세 개의 주요 관점**과 연관하고 있다(걱정하지 마라. 이것은 말보다 훨씬 쉬우니까).

이것은 우리가 자주 **통합 수학**이라고 부르는 새로운 수학 개념 유형으로 안내하는데, 전통적 변인들을 관점으로 교체하는 것이다. (당신이 그렇게 상급 수준의 학생이 아니더라도 이 구분에 대해 걱정하지 않기를 바란다. 우리는 이 항목 '통합적 탈-형이상학'을 또다시 유쾌하게 풀어낼 것이고, 만일 이것이 당신에게 어리석게 보인다면 이 부분을 당신은 읽을 필요도 없다.)

1인칭(**통상 안쪽**을 표현하기 위해서)과 3인칭(**통상 바깥쪽**을 표현하기 위해서)의 약칭을 사용하면서 현상학적으로(아니면 구역 #1의 활동) 말하자면 **내관**introspection이란 "내가 나의 마음을 바라본다."거나 우리가 1-p × 1p라고 쓰는 나의 1인칭 자각의 1인칭 경험을 내가 할 때를 말한다.

그러나 또 나는 다른 사람들이 나를 보는 것처럼 나 자신을 '객관적으로' 볼 수도 있다. 그러면 그것은 나 자신의 내관의 3인칭적 관점이라고 하며, 그것은 3-p × 1-p × 1p라고 쓰도록 하자. 그것과 대비하여 순수한 명상이나 내관은 1-p × 1-p × 1p가 될 것이고, 그것은 나의, 혹은 나의 1인칭(p)에 대한 1인칭(1-p)의 자각에 대한 1인칭(1-p)의 관점을 의미한다.

우리는 나중에 Varela의 관점으로 되돌아오겠지만, 지금 이것을 따라오는 사람에게 Varela는 우상 사분면(혹은 3인칭, 3p)에서 객관적 유기체와 함께 시작하고 있는 것이다. 그래서 그는 "개구리의 눈[4]으로 세계를 보라."거나 객관적 유기체 안에서 1인칭의 관점(1-p × 3p)을 취하였다. 그리고 그는 과학적인 용어로 3인칭(3-p)을 넣었고, 그래서 그는 3-p × 1-p × 3p(3인칭 혹은 '객관적' 유기체 안으로부터 1인칭 관점의 3인칭 개념)로 놓고 있다.

그것은 **참으로 가능한, 많이 다른 지각 있는 존재들의 관점을 취해 머물 것을 의미하는** '통합 수학'의 간단 버전이다. 당신의 관점에서 벗어나 다른 사람의 역할을 취하고 다시 한번 다른 사람의 역할을 취하는……. 이것이 이 단락 제목이 **통합 수학의 기초 관점**인 이유다. 이런 식으로 통합 수학을 하는 것을 두고 어떤 이들은 **정신을 활성화**시킨다고 일컬으며, 이는 정말 추상적인 것이 아니기 때문에 당신이 실제 어떤 다른 사람의 입장에 놓이면서 자각이 크게 성장하는 것이다. (나중에 여기로 다시 돌아올 것이다.)

통합 수학은 더 많은 역할과 용어와 관점으로 복잡하고 엄청나게 풍요로울 수 있지만 몇몇 예를 들면서 시작하자. (당신은 여기에 '상호 이해나 동조'를 나타내는 공통 표시로 실제 수학 유형을 만들 수 있다. 우리가 아는 것처럼 이것은 변인들을 관점으로 대상들을 감각적 본성으로 대체하는 급진적인 새로운 수학 유형이다.)

그러나 여기에 우리가 따라가는 중인 중요한 포인트가 있다. 이미 보았던 것처럼 명상은 1인칭 × 1인칭 × 1인칭(1-p × 1-p × 1p, 혹은 나 1인칭의 내면의 자각에 대한 안쪽의 관점)이다. 개인과 관련하여 나선 역학은 3인칭 × 1인칭 × 1인칭(3-p × 1-p × 1p)이다. 그것은 어떤 사람의 내면의 자각에 대한 3인칭 개념의 지도다.

나선 역학과 명상을 관련하여 살펴보면, 나선 역학(3-p × 1-p × 1p)에서와 명상(1-p × 1-p × 1p)에서 각 표현의 첫 용어에 분명한—매우 다른—차이가 있다는 것을 방정식에서 정확히 볼 수 있다. 용어의 밑줄이 보여 주는 것처럼 선禪 · Zen과 나선 역학은 두 개의 변인을 공유하지만 첫 번째 것은 그렇지 않다. 나선 역학은 내면

---

4) 역주: the frog's eye view, 피사체를 아래에서 위로, 낮은 위치에서 위를 올려다보는 관점을 의미함.

구역의 3인칭(3rd-person) 지도이고, 선은 내면 구역의 1인칭(1st-person) 경험이다. 여기에는 우리가 금방 알게 될 다른 중요한 차이점이 있기는 하지만, 당신은 통합 방법론적 다원주의와 통합 수학의 기초 관점으로부터 이 둘을 쉽게 구분해 낼 수 있을 것이다.[5)]

우리는 다음 장에서 이것들에 관해 세밀하게 살펴볼 것이다. 그리고 당신이 수학을 꼭 알아야만 하는 것은 아니다.

통합적 탈-형이상학

통합적 관점은 형이상학, 정확히 **탈-형이상학**post-metaphysics을 완전히 새로운 접근으로 인도하는데, 그것은 전통적 형이상학의 짐(플라톤 사상, 원형, 파탄잘리 혹은 유식학파唯識學派 · Yogachara 불교의 다양성에 관한 기존의 존재론적 구조의 존재를 가정하는 것)을 요구하는 것은 아니지만, 필요하다면 그 구조를 만들어 낼 수도 있을 것이다(나중에 보여 주겠다).

이 통합적 탈-형이상학은 지각perceptions을 **관점**perspectives으로 대체하여서 드러난

5) 통합 수학에서 1p × 1-p × 3p 같은 세 용어를 사용할 때, 그 용어들은 분면 × 4과科 × 영역(그리고 '영역domain'은 한 개의 분면이나 네 개가 될 수도 있다.)이 일반적이다. 물론 그것은 아주 더 복잡할 수 있지만 많은 통합 수학은 그 기본적 가능성을 단순히 반복한다. 통합 수학이 더 복잡해짐에 따라 우리는 셋만이 아니라 네다섯(예를 들면, 1p × 3-p × 1-p × 3p)의 용어를 사용한다. 내가 이 책에서 일반적으로 하는 것처럼 만일 우리가 단지 세 개의 용어를 사용한다면, 그 정의는 인용에서 주어진 것과 달라 보일 수 있지만 실제로는 그렇지 않다. 예를 들면, 네 용어를 사용한 Varela의 관점은 3p × 1-p × 3-p × 3p이며, 만일 그것을 세 개로 짧게 한다면 당신은 뒤의 셋(1-p × 3-p × 3p)을 사용할 수도 있다. 본문에서 나는 네 개 중 앞의 셋(3-p × 1-p × 3p)을 사용하였지만, 당신은 마지막 셋(1-p × 3-p × 3p)을 사용할 수도 있다.
또한 기술적으로 '개체와 집단으로 안쪽과 바깥쪽'은 1인칭, 2인칭, 3인칭 접근이나 그것들의 조합과는 동일하지 않은데, 만일 이것들을 같은 것으로 취급하여 균등화가 만들어진다면 심각한 이론적 문제가 생길 것이다. 우리는 가끔 내면과 외면의 관점을 표상하기 위해 1-p와 3-p를 사용하지만 이것은 대중적인 이해를 위해 용인되며 실제적인 정의는 아니다. 사분면(내면/외면 × 개개의/복수의)은 훨씬 더 기초적이고 1 · 2 · 3인칭(그리고 사실상 거기에서 기원한)보다 우주적 기원에서 더 중요한 구분이다. 심미적이고 도덕적이며 과학적인 판별을 위해서도 마찬가지다.

현상계를 관점계로 재규정하는데, 이것은 사물이 아니고, 사건도 아니며, 구조도 아니고, 과정도 아니며, 시스템이 아니고, **업의 흔적**vasanas도 아니고, 원형이 아니고, **계율**도 아닌데, 왜냐하면 이 모든 것은 그 밖의 다른 것 이전의 관점이기 때문에 먼저 어떤 관점을 가정하지 않고서는 적용되거나 말할 수조차 없기 때문이다.

예를 들면, 법dharma이나 순간의 경험을 이해한 무상한 주제, 추상적인 것, 매 순간 실제인 찰나에 대한 Alfred North Whitehead 추종자들과 불교도의 개념은 1인칭 안에서의 현실의 1인칭 관점의 3인칭적 일반화다(3-p × 1-p × 1p). 매 순간 주체가 대상을 이해하는 것이 아니다. 이것은 관점을 이해하는 관점으로, 다면적 상황에 대한 Whitehead의 절단 버전인데 이것은 실은 감춰진 독백의 형이상학을 감춘 버전이다. 그래서 **통합적 탈-형이상학**은 Whitehead의 감춰진 형이상학을 추정하지 않고 Whitehead 관점의 본질을 산출할 수 있다.

마찬가지로, **위대한 지혜 전통**great wisdom traditions의 중요한 주장들도 진실하다는 것이 판명되었다. **통합적 탈-형이상학**은 가정 **없이도** 그 외연적 형이상학의 본질적 윤곽을 이끌어 낼 수 있다. (만일 이러한 예들이 너무 추상적이라면 후에 더 단순하고 짧게 이 주제로 돌아올 것이다.)

위대한 지혜 전통의 문제는 형이상학에 짓눌려 엄청나게 중요한 그 진리가 근대와 탈근대의 비판에 잘 견디지 못했다는 것이다. 근대 인식론자들이 그들에게 증거를 요구하였는데, 근대 이전의 전통들은 이러한 공격에 대비하지 못했기 때문에 그 도전에 대응할 수 있는 그들의 가르침을 가지고 직접적인 해명을 하지 못했다. 관상 전통의 **현상학적 핵심**은 근대 패러다임에서 주목받을 만한 모든 입증 자료를 제공하였다(관상은 전근대 이전부터 언제나 현대적인 인식론이었다). 비록 근대인의 관상과 근대성 자체가 독백이긴 했지만, 그들은 자신의 전념 내에서 합당한 증거를 제공할 수 있었으며, 어쨌든 시작은 했다.[6] 그러나 위대한 **전통**은 이길 수 있는 끗수의 패를 불러내는 데 실패하였고, 그 실패로 전근대의 영적 전통은 근대 인식론에 의해 거의 완전히 잔혹하게 거부되었다. 근대가 전근대의 모든 것을 거부해 버린 것

---

6) 이 이슈를 전적으로 다루려면 www.kenwilber.com. 2권의 B를 찾아보라.

이다.

이것은 탈근대가 그 둘 모두를 거부한 것에 비하면 큰 문제가 아니었다. 탈근대 인식론에 의해 진보된 주요 진리는 **모든 지각은 실제로 모든 관점이며, 모든 관점은** 단순히 경제와 사회 체계(Karl Marx에서부터 체계 이론까지 근대 인식론이 벌써부터 주목하였던)뿐만 아니라 **문화와 몸들에 새겨져 있는 것**이다. 근대는 탈근대주의의 비난과 마주하면서 주춤거리다가 기가 꺾였다. 근대 인식론이 탈근대의 비난에 마주하여 어려운 시간을 보냈다면, 전근대 전통들의 추이는 어떠했을지 짐작할 수 있을 것이다.

통합 방법론적 다원주의는 탈근대의 인식론이 특히 강조하였던 기초적 관점들(은연중에 사용하면서도 그냥 무시한 채 남겨 두었던 것들)의 배열을 강조했다. 특히 AQAL은 모든 경우가 좌하 사분면(상호 주관적, 문화, 맥락적인)을 포함한 사분면을 갖고 있고, '시종일관 함께 가는' 분면을 또한 주장하였다. 더 단순한 용어로 AQAL에 따르면 모든 지식은 문화 혹은 상호 주관적인 요소 속에 새겨져 있다. 초월적인 지식도 사분면과 관련되어 있다. 분면들은 쭉 올라가기도 하지만 쭉 내려가기도 한다. 거북들은 내려가기도 하지만 역시 오르기도 한다.

우리는 이 책에서 근대는 한 특정 발달 수준만이 아니라 객관적이고 외부적인 증거인 오른쪽 분면들에 초점을 맞추는 경향이 있고, 탈근대는 발달의 특정 수준만이 아니라 상호 주관적인 진실과 현실의 사회 구조인 좌하 사분면에 초점을 맞추고 있는 것을 살펴볼 수 있다. 보통 세 개 분면들에 대한 외적 자각이 없었던(그들은 근대에 이르기까지 구분하지 못했다.) 전근대의 지혜 전통은 그러한 영역에서 근대(예: 근대 과학)와 탈근대(예: 다문화주의)의 성과와 전혀 부합하지 못했다. 그러나 근대와 탈근대에 의해 잊히고 거부되고 압도되었던 위대한 전통에는 여전히 특별한 영역이 있는데, 그것은 의식의 **상태**와 **단계**, **깨달음** 그리고 영적 경험인 좌상 사분면의 **개인 내면**인 것이다. 전근대, 근대, 탈근대 이해의 무수한 진리를 받아들이는 통합적인 틀 안에 위대한 지혜 전통들을 위치시키면, 그들의 지속적인 통찰은 놀라울 정도로 빛을 발한다.

예를 들면, **실질적으로 전 존재의** 대사슬은 **좌상 사분면과 들어맞는다.** (부록 I. '존재의 대사슬로부터 탈근대주의까지 세 단계로 간단히 살펴보기'를 보라.) Authur Lovejoy가 지적한 것처럼 (존재의) 대사슬은 거의 이천 년 동안 동서양의 가장 사색적이고 관상적인 수많은 사상가가 받아들였고, 그것은 전근대의 본질을 대표하며, 좌상 사분면의 거의 대부분의 진실과 현상들을 실제로 다루고 있다. 여기서 좌상 사분면만을 다뤘다고 언급한 것은 부정적이 아니라 긍정적인 의미에서다. 이들은 범접할 수 없는 천재성과 열정을 가지고 이 영역들을 탐구하고 통달하려고 했던 최고의 현상학자들이었다. 그러나 위대한 전통들은 이러한 다른 분면들의 윤곽을 알지 못하였고, 그 시기에는 알 수도 없었다(예를 들면, 우상 사분면의 세로토닌, 도파민, 신경 시냅스, 유전자, 신피질, 세 개의 뇌 등, 우하 사분면의 시스템과 복잡한 이론, 좌하 사분면에 대한 다문화적인 해석 등). 그래서 그들에게는 혹독한 조사를 받을 수밖에 없었는데, 그들이 모두를 아우르는 지식을 갖고 있다고 주장하거나 최소한 완전한 여정에 있다는 것을 주장하였기 때문에 이제 다른 분면에서 발견된 것들은 그 주장을 단호히 꺾어 버렸다(그러나 그들의 특별한 좌상 사분면에서의 주장은 꺾이지 **않았는데**—이것이 중요하다. 만일 더 커다란 그림에 통합될 필요가 있는 부분적 진리라면 그것들은 말할 수 없이 중요한 것이다).

다른 면에서 근대는 우측 사분면들에 대해 놀랄 만한 이해를 가져왔고, 그 이해는 오랜 전통에 날려 버렸다. 이 근대의 습격으로 전통 내용들은 너무 불공평하게 근대 서구의 진지한 지식 계급들로부터 (이론과 연구를 포함하여) 거의 배제되었다. Immanuel Kant는 근대의 개선 행진을 재빠르게 포착했다. "근대성이란 만일 친구가 들어와 기도하는 당신을 보았다면 당신은 쪽팔릴 것이라는 것을 의미한다."

달리 말하면, 진정 탈근대성은(나중에 자세히 볼 것이다.)—근대의 맹점과 같이—전통의 또 다른 맹점에 초점을 맞추어 그들의 지식을 독백적 본성(많은 것을 의미하지만 대화가 되지 **않고**, 상호 주관적이 아니고, 어떻게 문화가 현상과 법의 개인적 개념을 만드는지 깨닫지 못하고, 그래서—본질적인 실수를 하면서—단지 부분적인 문화적 풍미를 진리로 간주한다.)이라고 불렀다.

Jürgen Habermas는 이 독백의 지식을 다양한 이름, 특히 '주체의 철학' 그리고 '의식의 철학'이라고 불렀는데, 이는 그와 모든 탈근대 이론가들이 그들을 신랄하고

완벽하게 공격한 것이었다. '주체의 철학'이란 단순히 개인적 주체가 현상을 자각하지만 실제로는 전혀 깨닫지 못하는 문화적 맥락 안에 놓여 있다는 의미다. 예를 들면, 14세기의 티베트 명상가는 굴속에 앉아서 주의의 대상을 명상하면서—어쩌면 잠보 양틱Zabmo Yangtig(티베트 경전)으로부터—주어진 실재를 다루고 있다고 생각하지만, 반면에 그가 알고 있는 각각의 것들은 실제 문화적으로 (전부가 아닌) 분명한 한계를 지닌 채 만들어진 것이다. 그는 모든 사람을 위한 진리, 초시간적인 진리를 명상한다고 생각하지만 그것은 티베트 사람의 방식인 것이다.

'의식의 철학'은 더 단순히 가정하면 소위, 의식이라는 것이 있는데 그 현상을 개인의식, 집단의식, 혹은 의식의 저장고(예를 들면, **아뢰야식**[7])로 나타낼 수 있다는 것이다. 모든 명상과 관상 전통은 이런 것을 가정하고 있다. 이것은 단순히 잘못된 것이다. 이는 커다란 실수로, 몇 가지 방법에서 **허위의식**false consciousness[8]에 말려들었다. 현재 탈근대가 만장일치로 의식의 철학에 대해 제기한 비판을 진술하는 가장 쉬운 방법은, 간단히 말해 의식의 철학이 다른 세 개의 사분면들이 어떻게 의식 그 자체에겐 보이지 않는 방식으로 의식에 중대한 영향을 끼치고 주도하는가에 대해 알아차리지 못했다는 것이다(다시 지혜 전통의 대홀라키Great Holarchy는 거의 전적으로 좌상 사분면의 일이다).

그러므로 자기 성찰, 명상, 관상(그리고 오직 모든 구역 #1 방법론)은 그들의 방법론이 거기에서 나올 수 없는 다양한 환상과 무지의 형태 속에 갇혀 있다. 탈근대는 이것에 즉시 주목하였고(우리가 앞으로 볼 것처럼, 비록 그것이 목욕물과 함께 아이를 버리는 것일지라도), 근대와 전근대 모두의 독백적인 지식을 파괴하기 위해 나아갔다. 근대와 탈근대의 비판들 속에서 위대한 전통에 남겨진 것은 찻숟가락에 놓일 정도의 작은 위치뿐이었다.

통합적 탈-형이상학의 주장은 전근대 전통의 매우 귀중하고 심오한 진리를 본질적으로 좌상 사분면에 적용시켜 그들이 말하고 보여 주는 것을 깨달아 이용할 수 있

---

7) 역주: 불교의 유심론唯心論에서 말하는 인간의 근본 의식意識

8) 역주: 개인, 집단 혹은 계급에 의해 담지되는 견해나 이데올로기와 개인이나 집단의 객관적인 사회적 · 경제적 지위와 일치하는 이데올로기 간의 불일치를 말한다(출처: 사회학 사전).

다는 것이며, 그들이 다른 세 개의 사분면을 모른다는 것에 책임질 필요가 없고, 그래서 그들의 고유한 진리는 영예롭게 통합의 향연에 포함될 수 있다는 것이다. 마찬가지로 근대는 오른쪽 분면을, 그리고 탈근대는 좌하 사분면을 광범위하게 다루고 있기 때문에 이 모두를 함께 열정적으로 품을 수 있게 되었다.

그래서 형이상학의 짐을 헤치고 나온 전근대 지혜의 전통은 근대와 탈근대의 진리 또한 허락하는 통합의 틀에 어울린다. 이 포함의 함의는 AQAL의 진실이며, 통합의 포용을 어떻게 성취할지에 대해서 충분히 더 나아간 진지한 일련의 토의와 연구에서 더 자세히 설명한다. 만일 그렇게 하지 못한다면 근대와 탈근대의 세계로부터 전통을 소외시키는 일은 더 커질 것이다.

(상호) 주관성의 금기로 인한 위대한 전통의 난관

왜 이런 관계들을 설명하고 있는가에 대한 예는 관상 전통에서 중요하다. Alan Wallace는 그의 책 『**주관성의 금기**(The Taboo of Subjectivity)』에서 내적 관조에 대한 서구 과학 물질주의의 극단적인 우월성을 묘사하였는데, 결과적으로 근대 세계의 관점은 동양과 서양의 관상적이고 명상적인 전통들을 적대시하였다.

이것은 틀림없는 사실이다. 근대 인식론은 일반적으로 그들의 경험적 본성에 따라 정의한다. 그러나 '경험주의experientialism'나 '경험에 기초한' 경험주의empiricism는 외적 경험이나 행동주의(우상 사분면, 실증주의)뿐 아니라, 내면의 경험이나 내관(좌상 사분면, 현상학)도 **본질적으로** 폭넓게 수용한다는 것에 주목하라. 사실 William James의 『**종교적 경험의 다양성**(The Varieties of Religious Experienc)』은 Wallace가 칭송한 것인데, 그것은 **근대 인식론의 진수**다(그것은 형이상학 명제를 경험적 증거로 대체하고, 존재론과 관련해 추정하지 않고 그 결과에 의해 진리를 판가름한다). 달리 말하면 이는 James가 '급진적radical 경험주의'라고 불렀던 것 같은 순수 현상학이다. 그러나 **주관성의 금기**에서 매주 자세히 설명된 다양한 흐름 때문에 내면의 경험주의는 외적 경험주의를 위해 거부되었고, 적어도 근대 후기의 시야에서 관상 전통들은 그 배와 함께 가라앉아 버린 것이다.

그러나 또다시 서구에 명상과 내관에게 닥쳐 온 운명은 근대가 전근대를 죽인 하나의 문제가 아니라, 탈근대가 그 둘 모두를 살해하는 아주 거대한 문제로 다가왔다. 사실 탈근대주의자들이 가장 독살스럽게 (그리고 성공적으로) 공격한 것은 Edmund Husserl이나 James 또는 Dogen[9], Eckhart, 성聖 Teresa에 의해 예증된 근대 현상학이었다. 그들은 탈근대주의자들의 맹공격 대상이 되었으며, 그것이 서구 인문학계 안에서 탈근대주의가 승리한 것이었다.

이 모든 관상 전통이 공통적으로 가지고 있었던 것은 그들이 과거에도 현재에도 독백적이라는 것—그들은 모두 의식의 철학을 지지한다는 것이다. 모든 불교심리학과 소승 불교와 유식학파의 거대한 형이상학 체계는 관상 전통을 포함하여 서구의 위대한 신플라톤주의 체계들처럼 독백적인 개인의식이나 집단의식 위에 생겨났다. 사실상 탈근대 (그리고 근대) 양쪽에 의해 제공된 모든 종류의 지식은 좌하 **사분면의 본질적 성향을 인식하지 못하였고,** 탈근대는 둘을 황폐화시키며 (그리고 맹렬히) 비난하였다. 또다시 훨씬 더 많은 아기를 목욕물과 함께 버렸고, 같은 이유로 영적 탐구자들은 욕조에 푹 잠겨 명상하면서 그것을 법dharma이나 복음이라고 불러 왔다.

명상적 내관과 현상학을 죽인 것은 근대 과학만이 아니었던 것이다. 어쨌든 인문학만 그런 것도 아니었다. 이는 **현상학**(그리고 모든 유사한 방법론)**에 대한 광범위하고 잔혹한 탈근대의 공격**이었다. 대부분의 탈근대주의자들은 과학조차 상관하지 않고, 현상학을 곧바로 추적했다. Michel Foucault는 물리적 과학을 무시하고 Husserl을 공격했다. 그리고 현상학이 문화적 깊이와 모든 자각의 상호 주관성의 논의에 실패했다고 지적하였다. 주관성과 주관적 철학은 상호 주관적 원리와 보완될 (대체가 아니라) 필요가 있는 것이다. 좌상 사분면은 좌하 사분면(우상 사분면과 우하 사분면에 대한 언급이 아니라)을 필요로 한다.

탈근대는 복수심을 지닌 채 이를 포착했다. 전문적으로 말하자면 명상에 대한 탈

---

9) 역주: 선승 도원道元(1200~1253). 일본 조동종 창시자. 중국에서 묵조선을 수학함. "누가 조사가 서쪽에서 온 까닭을 묻는다면, '계곡물이 깊을수록 나무 국자 자루가 길다'고. 이 속의 무한한 뜻을 알고 싶은가? 솔바람이 줄 없는 거문고를 뜯고 있다네."

근대주의자들의 비난은 명상적 자각은 독백적 자각의 전형적인 유형이라는 것으로, 그것은 그 자체로 대화가 될 수 없고 순수한 '현존'과 '있는 그대로 주의를 기울이는bare attention' 내면의 독백이라는 것이다. 그것은 사람을 자유롭게 하는 것과는 동떨어져 그러한 자각의 방식은 문화적 뿌리내림과 상호 주관성에 대한 무지를 강화할 뿐이다. 그리고 사회적 · 문화적 관심—**가부장주의, 성차별주의, 민족중심주의, 남성중심주의**—이 견성 중에서조차 명상가가 그것들을 인식하지 못한 채 영향을 받게 만든다. 그래서 견성은 대화적 현실에 대한 억압과 소외를 허용하며, 상호 주관성의 무지를 강화하는 작업일 뿐이라는 것이다. 그래서 탈근대의 눈으로 보면 너무나 많은 해방의 길이 존재한다.

따라서 다만 관상 전통을 죽인 것은 주관성의 금기가 아니라, **전통이 본래부터 가지고 있었고 조심성 없이 지속적으로 드러낸** 상호 주관성의 금기였던 것이었다. 만일 당신이 주관성의 금기를 치워 버린다 하여도 전통은 탈근대의 가장 깊은 비난에 대해 대처하지는 못한다. 그런 점에서 더 깊은 내관, 순수한 주시, 위빠사나 그리고 의식을 제공하는 것이 의식 철학이 필요로 하는 것이 **아니다**—그것은 정확히 질병이며 치유가 아니다. 그리고 관상기도나 위빠사나가 당신을 에고로부터는 자유롭게 하지만 문화로부터는 자유롭게 하지 못하고, 그것의 편견은 숨은 상호 주관적인 배경으로 남아 결코 의식으로 떠오르지 못하며, 그래서 결코 초월할 수 없고—집단적 무지와 허위의식의 원천이 되어 에고 섬의 노예가 되는 것이다.

결국 지난 몇 세기 관상 전통이 고통스럽게 겪은 이중의 죽음은 **탈근대에 의해 설명되는** 내관이나 **주관성의 금기**(혹은 무시)와 **전통 자체가 드러낸 상호 주관성의 금기**(아니면 무시)와 관련되어 있다. 그렇게 관상 전통은 근대와 탈근대 모두에 의해 비방을 받았고, 진지한 학자와 연구자의 주시 아래 이중의 습격으로 거의 살아남지 못했다. 근대 과학은 관상에 의해 노출된 매우 사실적인 현상을 거부하였는데, 이는 탈근대의 인문학도 마찬가지였다. (만일 이 주제에 대해 더 많은 논의를 원한다면 부록 II를 보라. 탈근대적 혁명에 아직 익숙하지 않은 한 오늘날의 많은 영적 저술가에 대한 비판에 대해서는 부록 III을 보라.)

통합 인식론의 일반적 윤곽

통합 방법론적 다원주의는 이 어려운 주제를 다루는 하나의 방법이다. 이것은 결론이 아닌 관점과 방법론의 통합적 틀 구조 속에서 전근대의 진리, 근대의 진리, 탈근대의 진리 모두가 머물 공간을 확실하게 찾아 주고 있다. 더욱이 이것은 알아보기도 힘들 만큼 심하게 희석시키는 '속임수'가 아니다. **그저 이 모든 진리를 있는 그대로 발견하고 취할 뿐이다.** 이것은 그들이 주장하는 자기 진리의 절대성 주장, 그리고 정당화할 수 없는 주장을 정당화하려는 모든 비계飛階[10](그리고 형이상학)를 바꿀 뿐이다.

또한 우리가 나중에 다시 돌아오겠지만(입문자들에게 더 이해될 때) **통합 방법론적 다원주의는** 근대주의와 탈근대 수호자들의 비난에서 살아남지 못할, 사실 필요하지 않은 것으로 밝혀진 **형이상학 체계가 아니라** 관상 전통의 중요한 진리를 **재구성해** 낼 수 있다.

나는 AQAL(또는 IMP)이 이런 문제에 유일한 해결책이라고 말하는 것이 아니라, AQAL이 이런 모든 문제를 명백하게 진지하게 고려했고, 그러므로 인류와 영의 자기-이해에 관한 전근대, 근대, 탈근대적 흐름의 회상의 요소들을 통합시키기 위한 과정의 한 방법임을 말하고 있다. **이렇게 통합적 접근은 다른 둘의 공격으로부터 각각의 흐름을 보호하고 있다.**

명상적 · 관상적 현실을 아우르는 내적 현실에 초점을 맞춘 채 내적 상황을 이룬 몇몇 주요한 접근들을 탐구하면서 그러한 사례를 살펴보도록 하자.

---

10) 역주: Wilber는 형이상학을 건축 공사 때 높은 곳에서 일할 수 있도록 설치하는 임시 가설물에 비유하고 있다.

제2장

의식의 단계

이 장에서 우리는 내면에 대한 과학적 연구가 만들어 낸 깜짝 놀랄 만한, 실로 혁명적인 발견을 살펴볼 것이다. 우리는 내관, 명상, 관상이 왜 이러한 현실을 포착할 수 없는지도 살펴보겠다. 그러면 그 양쪽을 영예롭고 믿음직스럽게 포함하고 인정하는 더 통합적인 구조에 이르게 될 것이다.

수평-구역 2: 내면에 대한 과학적 연구

우리가 나선 역학에 대해 여러 차례 언급했던 만큼, 일단 좌상 상한에 해당하는 유형의 지식으로부터 출발해 보자. 이른바, **내면**의 안쪽을 객관적 혹은 '과학적'으로 살펴볼 것 말이다(3-p×1-p×1p). 대체 어떻게 이렇게 하는 것이 가능할까? 그것은 내가 방금 언급한 위대한 성공 덕분인데, 다음에서 보다 자세히 살펴볼 것이다. [그림 1-4]에서 이것은 단순히 좌상 사분면의 구역 #2, 좌상 분면의 홀론을 **바깥쪽으로부터** 바라보는 것으로 일컬어지며, 예를 들면 나선 역학이 하였던 작업이 바로 그것이다.

이 방법론의 방식은 근대와 탈근대에 서구가 의식에 접근하여 발견한 가장 위대한 것들의 중심에 놓여 있다. 가장 유명한 것 중의 하나는 Lawrence Kohlberg의 도덕 발달이다. 그의 제자 중 한 사람이었던 Gilligan은 똑같이 유명한 방식으로 구역 #2 방법론을 사용하였고, 이를『**다른 목소리로**(In a Different Voice)』에서 요약하였다. Gilligan은 한 여성 그룹에 "여성은 낙태할 권리가 있는가?"라고 질문하였다. Gilligan은 그들로부터 이 질문에 대해 세 가지 다른 답을 받았는데, "그렇다." "아니다." "그렇다."

첫 번째 유형의 답은 "그렇다. 그녀에게 낙태할 권리가 있다. 왜냐하면 내가 말한 것이 옳으니까. 꺼져 버려."라는 것이었는데, 그녀의 거친 말을 용서하기 바란다. 두 번째 유형의 답은 "아니다. 그녀에게는 낙태할 권리가 없다. 왜냐하면 그것은 법/성서/사회에 역행하기 때문이고, 그런 것은 끔찍한 일이다."라는 것이었다. 세 번째 유형의 답은 "그렇다. 어떤 특정 상황에서는 그렇게 할 수 있다. 왜냐하면 당신은 그것이 모든 사람에게 전체적으로 어떤 영향을 있게 하는지 가늠해야만 하기 때문이고, 어떤 때에는 낙태하는 것이 덜 나쁘기 때문이다."라는 것이다. 이러한 세 가지 답변을 **전**前**인습, 인습, 후**後**인습**이라고 부른다.

이것을 특히 여성의 도덕 발달과 관련시켰을 때,『**다른 목소리로**』에서 나타난 것처럼 Gilligan은 이 세 단계를 (얼마나 많은 사람을 고려하였는가에 따라) **자기본위, 배려, 우주적 배려**라고 설명했다.

나는 남성 혹은 여성에게 일반적으로 이 세 단계를 적용하여 **자기중심적 · 민족중심적 · 세계중심적**이라고 부르기를 제안했다.

이 세 단계의 명칭에는 유용한 정보가 있어서 우리는 그것을 가끔 사용할 것이다.

전인습(**자기중심적**)과 후인습(세계중심적)의 대답이 **모두 그렇다**는 것이고, 인습적인 대답은 아니라는 것에 주목하라. 만일 이런 연구에 익숙하지 않다면, 그 둘이 모두 그렇다고 답했기 때문에 당신은 전인습과 후인습을 단순하게 혼동할지도 모른다. 당신은 "그래요. 나는 인습적인 규칙을 깰 수 있어요."라고 말한 사람을 어떻게 해서든지 더 높은 자유라는 이름하에 권위적 계급 제도를 전복시키려 시도하는 반항이라고 추측할지도 모른다. 어쩌면 말이다. 어쩌면, 그들은 그저 "꺼져 버려.

아무도 내게 이래라 저래라 할 수 없다!"라는 것일 수도 있는데 말이다. **전**인습과 **후**인습은 둘 다 **무**無인습적이며, 그래서 훈련되지 않은 눈에는 비슷해 보인다.

이런 이유 때문에 그것들은 자주 혼동된다. 전前과 후後—혹은 전前과 초超—를 혼동하기 때문에 **전/후 오류**pre/post fallacy, **전/초 오류**Pre/Trans Fallacy, PTF라고 부르며, 또한 우리가 이런 혼동을 이해하는 것이 현 시대의 종교적 역할에 대한 논의에 도움이 되는 것을 알 수 있다. 어떤 발달 과정에서든 전-합리성에서 합리성 또 초-합리성으로, 전 의식에서 의식 그리고 초 의식, 또는 전-언어적인 것에서 언어적 그리고 초-언어적이거나, 전개인에서 개인 그리고 초개인 같은 것에서, '전前 · pre'과 '초超 · trans'의 요소를 자주 혼동할 수 있고, 그런 혼동은 양방향에서 발생한다. 한 번 그것들이 얽히면, 어떤 연구자들은 모든 초-합리적인 현실을 취하여 그것들을 전-합리적인 유치주의infantilism · 幼稚主義, (예를 들면, 프로이트Sigmund Freud)로 환원시키고, 반면에 다른 연구자들은 전-합리적인 유아적 요소를 취하여 그것을 초-합리적인 영광(예를 들면, 융Jung)으로 승화시키기도 한다. 이런 **환원주의**와 **승화주의**는 모두 같은 전/후pre/post 오류를 따르고 있는 것이다.

이것은 영성에서 거듭되는 문제다. 특히 당신이 명상, 관상, 영적 경험의 신비적 상태—정말 비합리적인 대부분의—를 다룰 때, 모든 비합리적 상태가 영적인 것으로, 또는 모든 합리적 상태가 영적이지 않는 것으로 보인다. 가장 흔한 예는 그 상태를 디오니소스주의자(비합리적)와 아폴로주의자(합리적)로 나누는 것이며, 그러고 나서 디오니소스주의자들은 영적인 것과 동일시하는 것이다. 그러나 거기에는 단순히 '비-합리적'인 것이 아닌, '전-합리적'이고 '초-합리적인' 것이 있다는 사실이 감추어져 있다. Nietzsche조차 **두 개의 철저히 다른** 디오니소스주의자들의 상태(전과 초)를 보았다. 그러나 한 번 전/초 오류가 발생하면 그것은 합리적이 아닌 영적인 것으로 나타난다. 전-합리적이고, 합리적이고, 초-합리적인 것 대신에 당신은 그냥 합리적 · 비합리적인 것만을 생각하게 되는데 여기서 문제가 발생한다.

만일 당신이 영Spirit을 믿지 않는다면, 당신은 모든 초-합리적 사건을 가져다가 전-합리적 충동으로, 언어 능력 이전의 허튼소리로 생각하여 어쩌면 그것을 퇴행이라고 주장하면서 유아기의 대양적 혼돈의 나날들이 연장된 것에 불과하다고 여길지도 모른다. 당신은 대단한 환원주의자이며 여러 이름으로 부를 수 있겠지만, 어쨌든 행복하게 하루를 시작하면서 초-합리를 전-합리로 분리시키고, 영에 대한 모든 경험을 소화되지 않는 고기 조각으로 취급하고, 선을 당신이 너무 커져 맞지 않는 무언가로 축소시킨다. 계속 그렇게 하면 말이다. 그러면 교묘한 속임수와 지적知的인 나태함으로 모든 진정한 초-합리적 현실은 사라져 버리고 만다.

다른 한편으로 만일 당신이 영을 믿어서 어떤 비합리적인 것을 영이라고 한다면, 그 모든 전-합리적 왜곡과 꼬임에 넘어가—얼마나 유아적이고, 유치하고, 퇴행적이고, **자기중심적**이고, 비합리적이고, 또 이기적인가에 상관없이—어떻게든지 깊이 영적이고 종교적인 최상의 분투적인 성장을 위해 당신의 의식 속에서 그런 영역을 강화시키려 할 것이다. 모든 피터팬 신앙은 전-합리성이 영광스럽게 초-합리적인 것으로 승화될 때 영의 이름 아래에서 용기를 얻고 있다. 이것은 그의 이기심과 전-합리성, 전인습적 충동조차 특별히 영적인 것으로 보이게 만들지만, 그것들은 이성 너머가 아니라, 그 아래에 머물 뿐이다.

또 이것은 어쩌면 매우 슬프게도, 만연하는 **반**反**지성주의**(초월하고 포함하는 초超지성주의 대신)로 인도한다. 이 반지성주의와 합리주의를 반대하는 자들(재빠르게 합리주의 이전으로 빠져나가는 자)은 불행하게도 (그것이 세계중심적에서 민족중심적으로, 자기애적으로 미끄러지는 것처럼) 자기애적 접근을 명상과 영적 연구라고 양육하며 고무한다. 이 반지성적 자기애는 영성을 추구하는 대중문화와 대안학교에서 굉장히 흔하다. **자기중심**의 느낌을 세계중심의 느낌과 혼동하여서 그 둘이 모두 느낌이기 때문에 전/후 혼동 속에서는 내가 그렇게 느끼고 강하게 표현한다면 무엇이든지 영적인 것으로 간주된다. 만일 내가 자기애를 매우 강렬하게 느낄 수만 있다면, 나는 신(혹은 여신이나 부처의 본성)에게 더 가까이 가고 그러면 '우주적 배려'는 '이기심'이 되어 버리고, 그렇게 '나 세대The Me Generation'가 등장한다. 이러한 대담하고도 열광적인 천박함의 포옹은 너무나 많은 대안적 영성 접근에 새겨졌다.

(덧붙여 말하자면, 전/초 오류는 단계에만 적용되고 상태에는 적용되지 않는다. 내가 아는 유일한 전/초 오류 비판이 바로 이런 혼란을 빚어냈는데, 이런 타당하지 못한 비판은 차치하고, 이 개념은 전문가들 사이에서도 채택되어 왔다. 다루기 힘든 혼란들을 정리하는

데 엄청나게 도움이 되기 때문이다.)

Gilligan으로 돌아가자. 질문에 답이 세 부류(A: 그렇다, B: 아니다, C: 그렇다)로 나뉜다는 것을 알았던 그녀는 (유사한 연구를 하는 다른 사람들과) 몇 년 동안 이 참여자 그룹을 연구했다. 그리고 B라고 답했던 사람들이 **언제나처럼** C로 이동했지 결코 A로 가지는 않는다는 것을 알아냈다. 그래서 A였던 사람은 B로 또 C로 이동하지만, 결코 다른 방향으로는 돌아가지 않는다는 것을 알았다. 달리 말하면, 이 답의 **부류들은** 실제적인 답의 **단계**를 의미하는 것이다.

이것을 가볍게 말한다면 매우 재미있다. 이 정신psyche의 **방향성**은 왜 있는 것일까? 왜 단계는 결코 뒤로는 움직이지 않는 걸까? 왜 시간의 화살은 정신에서 그렇게 뚜렷하게 나타나는 걸까? 이 연속적 단계는 어떻게 **실제로 만들었는가**? 그래서 다음 임무는 '그들이 무엇으로 구성되었는지' 혹은 이 단계 아래 보이는 정신 내 구조나 **패턴**을 밝혀내는 일이다.

이런 연구 방식은—우리가 앞으로 볼 것처럼, 실제 거의 100년 전에 발견했던—**구조주의**로 알려진, 믿을 수 없을 정도로 영향력 있는 접근에서 시작되었다. 연구의 기초는 본질적으로 이와 같다. 커다란 그룹의 사람들에게 일련의 **질문**을 제기하라. 그들의 **답**이 어떤 **부류**로 떨어지는가를 보라. 만일 그렇게 여러 번 그 부류를 따라가면서 **단계**의 연속적인 순서가 나타나는지 살펴보라. 만일 그렇다면 그 **구조**를 밝혀내거나 혹은 그런 단계들을 구성하려는 시도를 하라.

이는 확실히 진정한 구조주의 연구 단계들이고, 많은 과학과 모든 인문학에 활기를 주는 효과적인 발견이다. 사실 오늘날의 모든 단계 개념—Maslow부터 Graves, Loevinger, Kohlberg, Gilligan, William Torbert, Kegan까지—은 여전히 본질적으로 발달적 구조주의자들에 의해 초기에 만들어진 연구 단계를 따르고 있다. 그래서 **구조주의**는 일반적으로 정말 수백 명의 다른 연구자들 사이에서, 정확히 말하자면 Gilligan과 Graves에 의해 알려진 것처럼 정신과 문화 안의 이러한 내면의 단계들을 탐구한다.

몇몇의 것들에 즉시 주목하라. 시작하면서 만일 당신이 그런 연구자라면 당신은 이미 개인의 **내면을** 다루고 있는 것인데, 왜냐하면 **외면 세계**에서는 어디에서도 **이**

런 구조를 볼 수 없기 때문이다. 내면 현실—그것이 내관이든, 명상이든, 현상학이든—은 외면 세상의 어떤 곳에서도 볼 수가 없다. 그래서 이 구조 연구는 이미 당신을 왼쪽, 내면 분면에 두고 (이미 당신을 실증주의 캠프 밖에 두기에 충분하다.) 있다.

그러나 **내면의 현실**(1-p × 1p)과 작업할지라도 당신은 그것들의 외면적, '과학적' 혹은 '**3인칭의**' **관점**(3-p)을 취하고 있다. 그것을 연구할 때 당신은 '바깥에서부터 from without' 그것을 보면서, 내면에서 그것을 경험할 필요는 없다. 예를 들면, 당신이 도덕적 1단계(전인습이나 자아중심적)에 있는 사람을 인터뷰할 때 당신 스스로가 도덕적 1단계를 경험할 필요는 **없다**는 말이다. 그러므로 당신은 그 단계에서 **1인칭**(1-p)의 지식을 가진(필요한) 것이 아니다. 그러므로 좌상 사분면에서 당신은 **본질적으로** 어떤 특정 상태나 단계의 1인칭 경험을 원하는 명상가와는 다른 것을 하고 있는 것이다. 그러므로 [그림 1-2]와 [그림 1-3]에서 선禪 명상가는 **안에서**from within(내관과 현상학을 거쳐) '나' 홀론을 바라보고, 객관적 연구자는 **바깥에서**from without(예를 들면, 구조주의를 거쳐) 보는 것이다. 그러나 그들 각자는 내면이나 왼쪽, '눈에 보이지 않는' 현실들(그들 모두를 실증적, 혹은 외면으로부터, 혹은 우측 상한 진영으로부터 쫓겨나게 만든)을 탐색하고 있다. 그러나 그 둘은 각자 서로에겐 보이지 않는 특별한 현상과 패턴을 볼 수 있고, 그것은 중요한 지점(우리가 잠시 돌아올 지점)이다.

구조주의의 역사적 (그리고 지속되는) 중요성

현상학과 구조주의(아니면 구역 #1과 구역 #2) 사이의 주요 차이 중 하나는 현상학이 즉각적 경험이나 자각에서 일어나는 마음의 내용(아니면 현상)을 보는 반면, 구조주의는 현상이나 경험에 따르는 패턴을 본다는 것이다. 현상학은 **직접적 경험과 현상**을 찾고, 구조주의는 **현상과 관련한 패턴**을 찾는다. 이러한 패턴이나 구조는 현상을 지배한다. 현상이 그것을 알지 못해도 말이다.

익숙한 유사성은 카드 게임에서도 볼 수 있다. 포커라고 하자. 만일 당신이 포커 게임을 본다면 현상학자로서 당신은 각 카드의 정확하고 실재적인 현상을 묘사하며, 모든 다른 각각의 카드에 주목하여 카드의 색깔, 규격, 모양, 재질 등등을 특징지을 것이다. 당신은 모든 카드를 최대한 진지하게 경험할 것이다. 그러나 그 카드들에는 실제 따르고 있는 규칙이 있고, 이 규칙들은 카드 자체에는 드러나지 않을 것이다. 구조주의자는 정신의 내용이나 카드들이 실제 따르고 있는 패턴과 전체적인 구조-규칙을 찾는다. 당신은 자신의 마음으로 들어가 자기 마음을 바라볼 수 있지만 거기 어디서도 이런 규칙을 결코 찾지 못하는데, 그것은 보통 현상학으로 보이지 않고 명상으로도 보이지 않으며 내관으로도 찾아내지 못하는 것이다.

(이것이 바로 당신이 명상하며 방석에 수십 년 앉아 있어도 결코 나선 역학의 단계와 비슷한 어떤 것도 알아내지 못하는 이유다. 역으로, 당신은 소가 집에 돌아올 때까지 나선 역학을 연구할 수는 있으나, 깨달음이나 견성見性에는 결코 이르지는 못한다는 것이다.)

역사적으로 구조주의 학파는 (좁은 의미에서) 좌하 사분면 구역 #4 접근에서 시작하였다(예를 들면, Clande Lévi-Strauss, Roman Jakobson). 즉, Gilligan이 '객관적' '과학적' '3인칭' 접근(비록 그것이 Gilligan, Graves, Kegan 등의 이전 수십 년에 걸쳐 이루어졌다 할지라도)을 사용한 내적 현실을 연구하여 '나'라고 하였던 것과 같이 '우리'라는 것을 시도한 것이다. 이것으로 구조주의(반역사적이고 집단주의자였던)의 원래의 접근이 만족스럽지 않아 변화가 필요하다는 것이 분명해졌다. 그 첫 단계로는 그것을 역사적 혹은 발달적 구조주의(아니면 계통 연구)로 만드는 것이었으며, 두 번째는 그 접근에서 개인을(좌상 사분면) 다루거나 문화(좌하 사분면)를 다루어 분화시키는 것이었다.

개인에게 적용한 발달 구조주의(구역 #2)는 미국의 가장 위대한 심리학자 중의 한 사람인 1900년 초기의 선구적인 천재 **James Mark Baldwin**(그의 연구자들은 다른 사람들 사이에서 Jean Piaget를 포함했다.)에 의해 그 첫 번째 성공이 이루어졌다. 사실 Baldwin은 **Gebser**와 **Sri Aurobindo**를 포함한 모든 유명한 발달 구조주의자에 앞서 누구보다도 훨씬 더 복잡한 모형을 갖고 있었다. 이 무명의 영웅 Baldwin은 이런 것을 이해하는 사람들에 의해서 복권되고 있다. Baldwin 이후 40년 뒤에 복잡함과 완벽함이 덜한 Gebser의 구조 모형은 그럼에도 불구하고 강한 영향을 끼쳤는

데, 그것은 아마 너무 단순하게 이해되는 현재 널리 알려진 한-라인one-line 모형이기 때문인 것 같다. 그의 주요 단계는 **태고**에서 **마법, 신화, 합리적 · 통합적 관점들**로 이어진다. 우리는 이 모형을 뒤의 그림에 포함할 것이다.

재미있게도 Baldwin이 구역 #2 접근을 선도하는 동안, 그와 동시대인인 James는 구역 #1이나 종교 경험 현상 『**종교적 경험의 다양성**(The Variety of Religious Experiences)』을 포함하여 내면의 의식 현상과 그 경험에 대해 아주 정밀한 논법을 제시하였다. James가 근대주의자의 접근과 유대하는 곳에서, Baldwin은 초기의 탈근대주의와 후에 뒤따르는 탈근대의 탈구조주의를 만들어 내는 탈근대주의적 접근의 씨앗을 뿌리고 있었다.

마침내 **Foucault**에 의해 이러한 발달 구조주의(혹은 **계보학**)의 선구적 형태가 집단적 '우리'에, 특히 언어적으로 형성된 우리의 세계관에 적용되었고, 이는 지난 40여 년간 인문학계를 지배하게 된 보다 최근의 탈근대적 조류가 도입되게 도와주었다. 그리하여 근대 인식론이 한쪽의 끝에서부터 ('과학이 아닌' 것들을 찾아서) 영적 전통을 먹어 치우고, 탈근대가 다른 쪽 끝에서 (그들을 답답하다고 과소평가하며 가부장적이고 독백적이라고 간주하면서) 그것을 먹어 치웠다. 우리가 앞으로 볼 것처럼 이 두 비판에 대한 치유책이 있기는 하지만, 둘 다 아프면서도 종종 타당한 비판들이었다.

그 사이에서 요점은 오늘인데, 누구든 개인의 다양한 내적 측면의 **발달 단계**를 조사할 때는 Baldwin에서 시작하여 이 위대한 선구자들의 뒤를 따라간다. 1950년에는 미국(즉, 앵글로-색슨) 학계를 지배한 우상 사분면-실증주의UR-positivism의 순간적인 완화가 있었고, 그래서 이 일반적인 구역 #2 방법론에 대한 관심이 갱신되어 폭발적인 연구가 이루어지면서 선구적인 천재들이 전적으로 새로운 발달 연구를 풍부히 하였는데, 이들 중에는 Erik Erickson, Maslow, Graves, Kohlberg와 Loevinger 등이 있다.

개인 단계의 연구자들은 **좌상** 사분면에 다양한 종류의 구역 #2 방법론(포함하지만 제한하지 않는 구조주의)들을 지속적으로 사용하였는데, 여기에는 Kegan, William Perry, Robert Selman, Cook-Greuter, Gilligan, 나선 역학, Jenny Wade,

Michael Basseches, Torbert, Patricia Arlin, John Broughton, Kurt Fischer, Gardner와 다른 중요한 탐구자들 다수가 있다.

관상적이고 명상적인 전통과의 직접적인 연관성에 주목하라. **이 접근은 명상, 향심기도, 관상에서 보이지 않는 의식 측면에 관한 정보를 제공한다.** 동양이나 서양에서 **당신은 단순히 명상**, 내관, 현상학이나 어떤 다른 구역 #1 접근으로 **이 단계를 보지 못한다.** 이것이 바로 당신이 수년 동안 명상 방석에 앉아 있어도 결코 나선 역학의 단계를 알지 못하는 이유이며, 왜 당신이 거기서 세계 곳곳의 영적, 관상의 내용을 찾을 수 없는가 하는 이유다.

이것은 근대와 탈근대 세계에서 관상 전통을 받아들이는 데 매우 중요한 것으로 판명되었다. **이 단계의 유형을 고려해 받아들인 기도, 관상, 명상의 주요 학파는 현재 없다.** 현재로서는 이러한 류의 단계들을 고려한 주요 명상, 관상, 기도학파가 존재하지 않는다. 이는 또한 대안 대학과 접근들에게 고통스러울 정도로 어려운 문제인 것으로 밝혀졌다. 그들 대부분이 중요한 구역 #2의 발견들을 자각하지 못하였으며, 이는 또한 당신이 명상으로 그것들을 볼 수 없으며, 직접적인 감각으로도 그것들을 느낄 수 없기 때문이다.

문제는 한층 나아가 모든 수평hori 구역은 장애를 지닐 수 있는데, 만일 그 구역을 당신이 볼 수 없다면 이러한 유형의 불不-편안dys-ease을 알 수가 없는 것이다. '부머리티스'나 '다원주의자들pluralitis'은 이 구역 #2 어딘가에서의 장애이며, 이 불-편함들은 명상이나 현상학 혹은 느낌-자각으로는 알 수가 없다. 그래서 당신을 다양한 사슬에서 자유롭게 하는 관상 전통이 이 사슬(구역 #2 탐구자들은 즉시 알아차리는 사실)을 그저 더 조이고 있는 것이다. 그래서 오늘날 관상가들이 의도치 않게 가장 유력한 파괴자로 보이는 것이다.

좌상 사분면에 있는 다른 바깥쪽 접근

계보학, 구조주의 그리고 그들의 변형들 외에 내면 현상에 대한 또 다른 바깥쪽 접근이 있다는 것을 간략히 언급해 보자. 가장 흔한 것은 Charles Tart 같은 저명한 연구자들이 사용해 온, 아마도 **시스템 이론**일 것이다. 나는 시스템 이론의 역할을 주석에서 계속 다룰 것이며, 여기서는 좌상 사분면에서도 유용하긴 하지만, 시스템 이론은 우하 사분면에서 가장 잘 적용되는 것으로 입증되었음을 간단히 언급하고자 한다. (다양한 이유로 시스템 이론은 개인 홀론보다는 사회적 홀론에 가장 잘 적용된다).[1] 시스템 이론에 대해선 집단적 사분면(좌하 그리고 우하)과 영적 자각에서 그것들이 지닌 역할에 대해 조사할 때 다시 돌아오겠다.

의식의 수준과 라인들

내면—좌상 사분면의 구역 #2 관점—의 '바깥쪽' '객관적' '과학적' 관점에 머물면서 우리가 알아차린 첫 번째 것은, 많은 다양한 연구가 **발달 라인과 그 수준**이 서로 다르다는 것을 지적하고 있다는 것이다. 게다가 우리는 어떻게 이 다양한 발달 라인이나 '다중 지능'이 관련되어 있는가에 대한 첨예한 이슈와 마주하고 있다. 이것은 앞으로 알게 되듯이 영적 발달에, 특히 중요하다.

초기 발달 이론가들은 발달이라고 불리는 것을 가정하는 경향이 있었고 그것을 확인하였다. 단계들은 단순히 발달에 대한 '유일한' 과정의 지도였다. Piaget는 그의 인지 라인이 유일한 기본적인 라인이라고 가정하였고, 그 이외의 모든 것은 크리스마스트리 위의 방울들처럼 그것에 달려 있었다. Graves는 그의 '가치 시스템'이 실제 '존재의 수준'으로 모든 것은 거기에 퐁당 떨어져 버릴 수 있다고(그의 초기 연구가 미국에서 백인의 중간 계층의 대학생을 대상으로 하였고, 놀랍게도 대체로 환원주

---

1) 이 외의 다양한 자료는 www.kenwilber.com과 wilber.Shambhala.com에서, 특히 이 책의 후주뿐 아니라 발췌된 것(삭제된 자료), 피드백, 토론 포럼 등에서 찾을 수 있다.

의적인 단 하나의 간단한 질문—"심리적으로 건강한 인간 유기체의 행동을 정의하라."—에 대한 답이었다는 사실에도 불구하고) 가정하였다. 물론 초기의 연구자들은 그렇지 않는 경우를 상정하기가 거의 불가능했다. 그들이 가로지르고 있던 영역이 본질적으로 미지의 전인미답이었다는 점을 감안해야 한다.

그러나 이러한 선구적인 연구의 40년 후, 우리는 테이블 위에 그 모든 결과를 놓고 오인할 수 없는 패턴이 나타난 것을 볼 수 있다. 즉, 발달 라인 하나가 아니라 많은 모형이 나타나는데, 거기에는 최소 **십여 개의 다른 발달 라인**—인지, 도덕, 관계, 정서, 심리성적, 운동감각, 자기, 가치, 욕구 등—이 있는 것이다. 위대한 발달주의자들은, 특히 발달 라인이나 지류에서 대단한 세심함으로 탐구하였지만 실수가 있었다. 그들은 그것만이 유일한 본질적 지류이고 다른 것들은 그들의 지류 안에서 일어난 어떤 것이라고 자주 쉽게 환원시켰는데, 이는 역사적으로 더 발전된 연구들에서 드러난 정당하지 않은 억측이었다(우리는 이것을 **지류**stream와 **라인 절대주의**line absolutism라고 부른다).

복합적인 발달 라인의 아이디어는 다중 지능—인지 지능, 정서 지능, 음악 지능, 운동감각 지능 등—의 개념으로 널리 보급되었다. 연구들은 이 복합 라인이 실제로 **비교적 독립적인** 방식으로 발달한다는 것을 계속 확인하여 왔다. 한 사람에게 어떤 라인(예를 들면, 인지)은 높은 발달을 보이고, 다른 것(예를 들면, 대인 관계)은 중간적 발달, 또 다른 것(예를 들면, 도덕)에서는 아주 낮은 발달이 나타나는 것을 볼 수 있다. AQAL은 이 복합적인 지류와 그들의 발달을 표상한 **통합 심리도**integral psychograph를 소개한다([그림 2-1]을 보라).

그럼 발달 라인에는 무엇이 있고, 그것들이 의미하는 것은 무엇일까? 그것은 삶의 질문에 대한 다른 라인들(혹은 다중 지능)의 다른 답의 유형들이다. 예를 들면, **나는 무엇을 자각하고 있는가**? (삶의 질문에 대한 인지 라인이나 인지 지능의 답이다. 예: Piaget) **내게 무엇이 필요한지** 자각하고 있는가? (Maslow의 욕구 위계) 나는 무엇을 나의 '**자기**' 혹은 '**나/나를**'이라고 부르는지 자각하고 있는가? (자아 혹은 자기 발달 라인, 예: Loevinger) 나는 어느 것에 가장 **가치**를 두는지 자각하고 있는가? (가치 체계, 예: Graves) 나는 그것들을 어떻게 **느끼는지** 자각하고 있는가? (정서 지능, 예: Daniel

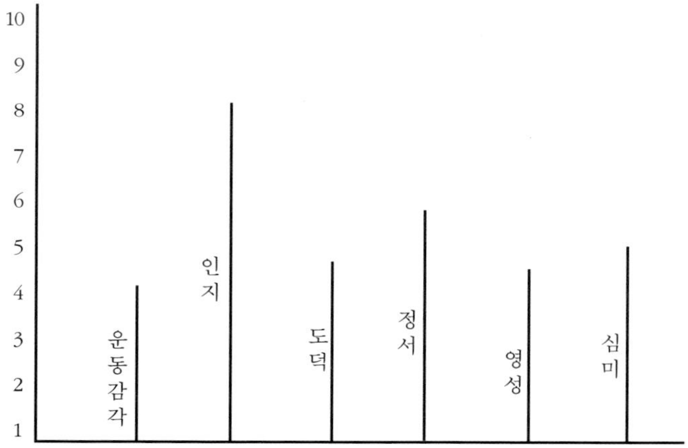

[그림 2-1] 통합 심리도

Goleman) 어느 것이 가장 매력이 있거나 **아름다운지** 자각하고 있는가? (심미안 라인, 예: Housen) 무엇을 하는 것이 **옳은**지 자각하고 있는가? (도덕 지성, 예: Kolberg) 당신과 **관계**하려면 내가 무엇을 해야 하는지 자각하고 있는가? (상호관계 발달, 예: Selman) 무엇을 **궁극적인 관심**으로 삼아야 하는지 자각하고 있는가? (영적 지성, 예: James Fowler)

삶은 우리에게 이러한 문제들을 제기한다. 우리는 그것들에 답을 한다. 질문의 구조와 역사는 이러한 계보학과 발달 구조주의의 광대한 영역이다. 이 근본적 질문들 각각은 정확히 그 존재 자체로 우리에게 나타나기 때문에 마치 그것들에 응답하는 데 특화되어 진화한 '기관'이 정신 내에 자리 잡은 것처럼 보인다. 원한다면 이를 삶의 질문들에 '영리하게' 답하는 데 주력하는 다중 지능이라고 부를 수 있을 것이다.

〈표 2-1〉 발달 라인, 생에 대한 질문, 그리고 연구자들

라인	삶과 관련된 질문들	대표적 연구자
인지	나는 무엇을 인식하고 있는가?	Piaget, Kegan
자기	나는 누구인가?	Loevinger
가치	무엇이 나에게 중요한가?	Graves, 나선 역학

도덕	나는 무엇을 해야 하는가?	Kohlberg
대인 관계	어떻게 우리는 관계해야 하는가?	Selman, Perry
영성	무엇이 나의 궁극적인 관심인가?	Fowler
욕구	나는 무엇을 필요로 하는가?	Maslow
운동감각	신체적으로 나는 이것을 어떻게 해야 하는가?	Gardner
정서	이것에 대하여 나는 어떻게 느끼는가?	Goleman
심미	나에게는 무엇이 매력이 있는가?	Housen

위대한 발달심리학자들은 단순하게 이 **질문**과 **답**을 보았고, 답의 구조에 주목하였으며, **오랫동안 그것을 추적했다**. 그렇게 하는 것은 그들로 하여금 (우리가 Gilligan과 함께 본 것처럼) 이들 각 발달 **라인**의 각각이 **수준**(**단계** 혹은 **파동**의 형태로 펼쳐진)을 포함한다는 것을 보게 하였다. "고도로 발달한" 혹은 "빈약하게 발달한"이라고 언급하는 것조차 발달 수준과 관련되어 있으며, 실제로 이 발달 라인 각각은 '낮은, 중간, 높은, 매우 높은'에 이르는 그 나름의 성취 수준(즉, 펼쳐지는 단계)을 지닌 것으로 밝혀졌다(현재까지 수준의 상한선은 없는 듯 보인다). '발달의 수준'은 언제나 '특정 라인의 수준'이다. 우리는 일찍이 도덕 라인에서 세 개의 일반적 단계—**자기중심**에서 민족중심, 그리고 세계중심으로—의 예를 보았다.

이 모든 연구자의 결과를 함께 놓으면, —그들의 초기 연구에선 그들 중 그 누구도 해낼 수 없는 무언가—그 결과는 정말 통합 심리도([그림 2-1])와 같다.

모든 곳에서의 지류와 나선

나는 발달 라인이 엄밀한 의미에서는 실제 선이 아니라는 것을 굳이 지적할 필요가 없기를 바란다. 기껏해야 그들은 행동의 개연성을 나타내는 것이다—따라서 자로 그린 직선이라기보다는 연무煙霧 같은 것이다. 많은 연구는 발달 라인을 **발달의 지류**支流(그리고 그들은 수준을 **파동**waves이라고 부른다)로 나타낸다. 그래서 '수준과 라인' 대신에 '파동과 지류'다. 나는 이것을 좋아하고 자주 사용한다.

또한 많은 발달 라인과 지류가 매번 동일한 기반을 보다 높은 관점에서 감싸면서 여러 유형의 주요한 양극성 사이에서 종종 진동하고 소용돌이친다는 것에 주목하라. 나선으로 생겨나는 발달 라인의 개념은 최소한 Erik Erikson(1963)에게로 돌아간다. 이와 관련해 나는 세 개의 그림을 포함하여 몇몇 발달 라인에서 이런 종류의 나선 움직임을 지적했다. Kegan(1982)에 기초한 것과 Cook-Greuter(1990) 그리고 나선 역학(1996)이다([그림 2-2]를 보라).[2)] 발달이 놀라울 정도로 유기체적이며, 흐르고 있고, 나선적이라는 것을 단순히 인식하는 것은 이 모든 지도의 정확한 세부 사항을 아는 것보다 중요하다.

만일 발달의 다양한 수준과 **파동**이 홀라키적holarchical(즉, 초월하고 포함하는 둥지의 원형의 연속)이라는 것을 당신이 안다면, 그리고 발달 라인들을 흐르거나 나선적인 것으로 더 잘 묘사한다면, [그림 2-1]의 심리도가 [그림 2-3]이 묘사한 것보다 실제로 더 많은 것을 보여 준다는 것을 알 수 있다(비록 이것이 넷 혹은 다섯 개 라인을 나타내지만 당신은 그 흐름을 알 수 있다).

서로 다른 라인들의 관계

그러면 여러 발달 라인들의 상호 관계는 무엇인가? 이것은 그들이 보여 주는 것처럼 단순한 질문이 아니다. 이것은 한 라인의 수준/단계를 절대 다른 라인의 수

---

2) Robert Kegan을 보라. 『진화하는 자아(The Evolving Self)』『인간 발달에서의 문제와 과정(Problem and Process in Human Development)』, 케임브리지: 하버드 대학교 출판, 1982; Susann Cook-Greuter 『삶의 지도: 공생共生에서부터 자각하는 우주적 관계까지의 자아 발달 단계들(Maps for Living: Ego-Development Stages from Symbiosis to Conscious Universal Embeddedness)』; Michael L. Commons 외(편집). 『성인 발달(Adult Development)』, 2권: 『청소년과 성인 사고 연구의 모형과 방법(Models and Methods in the Study of Adolescent and Adult Thought)』, 뉴욕: 프레거 출판사, 1990; Don Edward Beck과 Christopher C. Cowan, 나선 역학 『가치, 리더십, 변화의 달인(Spiral Dynamics: Mastering Values, Leadership, and Change)』, 케임브리지, 매스: 블랙웰 출판, 1996.

준/단계에 적용하여 사용할 수 없다는 것이다. 우선 그들이 어떻게 줄지어 있는지 정확히 알 방법이 없기 때문이고, 두 번째로는 우리가 그것을 안다고 하여도 다른 라인의 구조는 마치 사과와 오렌지처럼 다른 것이기 때문이다(예를 들면, 도덕 수준은 Graves주의자들의 가치 수준과 용어와 확실히 다른 용어로 기술된다). 이것이 바로 Piaget주의자들의 인지에 대해 말하고 묘사하기 위해서 나선 역학의 용어를 사용할 수 없는 이유다. 어떤 사람은 형식적 조작 사고에 있으면서 오렌지색의 가치를 가질 수 있다. 당신은 형식적 조작 사고에 있으면서 파란색의 가치를 가질 수 있다. 혹은 빨간색이나 자주색을 가질 수도 있다. 따라서 형식 조작적인 것과 오렌지는 같은 것이 아니다. 즉, 어떤 사람이 **하나의 동일한 행위 속에서, 그리고 절대적으로 동시에** 인지의 특정 수준에 있으면서도 자기-감각에서는 그와 다른 수준, 도덕에서는 또 다른 수준에 있을 수 있다는 증거가 있으며, 이는 주로 하나의 라인에서만 그려진 나선 역학 같은 모형으로는 설명할 수 없는 것이다. 만일 당신이 그것을

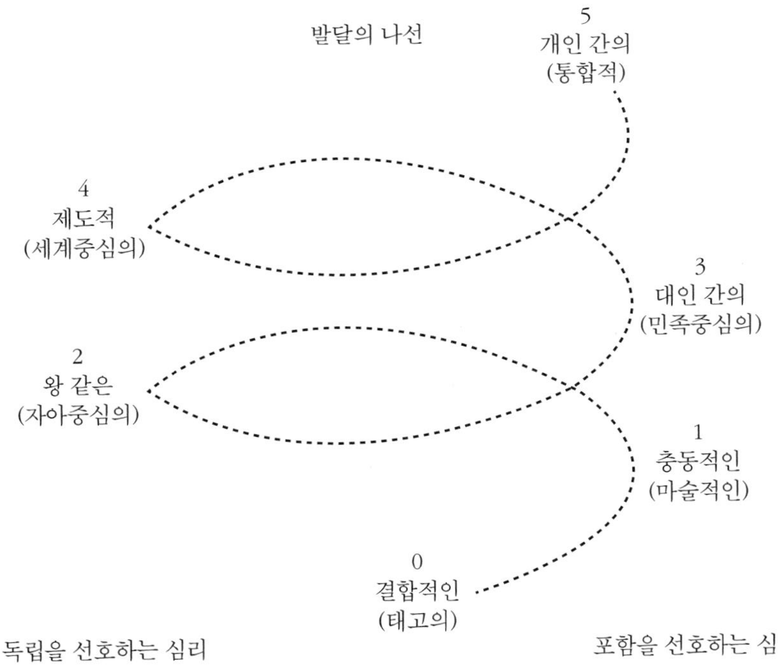

그림 2-2a Kegan(1982)

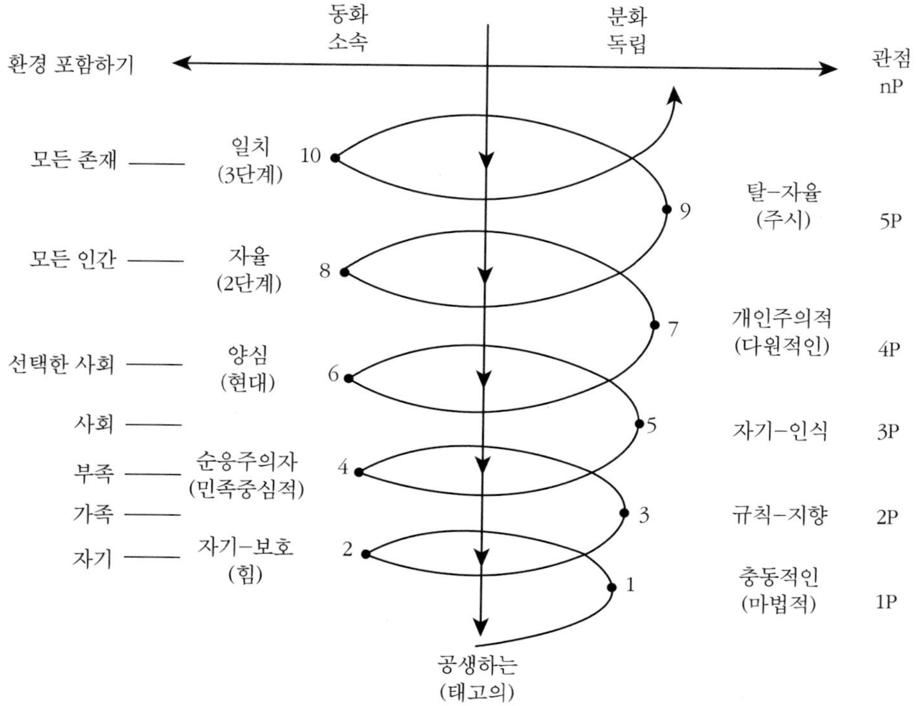

그림 2-2b Loevinger/Cook-Greuter(1999)

나선으로 꼰다 하여도 사다리는 여전히 사다리인 것이다.

십 수여 개의 그토록 다른 다양한 발달 라인은 당신이 예상하고 연구들이 증명한 것처럼 실제로 서로 다르다. 그러나 정말 인상적인 것은 이것이다. 심리도에 따라 라인들과 발달 모형들을 서로의 옆에 놓으면 모든 라인은 같은 방향으로 성장하는 것을 보이는데, 그것은 복잡성[그것을 3인칭(3-p) 용어로 놓으면]이 증가하고 의식[그것을 1인칭(1-p) 용어로 놓으면]이 증가하는 것을 묘사하는 것일지도 모르겠다. 여기서 실제 변화도gradient · 變化度란 무엇일까? 심리도에서 수직 혹은 y-축은 무엇일까?

달리 말하면, 모든 발달 라인의 높이를 잴 수 있는 표준 척도가 있는 것인가? 이것은 지난 몇 십 년 동안 발달심리학자들에게 엄청난 퍼즐이었다.

그림 2-2c 나선 역학(1996)

[그림 2-2] 발달의 나선 라인에 관한 예들

이것을 설명하려고 시도한 두 개의 이론이 있는데 AQAL은 그 둘 모두를 사용하고 있다. 이론 중 하나는 대부분의 발달심리학자들이 받아들인 것으로 모든 라인의 단독 기본 척도인 인지 라인인데, 이것과 다른 것들이 연계되는 기제가 있기 때문인 것 같다. 다시 말해, 연구들은 인지 라인의 성장이 필요하긴 하지만 다른 라인의 성장을 위해 그것이 충분한 것은 아니라는 것을 지속적으로 보여 주었다. 그래서 당신은 인지 라인에서 높은 발달을 이룰 수 있지만 도덕 발달 라인에는 빈약할 수 있으나(예를 들면, 아주 똑똑하지만 비도덕적인 나치 의사들), 그 반대(예를 들면, 낮은 IQ에 높은 도덕성)는 찾아볼 수 없다. 이것이 당신이 형식적 조작 사고와 빨간색 가치를 가질 수 있지만 전조작적 사고와 오렌지색 가치는 가질 수 없는 이유다(또, 만일 나선 역학의 브이밈vMEMEs들이 유일한 수준이라면 설명할 수 없는 것이다). 그러한

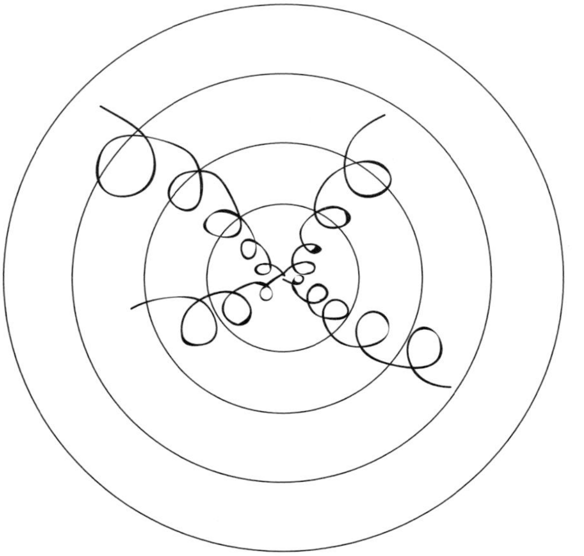

[그림 2-3] 발달에 대한 유기체의 파동과 나선의 지류

관점에서 고도를 인지 라인으로 나타내기는 하지만, 이는 다른 라인들의 필요조건이지 충분조건은 아니다. 다른 라인들은 인지 라인의 변동이 아니라, 그것에 의존할 뿐이다.

다른 라인들에게 인지 라인이 필요하지만 충분한 것은 아니라는 주요 이유는 당신이 그에 따라 행동하거나 느끼거나 동일시하거나 필요로 할 때에 그것을 인식해야 하기 때문이다. 이것이 바로 종종 질문들이 다음과 같이 표현되는 이유다. "내가 자각하고 있는 여러 가지 것들 중에서 내가 가치를 두는 것은 무엇인가?" 인지는 다른 라인들이 운영하게 하는 현상이다. 이는 인지가 그런 종류의 높이를 표시할 수 있기 때문이다.

통합 심리학 Integral Psychology에서 소개한 (그리고 덧붙인 인용에서 장황하게 설명한) 또 다른 이론은 y-축이 **의식 그 자체**라는 것이다. 그러므로 '의식의 정도'란 그 자체로 높이다. 의식이 높을수록 그 높이도 더 높다(전의식에서 자아의식, 그리고 초의식으로). 이런 관점에서 모든 발달 라인은 같은 높이의 변화도로 움직이고—그 변화도는 의식이며, 그것은 y-축이거나 심리도 위에 있는 어떤 라인의 '높이'다. 그래서 어떤 라인에서 그것의 의식의 정도가 클수록 수준은 '보다 높다'고 할 수 있다. 모든 라인은 같은 심리도에 일렬로 정렬시킬 수 있고, 일정한 높이의 변화도에 따라 움직인다(그럼에도 그들 자신의 특별한 구조나 단계를 통과하며, 이러한 측면에서 여전히 사과와 오렌지로 남아 서로를 환원시킬 수 없다—예를 들면, 인지가 가치로 환원된다거나 그 역도 성립되지 않듯이).

여기서 산 위에 난 수많은 길을 사용해 유추해 보자. 산 위 모든 다른 길(발달 라인을 표상하는)에서는 다른 광경이 나타나며, 이것들은 간단히 말해 같지 않지만 (북쪽과 남쪽 길의 광경은 꽤나 다르다), 그 두 길이 5,000피트에 있다거나 남쪽 경치와 동쪽 경치의 길이 7,000피트 등이라는 실제 감각은 있다. 그 고도 표시(3,000피트, 8,000피트 등)에는 **내용이 없다**—그것들은 의식 그 자체처럼 그저 '텅 빈' 것이다—그러나 모든 길은 산의 높이라는 용어로 측정될 수 있다. '피트'나 '고도'는 발달의 정도를 나타내며, 그것은 의식의 정도를 의미한다.

이것은 공空·emptiness이나 개방성openness처럼 중관中觀-유가瑜伽학파 불자 Madhyamaka-Yogachara Buddhist의 의식의 관점에 잘 맞아떨어진다. 의식은 그 자체로 아무것도 아니다. 그저 무경계나 공空 정도일 뿐이지만 다양한 라인의 현상을 명확히 나타낸다(그러나 의식은 현상 그 자체는 아니다—그것은 현상이 일어나는 공간이다).[3)]

(고도를 설명하는 경쟁적인 세 번째 이론이 하나 더 있는데, 그것은 **기본 구조 이론**으로, 역시 **사다리, 오르는 자, 관점**으로 알려진 것으로서 AQAL에 의해 제공된 이론이다. 앞의 둘을 혼합한 것이라고 말하기에 충분한 AQAL 시스템에서는 양쪽 모두 함께 효과적으로 사용할 수 있다. 세밀하게 이 이론을 따라갈 필요는 없는데, 그 주요 관점이 이 논의를 뒤집지는 않기 때문이다. 관심 있는 독자들은 참고문헌을 참조할 수 있고, www.kenwilber.com.에 올라온 글. '사다리, 오르는 자, 관점'을 볼 수 있다.)

의식 그 자체에 특별한 내용이 없다면 우리는 어떻게 그 정도나 수준을 명명할 수

---

3) 고도高度·altitude의 관점이 필요하지만 충분하지는 않다는 앞에서의 (그리고 폭넓게 받아들인) 인지적 관점을 수용하는 것은 인지가 자체적으로 구조와 내용을 갖춘 하나의 실질적인 발달 라인으로서(혹은 등산로로서) 나타나는 일종의 검증된 의식이기 때문이다. 엄밀한 의미에서 인지 라인은 의식 자체에 의해 측정된 고도이며 다른 라인들 중 한 라인이다.

있을까? 달리 말하면, 정신에서 우리는 무엇을 산 위 1,000미터, 2,000미터, 3,000미터 등이라고 부를 수 있을까? 우리는 그것을 셀 수 있고 또 그렇게 한다(기초 의식 수준이나 일반적 발달을 3~16개로 사용하면서). 그러나 이것이 별로 만족스럽지 않은 것은 다른 수들이 같은 수준에 사용되기 때문이다. 그것들에 상표나 이름을 붙이는 것 역시 최상의 아이디어가 아닌데, 이름은 너무 많은 이전의 것을 연상시키기 때문이다. 그러나 우리는 어쨌든 적당한 이름을 사용하는 것으로 끝낸다(보통 한 라인 수준에서 용어를 도용하고 일반적으로 그것을 고도에 적용하는데, 그것은 이론적 재앙이다).

위대한 지혜 전통은 멋진 해결책을 찾아냈는데, 약 3,000년 전 차크라 시스템에서 시작한 천연의 무지개 색깔을 사용하여 자연스런 질서를 배열한 것으로, 그것은 빨간색에서 오렌지, 노란색, 초록색, 파란색, 남색, 보라색……이었다. 예를 들면, 차크라는 빨간색에서 시작하여 노랑으로 이동하고, 그러면 초록, 파랑, 남색, 그렇게 텅 빈 투명한 빛으로 이동하게 된다.

가끔씩 수와 이름 사용에 더하여 나는 고대의 전통을 따라 단순하게 y-축으로 무지개 색을 사용하고, '산-위-고도'처럼 일반적인 발달 수준의 증가를 표시할 것이다. [그림 2-4]에서는 특정 수준과 함께 특정 발달 라인을 샘플로 포함하여 인지 라인(라인에서 더 낮은 단계로 Piaget를, 중간은 Michael Commons와 Francis Richards를, 더 높은 단계에는 Aurobindo를 혼합 사용하면서),[4] Graves의 가치 라인(나는 나선역학 용어/색깔을 포함하였다.), Kegan의 의식 서열orders, 그리고 Loevinger/Cook-Greuter의 자아 정체감 라인에 대한 주요 단계를 매우 다채롭게 설명하였다.

이 발달의 '고도 표시altitude marker'의 주요 초점은 발달심리학자들이 동의한 것으로, 특정 라인에서의 수준을 다른 라인의 수준과 관련하여 사용할 수 없다는 것

4) 우수한 학생은 내가 괄호 안에 넣은 더 높은 수준들에 대해 '이전에는 심령, 이전에는 정묘, 이전에는 원인'으로 치중한 것에 주목하라. 이제는 그 용어를 의식의 구조가 아니라, 신체와 의식에 상응하는 상태를 언급하는 것으로 엄밀하게 활용하기 때문이다. 그리고 물론 의식의 조대/심령, 정묘, 원인, 비이원 상태는 더 높거나 가장 높은 곳에서만이 아니라, 실질적으로 의식의 어떤 구조-단계에서도 나타날 수 있다[즉, 윌버-콤즈 격자, the Wilber-Combs Lattice(신비 체험의 상태와 해석의 통합 내용)].

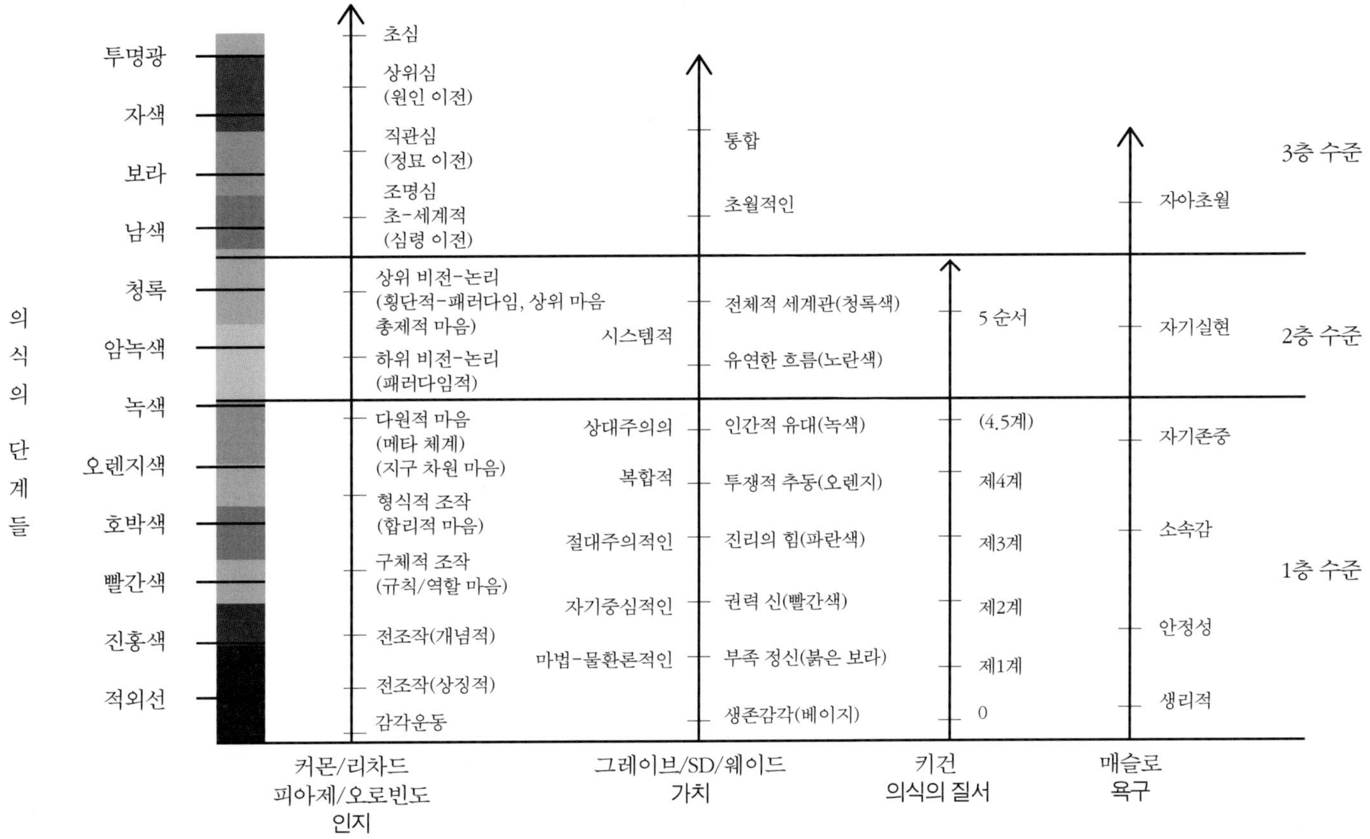

[그림 2-4] 주요 발달 라인들

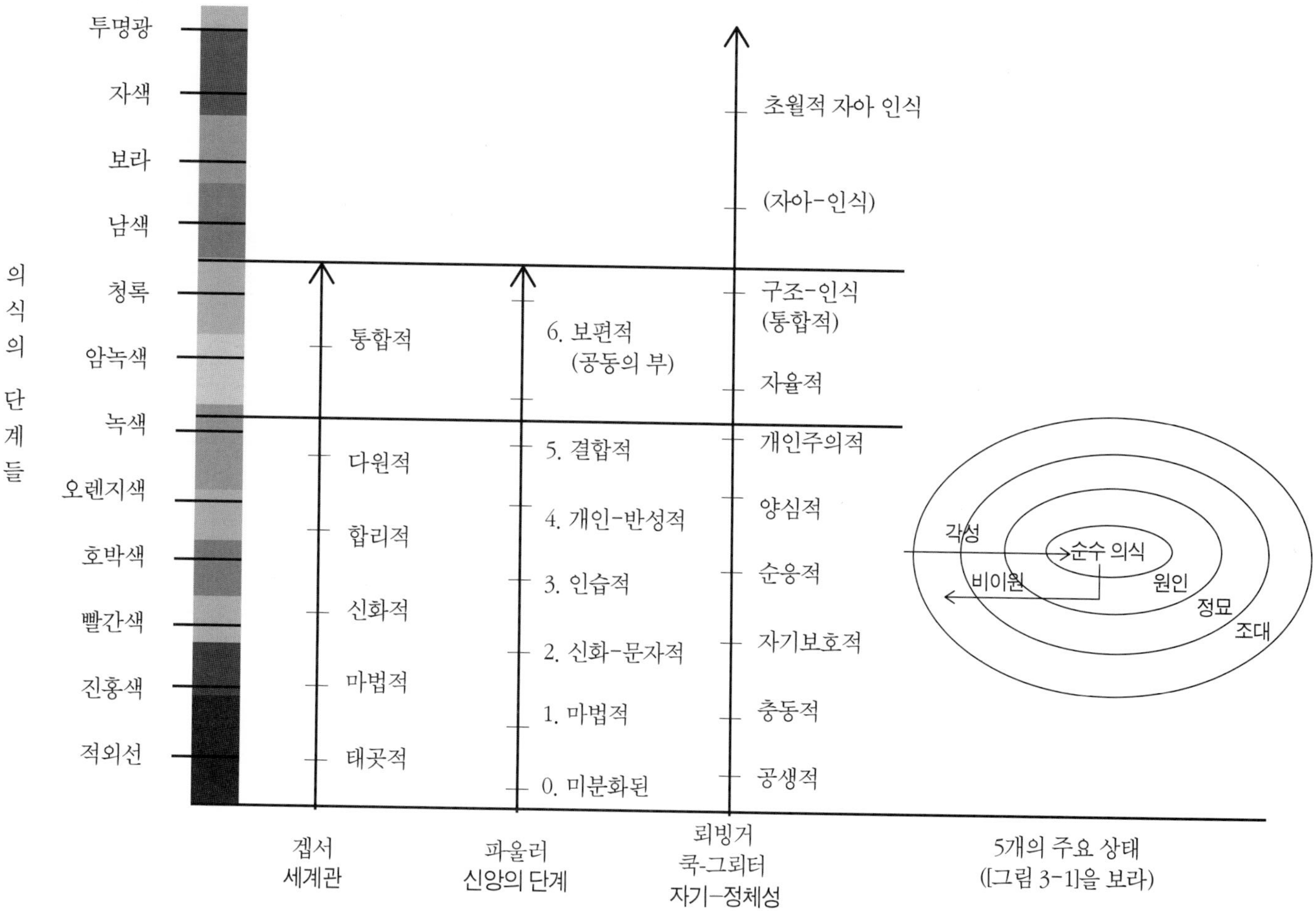

[그림 2-5] 겝서, 파울러, 뢰빙거/쿡-그뢰터

이다(예를 들면, [그림 2-4]에서 당신은 같은 구조를 가진 것처럼 **'투쟁적 추동 인지**Strive Drive Cognition'를 말할 수 없는데, 왜냐하면 이 욕구 수준이 몇몇 다른 인지 수준에 의해 포함될 수 있기 때문이다). 그러나 모든 다양한 라인에서 같은 일반 수준을 지칭하기 위해선 그 '고도'를 사용할 수 있다(즉, 호박색 인지, 호박색 가치, 호박색 자기감각 등으로 말할 수는 있다). 우리는 산으로 오르는 길에 대한 분석을 제공하였다. 즉, 산 위에 많은 길이 있다면 각각의 길에서 경치는 약간씩 다르지만, 당신은 다른 길에서의 경치나 구조를 특정 길의 어떤 경치나 '구조'로 말할 수는 없다는 것이다. 이런 견지에서 그것은 정말로 사과와 오렌지다. 산의 남쪽과 북쪽의 경치를 과도한 (라인 절대주의 다류의) 환원주의 없이 똑같은 것으로 취급할 수는 없을 것이다 .

더욱이 특정 라인(예를 들면, Loevinger, Kohlberg, Graves)의 단계-수준을 정당화하는 데 익숙한 연구들은 대부분 다른 라인의 구조와 용어를 포함하지 않고 정의하는데, 이는 존재하는 모든 다른 라인(운동감각에서 음악까지)이 개별적이므로 한 라인 수준을 다른 라인 수준에서 사용할 수 없는 또 다른 이유다. 그러나 발달의 일반적인 표시에서 '높이'를 사용하는 것은 다양한 라인을 넘어 일반적 유사성을 연결할 수 있게 하지만, '미터'나 '인치'나 '야드'로서의 그 높이는 **자체적 내용을 갖고 있지 않기 때문에** 무의미하다. '인치'는 나무를 재지만 그 자체로는 아무것도 아니다. 당신은 "나는 인치가 바닥났기 때문에 오늘 집 짓기를 그만두어야 했다."라거나 "나는 나가서 몇 미터를 사는 것이 낫겠다."라고 말하지는 않는다. 이는 미터가 어떤 것을 재거나 표시하지만 그 자체로는 내용이 없다는 것이다.

이런 방식을 사용할 때 '의식'도 마찬가지다. 그것은 물체, 내용, 현상이 아니다. 그것에는 어떤 묘사도 없다. 그것은 세계관이 아니며, 가치도 아니고, 도덕도 아니며, 인지도 아니고, 가치-밈MEMEs도 아니며, 수학-논리 구조, 적합한 지성, 다중 지능도 아니다. 특히 의식은 다른 라인 사이에서 그 자체로는 하나의 라인이 아니지만 라인들이 일어나는 곳이다. 의식은 비어 있고 개방되어 있으며 현상이 일어나는 곳이며, 만일 그 현상이 단계 속에서 발달한다면 그들이 발달 라인을 구성한다(인지, 도덕, 자기, 가치, 욕구, 밈 등). 어떤 라인에서 의식에서 일어날 수 있는 보다 많은 현상이 있을수록 그 라인에서의 단계는 더욱 높아진다. 즉, 의식 그 자체는 현상이 아니지만 현상이 일어나는 곳이다.

그래서 [그림 2-4]에서 지적한 것처럼 **호박색 고도**에서 인지 라인(여전히 필요하지만 다른 라인에게 충분한 것은 아닌)은 구체적 조작 수준concrete operational level, conop에 있고, 가치-밈은 절대주의적(진리의 힘/파랑TruthForce/blue)이며, 자기수준은 체제 순응적이며, 세계관 수준은 전통적이라고 설명할 수 있는 것이다. **청록색 고도**에서 인지 수준은 후기 혹은 성숙한 비전-논리, 가치-밈은 시스템적(세계적 관점/청록)이며, 자기-감각은 통합적(별칭은 '켄타우로스'), 욕구는 자아실현 등으로 말이다. 이들은 비교적 독립적인 발달 라인들인데, 그것은 어떤 사람이 비전-논리vision-logic 인지와 함께 진리의 힘TruthForce[5] 등의 가치를 가질 수 있기 때문이다(통합 심리학은 인지 라인 수준에서 고도 표시를 일백 개 이상의 발달 모형을 나열한 표를 포함하고 있으므로 당신이 원한다면 알아볼 수 있다).

그러나 이 모든 것 중에서 하나 기억할 것은 이 단계(그리고 단계 모형들)는 영원히 흐르는 거대한 삶의 강을 찍은 개념적 스냅 사진일 뿐이라는 점이다. 온우주Kosmos의 어디에선가 푸른 브이밈이라고 불렀던 것은 (그것을 믿었던 이론가들의 개념적 공간을 제외하고) 그저 아무것도 아니다. 이것은 단계들이 단순히 구성물이라거나, 사회적으로 구성되었다고 말하는 것이 아니다. 그런 것은 편견이다. 단계는 다음과 같은 의미에서 실제적이다. 실제 세계에서 일어나는 정말로 존재하는 어떤 것이 있으며, 우리는 이것을 발달 혹은 성장이라고 부른다. 그 성장의 '단계'란 정말 우리가 한 순간 특별한 지점에서 특별한 관점(그것은 그 자체로 성장하고 발달한다.)을 취한 단순한 스냅 사진일 뿐인 것이다.

우리가 간략하게 **온우주**Kosmic **주도 = 고도 + 관점**이라는 아이디어를 언급했다는 것을 기억하라. 우리는 여러 번 이 매혹적인 아이디어에 주기적으로 돌아올 것이다. 여기서의 요점은 만일 우리가 성장하고 있는 어떤 것(예: 구역 #6에 있는 오크나무, 구역 #8의 사회, 구역 #2에서의 개인의 가치 체계)을 스냅 사진을 찍는다면 그처럼 성장 중인 무언가는 주도를 지닐 것이며, 이는 **사진가도 마찬가지일 것이란 점이다.**

---

5) Don Beck과 Cowan, 나선 역학 중 세 번째 단계로, 여기선 인간이 목적을 찾고, 진실을 도입하며, 미래를 확신한다. 『모든 것의 이론』에서 인용함.

그래서 우리는 그러한 단계들이 실제 세상에서 존재하지 않는다고 말하려는 것이 아니라, 그저 그 스냅 샷이 실제와 동일하지 않으며, 그것은 수백 가지 똑같이 유용하고 아름다운 방식으로 찍힐 수 있다는 것을, 그리고 각각이 새로운 무언가를 낳는다고 말하려는 것일 뿐이다. 한 식물을 찍은 서로 다른 사진을 가지고 어떤 것이 진짜 유일한 사진이냐고 다투는 것은 정말 어리석은 일이다.

사진사의 주도(고도와 관점)는 사진 찍히는 대상만큼이나 중요하다. 우리는 언제나 사진사들이 자기 상상 너머의 것을 볼 수 없고, 그런 것을 찍을 생각조차 하지 못한다는 것을 잘 상기하여야 한다.

James Fowler: 신앙의 단계

우리가 구역 #2을 떠나기 전에 나는 이 방법론을 사용하여 발견했던 또 하나의 매우 중요한 발달 라인 하나에 대해 이야기하고 싶은데, 이는학계에서 영향력 있는 Fowler의 **신앙 단계들**Stages of Faith(그리고 이후의 서적들)이다. [그림 2-5]에서 나는 Gebser, Loevinger/Cook-Greuter(참고점)의 것과 우리가 나중에 간단히 논할 **의식의 상태**와 함께 **신앙 발달 단계에서의 수준**들을 나타낸 Fowler의 단계들을 포함시켰다.

Fowler의 연구는 오직 그에 의해서만 조사된 '신앙'이나 '영성'에 관해 몇 가지 다른 의미를 강조하고 있다. 4장에서 우리는 각 라인에서 가장 높은 수준이며, 그 자체로서 분리된 라인이고, 변성 상태로서의 영성을 포함하며, 영성의 몇 가지 다양한 의미와 양상을 살펴볼 것이다. Fowler는 그 두 번째 의미로, 영성 그 자체를 **분리된 발달 라인**으로 연구하고 있다. 이 영성의 의미나 양상은 모두 **발달적이고 구조적**인데, 그것은 고전적인 구역 #2 접근으로, 이번에는 인지 지능이나 감성 지능, 음악 지능 등에 관한 질문이 아니라 **영성 지능**을 살펴보려 한다. 이 특별한 발달 라인은 영성 전반에 관한 중요한 것으로, 영성의 다른 일면이나 양상과 관련하여 여러 번 반복하여 살펴볼 것이다. (Fowler의 연구에 익숙하지 않은 이들을 위해 나는 나중에 그것에 관한 짧은 요약을 덧붙일 것이다.) 이제부터 내가 **영성 지능의 단계**와 관련할 때에는, 특히 Fowler의 연구 결과를 의미한다.

발달 수준과 라인에 대한 앞으로의 모든 논의는 내면 홀론(좌상 사분면, UL)이 바깥쪽(구역 #2)으로부터 보이는 것과 관련한다. 그것들은 안쪽(구역 #1)으로부터는 무엇처럼 보일까?

제3장

의식의 상태

내면 홀론은 안쪽으로부터는 무엇처럼 보일까?
그것이 무엇이든 당신은 바로 지금 느끼고 있지 않은가.

현상학, 느낌의 경험 그리고 의식의 상태

그러나 여기서부터 약간 더 복잡해진다. AQAL의 주요 부분 중 하나는 **구조**와 **상태**의 차이다. **구조**는 우리가 이전 장에서 탐구했던 것으로, 본질적으로 라인의 **수준**에 대한 또 다른 용어다. 각 수준에는 구조나 어떤 실제 구성 양식인 패턴이 있다. 예를 들어, 언어에서 그 복잡성의 수준에 대해 말한다면 그 수준 자체는 구조, 형태, 패턴의 어떤 양식으로, 뇌의 신피질 구조나 세포벽cell wall에 대해 말하는 것과 같다. 이 구조에 대해 주목할 만한 것은 고정되어 있거나 굳어 있는 것이 아니라, 말 그대로 회오리바람과 같다. 언어에서 비록 사용된 단어들이 빈번히 이동한다 하더라도, 거기에는 안정적 패턴이나 구문이 있다. 구조는 '자동 생성적autopoietic로 만들어 내는' 것이거나 자기 조직화를 하는 매우 역동적인 패턴이다. 세포 조직의 부분들은 계속 교체되지만 세포 그 자체는 남아 있는데, 그것은 스스로 만들어 내는 안전한 패턴을 갖고 있기 때문이다. 이 **역동적인 전일적 패턴**이 바로 구조다.

객관적 방식으로 바깥에서 바라본 관점의 단계나 패턴 전체는 정확히 **발달주의**와 **구조주의**가 연구했던 '구조들'이다. 그래서 Loevinger를 언급할 때의 '순응주의자' '양심적인' '개인주의적인' 등등은 자아 발달 라인의 몇몇 주요 구조(혹은 수준)다.

(이 구조/수준은 연속적인 단계에서 나타나고, 그래서 우리는 구조와 단계를 교환해 사용하지만, 엄밀히 말하면 구조와 단계는 다른데—단계에선 다른 일들이 출현한다—따라서 이 부분의 논의에서는 그것들을 같다고 하지 않을 것이다. 우아하진 않겠지만 우리가 만약 그것들을 함께 언급하고자 한다면, 우리는 정신에서의 구역 #2 구조의 연속적인 전개라는 의미로 구조-단계라고 언급할 것이다. Loevinger, Kegan, Selman, Perry, Broughton 등의 연구는 구조-단계들이다. 우아하지 못한 전문 용어이긴 하지만, 이 모든 것의 초점은 곧 분명해지리라고 나는 믿는다.)

이 장에서는 **의식의 상태**를 살펴보고 **의식의 구조**와 함께 그것들을 비교 대조한다. 초기에 무미건조한 것으로 보이는 이 관계는 **영적 경험**(그러므로 근대와 탈근대 세계에서 종교의 바로 그 역할)**의 본성을 이해하는 단 하나의 가장 중요한 열쇠**로 드러난다. 신중하고 진중한 소개로 시작하자.

우리는 UL(좌상 사분면) 구역 #1('나'의 안쪽)이 단순히 내가 지금 생각하고, 느끼고, 지각하는 것이라고 했다. 나는 현재 지금 느끼는 경험과 이해를 직접 1인칭 용어로 묘사하며("거기에는 무거움, 열기, 긴장, 빛, 광휘, 사랑의 느낌, 배려, 고양, 순간적 경험의 섬광 등이 있다."), 여러 유형의 현상학들도 그 이름이 무엇이든 정확히 그 일을 한다([그림 1-3]). 그것들은 구역 #1에 접근한 모든 변화이며, **현상 상태**로 알려진 내면 경험의 특정 형태들을 조사한 것이다.

내가 직접 경험한 이 1인칭 방식은 특별한 '내용들' 혹은 '즉각적인 경험들'(느낌, 생각, 자극, 이미지 등)에 더하여 종종 '현상적 상태'라고 부르는 것을 포함하고 있다. 반면에 상태를 경험할 수 있다는 것에 주목하여 보면, 내가 구조 자체를 경험하는 것이 아니다. 실제로는 알지 못하는 구조 속에서 생각들이 일어나며, 내가 정확히 그 단계에 있을지라도 나는 '도덕 단계-3' '양심 구조' '대인 관계 능력 단계-4' 같은 것들을 **직접 경험하는 것이 아니다. 구조**는 오직 구역 #2 방법론에 의해 발견할 수 있고, 다양한 명상이나 관상을 사용해서 발견할 수 있는 것이 아니다.[1] 반면에, 상태는 다양한 상황 속에서 직접 자각이 가능하다. 즉, 우리는 구조가 아닌 상태를 경험한다.

우리 중 대부분은 의식의 상태에 친숙하며, 위대한 지혜 전통들 역시 그렇다. 예를 들면, 베단타는 의식의 다섯 가지 주요한 **자연 상태**를 제공하고 있는데, 이들은 깨어 있는, 꿈꾸는, 깊은 수면, 주시자Witnessing(**turiya**), 비이원Nondual(**turiyatita**) 등이다. 이 다섯 상태는 매우 중요하므로 주의 깊게 잠시 살펴보자.

거기에는 자연스럽거나 일상적인 상태에 더하여, **외인성**exogenous 상태(예를 들면, 약물로 유도된 상태)와 **내인성**endogenous **상태**(명상 상태와 같은 훈련된 상태를 포함한)의 **변성적**이거나 **비일상적**인 상태가 있다 .

일상적이든, 비일상적이든 고조된 상태를 종종 **절정 경험**이라고 부른다. 대부분의 문화, 특히 위대한 전통들은 자연스럽고 외인적이고 내인적인 상태를 포함한 **상태에 관한 지도 제작법**cartography · 製作法을 갖고 있다.

어떤 **명상 제작법들**은 대단히 정교하지만 그 모두는 구역 #1의 방법론과 지시injunctions(좌선, 향심기도, 샤먼의 길, 위빠사나, 아야와스카ayahuasca[2], 더비쉬dervish 회전무용[3], 관상 등)에 기초하며, 적합한 권고들(예를 들면, 방석에 앉아서 하나에서 열까지 적어도 한 시간 동안 세는 것을 잊어버리지 않을 때까지 호흡을 세고, 만트라를 따르고, 환각성 약을 복용하고, 춤을 추며 공안公案과 함께 하나가 되는 것 등)에 착수하는 사람들의 경험 현상에서 확인할 수 있다.

당신이 정확하게 그 권고들을 따르면 일련의 현상들을 경험한다. 그 **현상학적 경험**("나는 영원한 빛과 사랑의 느낌을 안다.")에 실제 **존재론적 지시물**("거기에는 존재의 신성한 기반이 있다.")이 있는지 없는지는 말할 필요도 없이 흥미로운 질문이다(우리가 다음에서 이를 다시 다루는 이유는 통합적 탈-형이상학의 중요 범위 중 하나이기 때문이다.)[4]

---

1) 당신이 구조의 안쪽을 느끼는 것은 당신의 사고와 느낌이 최고조에 있기 때문이지만 당신은 그들의 실제 구조를 볼 수 없고 현상학, 명상, 내관 등을 사용하여서 그 존재를 알 수도 없다.

2) 역주: 아마존 원주민이 사용하는 환각제

3) 역주: 이슬람 수피의 춤, Whirling

4) Stan Grof의 화려한 경험은 구역 #1과 같다(이것이 그의 경험 어디에서도 구역 #2을 찾을 수 없는 이유이며, 그것은 그들(구역 #2)과 그들의 '코스믹 게임'과 우주론의 근원을 심각하게 제한하고 있다.

많은 위대한 전통은 이런 상태에 기초하여 정교한 심리학을 창조하였는데, 비록 그 설명에 우리가 메일 필요는 없겠지만 몇 가지 중요한 특징들을 강조하고자 한다. 왜냐하면 그것들은 지금까지 개발된 내면의 현상학 체계 중 가장 위대한 것들이기 때문이다. 내가 요약하려는 것은 그들 안에 논쟁거리와 증명하기 어려운 것이 있다는 것이다. 그러나 우리는 그것을 간략하게 가정할 것이다. 나는 그 예로 베단타 철학 Vedanta과 금강승[5]을 사용할 것이고(비록 신플라톤주의도 잘 해냈지만), 우선 몇 가지 복잡한 용어들로부터 빠져나오고자 한다.

두 전통에 따르면, 명상 상태는 다양한 자연적 상태와 일치한다. 예를 들면, 유상有相삼매savikalpa samadhi—신을 **심상에 떠올려** 그 이름이나 **만트라**를 반복하듯이—는 **꿈꾸는 상태**의 일종이며, 무상無相삼매nirvikalpa samadhi—어떤 특정 대상 없이 그 자체로 자각을 초점화하는 것처럼—는 **형상이 없는 깊은 잠**의 일종이다. 그리고 의식의 세 가지 주요 자연 상태(깨어 있는, 꿈꾸는, 자고 있는)는 특별한 에너지나 '몸'에 의해 지탱되며, '몸'에는 조대한 몸, 정묘한 몸 그리고 원인적인 몸이 있다[예를 들면, 니르마나카야Nirmanakaya · 化身(화신), 삼보가카야Sambhogakaya · 報身(보신), 다르마카야Dharmakaya · 法身(법신), 네 번째 몸인 스바하비카카야Svabhavikakaya · 原初身(원초신)는 주시注視 · witnessing 비이원을 지탱하는 것이라 한다]. 전문적으로 말하면, '조대' '정묘' '원인'이라는 용어가 **오직** 몸이나 에너지(우상 사분면에서)하고만 **관련한다**고 하여도, 우리는 의식의 일반적 상태(좌상 사분면에서)에 상응하는 것으로도 관련지어 그 용어를 사용한다. 그래서 우리는 자연적이고 명상적인 의식의 상태 다섯 가지—조대, 정묘, 원인, 주시, 비이원—를 전제할 수 있다(전통들이 종종 그러하듯, 나는 이따금 3, 4 혹은 5개의 주요 의식 단계들을 언급할 것이다. 하지만 5개 모두가 내포되어 있다).

저 단락의 어딘가에서 내가 말한 것을 이해하지 못하는 분들을 위하여 간단히 결론을 내리자면, 위대한 지혜의 전통에 따르면, 모든 남성과 여성은 적어도 5가지의 중대한 자연적 **의식 상태**에 접근할 수 있으며, 이 모든 것을 직접 체험할 수 있다.

---

5) 역주: Vajrayana는 티베트 불교의 하나로서 금강승金剛乘을 말한다.

1. 조대-깨어 있는 상태, 자전거를 타거나 이 책을 읽거나 보디워크body work를 하는 경험 같은 것
2. 정묘-꿈꾸는 상태, 유상삼매 명상의 특별한 형태뿐 아니라 명확한 꿈, 백일몽, 심상 연습 같은 것
3. 원인-원인 상태, 꿈 없는 깊은 잠과 무상삼매의 명상, 광대한 열림, 공空 경험
4. 주시 상태나 다른 모든 상태를 주시할 수 있는 '**주시**the Witness', 예를 들면 깨어 있는 상태에서 지속적인 주의의 능력, 자각몽lucid-dream의 능력
5. 언제나-존재하는 비이원의 각성 상태, 하나의 상태라기보다는 모든 상태에 항상-존재하는 것(그리고 그처럼 '경험'될 수 있는 것)

베단타와 금강승은 그런 상태(그리고 그들의 상응하는 몸이나 존재의 영역)가 '소중한 인간의 몸' 덕분에 모든 사람에게 가능하다고 주장한다. **실제로 어떠한 성장 단계에 있을지라도**, 여기에는 유아도 포함되는데 이는 유아도 깨어 있거나, 꿈꾸거나, 잠들어 있기 때문이다.

그것은 정말, 정말, 정말로 중요한 포인트이며 우리는 여기로 다시 돌아올 것이다. (깜짝 공개: 이 중요한 **상태**의 본질적 윤곽은 언제나 존재하며 당신은 더 높은 단계가 아니라 더 높은 상태의 절정 경험을 할 수 있다. 만일 당신이 Loevinger의 발달 구조-단계 '성실한'에 있다면, 당신이 더 높은 '자율적' 구조의 절정 경험을 할 수 없다는 것을 연구들은 분명히 보여 준다—그러나 의식의 조대, 정묘, 원인, 주시 혹은 비이원 **상태**에 대한 절정 경험은 **할 수** 있다. 어떻게 이 둘이 모두 맞는지 우리는 되돌아올 것이다.)

비록 이들 존재의 주요 상태의 일반적인 외형이 모든 인간에게 자연스럽고 자발적으로 가능하다고 할지라도, 어떤 것들은 집중적 훈련과 탐구가 가능하다. 이러한 **훈련된 상태**는 실로 놀라운 것이다.

훈련된 상태: 의식의 관상과 명상 상태

비록 의식과 존재의 주요 본성 상태가 모든 단계에서 모든 사람에게 가능할지라도, 그것을 훈련하거나 연습할 수 없다는 것을 의미하는 것은 아니다. 특히 구역 #1을 발전시키는 **상태 훈련**은 동서양의 위대한 명상 전통에서 놀랍게 진보된 형태다.

일반적으로 말하면, **자연 상태는 발달을 보이지 않는다**. 꿈 상태가 일어나지만, 그것이 어디에서나 일어나는 것은 아니다. 자연 상태와 대부분의 변성 상태는 단계를 보여 주지 못한다. 그들은 대부분의 상태가 그렇듯이—정서 상태든지, 아니면 폭풍우 같은 날씨 상태든지 간에 단순히 왔다가 간다. 더욱이 의식 대부분의 상태는 한정적이어서 당신은 취한 동시에 취하지 않은 상태일 수는 없다. 그리고 자연 상태는 상위의 단계—부처조차 깨어 있고, 꿈꾸고, 자면서(비록 그들은 비이원으로 주시하지만 말이다.)—에서도 지속된다.

그러나 어떤 상태는 **훈련될** 수 있는데, 이것은 여러 명상과 관상이 그러하듯이 **훈련 상태가 연속적인 방식으로 펼쳐지는 경향이 있다**. 그렇게 될 때, 조대 상태에서 정묘로 원인으로 비이원 상태로 자연스런 질서를 따른다.

이 **나의 직접적인 1인칭 경험**이 의미하는 것은 많은 명상 유형의 현상 상태가 조대 현상("나는 바위를 본다.")에서 정묘 현상("나는 빛과 축복을 보고 광대한 사랑을 느낀다.")으로, 원인 현상으로(거대한 공, 무한한 심연), 비이원으로("성스러운 공과 상대적 형상은 둘이 아니다.") 펼쳐지는 것이다. 이것은 3인칭 **구조**(구역 #2에 의해서 보이는 것)가 아니라 1인칭 **상태**(구역 #1)다.

상태가 연속적인 양식으로 (그것들이 훈련되었기 때문에 충분히) 펼쳐질 때, 우리는 **상태-단계**(**구조-단계**와 대조하여)라고 부른다. 그들의 본성적 상태는 구조보다 더 유동적이고 무정형적이기 때문에 이 상태의 연속 단계는 유동적이며 지나가는 것으로, 더 나아가면 **더 높은 상태의 절정 경험을 할 수 있다.** (일반적으로 더 나아간 훈련을 하지 못한 사람들은 그저 일시적인 변성 상태거나 순간적인 절정 경험을 할 뿐이지만, 더 훈련하면 '절정 경험'은 소위 '고원高原 경험'으로 안정화될 것이다.) 그래서 만약 당신이 어느 특정 **상태**-단계라면 일시적으로 더 높은 상태-단계의 절정 경험을 가끔

할 수도 있지만, 그것이 고원 경험으로 안정된 것은 아닐 수 있다.

한편으로, 상태-단계와 다르게 구조-단계를 반복적으로 보여 주는 연구들은 발달의 사다리와 단계를 분명히 구별하며, 반복해서 보여 준 연구들처럼 **구조-단계를 건너뛸 수는 없고, 보다 높은 구조-단계의 절정 경험도 할 수 없다.** 예를 들면, 만일 인지 라인에서 전조작기에 있다면, 당신은 간단히 형식적 조작 경험을 할 수 없다—그러나 정묘 상태의 절정 경험을 할 수는 있다! (우리는 다시 상태와 구조의 관계로 돌아올 것이다.)

일반적으로, 조대 경험으로부터 정묘 경험, 원인 경험 그리고 비이원 경험으로 움직이는 상태-단계를 따라 동서양의 명상과 관상을 실제 연습할 수 있는데, 그러면 매우 특별하고 본질적인 질서대로 펼쳐지는 명상과 영적 경험의 일반적 특징을 만날 수 있다. 누군가는 바로 성 Teresa의 '영혼의 성'을 생각할 것이고, 십자가 성 John의 비범한 지도 제작법, Buddhaghosha의 청정도론Visudhimagga · 清淨道論의 경험—니사Nyssa의 성 Gregory, 성 Dionysius 같은 교부들을 생각할 것이다. (그들의 '정화 방법' '광명illumination의 방법' 그리고 '합일의 방법'은 당신이 발견할 수 있는 간단명료한 요약이다. 그들은 규율을 통해 조대한 몸을 정화하고, 집중을 통해 조대한 마음을 진정시키며, 정묘한 내적 빛을 발견하고, 신성한 무지와 평온한 기도 속에서 그 빛조차 포기하며, 그리하여 영혼과 신은 신성 안에서 결합되어 빛나는 모든 것과 하나가 된다.)

어쩌면 명상 전통에 대한 가장 지적이고 세심한 대부분의 연구는 Daniel P. Brown의 작업일 것이다[Wilber, Engler, Brown 공저『의식의 변용: 발달에 관한 전통적 · 명상적 시각』(1986; 2008 재출간)]. Brown은 세 가지 주요한 명상 전통—파탄잘리의 **요가 수트라**Yoga Sutras, Patanjali, Buddhaghosha의 **청정도론**清淨道論 · Visuddhimagga, Tashi Namgyal의 **마하무드라의 달빛**Phyag chen zla ba'i' od zer, Moonbeams of Mahamudra—의 원전과 중요한 주석들에 관해 광범위한 연구를 수행했다. 이들은 어떤 의미로는 힌두교와 불교의 핵심 기둥이다.

Brown은 이들 모두에서 명상의 길이, 동일한 관상적 단계, 조대의 준비와 훈련, 그다음엔 빛과 광휘의 정묘한 체험, 그다음엔 다양한 몰입 혹은 원인적 수준의 '어둠의 근접-깨달음', 그다음엔 비이원 깨달음으로의 돌파를 거쳐 진행된다는 것을 발견하였다. (그다음엔 아마도 '깨달음 이후'의 보람일 것이다.) 이 세심한 주의와 연구로 고전의 원어로 읽는 것을 포함하여 Brown의 연구는 명상 단계에 관하여는 절대적으로 탁월하고 영속적인 고전이 되었다(〈표 3-1〉에서 명상 상태의 전반적 단계를 짧게 요약해 놓았다).

Brown 및 Jack Engler와 공동 편집한 『**의식의 변용**(Transformations of Consciousness)』에서 우리는 하버드 신학자 John Chirban에게 초기 교부敎父들의 명상 상태의 단계에 관한 그의 광범위한 연구를 우리가 인용할 수 있는지 문의하였다. 그것은 본질적으로 동일한 유기적이고 연속적인 단계를 보여 주었는데, 조대 현상에서 정묘한 빛에서 원인의 어둠과 비이원의 합일로 향해 나아가고 있다(〈표 3-2〉에 요약되어 있다. Brown의 연구에서처럼 이것은 모든 관상적인 것들이 이 모든 단계를 통과했다는 것이 아니라 대체적으로 합쳐보니 그렇다는 말이다).

아마도 명상 상태의 일반적 단계에 관한 가장 간단하고 접근이 쉬운 개요 중 하나는 Goleman이 쓴 『명상 경험의 다양성(The Varieties of Meditative Experience)』일 것이다. 이 책의 제목이 James의 걸작 『종교적 경험의 다양성(The Varieties of Religious Experience)』을 의식하여 모형으로 삼았다는 것에 주목하라. 완벽하게 적합한 이 두 권의 책은 구역 #1 현상에 대한 밑그림을 그리고 있는데, 공히 구역 #2은 무시하고 있다. (James의 경우, 구역 #2 방법론의 첫 번째 선구자인 Baldwin이 금세기 초 James와 동시대에 살았지만, Baldwin의 혁명적 연구가 아직 학문적 흐름 속에 들어가지 못했기 때문이었고, 그것이 들어왔을 때에는 구조주의와 후기구조주의 양쪽에 도움이 되었다.)

〈표 3-1〉 탁월한 동양 전통에서의 명상 상태 단계들

	명상의 단계	관점	
		불교	요가
태도 정서 행동	I. 수행 초기의 규율 A. 믿음의 산출; 태도의 변화 B. 외형적 노력; 정신 안쪽의 변화 C. 감각과 행동 조절 연속된 각성 훈련	 (빛입자처럼)	 빛-같은-마음 (파동-처럼)
사고	II. 초기의 몸/마음 훈련 A. 신체 자각하기 B. 호흡과 생각을 고요히 하기 C. 의식의 흐름을 조절하기	 불연속적인 찰나	 동일한 것의 연속적 변용
지각	III. 대상에 집중하기 A.1. 집중 훈련; 범주화하지 않기 A.2. 내면화; 이미지의 재배치 B. 근원적인 모든 감각 양상의 다양한 유형을 알아차림 C. 마음 멈추기, 즉 조대한 지각	 불연속적으로 발하는 종자	 연속적으로 변용하는 종자
자기	IV. 대상 없이 집중하기 A. 정묘한 지각에서의 조율 B. 정묘한 흐름을 알아차림 C. 일상적 관찰 해체; 지각의 재건	불연속적인 당면 사건들 수반하는 관점(접촉)	미묘한 감각(tanmātras) 의 지속적인 진동 참자아puruṣa의 반 영(지성 buddhi)
시간/ 공간	V. 통찰 수행 A. 정묘한 흐름에 대한 빠른 탐색; 자기의 사라짐; 비현실감 B. 조대한 사고에 대한 빠른 탐색; 지속되는 지각의 변화와 정묘한 흐름 경과의 빈도; 단지 일어나는 것; 느린 움직임의 충만한 사건; 정신적인 힘의 빠른 발화; 황홀경; 백색 광명 C. 정신적 움직임과 그 지속의 분석: 시공 지각의 문제 모든 잠재된 사건의 상호 연관성	공 비-실재 (ngobonyid med) 별개의 섬광 소멸-없음 모든 영역과 시대의 연기緣起	감각적-인상 소멸 동일성(tulya) 한 기층의 변용 합일(dharmin) 현현顯現한 우주의 합일(prākrti)
우주	VI. 진보적 통찰 A. 내적 사건들의 평정: 특정 사건들과의 상호 작용 B. 모든 정신 활동/반응들의 그침 깨달음의 순간들 기준: 정신적 내용의 정지; 확장된 자각 여정: 자각의 변화 중심에서 정신적 내용으로 회귀	 소멸-없음	 현현顯現한 우주의 모든 상호 작용 비구름 삼매

출처: Daniel P. Brown의『의식의 변용』(1986)에서 인용

〈표 3-2〉 탁월한 교회 성인들의 관상 상태의 단계

무념적無念的 · apophatic 접근

단계	시리아의 성Isqac	사로프의 성Seraphim	성 Gregory Palamas	성 Climacos	성 Maximus	성 Dionysios
V. 신과의 합일 (THEOSIS)	(3) 완전	성령의 임재	(3) 신과의 합일	30단계의 성취 단계 Likening	(3) Ἀεί Εἶναι[6] 영원한 존재 Eternal Being	(3) 통일 합일의 기도
		왕국 그리스도 평화		29 단계		(고요의 기도)
IV. 빛 (LIGHT)		조명 (Illumination)	(2) 신의조명 순수정적주의	28 단계 27 단계 정적주의 Hesychasm		(2) 조명
						(회상의 기도)
III. 청정심 (APATHEIA)	(2) 정화					(1) 정화
				영적 발달		(마음의 기도)
II. 회심 (METANOIA)	(1) 회개		(1) 기도 노동	(1) 1-26 단계	(2) Εὐ Εἶναι (지복-존재 Well-being)	
		기도 단식 자선				(단순 기도)
I. 이미지 (IMAGE)					(1) Εἶναι[6] 존재함 (being)	

출처: John Chirban의 『의식의 변용』(1986)에서 인용

6) ***Εἶναι***(영어: is): 그리스어(※ 성 Maximus는 콘스탄티노플에서 태어나 수도자로서 여러 편의 신비적인 논문을 남긴 비잔틴 신비주의의 주요 인물로, 그의 대표 논문으로는 『신비안내서(*Mystagogia*)』가 있음). http://info.catholic.or.kr/saint/view.asp?ctxtsaintid=723 (2016. 12. 27. 검색)

구역 #1에서 James는 자연스럽고 자발적인 상태 발생에 초점을 맞추었고, Goleman은 더 나아가 구역 #1의 훈련된 상태를 보면서 연속성을 나타냈다. 그리고 그 연속성은 Brown이 개관한 대로 세계의 모든 위대한 명상 체계(혹은 **훈련된-상태**)에서 실제로 발견되며 거의 정확하다.

반복하면 이들은 구조-단계가 아니라 **상태**-단계로, 거기에는 많은 가변성과 일시적 비약과 더 높은 상태(구조가 아닌)의 절정 경험 등이 있다. 그러나 그것을 숙달하면 (자발적인 것에서부터 절정으로, 고원으로 변화) 상태의 일반 과정은 조대에서 정묘로, 원인으로, 비이원으로 이동한다.

상태들을 그림으로 표현하기는 어려우므로 우리는 구름 같은 영역을 그려 보는 것으로 만족할 것이다. [그림 3-1]은 명상 훈련 전체에서 상태에 관한 전형적 과정을 요약하고 있는데, 그것을 완전히 익히는 데에는 5년에서 20년쯤 걸린다. 우리가 볼 것은 조대로부터 정묘로, 원인으로, 비이원으로 전개되는 일반적인 각성 Wakefulness 과정이다—깨어 있는 상태의 전형적인 제한으로부터 전개되는 각성 진행은 꿈 상태로 지속하는 각성 과정(이 지점에서는 자각몽이 흔하다), 그리고/혹은 중간-수준의 명상 상태와 무형상의 원인 상태(뭐라고 이름을 붙이든지)로, 그리고 정지停止 · cessation를 포함한 진보된 명상 상태 지점이 가능하고 혹은 깊은 수면 상태에서도 기록되는 정말 고요한 자각이 있으며, 그리하여 각성은 꿈 없는 깊은 잠에서도 경험될 수 있다(이 주장과 일치하는 매우 진보된 명상가들에게서 확인된 EEG 뇌전도 패턴이 있다). 이 점에서 모든 주관적 상태는 주시하는 존재의 대상이 되어 왔으며, 여기서 비이원의 합일이나 심지어 초기 근본바탕prior Ground과의 동일성이 종종 보고된다. '신성한 기반divine Ground'이 정확히 의미하는 것은…… 음, 당신은 그 의미를 정확히 알겠지만 우리는 나중에 다시 돌아와 통합적 해석의 빛 안에서 이 깨우침에 대해 논의할 것이다.

그리고 64,000달러의 질문은 …이다

우리는 **의식의 구조**(단계에서 일어난다.)와 **의식의 상태**(훈련한다면 단계에서도 일어난다.)에 대해 살펴보았다. 6만 4천달러 질문은 어떻게 그들이 연관되느냐는 것이다. 어쩌면 그것들은 각자 좌상 사분면(구역 #2 구조주의와 계보학)의 **기존 접근**과 좌상 사분면(구역 #1의 명상과 관상)의 **관상적 접근**에 관한 본질적 기여다. 그리고 이것은 우리를 정말 본질적인 질문으로 되돌아오게 한다. 왜 당신은 수십 년 동안 명상하며 앉아 있어도 나선 역학 단계와 비슷한 그 어떤 것도 결코 볼 수 없었을까?

그리고 왜 당신은 소들이 집으로 돌아올 때까지 나선 역학을 연구해도 깨닫지 못했는가?

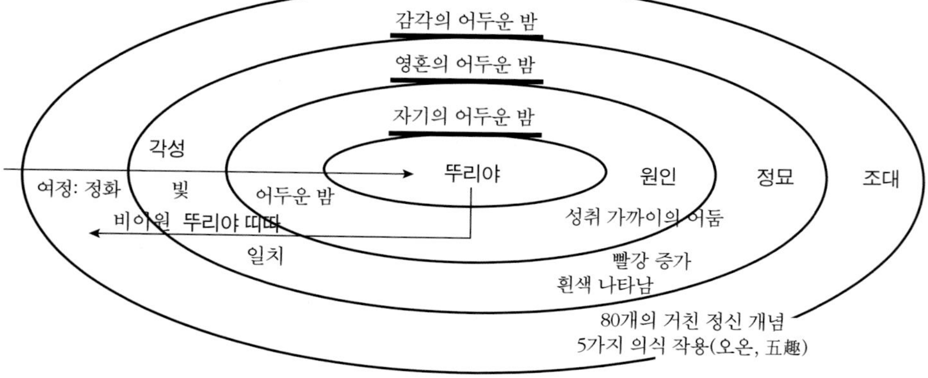

[그림 3-1] 명상 상태의 주요 단계

제4장

상태와 단계

이 책에서 내가 시도하려는 것들 중 하나는 잘 알려진 방법론을 아주 간단하게 개관하고, 그다음엔 그것들이 AQAL 접근을 활용해 어떻게 성과 있게 통합될 수 있는지를 제안하는 일이다. 만약 '통합 영성'이 어떤 의미를 갖는다면 어떤 식으로든 이뤄져야 할 일이다. 우리가 선禪과 나선 역학에 대해 시작하면서 앞서 언급한 질문은 이것이다. 그들은 분명히 다른데 어떻게 연결되어 있는 걸까?

구역 #1과 구역 #2: 선과 나선 역학

나선 역학은 구역 #2 발달 연구의 위대한 선구자 중의 한 사람인 Graves의 연구에 기초하고 있다. 본래 그의 모형은 대학생들에게 한 개의 질문을 제시하며 수행된 단순한 연구다. "심리학적으로 건강한 인간 유기체의 행동을 묘사하라." Baldwin만큼 오래된 표준적 구역 #2 방법론을 따라 Graves는 마침내 그와 그의 학생들이 '**가치 체계**values system'에서 수준으로 불렀던 발달 체계를 공식화하도록 인도한 이 질문에 답을 찾아냈다. Graves의 연구에 크게 기초한 나선 역학은 **브이밈**vMEME과 연관한 '체계나 **가치 밈**a systems or values meme'으로, 또 '핵심 지능'으로 정의한다(나는

이것을 단순히 가치 지능 혹은 가치 라인, 다중 지능의 하나라고 부른다).[1]

Graves와 나선 역학은 적응적 지능의 **여덟 수준/단계**를 말하는데, 그것은 간략히 다음과 같다(모든 용어는 직접적으로 **나선 역학**으로부터 가져왔다).

수준 1 (A-N)—**생존의**: 생존에 머무는, '생존 감각'
수준 2 (B-O)—**마법의**: 안전과 보호, '종족의 영'
수준 3 (C-P)—**충동적**: **자기중심적**, 힘과 행동, '힘을 가진 신들'
수준 4 (D-Q)—**의도적**: 절대적인, 안정과 목적이 있는 삶, '힘의 진리'
수준 5 (E-R)—**성취지향자**: 증식하는, 성공과 자율성, '분투질주함'
수준 6 (F-S)—**공산 사회주의적인**: 상대론적인, 조화와 평등, '인간 공동성'
수준 7 (G-T)—**통합적**: 시스템적, '신축성 있는 흐름'
수준 8 (H-U)—**전체론적**: 경험적, 종합적이고 개선하는, '세계적 관점'

나선 역학을 사용하는 많은 사람이 더 커다란 AQAL 프레임워크 안에서 이 시스템이 표현하고 있는 기초 지식을 이해하는 데 어려움이 있어 나는 사고 실험을 하나 제안해 보고자 한다. 도움이 되는지 한번 살펴보자.

당신이 대학에서 나선 역학 과정을 수강한다고 해 보자. 논점을 위해 의도적으로 당신이 발달 수준-4에 있다고 하자. 당신이 교과서를 읽고 여덟 개 수준의 설명이나 여덟 개의 밈을 기억하고 학급생과 교사와 토론을 하였다. 그리고 최종 시험 문제는 가치 체계의 여덟 개 수준을 서술하라는 것이었는데, 당신은 그것들을 기억하고 있었기 때문에 완벽하게 시험을 치러 100점을 받았다.

당신이—**실제로는 단지 수준-4에 있을지라도**—수준 5, 6, 7, 8을 서술할 수 있었

---

1) 나선 역학은 브이밈들이 모든 지성을 포함한다고 주장하지만, 그것은 분류 오류다. 브이밈들은 자기 고유의 인지, 도덕, 예술 등의 유형을 갖고 있으나 브이밈 자체가 그런 이론을 받아들일 수 있는 용어가 아니라 다른 많은 것 사이에서 Piaget의 인지, Kohlberg의 도덕, Loevinger의 자아의식, Torbert의 행동 연구, Selman의 상호 작용, Basseches의 변증법을 구조적으로 설명하지 못한다. 그것들은 다른 구조의 다른 라인들이다. 그렇지 않다고 나선 역학이 주장하는 만큼, 그것은 라인 절대주의에 사로잡혀 있음을 보여 주고 있다.

던 이유는 그것이 외적인 구역 #2에 관한 서술이었기 때문이다. 그것은 다양한 1인칭 현실에 대한 3인칭의 서술인 것이다. **당신이 비록 더 높은 수준에 있지 않을지라도**, 기억한 서술은 3인칭이기 때문에 시험에서 완벽히 100점을 맞을 수 있었다.

이제 다른 시험을 상상해 보자. 시험은 이렇게 요구하였다. "여덟 개 수준에 대해 직접 경험한 대로, 즉 1인칭 언어로 묘사해 주세요." 그리고 이 시험은 구술시험을 포함하여 같은 요구를 하였다고 치자. 만일 자기감각이 정말 수준-4라면 당신은 이 시험에 완전히 실패할 것이다. 당신은 3인칭적인 시험에는 패스할 수 있지만 1인칭의 시험에는 실패하게 될 것이다.

달리 말하면, 나선 역학의 단계를 공부하는 것은 당신에게 이 단계에 대한 바깥쪽(아니면 3인칭의) 관점을 줄 수 있지만, 원래 있었던 것보다 더 상위 단계로 당연히 **변용**transform할 수는 없다. 이것은 체계의 문제가 아니라, 정확히 구역 #2의 설명이, 이른바 1인칭 현실의 3인칭 기술이고 구조적 공식화이기 때문이다.

이것이 바로 수년 간의 나선 역학 연구가 당신을 반드시 변용시키지 못하는 이유다. 그것은 3인칭의 인식에 머물고 있으나 1인칭의 자기정체성은 아니다. 즉, 이것은 모형의 오류가 **아니라** 구역 #2 접근이 하고 있는(아니면 3인칭이 1인칭 현실에 접근하는) **바로** 그것이다. 나는 Don Beck과 Cowan에 의해 개발된 나선 역학에 멋지게 접근하는 방식과 Graves의 연구에 열렬한 팬으로서 이것을 제안한다. 나는 나선 역학을 훌륭한 입문자형 모형으로서 계속 추천하고 있다.[2] 그리고 물론 Don은 통

---

2) 나선 역학spiral Dynamics, SD이 정신의 완벽한 모형인지에 대해 말하자면, 나는 이미 앞의 각주에 적어 놓았는데 그것은 완벽한 모형의 범주에 속하지 않는다. 그러나 Don은 이에 강력히 동의하지 않았다. 우리가 확실히 여기서 다른 길을 간다고 해 보자. 그것은 SD가 모든 중요한 기초들을(그 자체로 논란의 여지가 있는) 포함하고 있지만 그것이 실제적인 구조-단계를 포함하고 있느냐는 것이다. 예를 들면, Piaget, Kohlberg, Loevinger 등을 말하는데, SD는 이것들을 보여 주지 못하여 진정한 통합 모형이 아니다.
SD에 대한 간략한 비판은 이런 사실들과 관련하고 있다. 의식의 상태(예: Tart)를 포함하지 못하고, 비슷한 상태-단계가 아니며, 의식의 더 높은 초개인 구조(아니면 구조-단계)를 포함하지 못한다. 상태와 단계/수준과 관련한 이론도 없고, 수준과 라인을 다중 수준으로 혼동하였으며, 지속적인 구조를 변화하는 구조와 혼동하고, 자기-구조에 관해 개발된 생각도 없고, 그래서 억압과 무의식에 대한 믿을 만한 이론도 없으며, 미심쩍은 밑 개념에 묶여 있고, Loevinger, Selman, Perry, Piaget, Kohlberg 등의 실제 구조-단계를 포함하지도 못하고 있다(그래서 그것들을 묵살해 버리거나 다르게 주장하면서 만연하는 라인 절대주의의 불명확함 속에 갇혀 있다). 그리고 단계를, 그 단계를 가

합 기구의 초기 멤버이며, Cowan과 Natasha Todorovic은 원래의 Graves의 연구를 더 멋진 것으로, 더 많은 청중을 위해 만들었다.

변용 자체에 관해서 어떻게 왜 개인들이 성장, 발달, 변용하는가는 인간 심리 작용의 위대한 신비 중 하나다. 진실은, 아무도 모른다는 것이다. 수많은 이론과 많은 학문적 가정이 있지만 실제로 설명된 것은 거의 없다. 말할 필요도 없이 이는 비범하고 복잡한 주제이며, 나는 이 부분을 마치며 이것을 잠시 미뤄 두겠다.

당신이 있는 구역 #2 수준에서 명상을 시작하기로 했다고 가정하자. 이것은 1인칭의 새로운 경험으로 3인칭의 학업이 아니다. 만일 명상이나 관상의 진지한 형태를 성공적으로 시작한다면, 당신은 일련의 경험을 하게 될 것이다. 그것들이 명상적 경험과 상태이기 때문에 대부분의 구역 #2 접근의 구조-단계를 명확히 구분하지 못한다. 그러나 자각의 일반적인 파동 속에서 조대에서 정묘로, 원인으로, 비이원으로 펼쳐질 것이다. **〈표 3-1〉**, **〈표 3-2〉**, **[그림 3-1]**에서처럼 주요한 상태-단계로 말이다.

진 다중 지능과 혼동한다. 그것은 간단한 입문자용 도구로는 훌륭하다. 그러나 실제적인 심리적 모형으로서는 재앙이다.

나는 왜 내가 SD에 대해서 '마음을 바꿨는지' 질문을 받지만, 그런 비난을 하는 사람들은 내가 이미 SD에 대해 써 놓았던 첫 번째 각주를 찾아보기 바란다(거기에는 사실 SD를 비판한 꽉찬 미주 네 쪽이 있다. 『모든 것의 이론(Theory of Everything』 1장의 미주 6, 9, 10을 보라). 마찬가지로, 이 각주에서 보는 것처럼 SD의 모든 표현에 관한 이런 비판은 직접적으로 혹은 미주에 포함시켰다. 달리 말하면, SD에 대한 내 입장은 초기부터 계속 있었고 내가 마음을 바꿨다고 생각하는 사람들은 미주를 읽지 않았던 것이다. 그리고 처음부터 SD는 사람들이나 내가 한 비판을 단 한 개도 종합하지 못하였는데, 그것은 개인의 경제적 생계에 대한 것이 오직 단 한 개의 정확한 모형이 있다는 모형에 의존하는 사람들과 학구적 논의를 하는 것이 가능하지 않기 때문이다.

그럼에도 불구하고 AQAL 맥락 안에 놓을 때 나는 SD를 매우 유용한 소개 도구로 추천하고, 특히 그것은 가치 체계나 지성 단계를 포함하고 있다(결국 브이밈의 'v'가 '가치 values'를 나타내고, '체계나 가치 밈'은 브이밈의 정의로서 직접 인용한다). 이것은 'Graves/SD'가 채택한 지성의 가치 단계에 대해 이 장에서 사용한 방법이며, 그것은 또 다양한 삶의 조건에 혼합되어 부합할 수 있으며 소용돌이치고 회전하는 혼합물로 존재하지만, 다른 연구자들에 의해서 발견되고 정의된 것처럼 다른 지성을 포함하지는 못한다(예를 들면, 만일 SD가 행동탐구를 포함하는지 Bill Torbert에게 물어보고, Cook-Greuter에게 SD가 자기개발을 포함하는지 물어보고, Kegan에게 SD가 의식의 질서를 포함하는지를 물어보라. 그들의 답은 모두 아니라고 단정하면서 기록하고 있다).

브이밈의 단계 8은 성숙한 비전-논리 인식과 켄타우로스 자기-감(self-sense, [그림 2-4]에 청록색 높이)을 포함하고 있다. SD가 뭐가 되었든 간에, 우리가 이 장에서 논의하는 것은 구역 #2의 가치 체계 단계 8이다.

선에서 명상 단계의 가장 유명한 버전은 **십우도**十牛圖다. 이것은 선 훈련의 전체 과정과 훈련의 매 순간 지점들이 펼쳐지는 것을 모두 묘사한 상태-단계다. 어떤 의미에서 이전에 언급한 것처럼, 그것들은 각성을 조대-깨어 있는 상태의 전형적인 제한으로부터 벗어나게 한다. 정묘한 꿈의 현상(유상삼매, 신성, 영감)과 원인적 현상(무상삼매, 무형상, 어두운 밤)을 향해 밀어붙이는 주의력 활용과 훈련의 단계들이다. 원인적 현상의 지점에서 우리는 텅 빈 원의 여덟 번째 십우도에 도달하고, 그리하여 [영원한 현재 비이원의 빅마인드/빅 하트(sahaj, 신성, 일치, 청정신)]의 실현에 이르며, 이를 열 번째 십우도 "빈손으로 세상을 향하다."라고 한다.

언급했던 것처럼 이들은 **『명상 경험의 다양성』에서** Goleman에 의해 요약된 버전일 뿐 아니라, Brown에 의해 알려진 같은 구역 #1의 상태-단계에 대한 일반적 변화다.

이제 마침내 6만 4천 달러 질문에 이르렀다. 선 단계와 나선 역학 단계는 어떻게 연관되는가?

W-C 격자

이 지점에서 나는 이 주제를 명확하게 하기 위해서 우리가 살펴보았던 나선의 복잡함을 통해 당신을 계속 이끌어 갈 것이다. 나 또한 이 엉망진창을 힘겹게 통과해야 했던 만큼 당신도 그러지 말아야 할 이유는 없다.

이 분야의 초기 연구자들인 우리를 정말 혼란스럽게 했던 것은 Loevinger와 Graves와 같은 사람들의 단계 개념이 정말로 중요하다는 것을 우리가 알고 있었다는 것이다. 더욱이 이 단계 중 어떤 것(예: Kohlberg)은 비교문화 연구에서 수많은 횡-문화적 연구를 통해 검증받아 왔고, 따라서 당신은 그 모형들을 포함하였거나, 아니면 지나치게 불완전한 심리영적 체계를 가지고 있었을 것이다.

그러나 우리는 명상 단계의 심오한 특성들이 지닌 공통점에 대해 Brown 같은 최근 연구뿐만 아니라, 동서양(예를 들면, 성 Teresa의 영혼의 성, 아누Anu와 아티Ati 요가

[3])의 현상학적 전통들도 똑같이 중요하다는 것을 또한 알고 있었다. 그리고 우리가 기존에 해 왔던 것은 단순히 서구 심리학적 모형에서 가장 높은 단계를 취하는 것이었고—이것은 보통 나선 역학의 전 지구적 관점이나 Loevinger의 통합된 단계 혹은 켄타우로스 같은 것들이고—명상에서 서너 개의 주요 단계(조대, 정묘, 원인, 비이원-혹은 입문, 정화, 영감, 일치)를 가져와서 다른 단계들의 **꼭대기 위**에 가져온 그 단계들을 쌓아 올렸다. 그렇게 당신은 Loevinger의 통합된 수준(켄타우로스)으로부터 심령 수준으로, 정묘 수준으로, 원인 수준으로, 비이원 수준으로 나아가는 것이다. 바바바밤…… 동서양의 통합!

그것은 시작이었고—최소 어떤 사람은 동양과 서양의 접근을 진지하게 함께 취하였지만—문제는 곧바로 일어났다. 당신이 영적 경험을 하기 위해 정말로 Loevinger의 모든 단계를 통해 나아가야만 하는 것일까? 만일 당신이 십자가의 성 요한에 의해 묘사된 것 같은 계시 경험을 했다면, 당신은 Graves의 여덟 개 모두의 가치 수준들을 지나왔다는 의미인 것일까? 정확히 맞는 소리 같지는 않다.

두 번째 문제는 재빠르게 하나로 모아진다. 만일 '깨달음(혹은 어떤 종류의 신비적 일치)'이 정말 그 여덟 단계 모두를 통과해 가는 것이라는 의미라면, 체계적인 전 지구적 관점GlobalView 같은 몇몇 단계들은 **최근** 나타난 것인데, 어떻게 2,000년 전에 누가 깨달을 수 있었겠는가?

명상 단계와 서양의 발달 단계가 어떻게 관련되었는지에 관해서 우리가 초기에 통합하려고 했던 모든 시도는 이 주제 주위에서 오도 가도 못한 채 약 20년 동안 주저앉아 있었다.

일부 문제의 핵심은 다음과 같다. 어쨌든 '깨달음Enlightenment'이란 무엇일까? 진화하는 세계에서 '깨달음'은 과연 무엇을 의미하는가? '깨달음'은 무엇을 의미할 **수 있을까**? 그것을 연구하는 측과 주장하는 측 양쪽에 모든 증거를 충족시킬 수 있는 방법으로 그것을 어떻게 정의할 수 있을까? '깨달음'에 대한 모든 정의는 오늘날 깨달았다는 것의 의미가 무엇인지를 설명해야 할 뿐만 아니라, 오늘날의 단계가 과거

---

3) 역주: 아누, 아티 요가; 티베트 불교의 최상의 수행법

에는 존재하지 않음에도 불구하고 과거 시대에 어떻게 동일한 정의가 유의미하게 작동할 수 있었는지도 설명해야 한다.

판례는 다음과 같다. 우리가 오늘날 깨달음을 어떻게 정의하는지와 무관하게 누군가 2,000년 전, 이른바 부처나 예수, **파트마삼바바**Padmasambhava 같은 존재가 오늘날에도 여전히 '깨달았고' '온전히 실현했다'고 혹은 '영적으로 깨어났다'고 단정할 수 있을까?

이 복잡한 문제로 앞서 말했던 대로, 20년 동안 더 나은 것을 찾기 위한 지극히 어려운 경험을 하게 되었다. 첫 번째 실제 돌파구는 상태와 구조의 차이를 이해하는 것이고, 어떻게 그것들이 관련되는지를 이해하는 것으로 시작했다. (한 번 그것을 이해하면 당신은 그것들이 같다고 하는 것을 그만두어야 할 것이다.) 내가 잠정적인 해결책을 소개하고 몇 년 후, 나의 친구 Allan Combs는 독자적으로 연구하여 본질적으로 유사한 아이디어와 조우하였고, 그래서 고통스럽지만 투명한 역사를 위한 노력 속에서 우리는 이것을 **'윌버-콤즈 격자**Wilber-Combs Lattice'라고(내가 Allan에게 그 '**윌버-콤즈 격자**'가 얼마나 우습게 들리는지 설명한 몇 개월 후에) 이름 붙였다.

여기에 일반적인 아이디어가 있다. 본질적인 열쇠는 우리가 앞에 언급했던 (그리고 강조했던) 것처럼 그것을 깨닫는 데에서 시작하였는데, 왜냐하면 대부분의 명상 **상태**는 조대한 자각 상태에서, 정묘한 꿈 그리고 **형상** 없는 원인까지 다양하기 때문에 상태는 모든 성장 **단계**에서 실질적으로 현존하거나 현존할 수 있는데, 이는 가장 초기 단계에서도 깨어 있거나, 꿈꾸거나, 잠자기 때문이다.

이에 따라 만일 당신이 어떤 구조-단계의 연속을 가지고(우리는 Gebser의 태곳적 · 마법적 · 신화적 · 합리적 · 다원적 · 통합적인 것들을 사용할 것이다.) 그 연속적으로 발달하는 구조-단계(다르게 언급하지 않는다면, 간략하게 **단계**라고 부른다.)를 격자나 창살의 왼쪽 옆으로 놓고 주요 **상태**를 위로부터 아래로 뻗어 나아가게 (조대, 정묘, 원인, 비이원) 놓으면, 당신은 W-C 격자의 간단한 버전을 얻게 된다([그림 4-1]을 보라). 이 일반적인 아이디어에는 많은 변인이 있고, 나는 Allan이 내 모든 것에 동의하여 포함시키길 원하지는 않지만 구조와 상태가 복잡한 방법으로 겹쳤다는 일반적인 아이디어는 정말 중요하다고 생각한다. 이 도식의 대부분과 뒤따르는 논의

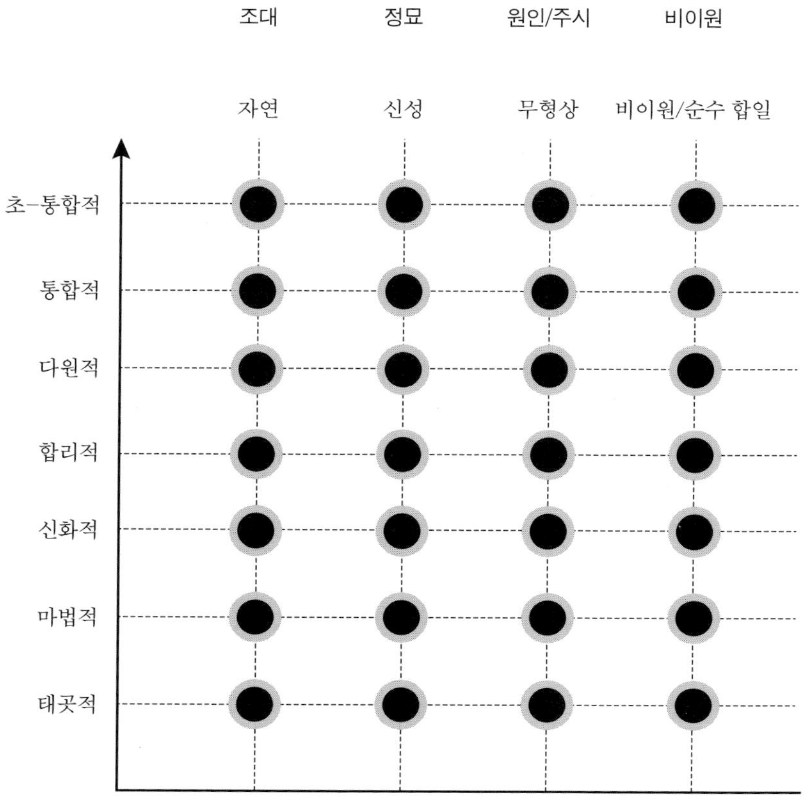

[그림 4-1] 윌버-콤즈 격자

는 전반적인 개념에 대한 나의 특별한 해석이며, 나는 Allan이 이것에 동의한다고 생각하지만, 우리가 다양한 방향으로 초기의 아이디어를 각자 개발했기 때문에 나는 이러한 구체적인 부분에 대해서까지 그에게 설명하고 싶지는 않다.

당신이 [그림 4-1]에서 볼 수 있는 것은 어떤 **단계**에 있는 사람이든 조대, 정묘, 원인, 비이원 **상태**의 절정 경험을 할 수 있다는 것이다. **그러나 개인은 그 상태를 개인이 처해 있는 단계에 따라 해석할 것이다.** 만일 우리가 7단계의 Gebser 유사 모형 같은 것을 사용하여 그 의미를 이해한다면, 우리는 7단계 × 4상태 = 28단계로 해석된/상태 경험들을 한다. (그리고 우리가 보았듯이, 이 모든 '구조-상태' 경험에 대한 증거가 있다.)

바로 앞의 진한 문장(원문 91p 상단 2줄)은 초기 탐구자들에게 돌파구였고, 실제 전환점이었다. 이것은 낮은 발달 단계—마법적이거나 신화적인—에 있는 사람이 깊은 종교적·영성적·명상적인 상태 경험을 어떻게 할 수 있는지 보여 준다. 그래서 조대한/심령의, 정묘한, 원인적, 비이원적인 것은 더 이상 서양의 인습적 단계 **꼭대기에 쌓인** 단계가 아니라, 어떤 단계에서도 **더불어** 일어났고 일어날 수 있는 상태(변성 상태와 절정 경험을 포함하여)인 것이다. 이것은 [그림 2-5]에서 3가지의 주요 상태/구름 형상들이 단계 우측에 놓여 제시되어 있다.

(우리를 더 혼란스럽게 하는 것은 사실 [그림 2-4]에서 지적한 것처럼 켄타우로스와 비전-논리 단계를 넘어 서너 개의 더 높은 **구조들**이 있다는 것인데, 이 구조는 서너 개의 더 높은 상태와 비슷하게 나타나는 성격이 있기 때문에 그 차이를 표시하는 것이 거의 불가능하였다. 그래서 우리는 구역 #2 구조 위에 구역 #1의 더 높은 상태를 쌓아 올려 그것을 더 높은 구조라고 불렀지만, 왜 그것이 맞지 않는지 도저히 파악할 수 없었다. 이것은 정말 우리를 힘겹게 했다. 비록 우리 눈앞에 그 자료가 있었지만 그 겹침 때문에 W-C **격자**를 보기는 너무 어려웠다.)

요점은 어떤 사람이 깊은 절정, 종교, 영성, 명상 등을 경험할 수 있다는 것, 말하자면 정묘한 빛이나 원인의 공을 경험할 수 있지만 그들은 준비된 만큼의 발달 단계를 도구로 하여 그 경험을 해석한다는 것이다. 마법적 단계에 있는 사람은 그것들을 마법적으로 해석하고, 신화적 단계에 있는 사람은 그것을 신화적으로 해석할 것이고, 다원주의에 있는 사람은 그것을 다원주의적으로 해석할 것이다. 그러나 신화적 단계에 있는 사람은 그것을 다원주의적으로 해석하지 못하는데, 그것은 의식의 구조-단계가 아직 나타나지 않았거나 발달하지 않았기 때문이다.

그러나 의식의 다섯 가지 주요 상태는 거의 처음부터 가능한데, 이것은 어떤 단계에 있는가에 상관없이 사람은 깨어 있고, 꿈꾸고, 잠자기 때문이다. 이 모두를 함께 종합하여 보니 바로 W-C 격자가 나타났다.

이와 관련하여 보여 주는 일련의 예는 다음과 같다. 우주적 사랑의 감각에 동반한 강렬한 내적 광휘의 정묘한-**상태** 경험을 알아보자. 어떤 사람이 서양인이며 기독교인이라면, 좌하 사분면(이는 또한 해석의 맥락 제공과 긴밀하게 연관되어 있다.)은 내면의 광휘 경험을 예수 그리스도(아니면 성령)와의 만남으로 해석하려는 의향을 가진다. 정묘-영역의 종교적 경험은 실제로 **어떤 단계에서든**—마법적 · 신화적 · 합리적 · 다원적 · 통합적 등—**일어날 수** 있지만, 각각의 경우에 그것은 기본적으로 그 단계 원리의 제한에 따라 **해석되는** 것이다.

그래서(좀 간단하고 전형적인 사례를 보여 주기 위해서) **마법적** 단계에서 예수는 내 모든 욕구와 기분을 만족시키기 위해 세상을 변화시킬 수 있는 개인적인 구세주로 경험되며, 마법사로서의 예수는 물을 포도주로 바꾼, 빵과 물고기를 만드는, 물 위를 걷는 등등으로 나타난다(만일 우리가 해석의 존재론적인 내용에 대해 이야기하고 있었다고 해도 그것을 말하는 것이 아니라, 예수가 물 위를 걷거나 혹은 걷지 않았겠지만, 이 단계에서는 그것을 최선의 의미로 생각한다). 이 단계는 전인습적이고 자아중심적이어서 이 예수는 나만 돌보는 존재다.

그다음 **신화적**인 단계에서는 같은 종류의 정묘한-상태 경험을 영원한 진리를 가져오는 예수와의 친교라고 해석할지도 모른다. 이 단계에선 믿음이 **절대적**이어서 말씀을 기록된 그대로 믿거나, 혹은 지옥에서 영원히 불탈 것이라고 믿을 것이다. 이 단계 역시 민족중심적이어서 예수 그리스도를 그들의 개인적인 구세주, 구원해 주는 존재로 믿는 사람들**만이** 구원을 받을 수 있다.

그다음 **마음의**mental-**합리성** 단계에서 예수 그리스도는 인간의 모습을 취하여 완전한 신神인 동시에 완벽한 인간이지만, 더 믿을 만한 방법으로 지금은 이신理神론적인 신의 우주적 사랑을 가르치는 교사(『수학의 원리(principia mathematica)』[4]를 읽은 사람이라면 어디에 밑줄을 그어야 할지 알 것이다.)로 나타난다. 이 단계는 후인습 초기와 **세계중심** 단계의 초기에 있기 때문에 예수 그리스도를 통하여 구원을 찾을 수 있으며, 또한 다른 사람들도 역시 다른 길을 통하여 똑같이 구원을 얻는다고 믿을 것이다. 당신은 제2차 바티칸 공의회 문헌에서 이것을 찾아볼 수 있다.

다원적 단계에서 깊은 일련의 영적 경험을 한 사람은『탈근대 성서(The Postmodern Bible)』저자 중 한 사람으로 자신을 발견할 것 같은데, 나타난 수천 개 중 하나의 놀

4) 역주: Issac Newton의 1687년 저작이다. 서양의 과학 혁명을 불러일으킨 책으로, 운동 법칙이나 만유인력 법칙과 같은 물리학의 고전역학이 기술되어 있다.

라운 예는 녹색 단계의 발달 렌즈를 통해 본 예수 그리스도와 그리스도-경험과 그에 대한 해석이다.

Gebser에게 **통합 단계는** 하나의 단계이지만, 우리에게는 적어도 네 가지 발달의 더 높은 구조-단계([그림 2-4]와 [그림 2-5]를 보라.)가 있으며, 성령에 대한 세계 도처의 다양한 표현과 기독교-의식consciousness 경험을 통합할 것을 주장하는 것인데, 만일 당신이 그런 경우라면 이 책을 읽으려 할 것이다(솔직히 초기/낮은 단계에서는 이 같은 토픽에서 즐거움을 찾지 못할 것이다. 그러나 우리가 자기 자신을 칭찬 하려 한다면 겸손하자. 우리가 어떤 단계에 있든지 거기에는 항상 더 높은 단계가 있으며, 어떤 곳, 어떤 장소, 어떤 우주 영역의 우리 머리 위에서 누군가는 또 다른 하나의 텍스트를 쓰고 있을 것이다).

신비주의 유형과 의식의 상태

자연, 신성, 무형상과 **비이원** 신비주의 각각의 상태를 기록했던 [그림 4-1]에 주목하라. 이것은 아주 느슨하게 지정(내가 최초의 W-C 격자에 추가했던 것)한 것이지만 그럼에도 매우 유용하다. 기본적인 생각은 네 개의 주요한 자연 상태 각각에서 당신은 그 상태의 절정 경험이나 강력한 상태 경험을 할 수 있다는 것이다. 어떤 영역에서든 궁극적인 절정 경험은 그 영역의 현상과 **하나**가 되는 것이다. 조대한 자각 상태에서 모든 현상과 하나 되는 경험은 전형적인 **자연 신비주의**다. 정묘한 꿈 상태에서 모든 현상과 하나 되는 경험은 전형적인 **신성 신비주의**다. 원인의-비현현非顯現 상태에서 모든 현상(혹은 현상이 없는)과 하나 되는 경험은 전형적인 **무형상 신비주의**다. 조대하고, 정묘하고, 원인적인 상태에서 일어나는 모든 현상과 하나 되는 경험은 전형적인 **비이원 신비주의**다.

이는 내가 생각하기엔 꽤나 타당한 설명적 분류(혹은 유형론)다. 이것만이 꼭 유일하게 가능한 유형론이라는 의미는 아니지만, 이것은 매우 쓸모가 있다. 만일 우리가 이것을 W-C 격자에 추가한다면, 개개인이 자연과 하나가 되는 경험을 알 수 있을 것이고 그는 '자연 신비주의자'가 되겠지만, 그 하나의 경험을 우리는 자신의 단계에 따라 다르게 해석할 것이다. 당신은 자연과 심오한 하나 됨을 경험하면서, 또한 빨간 수준, 호박 수준, 오렌지색 수준, 녹색 수준 등등에 있을 것이다.

그래서 단순히 구역 #1 경험(예를 들면, James)이 제공한 명상, 영적 경험, 종교의 '다양성'이 아니라 종교, 명상, 영적 경험에 대한 '**해석의** 다양성'인데, 왜냐하면 이는 그 경험들이 **이미 항상** 맥락과 해석 안에 놓여 있기 때문이다. 이것은 구역 #2의 방법(예를 들면, Baldwin)—각각의 선禪과 나선 역학—에 의해 드러나는 일련의 **해석적** 능력을 포함한다.

구역 #1과 구역 #2을 모두 포함한 연구가 W-C 격자다. 우리는 이 특정 이슈로 되돌아올 것이지만, 나는 동서양의 다양한 비이원의 길이 미국에서, 특히 현재의 탈근대주의자들(그리고 그들 아래 '부머리티스')에 의해 지난 30년간 어떻게 해석되었는지를 살펴보는 것이 이 전체 토픽에서 매우 중요하다고 믿는다.

그러나 그 모두와 아주 떨어져서, 또한 그 네 가지 상태를 네 가지 주요 신비주의 유형과 관련시킬 수 있든 없든 거기서 멀리 떨어져서 나는 W-C 격자의 일반 윤곽이 아주 유용하며 타당하다고 믿는다. 그것은 발달심리학의 구조-단계를 영적/명상적 전통의 상태 및 단계와 연결할 수 있는 첫 번째 방법을 제공하고 있다.

해석과 AQAL 매트릭스

여기서 간단한 기술적 설명을 한 번만 더 하고자 한다. 어떤 사람이 '그가 있는 단계에 따라' 특정 상태나 경험을 해석한다고 할 때, 더 구체적인 버전은 그때 작용하는 '전체 AQAL 매트릭스에 따라 해석한다'는 것이다. 항상 그렇듯이, 해석은 AQAL의 일이다.

사람들은, 특히 좌상 사분면에서 '수준과 라인'을 포함한 심리도에 기초해 자기경험을 해석한다(다중 지능들이 모두 동시에 작용하면서 자아에 의해 인정받으려 아우성친다). 좌하 사분면에서 문화적 배경과 상호 주관적 맥락은 결정적이다(그리고 전적으로 전의식적preconscious이다). 우상 사분면에서 신경생리학적 매개변수는 수많은 해석적 틀을 설정한다. 우하 사분면에서 사회 체계는 Marx가 제기했던 것만큼이나 강한 영향력이다. 이러한 사실을 간과할 수는 없다. 이 모두는 어떻게 개인이 자기경험의 매 순간을 해석할 것인가에 달려 있다. 이것이 AQAL 매트릭스의 전체이며, 매 순간 개인 안에서 개인을 통해 말하는 것들이다.

깨달음의 슬라이딩 스케일[5)]

지금까지 어떤 의미에서 '상태와 단계'는 고르디우르Gordian의 매듭에서 쉬운 부분이었다. 이 문제의 어려운 부분은 몇 가지 다른 방법으로 설명될 수 있다.

- 만일 **진화**가 일어난다면, **깨달음**은 어떤 의미를 가질 수 있을까? 깨달음은 모든 것과 하나가 되는 어떤 것이라는 의미이지만, 만일 모든 것이 진화하고 있고 내가 오늘 깨달음을 얻었다면 내 깨달음은 내일이 되었을 때 부분적인 것이 아닐까? 태양이 뜨는 새벽과 함께 깨달음이 아닌 것이 되는 걸까? 오늘 깨달음의 정의가 내일의 나를 앗아가 버리는 것은 아닐까?
- 일반적인 답변에서 깨달음은 **영원하고, 끝이 없고, 아직 태어나지 않은** 것과 하나가 되는 것이라고 말하지만, 그 모든 것은 영Spirit에서 거대한 이원성—무시간과 시간, 영원과 진화—을 창조하고 있는데, 그래서 나는 깨달음이 정말 영의 반쪽과 하나가 되는 것이라고 말하고 있는 것이다.
- 우리는 '비이원적 신비주의'가 '조대, 정묘, 원인 영역에서 모든 것과 함께 하나가 되는 것'이라고 보았다. 그러나 우리가 종종 보았듯이, 마법적이고 신화적인 것을 포함한 어떤 단계에서든 실제로 비이원적인 상태 경험을 할 수 있으며, 이 단계들은 더 높은 단계의 현상을 담고 있지는 못하다. 예를 들면, 신화적인 단계에서 이원성, 영원한 현존, 당신의 세계 모든 것에 대한 순수한 일치

5) 역주: sliding scale(차등제差等制, 신축법伸縮法); 상황에 따라 조정하는 방법

경험인 빅-마인드 자각의 깨달음을 얻을 수는 있지만, 그 경험은 우주의 많은 것을 놓치고 있다. 그래서 **견성**satori은 실제로 부분적인 현실과 하나가 될 수도 있다는 말이다. 일반적으로 말하자면, 이것은 좋은 것이 아니다.

이것은 아주 어려운 것으로 판명된 상태와 단계의 연결 부분으로, 내가 제안하는 해결책 또한 복잡한 편이다. 그러나 내가 이에 대해 논의했던 모든 영적 지도자는 이것이 맞는다고 동의하거나 최소한 그럴듯한 해결책이라고 추천하였다. (우리는 이 모든 미묘한 차이를 염두에 두고도 어떻게 깨달음을 정의할 수 있을까? 추천된 답변: 깨달음은 이제까지 진화했고, 어떤 때라도 존재하는 **모든 상태** 및 **모든 단계**와의 하나 됨을 실현하는 것이다.) 이 결론에 도달하는 데 관련한 모든 과정을 조심스럽게 밟아가면서 나는 의심 없는 어떤 영혼들도 귀찮게 하고 싶지 않아 부록 II(통합적 탈-형이상학)에 그 내용을 남겨 두었다. 우리는 여기서 구역 #1과 구역 #2에 대한 더 많은 예를 명상/관상에 적용하면서 논의할 것이고, 그렇게 하여 부록을 참조하지 않고도 따라올 수 있도록 하였다.

구역 #1과 구역 #2: Evelyn Underhill과 James Fowler

구역 #1 그리고 구역 #2의 또 다른 비교를 위해 모든 영적 지도maps에서 가장 유명하고 영향력 있는 것 두 개를 찾는다면 아마도 Evelyn Underhill과 Fowler의 것이라고 할 수 있을 것이다. 그들은 구역 #1과 구역 #2뿐 아니라 구역 #1과 구역 #2의 발달적 접근까지 거의 완벽하게 나타내고 있다.

Underhill의 연구는 세계에서 가장 존경받는 성자와 현자에 대한 몇몇 연구를 기초로 영적 여정의 단계를 조사하고 요약하였기 때문에 매우 훌륭한 것으로 평가된다. 세기의 전환기에 수행된 이 연구는 좀처럼 구식이 되지 않는 자료에 의거한 만큼 오랜 세월에도 불구하고 건재하다. 사실 그것은 Dionysius에 의해 제시된 서구의 첫 번째 위대한 버전과 본질적으로 매우 유사하고, 위대한 동양의 여정에 대한 Brown의 연구와 비교되며 오늘까지 내려왔다. Underhill은 James와 동시대에 있었고, 그들은 모두 내면으로부터의 경험주의를 위해 구역 #1을 파고들어 갔다. James는 종교와 영적 상태 경험의 구역 #1을 주로 현상학적으로 묘사하고 분류하는 연구를 하였고, Underhill은 구역 #1에서 **훈련된** 영적이고 명상적인 상태 경험에 대한 발달 연구를 진행하였다. Underhill은, 특히 **영적 여정의 현상학적 단계**—달리 말하면, **상태-단계**—아니면 **'나' 공간에서 일어나는 의식 사건**과 느낌의 경험 단계에 초점을 두었는데, 그것은 내면으로부터 보여지고 이해되는 것, 엄격한 영적 수련(아니면 명상 상태 훈련)하에서 시간이 지나면서 펼쳐지는 것들이다. 이런 것은 당신이 오랜 시간 기도하거나 명상하면서 볼 수 있는 경험들이다.

Fowler는 얼마나 오래 방석에 앉아 있느냐와 상관없이 **당신이 볼 수 없는** 것들을 연구했다. 달리 말하면, 그는 영적 자각을 설명하기 위해 구역 #2 접근을 취하여 보통은 오랜 시간 동안 객관적 자세로 바깥에서 봐야만 알 수 있는 현상을 산출해 냈다. 이것이 세계 곳곳의 관상 교과서에선 Underhill의 단계 같은 것을 발견할 수 있지만, 관상이나 명상 체계 어디에서도 Fowler의 단계 같은 것은 발견할 수 없는 이유다. (그리고 Loevinger의 단계와 나선 역학 단계 등도 없다).

Underhill의 영적 발달 단계들은 간략히 다음과 같다.

1. 깨우침/입문
2. 정화/평정
3. 광명illumination
4. 어두운 밤
5. 합일unification

Fowler의 것들은 다음과 같다.

0. 언어 습득 이전의 미분화된
1. 투사적-마법적

2. 신화적-문자적
3. 인습적
4. 개별 반사
5. 공동결합conjunctive, 후인습 시작
6. 후인습의 공통선共通善 · commonwealth

지금 이 둘은 믿을 수 없을 만큼 중요한 것으로 알려져 있지만, 그들의 단계는 일치하지 않는다. 더욱이 여러 학자는 그들이 서로를 인정하진 않겠지만 실제로 어느 정도는 겹치는 것 같다고 언급하였다.

그래서 무슨 일이 일어나고 있는 걸까? 아마도 Underhill은 [그림 3-1](상태-단계)의 자료를, Fowler는 [그림 2-4](구조-단계)의 자료를 제시하였다는 것은 명백하고, 이 양쪽은 [그림 2-5]에 제시되었다. 이제 그들 각각의 일련의 단계들이 아주 친숙하고 분명하여, 당신은 그들을 쉽게 이해하게 되었다. 즉, Underhill은 조대, 정묘, 원인의 버전이고, Fowler는 전인습, 인습, 후인습의 버전이다.

그리고 이 모두를 종합하면 당신은 아홉 개 유형의 격자(W-C 격자)를 갖게 되고, 이 모든 아홉 유형은 매우 분명하다. (Underhill과 Fowler의 실제 단계들을 사용하면 당신은 4×6의 칸을 얻는다.) Underhill은 Wilber-Combs 격자([그림 4-1])의 위를 가로질러 **상태**의 질서를 나타내고, Fowler는 왼쪽 칼럼의 수직적 **구조** 질서를 나타내고 있다. 그리고 이것은 Fowler의 단계 중 **어디에 있더라도** Underhill의 모든 상태를 경험할 수 있음을 명확히 보여 준다(또한 이들의 관계는 선과 나선 역학의 것과 동일하다).

이것을 명확히 하기 위해서 Fowler와 Underhill을 사용한 W-C 격자를 당신은 간략하게 상상할 수 있다. 예를 들면, Fowler의 단계 3인 인습 단계에 있는 사람이 명상 수행이나 관상기도를 시작하여 광명, 어두운 밤, 합일 **상태**를 향해 수행해 나아갈 수 있지만, 그들은 그 각각의 경험을 자신들의 **단계**(이런 경우, 인습적이고 체계 순응적인)에 따라 해석한다는 것이다. 동서양, 선불교에서 베네딕트 수도원까지 수도원 전통에 익숙한 사람들은 누구나 Underhill이 의미한 바대로의 상당히 영적으로 전화된 혼을 알아보겠지만, (관상적 조명과 합일 속에서 매우 앞서 있는) 이들이 여전히 매우 순응주의적이고 인습적인 정신을 지니고 있을 수도 있다. 그리고 이것은 불행하게도 많은 티베트인과 일본의 명상 대가들에게서도 볼 수 있다. 비록 그들이 명상 **상태** 훈련에서 진보하였을지라도, 그들의 **구조**가 호박색이나 오렌지색이기에 그들의 가능한 해석 목록은 영원한 불법佛法을 간과하며 극히 민족중심적이고 편협한 생각으로 좌하 사분면을 해석하고 있는 것이다.

(예를 들어, 달라이 라마의 비서관에 따르면 달라이 라마는 동성애와 항문 성교는 죄이며 구강성교는 나쁜 카르마라는 등등을 믿는다. 모든 사람은 구강성교는 나쁜 카르마가 아니고, 단지 나쁜 구강성교만이 나쁜 카르마라고 생각한다. 그러나 이것들은 슬프게도 전형적인 신화적-호박색 믿음이다.)

서양인이라고 더 나은 것은 아니다. 전형적인 서양 스승은 녹색 다원주의가 만연하는 빨간색 자기도취주의('나me' 세대)를 열었고, 통상 '다원주의'나 '부머리티스'로 알려진 역기능적 구조 속에 살고 있다. 왜냐하면 이 구조-단계(호박색, 오렌지색, 녹색, 청록색 등)는 **아무리 명상을 해도**, 그것들은 서양에서 불법佛法의 중심에 숨어 보이지 않는 병리로 적재되어 있을 수 있다.

(미국 불교 스승들은 이런 언급에 대해 그저 머리를 흔들며 더 명상하라고만 제안하는데, 이는 대부분의 경우 문제를 더 악화시킨다. 내가 말한 것처럼, 우리는 나중에 이 불행한 시나리오로 되돌아올 것이다. 그동안 좌하 사분면에서 전-개인주의적 의미에서의 자아중심적 수준은 아니지만 심한 호박색, 혹은 신화적-멤버십 수준인 아시아 출신의 명상 스승들은 그에 따라 순응주의자 단계의 방식대로 제자들에게 그냥 주저함 없이 자신들에게 복종하라고 명령해 왔다. 하지만 좌하 사분면에서 오렌지색부터 녹색 수준에 이르는 개인주의적 서구인들을 데리고는 무엇을 어찌해야 할지 잘 몰랐다. 여기에 사분면-불일치와 **AQAL 충돌**clash의 30년 된 이야기가 있다. **통합 기구**에서 우리는 비난의 관점이 아니라, 가능한 한 감춰진 역기능이 없는 통합적인 영적 수련을 시작하자는 관점에서 이 AQAL 충돌을 개관할 준비를 하고 있다.)

격자의 또 다른 면에서, Fowler의 차원에는 **매우 진보되었지만** Underhill의 관상 영역에는 **많이 진보되지 않은** 사람을 볼 수 있다. 이것은 '수준과 라인'의 경우가 아니라(즉, 당신은 다양한 발달 **라인**에서 다른 **수준**에 있을 수 있다.), '상태와 수준'의 경우다(그 각각의 **수준**은 전반적 상태들을 동일하게 경험할 수 있다. 즉, 의식의 서로 다른 **상태**는 의식의 서로 다른 **수준**/**단계**/**구조**에서 일어날 수 있다—우리가 '상태와 수준', 혹은 더 자주는—같은 것인—'상태와 단계'로 비교하는 것이다). 이것은 AQAL 매트릭스에서 두 개의 비교적 독립된 요소들이며, 이 두 특정 요소들(상태와 단계/수준)의 겹침overlap을 그린 것이 W-C 격자다. 또한 당신은 AQAL 매트릭스에서 다른 겹침을 그려 볼 수 있는데, 이 모든 것을 말하자면 이렇다(예를 들면, **통합 심리도**는 '수준과 라인'을, 그리고 유형과 수준, 유형과 상태, 사분면과 수준, 수준과 유형과 상태 등).

어두운 밤

[그림 3-1]에서 나는 세 개의 '어두운 밤'을 설명하였다. (조대한) 감각의 어두운 밤, (정묘한) 영혼의 어두운 밤, (원인적) 자기의 어두운 밤 등이다. '어두운 밤'은 서로 다른 전통에서 여러 가지 것들을 나타내는 포괄적 용어이지만, 일반적으로 특정한 영역(조대, 정묘, 원인)에 대한 집착 혹은 중독의 통과 혹은 놓아 버림, 그리고/혹은 이미 특정한 중독에서 자유로운 상위 상태의 절정을 경험한 후, 다시 하위 상태로 내던져져 중대한 상실감과 괴로움이 발생하는 데에서 비롯된 고통을 의미한다. 일반적으로 이 어두운 밤은 상태들 사이의 과도기에 발생하거나, 조대한 몸의 깨어 있음으로부터 정묘한 영혼의 꿈으로, 원인적 자기의 무형상으로 그리고 급진적인 비이원까지 **각성**(그래서 정체성)의 전환 과정에서 일어난다.

어두운 밤은 이러한 일반적인 상태들 사이의 경계에서 이것들에 대한 **집착**이나 **동일시**가 내려놓거나 포기되면서 나타나곤 한다. 상태 그 자체(그리고 그들의 존재와 앎의 일반 영역)는 남아 있고 발달은 지속하지만 그들과의 동일시는 없어지는데, 이 '없어짐'은 감각, 영혼, 자기의 어두운 밤을 각각 구성하여 감각의 어두운 밤, 영혼의 어두운 밤 그리고 자기의 어두운 밤을 초래한다. 예를 들면, 원인의/자기의 어두운 밤은 **십우도**에서의 여덟 번째 선의 일곱 번째 궁방castle, **아누** 요가의 '거의-성

취한 어둠' 등으로 나타난다.

다시, 이것은 구조-단계가 아니라 상태-단계이기 때문에 그것들은 매우 유동적이고 개방적이며, 분리되거나 선형적이지 않다. 나아가 우리가 보았던 것처럼, 그것을 경험하는 개인의 (그리고 계통의) AQAL 매트릭스를 따라 그것들을 경험하고 해석한다. 몇몇 전통은 그것을 강조하고 다른 것들은 빠르게 지나친다. 그리고 어떤 전통은 일반적 상태 진행에서 다른 것들보다 더 나아갔다고 말할 수 있다. 이것은 섬세하고 어려운 주제로, 많은 전통이 영혼의 어두운 밤을 통해 (원인적 합일로) 나아가지만, 자기의 어두운 밤(비이원적 여여함suchness으로)으로는 나아가지 못한다. 성 Teresa의 일곱 번째 궁방 같은 것은 당신을 원인의 공으로 데려가 거기에서 당신을 떠나거나 더 나아간 고요 속에 당신을 남겨 놓는다. 물론 Eckhart 같은 다른 사람들은 원인의 자취(그러나 Eckhart조차도 세부적인 것에선 애매하지만, **아누타라-탄트라**anuttara-tantra는 풍부하다.)를 포함하여 주관/객관의 이원성과 형상 안에서의 자기-수축을 전적으로 몰아내며 자기의 어두운 밤을 통하여 나아가는 데 성공하였다. 그러나 이들이 아무리 일련의 상태-단계에서 널리 나아갔을지라도 요점은 간단한데, 그 전체의 복합적 질서는 [그림 3-1]에 제시되어 있고, 이는 명상/관상 상태의 전체 단계를 간략히 요약한 것이다.

통상적인 **상태-단계**는 이와 같다. Fowler의 **구조**-단계의 경우, Fowler가 단지 몇 개의 연구에서만 객관적 결과를 제시했다는 것에 주목해 보면, 그의 자료는 상위 단계에선 아주 빈약했다. 그것은 거기에 더 높은 단계가 없다는 것이 아니라, 많은 사람이 거기에 오르지 못했다는 것이다. 만일 Fowler가 그의 연구에서 마음의 높은 구조-단계를 계속 더 다듬었다면(예를 들어, Cook-Greuter가 Loevinger 라인에 더하였던 것처럼), 우리는 이 시점에서 그의 여섯 번째 단계(대략 **청록색-수준의 신앙**) 너머에 있는 **신앙의** 서너 **단계**를 추가로 드러낼 연구들을 기대했을 것이다. 그랬다면 우리는 지금 **온우주적**Kosmic 습관으로서 희미하게 놓여 있는 것이 아닌, 분명한(비록 오르는 자에 의해 공동-창조되는 산의 고도가 높아질수록 덜 분명해지긴 하지만) **남색 신앙**(초-세계적인 마음과 같은 높이), **보라색 신앙**(메타-마인드), **자외선색 신앙**(상위심)으로…… 신앙 그 자체로서 더 완전한, 더 완전한 그리고 더 완전한…… 그러한 신앙, 자유와 공에 입각해 결코 변하지 않는 끝없고 영원하며 완벽하게 진화를 드러내는 위대한 근본바탕 그리고 개방성, 그럼에도 불구하고 아직도 진화하는 자기 표현의 목격자를 발견하게 되었으리라.

'영적'이라는 말의 네 가지 의미

이것은 내가 이 분야 전반에서 얘기하길 좋아하는 마지막 주요 주제인데, 이미 살펴보았던 용어들이기 때문에 빠르게 다루겠다. 만일 사람들이—학자들과 평범한 사람 모두 똑같이—'영적spiritual'이라는 말을 사용하는 방법을 분석해 본다면, 적어도 그 말에 주어진 네 가지의 중요한 의미를 발견할 수 있을 것이다. 비록 개인들이 이런 전문 용어를 사용하지는 않지만, '영적'이 다음과 같이 의미 있게 사용되는 것은 분명하다. 첫째, 어떤 라인에서든 가장 높은 수준, 둘째, 그 자체로 분리된 한 라인, 셋째, 특별한 절정 경험이나 상태, 넷째, 특별한 태도 등이다. 내가 강조하고자 하는 바는 이 모든 것이 합당한 활용이긴 하지만(난 이 모두가 실제 현실을 지향한다고 생각한다.), 우리는 반드시 우리가 어떤 의미로 쓸 것인지를 확인해야만 한다. 그렇지 않으면 누군가가 깔아 놓은 전제 속에 대화는 산으로 가게 될 것이다. 내 평생, 의미가 줄어들었는데도 불필요한 말이 많아지는 경우는 들은 바 없다.

여기서 네 가지 주요 쓰임을 간략히 살펴보겠는데, 이 모두는 존중받아야 한다.

첫째, 만일 당신이 어떤 발달 라인—인지, 감정/정서, 욕구, 가치—을 선택한다면, 사람들은 보통 영성을 그 라인에서 더 낮거나 중간 수준으로 생각하지 않고 더 높고 가장 높은 수준으로 묘사한다([그림 2-4]와 [그림 2-5]의 발달 라인 어디에서나 볼 수 있으니 참조하라). 예를 들면, '초개인'이라는 단어는 관습적으로 채택되었다. 영을 보통 전합리적이거나 전개인적인 것으로 여기지 않으며, 흔히 개인적이거나 합리적인 것으로 생각하지도 않고, 깊은 초합리적이고 초개인적인 것으로 생각하기 때문이다.—즉, **어떤 라인에서든 가장 높은 수준**을 의미한다(Maslow의 자료 모음에서 우리는 종종 이 초개인의 구조-단계의 발달적인 면들을 묘사하기 위해 매우 자유로운 용어로 **셋째 층**third tier이라고 하였다. [그림 2-4]를 보라).

둘째, 때로 사람들은 '영적 지성'에 대해 말하는데, 그것은 어떤 라인에서든 가장 높은 수준을 말할 뿐 아니라 초기 시절로 내려가서도 **그 자체로 하나의 발달 라인**이다. Fowler가 그 예다. 당신이 [그림 2-1]과 [그림 2-5]에서 보는 것처럼 '영적'의 사용이 다양한 라인(구역 #1의 용법)에서 가장 높은 초개인적이고 초합리적인 수준하고만 관련이 있는 것이 아니라, 그 자체의 첫째, 둘째, 셋째 층(아니면 구조-단계)을 갖고 있으며, 이 단계들은 모두 내려가는 방식도 있다(Fowler의 0단계 같은). 즉, 영성 라인은 그 자체의 전개인, 개인, 초개인 수준/단계를 갖고 있다는 말이다. 이것이 바로 아주 적합한 용어를 알맞게 사용해야 하는 이유인데, 왜냐하면 구역 #1과 구역 #2의 용법을 함께 쓰면 우리가 영적 발달 라인의 가장 높은 수준만이 영적이라고 말하게 되기 때문이다. 말할 필요도 없이 이것은 커다란 혼동을 야기한다. (AQAL 입장은 양쪽 사용—실제로 네 개를 사용—을 모두 맞는 것으로 보며, 당신은 이것을 명확히 해야 하는데 그렇지 못하면 하염없이 혼동할 것이기 때문이다.)

셋째, 때로 사람들은 **종교나 영적 경험**, 명상 경험, 절정 경험(그것은 단계와 관련할 수도 있고 그렇지 않을 수도 있다)이라는 의미에서의 영성을 말한다. 실제 샤먼 전통 모두는 이 분류에 적용된다(Roger Walsh의 『**샤머니즘의 영**(The Spirit of Shamanism)』을 보라). James, Brown, Underhill, Goleman은 모두 상태 경험(종종 훈련된)으로서의 영성에 관한 예를 들었다. 상태 경험은 또 다른 중요한 용법이고, 물론 W-C 격자에서는 수평축이다.

넷째, 때로 사람들은 간단히 **어떤 상태나 단계에 나타날 수 있는 특별한 태도**와 관련시켜서 '영적'을 이야기한다. 이는 사랑, 연민, 지혜 같은 것들이다(즉, 이것은 유형이다). 이것은 매우 통상적인 용법이지만 자세히 보면 보통 앞의 세 가지 용법 중에 하나로 귀속된다. 왜냐하면 거기에는 실제로 사랑, 연민, 지혜의 단계들(사랑과 연민을 필요로 하는 대부분의 모든 녹색-파동의 저자들에 의해서 놓친 사실들)이 있기 때문이다. 아직도 우리는 만일에 대비하여 언제나 이것을 분리시켜 목록화하고 있다.

나는 이 네 가지 의미를 더 상세히 설명하지는 않겠다. 그것은 **통합 심리학**에서 길게 설명되어 있다. 나의 요점은 넷 모두가 '영적'이라는 단어의 의미를 타당하게 나타낸다는 것인데, 사람들은 논의에서 이것들을 모두 뒤섞어 버리고, 그래서 결과적으로 더 엉망이 된다.

구역 #4의 용법에 대해 말하면서 나는 그에 대해 안 좋은 태도를 갖고 있으니, 나의 15초 간의 폭언을 용서해 달라. 당신은 실제 논의의 99%를 '과학과 종교 관계'에서 생각해 볼 수 있으며, 거기서는 그것들을 엉망으로 범주화하고 있는데, 그것은 아주 유감스러운 일이다. 이 논의는 도통 진도가 나가지 않는다. 논쟁하는 사람들이 사용하는 정의에 네 가지 변수가 숨어 있는 데다가 아무도 이유를 알지 못한 채 이 변수들이 여기저기에서 서로 어긋나고 그에 따라 논쟁자들도 서로 어긋나 버리기 때문이다.

특히 당신이 종교의 수준 혹은 영성의 수준/단계를 자체적으로 포함한 용법 3을 깨달았을 때, 이것이 타당한 용법이긴 하지만 상황은 완전히 통제할 수 없는 지경이 된다(거기에는 태곳적 영성, 마법적 영성, 신화적 영성, 합리적 영성, 다원적 영성, 통합적 영성, 초개인적 영성……). 어떤 사람은 "종교나 영성이 우리에게 깊은 연결성과 영원한 가치에 대해 말해 준다."라고 하는데 나는 그들이 의미하는 종교나 영성을 이해하지 못하겠으며, 내가 확신하는 것은 그들이 그렇지 않다는 것이다. 종교에는 최소 다섯이나 여섯 개의 주요한 **수준/단계**가 있으며—마법적인 것으로부터 신화적 · 합리적 · 다원적 · 통합적 그리고 더 높은—네 가지 **상태**(조대한, 정묘한, 원인의, 비이원의)를 거쳐, 또 유형이나 종류(**자연, 신, 무형상, 비이원**)가 있는데, 우리가 이 장에서 윤곽을 그린 영의 네 개의 용법이나 **의미**에 대해서는 언급을 안 해도 될 지경이다. 그리고 **사분면들**(위대한 자기나 나로서의 영성, 위대한 당신이나 그대로서의 영성, 위대한 그것이나 다른 것들로서의 영성)은 아직 꺼내지도 않았다.

당신이 과학과 종교, 또는 종교와 어떤 것에 대해 말하기 전에 어느 종교를 의미하는지 내게 이야기하여 주면 좋겠다. 그냥 W-C 격자를 사용할 때조차 거기에는 24개의 다른 종교나 **영적 진실의 주장**들이 있다. 그 24개 중 어느 것을 말하고 있으며, 어떤 근거에서 당신은 다른 종교를 예외로 하고 있는가?

이것이 지나치게 복잡한 도식은 아니다. 이는 당신이 이 주제에 대해 일관성 있게 이야기하기 위해 필요한 최소한의 양식이다.

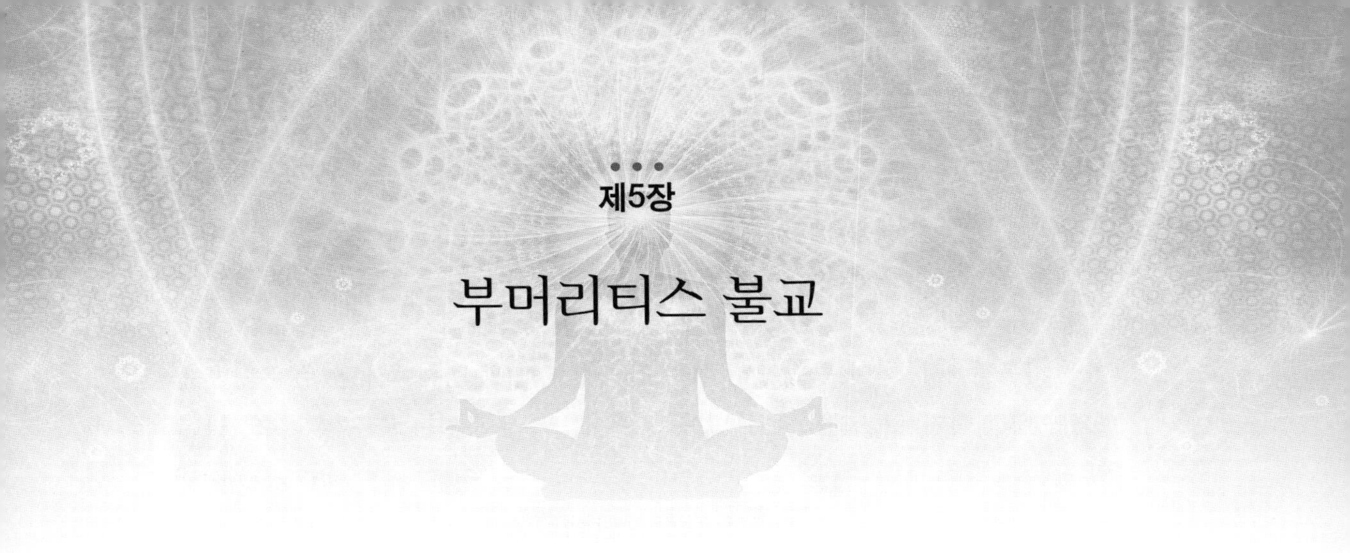

제5장

부머리티스 불교

이제 AQAL 매트릭스 요소 안에서 병리적이거나 역기능적인 개념에 대해 살펴보고자 한다. 그 예로 부머리티스Boomeritis를 사용할 것이다. 그리고 어떻게 이것이 영성에 일반적으로 영향을 주는지—아니면 오염시키는지—에 대한 명백한 예로서 '부머리티스 불교'라고 부르는 것에 대해 알아볼 것이다. 불교를 하나의 예로 사용한다는 것이 오늘날 모든 형태의 종교와 영성에서 같은 유형의 일이 일어날 수 있다는—지금도 일어나고 있다는—사실로부터 눈을 돌리게 해선 안 될 것이다. 이 점에 있어서 나는 문자 그대로 어떤 예외도 발견할 수 없었다. 따라서 만일 당신이 불교가 아닌 다른 영성의 길에 있다면, 그리고 우리가 그것을 따라간다면 당신은 적절한 해석을 통해 어떻게 이것이 당신의 길에도 적용할 수 있는지 알 수 있을 것이다. 이 장의 끝에선, 이처럼 만연된 문제를 다루는 데 도움이 될 수 있는 모든 길과 신앙을 위한 자원들을 제시할 것이다.

부머리티스

부머리티스는 그 자체로도 중요하지만, 이번 경우에는 지류 혹은 라인 병리라는 보다 넓고 더욱 중요한 이슈를 가리키고 있다. 보다 엄밀하게는 **발달-라인 역기능** Developmental-Line Dysfunction, 아니면 DLD라고 부른다. 나는 'DLD'를 선호하는데, 그게 오프라Oprah[1] 쇼 분위기가 나기 때문이다.

정신psyche의 어떤 측면—혹은 이와 관련된 현실—은 역기능적일 수 있다. 나는 어떤 사분면에서, 어떤 수준에서, 어떤 라인에서, 어떤 상태에서, 어떤 유형 등등에서 병리적이거나 '불건강'할 수 있다. 움직이는 부분이 있는 모든 것은 고장날 수 있다.

그러나 병리를 찾아내기 위해선, 당신은 어디를 봐야 할지 알 수 있어야만 한다. 우리는 명상 전통들이 뚜렷하게 구역 #1 방법론을 사용하고 있음을 보았다. 엄밀한 의미에서 그들은 구역 #2 발달의 구조-단계를 포함하지도, 정말 이해하지도 못하고 있다. 부머리티스는 개인(구역 #2)의 발달 구조에서 일어날 수 있는 명백한 역기능을 보이는데, 그 역기능은 기독교, 유대교, 불교의 명상 전통에서 볼 수 있거나 진단할 수 있는 것이 아니다. 그것은 구역 #1의 방법론의 질문이 아니다. 구역 #1은 구역 #2가 포착할 수 없는 것을 포착해 낸다. 하지만 이것은 그들 중 하나만을 사용하는 영적 스승들의 잘못이다.

다원주의나 부머리티스는 1960년 베트남 전쟁에 대항하여 항의 시위한 학생들의 영역에서 아주 뚜렷하였다(그리고 오늘날 중동 전쟁에 대한 항의에서도 똑같이 명백하다). 모든 학생은 전쟁이 비도덕적이기 때문에 항의한다고 주장하였다. 실제로 도덕 발달 검사에서 어떤 학생들은 도덕적으로 발달한 것으로 드러났다. 어떤 연구에서 보면 운동가들 중 많은 사람이 자신이 나쁘다고 느끼는 전쟁에 대해 "아니요!"라고 하였는데, 그들은 세계중심적 추론과 도덕적 인지가 후인습 수준에 있음이 드러났다. 그러나 많은 전쟁 반대주의자 중 어떤 사람들은 전인습적이면서 자아중심적이고, 자기애적인 수준에 있으면서도 '아니'라고 하였다. 기본적으로 "그냥 꺼져버려라. 아무도 나에게 이래라 저래라 할 수 없다!"인 것이다.

그래서 다시 같은 평화 속에 모여 같은 텐트 아래서 같은 슬로건을 소리치며 모

---

1) 역주: 미국의 유명한 토크쇼 진행자

두가 "아니야. 우리는 지옥엔 가지 않을 거야!"라고 말한 것은 **전**인습적이면서 **후**인습적인 항거였는데, 만일 무슨 일이 일어나고 있는지 당신이 모른다면 저항자들이 모두 같은 것을 말하며 같은 곳으로부터 왔다고 생각할 것이다. 그래서 인습적인 자세로 강하게 저항했던 반전 시위는 아주 낮고 아주 높은 양편 모두의 반응들을 이끌어 냈으며, 모두는 동일한 높은 수준의 미사여구를 사용하면서 **후인습** 텐트 아래서 **전인습이 번성했던 것이다.** 이들을 혼동하고 동일한 것으로 취급하는 것은 고전적인 **전/후 오류**pre/post fallacy로서, 대부분이 이런 실수를 범했다.

부머리티스는 전/후 혼동의 특이한 버전이다. 특별히 부머 세대는 다원주의, 상대주의, 탈근대라는 발달의 녹색 파동에서 첫 번째로 의미 있는 자리를 차지하였다. 이것은 "나는 나의 일을 하며, 너는 너의 것을 한다."라는 것이지만, 많은 사례에서 ―후인습적 · 세계중심적 · 녹색 및 세계적이라는― 매우 높은 발달 고도로부터 나왔다. 그러나 다원적 개방과 비판단주의가 매우 **자기중심적**이고 자기애적인 충동을 **재활성화시키고 부추기면서** 전인습적 행렬이 후인습 텐트로 들어왔으며, 모든 낮은 자기애적 충동이 높은 다원주의라는 이름을 다시 갖게 되었다. 바로 나me 세대가 태어난 것이다.

'부머리티스'는 간략하게 대부분이 빨간색에 오염된 녹색이거나 전인습/자아중심 수준의 침입을 당한 후인습/세계중심 수준에 쓰는 일반 용어다(라인의 높이를 나타내기 위해 색깔을 사용함). 이 녹색/빨간색의 혼합은 종종 낮은-수준, 자기애적 · **자기중심적인** 느낌과 충동을 가져오는 것과 관련되어 있는데, 그것들을 높은-수준이라고 재명명하면서 후인습, 세계중심 그리고 심지어는 영적인 이름을 붙여 자아중심적이고 자기애적인 느낌들을 정말 매우 높은 것으로 생각하고 있다. 그래서 자아ego를 과장하고 정말 즉각적인 느낌으로 자아를 표현하고 느끼는 데 열심이면 열심일수록, 그들이 생각하기에는 더 영적인 것이 되는 것이다.

부머리티스 불교

이런 분위기 속에서 불교가 들어왔고, '무-아no-ego의 종교'로 알려진 불교가 재빠르게 '당신의 자아를 표현하는 종교'가 되었다. 참 대단한 묘기다. 어쨌든 미국, 부머리티스 스타일을 만나게 된 것을 환영한다.

이 세대의 많은 미국 불교 신자는 부머Boomer[2]로서, 실제로 뛰어난 성취인 녹색-다원적 **단계**와 발달 **파동**의 선구자들이며, 그들 중 어떤 사람들은 명상을 실천하고 정말 매우 진실하고 깊은 명상 **상태**를 경험할 수 있었다(왜냐하면 모든 상태는 모든 단계에서 가능하기 때문에). 그러나 언제나 그러하였듯이 이 명상 상태는 그들이 있는 단계에 따라 해석되었다. 그래서 명상 상태는 녹색-수준의 다원적 세계관을 재빠르게 지지했다.

(그리고 실전에서도 마찬가지다. 예를 들면, **마음의 본성**—이것은 그의 불심佛心 Buddha-mind이다—이나, 혹은 **단지 드러나는 것이 아닌 늘-현존하고, 자연스러우며, 자기-인식적으로 자각하는 공**을 깨닫기 위한 모든 가르침은 녹색 파동에서 실현 가능하다. 왜냐하면 마음의 본성이 마음의 모든 단계와 분명히 양립하기 때문이다. "마음이 모든 것이며, 마음이 공이고, 공은 자발적으로 현존하며, 자발적으로 존재하는 것이 자기-해방이다."라는 가르침으로부터 "당신의 마음을 자연스럽게 있는 그대로 허락하고, 생각들이 그 자체로서 사라지도록 놓아 두어라. 이것이 당신의 타고난 마음으로, 그것은 비어 있고, 자기 앎이며, 본성적인 자각이다. 당신의 마음은 붙잡을 수 없는 깨어 있는 공이다. 이 적나라한 상태의 본성을 직접 들여다보라!"까지 **이 모든 상태 깨달음은 녹색을 포함해 어떤 단계에서든 충분히 알아차릴 수 있는 것들**이다. 이것은 조동선曹洞禪[3]의 '다섯 번째

---

2) 역주: 베이비 붐 세대; 전쟁 후 도는 혹독한 불경기를 겪은 후 사회적 · 경제적 안정 속에서 태어난 세대를 지칭. 미국의 경우, 제2차 세계 대전 이후인 1946년부터 1965년 사이에 출생한 세대를 지칭한다. 미국 역사상 제대로 교육받았다고 평가받는 이들은 경제적인 성장과 풍요 속에서 높은 교육 수준과 미디어의 영향으로 다양한 사회 운동과 문화 운동을 주도해 왔다.

3) 역주: 선불교의 조동선曹洞禪이며, 선사 동산양개洞山良价(A. D. 806~869)에 의해 시작되었다. 그는 흐르는 강에 비친 자신의 모습을 보고 깨달았다고 한다. 깨달음의 다섯 단계를 설한다. 다섯 번째 단계는 이해도, 미망도 사라진 완벽한 내적 자유의 상태다.

단계'에서 말하는 것과 같다. 그래서 **족첸**Dzogchen[4]과 **마하무드라**Mahamudra[5]에서부터 선禪까지의 모든 것은 과거에도 지금도 녹색을 지지하고 격려하는 데 이용되었고, 다시 말하자면 언제나-현존하는 영은 녹색 수준을 강화하고 굳히기 위하여 사용되어 왔다.)

이것은—사실 재난과 같은 것이며—충분히 나쁜 것이지만, 거기에는 더 나아가 두 개의 잠재적인 문제가 있다. 첫째는 많은 위대한 명상 원전, 경전, 비의경전秘儀經典·tantra은 적어도 청록색, 혹은 남색이나 보라색 수준의 인지 라인에서 쓰였다. 그러므로 **남색**의 원전은 단순하게 **녹색** 주제로 **하향-해석**translation-downward되었는데, 그 둘은 유사한 명상 상태와 그 성취에 의해 지지받을 수 있었기 때문이다. 우리가 보았던 것처럼 나는 의식의 비이원 상태에서 나올 수 있으며, 만일 내가 녹색이라면 **나는 비이원성**Nonduality**을 녹색의 맥락에서 해석할 것이다.** 만일 내가 자외선 수준이라면 자외선의 맥락으로 해석하리라. 동일한 진실된 상태가 어떠한 단계라도 뒷받침하는 데 쓰이는 것이다. 이런 위대한 영적 자료들의 **하향-해석**은 중대한 문제다.

둘째 문제는 내가 녹색을 지지하기 위해 이처럼 진실된 명상 상태를 사용할 수 있다고 하였기 때문에, 또 녹색 다원주의는 빨간색의 자기애를 지지하고 활성화할 수 있기 때문에, 전체 명상이 통째로 녹색/빨간색의 성격 구조를 지지하고 지원할 수 있게 된다. 달리 말하면, 명상은 부머리티스를 강화할 수 있다. 그렇게 하여 **부머리티스 불교**가 생겨났다. 이 불교를 하향-해석하는 것은 단순한 녹색이 아니라 역기능적인 녹색이거나 병리적 다원주의, 혹은 녹색/빨간색인 것이다. 그리고 '감정에 대한 자기애'를 지지하고 북돋기 위해 불교를 사용하는 것은 불교가 서구에 뿌리내리기 위해 고군분투하는 가운데 꽤나 거세게 번진 정말 불행한 상황 중의 하나다. 매우 진보적인 명상-상태 훈련이 역기능적 구조나 DLD(부머리티스나 녹색/빨간색 수준의 예)를 지원할 수도 있는 것이다.

특히 비이원 상태가—'하나 안에 모든 것이고, 모든 것 안에 하나이며, 하나 안에 하나이고 모든 것 안에 모든 것(예를 들면, 화엄의 네 법계, 조동종의 깨달음의 다섯 단

4) 역주: 티베트의 불교 명상 수행법
5) 역주: 모든 이중성의 통일을 의미

계)'이라고 확장시켜 묘사될 때—언어로 해석될 때, 이것은 녹색의 다원적 파동 자체와 매우 유사하게 들린다. 즉, "모든 것은 상호 관통한다."라는 말인데, **아띠**Ati가 자아Ego를 떠받치는 데 사용되고, 영Spirit은 자기-수축을 견고히 하는 데 사용된다는 것으로, 이것은 놀랍고 다소 기이한 결과다.

진짜 문제는 이것 중 어느 것도 **불교의 도구로는 볼 수 없다**는 것이다. 불교는 구역 #1 기술에는 전문적이지만, 이것은 **구역 #2의 병폐**로 발달 단계의 문제다. 이는 불심佛心 · Buddhist state of mind에서는 쉽게 보이거나 감지될 수 없는 병폐다.

빨간색의 **자기중심**에서 호박색의 순응주의로, 오렌지색의 합리주의로, 녹색의 다원주의로, 청록색의 통합주의로, 남색과 더 높은 단계로 자기감각이 성장하고 발달하면서, 어떤 단계에서 어떤 것이든 잘못될 수 있으며 모든 단계 어떤 단계에서도 잠재적인 병리가 있을 수 있다. 그러나 만일 그 단계들을 볼 수 없다면, 그 병리들도 알아볼 수 없다.

미국 불자들(불자, 기독교인, 유대인의 어떤 관상 수행 여정에 있는 사람들이든)—그들(그리고 우리) 모두 축복받기를—은 구역 #2 단계가 존재한다는 것을 모르고, 개개인은 그들의 명상 경험을 특별한 단계에서 해석하고, 이 단계의 어떤 것은 역기능적일 수 있고, 그래서 병리는 그들의 레이더 스크린에 보이지 않지만 이는 실제로 훈련의 전체 체계에 영향을 미친다. 그리고 이 보이지 않는 병리는 미국 불교 신자들에게 스며들었는데, 그것은 불교에 의해서는 볼 수 없기 때문이다. 간단히 말하면, 운영 체계에 전체 체계를 붕괴할 수 있는 **침묵의 바이러스**가 있다. 그리고 이 같은 이유로 유사한 일이 다른 관상 전통에서도 일어나고 있다.

숙련된 명상가들조차 항상 이것을 모른 채 바이러스에 감염되지만, 명상을 더 열심히 하라는 조언을 받게 된다. 이것은 개인을 탓하는 것으로, 개인의 전체 체계를 조만간 붕괴시켜 버린다. 거기서 **살아남는 사람들은 단순히 구역 #2 바이러스를 그들의 제자들에게 전염시킨다.** 그렇게 된 부머리티스 영성은 관상 전통의 상태(아니면 구역 #1) 기준에 의해 깨달은 사람으로 간주되고 전수된다. 그래서 남색(아니면 더 높은)의 가르침과 명상-상태 훈련은 다원적-녹색 자기와 충돌하여 문화적 자기애를 알아채지 못한 채 그것을 포함하고 있는 것이다.

이렇게 시스템 바이러스는 관상 전통으로 들어가 수행자들에게 스며들고 있다…….

일단 계속 지켜보자. 이제까지 바이러스가 이기고 있는 것처럼 보이지만 우리는 알게 되리라. 불자들(다른 사람들 중에서도)은 열심히 노력해 왔지만—그것도 20년 동안—도대체 무엇이 잘못되었는지를 이해하지 못한 채, 깨달았다고 간주되는 대부분이 명백히 통합적이지 못하다. 몇몇 비평가들이 지적한 대로, 당신은 어떤 대안대학에서 실제로 부머리티스 불교 학위를 받을 수도 있을 것이다. 비록 소수는 고개를 흔들며 이 모든 것에 의문을 표하겠지만 말이다.

이것도 문제이긴 하지만, 이는 더 큰 지점을 가리키고 있다. 만일 어떤 시스템이 여덟 가지 방법론 중 특별히 어느 하나에만 기초한다면, 그 체계를 수련하는 사람들처럼 나도 내 존재의 다른 일곱 개 차원에서 어떤 역기능을 발견하지 못할지도 모른다.

이것은 중요한 포인트다. 통합적으로 알려진 접근이 이 어려운 상태를 정확히 해결할 수 있는데, 더 깊은 이해와 포함 방식인 AQAL 분석으로 어떤 체계가 자기-교정과 자기-체계화, 자기-해방을 시작하게 할 수 있다. 간단히 말하면, 만일 깨달음이 자유Free는 물론 완전하고자Full 한다면 '견해View'는 통합적이지 않으면 안 된다.

공과 견해는 둘이 아니다

누군가 형상이 없고 비현현非顯現한—가장 순수한 정지된 공—깊은 명상이나 관상 중에 있을 때, 거기서는 당연히 개념적인 형상이 일어나지 않는다. 이 순수한 '무개념nonconceptual'의 마음—무형상의 원인 상태—은 우리의 해방과 깨달음과 득도의 본질적인 부분이다.

상좌부 불교Theravada나 불교 초기에서 이 정지된 무형상 상태(예를 들면, 무상無相 · nirvikalpa, 열반nirvana, 마음의 정지nirodh)는 윤회나 영혼의 현현으로부터 자유로운 해탈의 끝에서 이루어졌다. 대승 불교Mahayana는 더 나아가 그런 견해가 부분적으로만 진실이라고 주장하여 상좌부에 '히나야나 불교Hinayana Buddhism(작은 수레 불교)'라는 이름을 붙였다. 대승 불교는 주장하기를 해탈과 공의 실현이 중요하지만 이보다 더 깊은 깨달음이 있는데, 해탈과 윤회, 혹은 공과 형상의 전체 세계가 기술적으로 하나 혹은 여럿이며, 공과 형상은 '둘이-아닌' 것이라고 하였다. 이 주제에서 가장 유명한 경전—반야심경The Heart Sutra—에 그것을 적용하면, "공은 색(형상)과 다른 것이 아니고, 색은 공과 다르지 않다."이다. 이 비이원성의 깨달음은 대승 불교('거대한 수레')와 금강승(Vajrayana, '다이아몬드 수레') 양쪽 모두의 주춧돌이다.

깨달음과 깨우침의 본질에 이르렀다는 의미는, 완전하고 충만한 비이원의 깨우침에는 두 개의 구성 요소가 있다는 것이다. 완전하고(공) 상대적인(형상). '비개념적인 마음'이란 우리에게 전자를 말해 주고 '개념적인 마음'은 우리에게 후자를 알려 준다. 그것을 이런 식으로 설명해 보라. 당신이 비개념적 명상에서 나왔을 때 당신은 어떤 개념적 형상을 받아들일 것인가? 만일 당신이 현상계 속으로 들어간다면, 만일 당신이 비개념적인 해탈만이 아니라 개념적인 윤회를 받아들인다면, 당신은 어떤 개념적 형상을 사용할 것인가? 정의에 따르면, 비이원의 깨달음은 공에서는 '견해가 없고no views' 형상의 세계에서는 '견해를 가진views' 양편을 요구한다. 특히 명상은 우리가 공의 세계로 들어가도록 고안되고 디자인되었는데, 우리에게 '올바른 형상correct form'을 주도록 고안된 것은 무엇인가? 즉, 비이원적 불교는 어떤 **개념적 견해**conceptual view**나 틀 구조**를 추천하는가?

동양에서처럼 서양 전통에도 잘 알려진 티베트 스승 중 한 사람인 Traleg Kyabgon Rinpoche는 이것(다음의 모든 인용은 『편안한 마음: 마하무드라 명상을 통한 자기 해방(Mind at Ease: Self-Liberation through Mahamudra Meditation)』에서 온 것이다. 강조를 포함했다.)에 대해 유일하게 언급하였다. 그는 **올바른 견해**란 **올바른 명상**만큼 중요하다는 것을 지적하며 시작하였다. 정말 그 둘은 분리할 수 없다.

> 불교 명상 수련과 연습은 언제나 유효하고 특별한 관점에서 논의되는데, 그것은 다른 것일 수가 없다. **올바른 견해는 우리를 자유로 인도하는 능력을 갖고 있으며,** 올바르지 않은 견해는 우리의 마음에 망상을 가져온다……. 이것이 바로 이러한 여정

에 오를 때 올바른 지침이나 명확한 견해가 우리에게 필요한 이유다. 올바른 견해는 사실 우리의 영적 수레이며, 우리가 윤회의 구속으로부터 해탈의 자유로 가는 여정에서 사용하는 수단이다. 역으로, 올바르지 않은 견해는 우리를 과정에서 이탈하도록 만드는 잠재성을 갖고 있어 어설픈 뗏목처럼 우리를 표류하게 하고 고통의 언저리에 머물게 할 것이다. **우리를 영적 목표로 수송하는 수레와 우리가 마음 안에 붙잡고 있는 견해 사이에는 분리가 없다.**

불행하게도 부머리티스("아무도 내게 무엇을 해야 할지 말해 주지 않았어!") 불교는 책 『달마 주정뱅이(Dharma Bums)』[6] 전체에 녹아들어 있는데, 거기에선 전인습적 방종이 후인습적 자유와 혼동되어 있다. 따라서 불교는 '견해 없음'을 기르는 것으로만 인식되었지만, 이는 공 혹은 소승 불교의 입장에서만 옳고, 공과 견해의 일치를 요구하며 둘 중 하나를 버리지 않는 대승 불교의 입장에선 옳지 못하다. 그런데 이 '전혀 견해 없음'이라는 생각은 "아무도 내게 뭐라 할 수 없어!"와 아주 유사하다. Traleg는 이처럼 기묘하게 서구화된 불교에 대해 언급하였다.

불교의 일상적 견해는 우리를 억압하고 윤회의 제한적 조건들은 우리를 속박하지만, 반면에 올바른 견해는 우리를 궁극적인 영적 목표로 인도할 수 있다고 한다. 우리는—비록 현대 서양 불자들이 그런다 하여도—명상이 견해를 제거하는 모든 것이라거나, 모든 견해가 우리의 영적 목표 성취를 방해할 것이라고 결론짓지 말아야 한다. 이러한 가정은 불교의 가르침이 자유와 깨달음을 얻기 위하여 비개념적 지혜 마음을 개발하려는 강력한 동기를 가져야 한다는 이론적 전제를 기초로 하고 있다. 그러나 많은 사람이 우리가 어떤 것(아무도 내게 뭐라 할 수 없어!)을 믿을 필요가 없다는 것을 포함하여 모든 개념적 형상이 애초부터 없어야만 하는 것으로 잘못 생각하고 있다. 이것은 올바르지 않은 견해이므로 극복해야 한다. **올바르고 성스러운 견해는 엄청난 성실함으로 길러져야 한다.**

이 '올바르고 성스러운 견해'란 무엇일까? 그것은 단순히 불자의 견해 그 자체이거나, 중심적 생각, 개념 그리고 불교의 틀 구조이며, 불교의 기초 철학과 심리학을 고

---

6) 역주: Jack Kerouac의 회고록

려한 것이다. 이것은 사성제[7]四聖諦 Four · Noble Truths, 팔정도[8]八正道 · Eightfold Path, 십이연기[9]十二緣起 · Twelvefold Chain of Dependent Origination, 공에 대한 주요 인식, 절대적 공과 상대적 형상의 비이원성, 무한하거나 비어 있는 영과 빛나는 정체성과 밝게 방출되는 자연스럽고 자발적인 현현 속에서 드러난 형상의 모든 것이다. 그리고 그 핵심 연결고리는 다음과 같다. '올바른 윤리와 올바른 견해는 〉 올바른 명상禪 · **dhyana**으로 이어지고 〉 이는 또한 올바른 인식(반야/지혜, **prajna**)으로 이어지며 〉 올바른 연민**karuna**으로 이어지고 〉 모든 중생[10]을 돕는 올바른 행동과 수단(방편, upaya)으로 이어진다.'[11]

---

7) 역주: 불교의 근본 교리인 고집멸도苦集滅道라는 네 종류의 진리

8) 역주: 사성제에서 가르치는 '깨달음을 위해 취해야 할 여덟 가지 바른 자세'

9) 역주: 미혹한 세계의 인과 관계 설명: 무명無明 · 행行 · 식識 · 명색名色 · 육처六處 · 촉觸 · 수受 · 애愛 · 취取 · 유有 · 생生 · 노사老死

10) 유정중생有情衆生

11) 불교에 친숙하지 않은 사람들을 위해 내가 만일 이것을 한(긴) 문단으로 아주 자유롭고 편견 없이 요약해 넣는다면 다음과 같다.

보통의 삶은 분열과 고통의 연속이다. 이 고통의 원인은 집착과 분열된 자기감각을 붙잡고 있기 때문이다. 우리는 이 분리된 자아와의 동일시와 집착을 끊어 버림으로써 고통을 극복할 수 있다. 분리된 자아감을 극복할 수 있는 완벽한 자유의 길을 위한 방법이 있다. 이 길은 올바른 견해와 올바른 명상 그리고 올바른 자각을 포함한다. 올바른 견해란 이 단락에서 언급된 관점 같은 것이다. 올바른 명상은 올바른 자각으로 인도하는 초점의 집중과 통찰 훈련을 포함한다. 올바른 자각awareness이란 비이원의 자각인 주체와 객체, 공, 형상의 일치를 말한다. 비이원적 자각이 반복적으로 나타나는 것은 나의 정체성을 '해체'하며, 조대한 형상(니르마나카야, Nirmanakaya)에서 정묘한 형상(삼보가카야, Sambhogakaya)으로, 원인의 무형상(다르마카야, Dharmakaya)으로, '무아의 자기no-self Self'나 '무심 대심no-mind Big Mind'과 관련한 순수한 공으로 인도한다—작은 마음이 아닌 모든 것을 포용하는 빅 마인드나 비이원의 자각은 분리된 자기감이 아니라 마침내 영원한 열림으로 마음을 해방시킨다. 그러면 나의 정체성은 자유로이 조대하고(니르마나카야), 정묘하고(삼보가카야), 원인적인(다르마카야) 영역을 완벽하게 통합적인 방식(스바하비까카야, Svabhavikakaya) 안에 포용하는데—비이원의 자각은 이 방법의 기초이며, 여정이며, 성과다. 갈망과 사고와 개념은 조용히 떠오른다고 할 수 있지만, 그것들은 자신들의 진정한 본성인 거대함과 광대한 공 안에서 동시적으로 자기를 해방한다. 왜냐하면 공과 형상은 둘이 아니며, 갈망이 깨달음의 장애가 아닐 뿐 아니라 깨달음의 수레이며, 지적인 사고가 깨달음의 장애가 아닐 뿐 아니라 깨달음의 수레이며, 활동이 깨달음의 장애가 아닐 뿐 아니라 그것은 깨달음의 수레다. 그래서 본질적인 비이원의 자각은 다름이 아니라 바로 형상의 세계가 있는 그대로 모든 경이로움 안에 위대한 완벽함Great Perfection이고, 평범한 마음의 본성이 있는 그대로 완벽하게 깨달은 부처의 마음이라는 것을 무수히 많은 방법으로 깨달으면서 공과 빛의 형상이 일치되어 기쁘게 작용하는 것과 관련한다. 그러므로 이 영원하고 자연스럽고 수월하고 쉽고 자발적으로 존재하는 깨달음의 공

불교 훈련에는 많은 것이 있지만, 특히 상태-훈련은 개인의 정체성을 단순한 조대한 자아에서 정묘한 혼으로(아니면 자기-수축의 뿌리로), 그리고 마침내 자기가 없는 자기no-self Self로 해체한다. 그러나 Traleg이 강조했던 것처럼 이 경험은 각 지점에서 그것을 이해하기 위한 올바른 해석이나 올바른 견해Right View에 의존한다. 결국 그 많은 경험에는 전혀 형상이 없으며, 만일 당신이 거기에서 나온다면 삼위일체의 하느님, 시바, 니르구나 브라만[12]nirguna Brahman, 아인[13]Ayin, 도道 Tao 혹은 성령의 경험으로 그것을 해석한다.

이것은 Brown이 지적한 것으로 당시에는 매우 잘못 이해되었지만, Traleg이 독자적으로 동의한 것처럼 뛰어나고 옳은 것이다. Brown은 심오한 관상의 전통적인 영적 여정에는 유사한 기본적 단계가 있다고 말하였지만, 이와 같은 단계는 그들에게 주어진 해석에 따라 다르게 경험되고 있다. 힌두교도와 불교도와 기독교인들은 같은 일반적 단계(조대적인 것에서 정묘한 것으로, 그리고 원인적인 것으로)를 따르지만, 그들 중 어떤 이는 이 단계를 '절대적인 자기absolute Self'로, 다른 사람은 '무아no-self'로, 그리고 다른 사람은 '절대 신성Godhead'으로 경험하는데, 이는 다른 내용과 문화와 해석에 의해 이루어진다. 다시 말하면, 틀 구조와 견해에 달려 있다는 말이다.

다른 방식으로 가정하는 사람들은 단순히 전근대적 인식론을 가정한다. 거기선 내가 알 수 있는 단 하나의 주어진 현실이 있으며, 그리고 명상은 우리에게 이 독립적으로 실재하는 현실을 보여 줄 수 있다고 가정한다. 따라서 인식하는 주체가 현

안에서 단순하게 휴식하는 것은 빛나는 형상의 전 세계와 다름이 아니라 그것이 바로 부처의 뛰어난 방식인 것이다. 왜냐하면 비이원의 자각은 사고와 갈망과 형상의 전 세계를 포용하며, 비이원의 자각은 중생을 위해 올바른 연민으로 인도하는 것이다. 올바른 연민은 중생을 돕는 교묘한 방편skillful means으로 이끈다. 모든 상대적인 행동처럼 교묘한 방편은 아주 역설적이다. 깨달음이 없을지라도(혹은 내가 이미 깨달았다 하여도) 내가 깨달음을 얻기 위해 헌신한 것처럼, 교묘한 방편으로 해방할 다른 사람들이 없다는 것을 인식하면서 나는 모두의 해방을 위해 헌신한다. 따라서 불자의 비이원의 깨달음은 중생을 위한 깊은 연민으로 모든 형상의 세계를 밝고 기쁜 포용으로 인도하며, 모든 존재를 돕는 교묘한 방편은 언제나 존재하며 결코 잃어버린 적이 없는 자유의 해변을 따라 고통의 대양을 건너고 있다.

12) 역주: '속성이 없는 브라만'. 베단타 철학에서는 속성이 있는 브라만과 대조적으로 속성이 없다는 측면에서 '절대자' '둘도 없는 유일자'로 일컫는다.

13) 역주: Ayin은 카발라의 중요한 개념으로 '무'에 해당한다. 이에 반해 Yesh는 '유'에 해당한다.

실을 공동-창조하며, 그리고 현실의 어떤 측면은 문자 그대로 주체와 그 현실에 부여하는 해석에 의해 창조될 것이라는 것을 깨닫는 대신에, 이 현실은 그것을 발견하는 모든 사람에게 같아야만 한다는 것이다.[14] 당시에 미국 불교 신자들은 Brown 때문에 불쾌하였는데, 그의 연구가 기독교인, 불교인, 힌두교인들에게—비록 그들이 매우 다르게 경험할지라도—비슷한 단계(조대한, 정묘한, 원인의, 비이원적인)들을 보여 주었고, 이것은 불교가 유일한 실재 방법이 아니라는 것을 의미하였기 때문이다. 그러나 시간과 경험이 지남에 따라 Brown의 비범한 연구의 정당성은 입증되었다.

그리고 Brown의 연구는 우리가 여기서 말하려는 것에 관한 예이며, 즉 명상 경험 자체라는 것은 없다는 것이다—단순히 그런 것은 존재하지 않는다. 즉, 명상 경험에 당신의 해석을 더한 것이 존재한다. 그리고 이것은 무엇보다도 **매우 주의깊게** 우리의 해석과 견해와 틀 구조를 선택해야 한다는 것을 의미한다고 Traleg Rinpoche가 말했다.

> **사성제**에 대한 **부처**의 초기 담론을 보면, **팔정도**는 올바른 견해를 키우는 것으로 시작한다. ……개념적 **틀 구조**가 없다면, 명상 경험은 전혀 이해될 수 없을 것이다. 우리가 명상에서 경험하는 것은 적절하게 해석되어야 하고, 그 의미는—혹은 부족함은—이해되어야만 한다. 이 해석의 행위는 적합한 개념적 분류와 그 분류의 올바른 사용을 요구한다. ……명상이 마음을 비우는 작업이고, 마음의 산란하고 날뛰는 생각들이 우리를 거짓된 포장 속에 가둔다고 가끔 듣기는 하지만, 명상 경험은 사실상 개념적 구성을 사용하지 않고는 불가능하다.

카규[15]Kagyu 스승 Jamgön Kongtrül Lodrö Thaye가 노래한 것처럼

> 견해 없이 명상하는 자는
> 평지에서 방황하는 맹인과 같아.

---

14) 공 그 자체는 창조되거나 공동-창조되지 않았지만, 형상은 창조되었고, 공은 형상과 함께 공동으로 창발하므로 비이원의 깨달음은 부분적으로는 해석적이다.

15) 역주: 티베트 불교의 주요 4학파 중의 하나

참된 길이 어디에 있는지 알 수 있는 이정표가 없네.
명상하지 않고, 단지 견해만을 쥐고 있는 자는
인색함에 묶인 부자와 같아.
자신이나 타인을 위해 좋은 열매를 맺지 못한다.
견해와 명상이 합하여야 신성한 전통이리라.

'무 개념'과 '무 지성'의 위치로 불교를 보려고 하는 전형적인 근대 서양 불교 신자들에 대하여 Traleg이 비판하고 있는 것은 다른 것들 중에서도 반-지성주의가 불교를 '단지 느낌뿐인' 학파의 전형으로 만들어 버린 것은 불행한 일이라는 것이다. 이러한 사람들에게 **인지**cognition는 가장 비열한 말이다. "그것은 너무 인지적이야."라는 말은 "그것은 영적이 아니야."라는 것을 의미하고 있다. 이것은 Traleg이 지적한 것처럼 실은 확실히 그 반대다. 이런 관점에서 '인지는 실제로 어근 gni(co-gni-tion)에서 유래했다'는 것에 주목하면, 이 gni는 gno와 같은 것으로, gno-sis나 gnosis(영적 인식 혹은 영지靈知)와 유래가 같다. 그래서 **인지**는 실제로 **공동-영적 인식**co-gnosis이거나 영적 인식gnosis과 비이원 자각의 공통-요소다. 이것이 왜 Traleg이 인지나 공동-영적 인식이 정말 우리의 영적 여정의 수레인지를 설명하는 이유다. (이것은 우리가 보았던 것처럼, 발달심리학자들에게 인지 라인이 느낌, 정서, 예술, 영적 지성을 포함한 모든 다른 발달 라인을 위해서는 필요하지만 충분하지는 않다는 것을 반복적으로 발견해 온 이유인데—만일 반지성주의자와 반인지적인 입장이 정당하다면 당신은 명확히 그 반대를 기대하였을 것이다.)[16]

산스크리트어에서 이 gno는 jna로 나타나는데, 우리는 이것을 prajna(반야/지혜)와 jnana(지식)에서 찾아볼 수 있다. Prajna는 완벽한 영적 인식(pra-jna=pro-gnosis)을 일깨우는 데 필요한 최상의 식별력 있는 자각이며, jnana는 그 자체로 순수한 영적 인식이다. 다시 말하면, 공동 영적 인식으로서의 인지는 영적 인식, 신비적 직관, 비이원적 해방의 자각을 완벽하게 일깨우기 위해 필요한 발달의 근원이

16) 인지 발달과 관련하여 '필요하지만 충분하지 않은'과 '전혀 필요하지 않은'이 혼동되고 있다. 이것은 '단지 느낌만'을 강조하는 미국 불교학파에 공통된 불행한 혼란이고, 그것은 부머리티스가 유식부唯識部, Chittamatra에서 왜곡한 것이기도 하다.

다. 그래서 다음에 당신이 '인지'라는 말을 들으면, 그것을 반-영성적인 것이라고 이름 붙이기 전에 숙고해 보기 바란다.

짧게 부차적으로, 발달심리학자들이 인지를 **관점할 수 있는 능력**으로 본다는 것을 우리가 깨닫는다면, 특히 도움이 된다. 역할을 취하거나 다른 사람의 견해를 취하는 것은 당신이 어떤 것을 정신적 · 인지적으로 할 수 있다는 말이다. 당신은 오직 자기 고유의 느낌만을 느낄 수 있지만, 다른 사람의 역할을 인지적으로 취하거나 당신이 **정신적으로**mentally 그들의 입장이 되어 볼 수 있다(그러면 당신은 그들의 느낌을 느낄 수 있고 그들의 견해를 공감할 수 있다). 그래서 **인지 발달**은 **당신이 동일시할 수 있는 사람들의 수의 증가**와 **당신이 취할 수 있는 관점의 수의 증가**로 정의된다.[17]

예를 들면, 전조작적 사고는 당신이 1인칭 관점(자아중심)을 취할 수 있다는 것이고, 구체적 조작적 사고는 당신이 2인칭 관점(민족중심)을 취할 수 있다는 것이며, 형식적 조작적 사고는 당신이 3인칭 관점(세계중심)을 취할 수 있다는 것이고, 비전-논리 초기는 당신이 4인칭 관점을 취할 수 있다는 것(우주중심의 초기)이며, 성숙한 비전-논리는 당신이 5인칭 관점(성숙한 우주중심)을 취할 수 있다는 것이다. 이것이 연구에서 당신의 느낌, 예술, 도덕 그리고 정서 등 이 모든 것이 인지 라인의 뒤를 따른다는 것을 보여 주는 이유인데, 왜냐하면 어떤 것을 느끼기 위해선 당신은 그것을 알아야 하기 때문이다.

Traleg Rinpoche는, 특히 필요한 것은 그냥 어떤 견해가 아니라 진정 통합하거나 이해하는 견해라고 지적하면서 다음과 같이 매력적으로 끝맺고 있다.

> 마하무드라 전통에서 우리는 공이나 마음의 본성에 대한 올바른 개념적 이해를 습득해야 한다. 우리는 단순히 명상을 수련하는 것만으로는 최선을 바랄 수 없다. 우리에게는 올바른 견해에 기초한 개념적 틀이 필요하다…….
>
> 만일 우리가 불교 명상 수련을 하려면, **우리는 우리의 인간 본성, 사물의 구조에서 우리의 위치, 우리가 살고 있고 있는 세상과 우리의 도반인 중생과의 관계 등에 대한 포괄적인 견해를 가질 필요가 있다.** 모든 개념이 본성을 더럽히므로 극복해야 한다고

17) Loevinger 척도를 사용한 증가하는 관점들의 하나의 예는 [그림 2-2]를 보라.

생각하는 대신에, 우리가 통찰을 얻을 수 있는 특정한 진리에 대한 이해를 발달시켜야만 통찰을 얻는 것이 가능하다는 것을 깨달아야 한다. 명상할 때 이러한 모든 고려를 염두에 두어야 한다. 그렇지 않으면 **우리의 세계관은 경험에서 더욱 분열되고 어울리지 않게 될 것이며**, '비개념성nonconceptuality'을 발달시켜 불가피한 혼란을 야기하는 부가적인 개념적 짐을 지게 될 것이다.

우리는 다시 시작 지점으로 돌아왔다. 여기 공(그리고 무형의 마음)이 있고 현상적 세계(그리고 개념적 마음)가 있는데, 그렇다면 여기서 "마음속의 어떤 형상이 공을 깨닫고 표현하도록 도울 수 있을까?"라고 질문을 하겠다. 좋든 싫든 어떤 형상이나 견해가 있고, **올바른 견해는** 깨달음에 절대적으로 필요한 것으로 항상 있어 왔다. Traleg이 말한 것처럼 그것은 깨달음의 수레이며, 그것이 없으면 명상조차 맹목적이 된다.

그러나 Traleg이 지적한 것처럼 이것은 그 이상이다. 가장 깊은 불교적 가르침—마하무드라와 족첸—은 마음의 본성이 어느 면에서든 그 안에서 일어나는 형상과 다르지 않다. 그것은 단순히 공과 견해가 있다는 것이 아니라, 공과 견해는 둘이 아닌 정확히 **반야심경**으로 남아 있는데, 그때 형상은 지금 마음속의 형상 혹은 견해를 의미한다. 즉, **공은 견해와 다른 것이 아니다. 견해는 공과 다른 것이 아니다.**

그러므로 당신의 견해를 주의 깊게 선택하라. 그리고 당신의 견해나 틀 구조Framework를 가능한 한 통합하거나 포괄적인 것으로 만들어라. 왜냐하면 당신의 견해—당신의 인지 체계, 당신의 공동 영적 인식, 당신의 개념적 이해, 당신의 암시적이거나 명백한 틀 구조—가 당신의 깨달음의 형상을 결정하도록 도울 것이기 때문이다.

내가 만일 영적 여정에 있다면 무엇을 해야 하는가

그래서 이제 무엇을 제안할 것인가? 특히 내가 영적 여정에 있다면—기독교인, 불교인, 유대인, 뉴에이지—이 모든 것은 어떻게 나에게 영향을 줄 것인가?

그 제안은 간단하다. **보충하라**! 나는 이것을 세 부분으로 확장하였다.

1. 이제까지 불교에 대하여 논의하여 왔으므로 그것을 예로 들겠다. 불교는 구역 #1의 상태(그리고 훈련된 상태)를 이해하기에 좋다. 불교심리학과 철학은 이런 관점에서 매우 충격적이다. 여기서 바꿀 것은 아무것도 없다. 당신이 있는 그 자리에서 불교를 실천할 수 있다. 몇 개가 추가되겠지만 아무것도 뺄 것은 없다.

당신은 앞 장에서 말한 깨달음에 관한 정의를 기억할 것이다. 깨달음은 주어진 어느 때든 **모든 상태** 및 **모든 단계**와 하나가 되는 것이다. 그래서 **의식**의 주요 상태를 (조대한, 정묘한, 원인의, 비이원의) 통한 이동은 깨달음의 중대한 측면이며, 불교 명상은 당신이 이것을 할 수 있도록 돕는다. 당신의 관상적 여정(기독교인, 유대인, 베단타 등)이 어떤 발달 단계에 있든지 진실은 같다. 당신이 있는 그 자체의 길, 그대로 좋다! 당신은 확신을 갖고, 자신의 신앙과 헌신과 수련을 새롭게 할 수 있다. 이것은 구역 #1에 기초적으로 필요한 모든 것을 아주 잘 망라한다.

2. 그러나 모든 영적이고 관상적인 전통처럼 불교도 구역 #2 단계에 대해서는 잘 이해하지 못하고 있다. 어떤 지혜의 전통도 구역 #2의 방법론에 접근을 기대할 수 없으며, 더욱이 그것들은 DNA나 세로토닌에 대해서는 알 수도 없었다. 그러나 깨달음은 모든 상태뿐 아니라 모든 단계와도 하나가 되는데, 이것은 당신의 관점 취하기 능력과 펼쳐지는 단계들의 수직적 척도상의 위치를 정확히 인식하는 모형들과 구역 #2에 관한 연구를 사용하여 당신 고유의 좌상 사분면인 내면의 자각을 이해하도록 **보충할 수 있다**는 의미다(당신이 계속, 반드시, 구역 #1의 영적 수행을 계속 하면서도 말이다).[18] 매일의 수련에서 **우리가 논의했던 어떤 단계의 모형을 사용한다면**, 당신은 빨간색, 호박색, 오렌지색, 녹색, 암녹색, 청록색, 남색, 보라색, 자외선 중 어디에 있는가?

---

18) Loevinger 척도를 사용한 관점들의 증가의 예는 [그림 2-2]와 [그림 2-4]를 보라.

우리는 이미 당신이 자신의 단계에 따라 명상 상태 경험을 해석할 것이라고 보았다. 그와 마찬가지로, **당신이 어떤** 견해를 **취할지는 대체로 당신이 처해 있는 단계에 따라 결정된다.** 예를 들면, 우리는 남색 견해가 녹색-단계 용어로 하향 해석된 것을 보았다! 그러면 당신은 어떤 단계(아니면 다른 라인에서의 단계)에 있는가? 당신의 통합 심리도는 어떠한가?

우리가 볼 때 통합적 삶의 수련Integral Life Practice, ILP은 상태뿐 아니라 단계에도 도움이 될 것이고, **당신은 자신의 영적 여정을 온전히 받아들이고 통합적인 수련을 할 수 있을 것이다.** 사실 영적 여정은 ILP의 본질적 부분이며, 만일 당신이 한 가지라도 하지 않는다면 그것을 시작하는 것에 대해 진지하게 고려하라고 우리는 제안한다. 우리는 이에 대해 제10장에서 다시 거론할 것이다.

요점은 대체로 아주 간단하다. 어떤 종류의 실제적인 경로에서 지금까지 진화했던 가장 높은 단계는 바로 청록색/남색 근처다. 그래서 주요한 상태(조대, 정묘, 원인, 비이원)를 통하여 당신의 자각이 이동할 수 있는 것에 더하여 **당신은 남색 단계 근처로 수직적 변용**transform**을 하는 것이 필요하다.**

3. 그렇게 하기 위하여 당신은—다른 것들 중에서도—상태와 단계 모두를 포함하는(아니면 여지를 만드는) 견해와 틀 구조가 필요한데, 그렇지 않으면 필요한 것을 알아채지도 못할 것이다. 그래서 영적 여정에 있다면, 그 길을 기본적으로 있는 그대로 밟아 나아갈 수도 있겠지만, 통합이나 AQAL 틀 구조 속에서 그 여정을 다시 자리매김하기 시작하라.

이것은 비교적 쉽다. 위대한 관상의 영적 전통은 주로 구역 #1에 있는 다양한 현실을 다룬다. 그래서 지금의 수련을 지속하며 당신이 중심해 있는 곳(빨간색, 호박색, 녹색, 남색, 자외선…)에서 우리가 논의했던 단계 모형을 사용하여 알아차려라. 그러면 구역 #1과 구역 #2에 더하여 다른 여섯 개 구역까지도 주목하여 당신의 관상 여정이 그런 구역에는 접근도 하지 못하고, 그럴 의도도 없었다는 것에 주목하라. 당신의 여정에 잘못된 것은 없다! 근대와 탈근대에 나타난 보다 최근의 발견들과 연관시켜 놓는 것만이 필요할 뿐이다.

다음 방법으로 그것을 바라보자. 모든 통합 여정은 적어도 내 존재의 여덟 개 구역 모두를 위해 내줄 자리가 있을 것이다. 구역 #1의 수련이 필요하면 그것을 나의 영적 여정에 포함할 수 있다. 구역 #2의 이해는 이 책에서 언급된 단계 모형에 대한 연구들에서 구할 수 있다. 다른 여섯 개 구역은 개인의 수련과 직접적으로 관련이 있지는 않지만 그것들을 전반적으로 이해할 필요가 있으며, 이에 대해서는 다음 장에서 논의할 것이다. 통합적 삶의 수련은 이 모두를 실습하지만, 그때도 구역 #1 수련을 함으로써 내 고유의 영적 여정을 수행해 나아갈 수 있다. 그래서 나의 여정에서 정말 아무것도 뺄 것이 없으며, 몇몇을 보충할 수 있다. **보충하라!**

자원

만일 당신이 영적 여정을 있는 그 자체로 유지하면서 간단히 AQAL 틀 구조에 그것을 연결한다면, 결과는 '통합적 기독교' '통합적 불교' '통합적 카발라' 등등이 된다. 이에 대해 www.integrallife.com을 찾아볼 수 있고, 원한다면 당신 고유의 영적 여정과 함께 실천 방법에 대한 많은 예를 볼 수 있는데, 거기에는 Thomas Keating 신부와 함께하는 통합적 기독교, 랍비 Zalman Schachter-Shalomi와 함께하는 통합적 카발라, Moshe Idel 같은 조언자들이 포함되어 있다. 당신은 자신의 신앙을 있는 그대로 확인할 수 있고 동시에 진정 아무런 염려 없이 그것을 통합할 수 있다.

당신은 www.integraluniversity.org에서 종교 연구부Department of Religious Studies를 찾을 수 있으며, 거기서 통합 기독교, 통합 카발라, 통합 불교, 통합 유대교를 알아볼 수 있다. 예를 들면, 우리가 이 장에서 인용했던 비범한 영적 스승 Traleg Rinpoche가 통합 불교 조언자로 나와 있다.[19)]

마지막으로, 당신은 www.integrallife.com을 방문할 수 있고, 거기서는 이 이슈와 정확히 일치하는 스승들을 만날 것인데 (알파벳 순으로) 여기에 포함한다.

---

19) 역주: 현재 이 사이트는 폐쇄된 상태며 대부분의 관련 콘텐츠는 www.integrallife.com에서 찾아볼 수 있다.

Saniel Bonder, Lama Surya Das, David Deida, Genpo Roshi, Linda Groves, Diane Hamilton, Thomas Keating 신부, Sally Kempton(Swami Durgananda), John Kesler, Fred Kofman, Elizabeth Lesser, Jim Marion, 랍비 Zalman Schachter-Shalomi, David Steindl-Rast 수사, Patrick Sweeney, Frances Vaughan, Vidyuddeva, Roger Walsh, Ken Wilber.

간단히 말하면 매우 유용한 통합 견해가 바로 AQAL인데, 이것은 당신 고유의 여정 맥락에 따라 쉽게 사용이 가능하다. 부디 정말로 전근대, 근대, 탈근대를 통합하는 포괄적인 견해를 찾아라. 그렇지 않으면 당신의 수련과 경험은 협소하게 부분적인 방법으로 해석되기 때문에 당신의 자각은 실제로 파편화되고 마음은 협소해질 수 있으며, 그러면 당신은 동시에 **더 깊어지고 더 좁아지게** 된다.

10년이나 혹은 그 이상 한길로 수련한 사람을 주목해 보면, 그들이 영적 상태 경험에는 더 깊어지지만 마음이 점점 닫히고 관심 영역이 좁아지면서 공, 아인, 삼위일체 하느님, 성령Holy Spirit으로 돌진하는 그들을 보완할 수 있는 통합적 틀 구조가 없다. 결과적으로 그들은 세상의 부분들에서 점점 더 고립되어 호박색이나 근본주의 혹은 절대주의로 퇴화될 수 있다. 즉, 그들은 깊은 신비가인 동시에 협소한 근본주의자가 된다.

당신은 내가 의미하는 것을 알고 있는가. 그런가?

그 부분을 치료하기는 너무 쉽다. 추가하라! 작업 틀을 확장하고 견해를 넓혀라—영의 전근대, 근대, 탈근대를 포함하여—그것을 간단히 통합하라.

만일 근대와 탈근대라는 전환이 그 고유한 형상Form의 영의 지속적인 진화이며, 진화하게 되는 육신Flesh으로 만들어진 말씀Word의 지속적인 계시이며, 성장하는 온우주Kosmos의 로고스Logos인 에로스Eros, 진화하는 니르마나카야 속에서 현현하는 다르마카야, 자연 발생적으로 펼쳐지는 도 등이라는 것을 당신이 깨닫는다면, 통합은 하기 어려운 일이 아니다.

당신은 근대와 탈근대의 연관을 어떻게 생각하였는가? 영이 몰랐던 어떤 것이 오고 있었던가? 법신의 허점을 찔렀던 것인가? 성령을 놀라게 한 그 무엇이었는가? 도(道) 밖의 무언가인가? 그러면 왜 그것들을 당신의 통합적 견해에 포함하지 않는가?

제6장

그림자와 부인된 자기

내가 나를 부인否認할 수 있다는 것은 참으로 놀라운 일이다. 나의 자기, 나의 나-임I-ness의 일부를 취해서 자기-경계선 맞은편으로 밀쳐 내며 받아들이기엔 너무나 부정적이거나 너무나 긍정적인 자기의 부분들에 대한 소유권을 부인하려는 시도를 한다. 그러나 밀쳐 낸다고 그것이 사라지는 것은 아니다. 오히려 고통스러운 신경증의 증상으로 변한 부인된 자기의 그림자는 다시 돌아와서 나에게 나타난다. 거울을 통해 바라볼 때, 저 바깥세상에서 나를 가장 크게 뒤흔들어 놓는 그것, 나는 부인된 자기의 그림자를 볼 뿐이다…….

이번 장에서는 그림자, 그것이 무엇이고 어떻게 시작되었으며 어떻게 되찾을 것인가에 대해 다룰 것이다. 그런데 그 전에 한 가지 분명한 사실이 있다. 위대한 지혜 전통은 그들의 모든 지혜에도 불구하고, 그림자와 같은 것은 결코 아무것도 지니지 못했다는 점이다. 나는 안다. 스승들, 학생들과 더불어 30년을 보내며 확인해 보았다. 결론은 만장일치였다. 정신역동적 억압의 이해, 또한 그것을 치료하는 것은 현대 서양 심리학만이 기여한 부분이다. 많은 명상 스승은 그들이 유사한 것을 제공한다고 주장하지만, 그들이 의미하는 바를 자세히 들여다보면 실제로는 아니다. 결과적으로, 수승한 명상가들과 영적 스승들조차 종종 정신병리에 시달리며, 그들의 그림자가 깨달음까지 뒤좇으면서 그 길을 따라 로드킬[1]을 남겨 놓고 말았다.

좋은 소식은 이것들이 꽤나 쉽게 치유된다는 것이다.

그림자: 역동적으로 해리된 1인칭 충동

현대 서양 심리학의 가장 큰 발견 중 하나는 어떤 특정 상황하에서 1인칭 충동, 느낌 그리고 성격적 특징quality이 억압되고 부인되거나 해리될 때 그것들이 나 자신의 1인칭 의식awareness에서 2인칭 혹은 3인칭 사건으로 나타난다는 사실이다. 이것은 구역 #1 심리학에 있어 서양과 동양, 고대와 현대를 통틀어 진정 위대한 예닐곱 개의 발견들 중 하나다.

그림자 껴안기 그리고 그림자와의 섀도 복싱

매우 전형적인 사례를 하나 들어보겠다. 이 사례를 이해하기 위해 먼저 **1인칭**은 말하는 사람(화자 話者)으로 정의되고(예: '나'), **2인칭**은 그 말을 건네받는 사람(예: '너'), **3인칭**은 말해지는 사람 혹은 사물(예: '그, 그녀, 그것')이라는 것을 기억하자. 또한 주격, 목적격, 소유격과 같은 '격case'이 있어서, 예를 들면 **1인칭 주격**은 '나I'이고, **1인칭 목적격**은 '나를me'이고, **1인칭 소유격**은 '나의my' 혹은 '나의 것mine'이다. 그럼 이제 억압 혹은 해리가 어떻게 일어나는지에 대한 전형적인 사례를 살펴보자.

만약 내가 나의 상사한테 화가 났지만 그 분노의 느낌이 나의 자기감self-sense("나는 착한 사람이야. 착한 사람은 화를 내지 않아.")에 위협이 된다면, 난 분노를 분리시키거나 억압할 것이다. 그러나 단순히 분노를 부인하는 것이 그것을 없애지는 못하며, 분노의 느낌이 나 자신의 의식에서 소외되어 나타날 뿐이다—나는 분노를 느끼는 듯하다. **그러나 그것은 나의 분노가 아니다.** 분노의 느낌은 자기-경계선(나-경계

1) 역주: 길가에서 차량에 받혀 치여 죽은 동물들

선I-boundary)의 맞은편에 놓이고 거기서 그것들은 나 자신의 의식, 자기에서 소외된, 혹은 내 밖에서 일어난 사건으로 나타난다.

예를 들어, 나는 분노를 투사할 수도 있다. 분노가 계속해서 일어나지만 화내는 이가 나일 수가 없기 때문에 다른 누군가여야만 한다. 갑자기 세상이 매우 화난 사람들로 가득 차 보인다……. 그것도 나에게 화를 내는 사람들 말이다! 실제로 나는 나의 상사가 나를 해고하고 싶어 한다고 생각한다. 그리고 이것은 나를 완전히 우울하게 한다. 나 자신의 분노의 투사를 통해 '화mad'는 '슬픔sad'으로 변한다. 그리하여 나는 먼저 이 분노를 나의 것으로 받아들이지 않고선 결코 우울을 벗어날 수 없을 것이다.

내가 나 자신의 성격적 특징들을 부인하고 투사할 때마다, 그것들은 '저 밖에out there' 나타나 나를 두렵게 하고, 짜증나게 하고, 우울하게 하고 사로잡는다. 그리고 역으로 **이 세상에서 타인에 대해 나를 가장 당황하게 만들고 어쩔 줄 모르게 하는 것들의 열의 아홉은 실제론 내가 가진 그림자의 특성이며**, 그것들은 이제 '저 밖에' 있는 것으로 지각된다.

당신은 인생의 많은 부분을 동성애 포르노물과 격렬하게 싸우는 데 헌신한 동성애자 포르노물에 반대하는 남성들이 동성애자의 성적인 장면을 담은 사진을 볼 때의 성적 흥분 정도를 측정한 최근의 연구를 본 적이 있을 것이다. 그 십자군들은 대체로 다른 남성들보다 더한 성적 흥분을 보임이 드러났다. 달리 말해, 그들 자신은 동성애자와의 섹스에 끌렸지만 스스로 그것을 받아들일 수 없는 것으로 여기며 타인들 안의 그것을 박멸하면서 자신의 인생을 허비한 것이다. 자기가 그런 더러운 욕망을 지니지 않았다고 주장하면서 말이다. 그러나 그들이 한 일은 사실상 자기 자신의 무시받은 그림자를 타인에게 투사하고 그들을 희생양으로 삼은 것뿐이다.

이것이 우리가 그러한 것들, 우리 자신의 그림자의 반영일 뿐인 것들에 의해 혼란스러워하는 이유다. 이는 타인이 내가 경멸하곤 하는 성격적 특성을 지니지 않았음을 의미하는 것이 아니다. 내 이웃은 실제로 통제광統制狂이다! 하지만 그것이 왜 나를 괴롭히는가? 그것이 내 아내나 내 이웃을 짜증나게 하는 것 같지는 않다. 아, 하지만 그들도 이놈이 완전히 통제광이라는 것을 알기만 하면 그를 혐오할 것이다.

나처럼 말이다! 그러나 내가 혐오하는 것은 나 자신의 그림자, 내가 성전聖戰을 치루는 대상은 나 자신의 그림자다. 나 스스로는 내가 인정하는 것보다 좀 더 통제광일 수 있다. 그리고 내 자신 안에서 무시받은 성격적 특성을 인정하지 않으면서 그것을 부인하고 내 이웃에게 투사한다. 혹은 또 다른 낚시 바늘을 찾아낼 것이다.[2] 나는 어떤 사람이 통제광인 것을 알고 있으며 단순히 내가 그럴 리는 없기 때문에 그것은 그 또는 그녀, 혹은 그들, 혹은 그것이어야만 한다. 그렇게 무시받은 사람이 우연히 실제로 그렇게 투사된 성격적 특성, 욕망을 지녔다면, 그때 그것은 내 투사된 그림자에게 '낚시 바늘hook'로, 내 자신의 유사한, 투사된 성격적 특성을 불러낼 은신처로 작용할 것이다. 나는 다른 사람들이 그렇지 않다고 말하는 것이 아니다.[3] 나는 당신이 자신의 그림자를 투사하면, 증오하는 대상을 두 가지 갖게 되리라는 점을 말하는 것이다.

신경증 증상, 부인된 자기의 그림자로 나타나는 분노는 그 양이 두 배다. 단지 다른 사람의 부정적인 성격 특성이 내게 알려지는 것, 그것이 하나라면, 그것이 나를 사로잡고, 화나게 하고, 타오르게 하고, 당황하게 할 때 나는 분명 그림자와의 섀도 복싱이라는 심각한 문제에 사로잡혀 있을 공산이 높다.

그러한 그림자 요소들은 부정적일 뿐 아니라 긍정적인 것일 수도 있다. 우리는 약간 비열할 뿐만 아니라 스스로 인정하는 것보다 더욱 위대하기도 하다. 그리고 우리 자신의 긍정적인 미덕, 잠재력, 능력을 타인에게 투사하면서 삶을 통해 우리 자신의 그림자를 껴안는다. 그림자와의 섀도 복싱과 그림자 껴안기 둘 다 구역 #1 병리의 전형적인 사례다…….

따라서 내가 나 자신의 그림자, 분노 같은 것을 분리시키거나 소외시킬 때 일어나는 일은 다음과 같다. 내가 분노를 나로부터 밀치는 순간, 나의 나-경계선 반대편으로 분노를 밀치는 순간, 그것은 나 자신의 1인칭 속에서 **2인칭 상황**이 된다. 즉, 내가 적극적으로 나로부터 분노를 밀치면서 나는 분노를 의식하긴 하지만, 그것은

---

2) 역주: 자신이 억압한 또 다른 성격적 특성에 의해 타인들 속에서 자신이 억압한 것을 다시 찾아낼 것이라는 뜻. 한마디로 '낚인다'는 뜻이다.

3) 역주: 우리가 투사를 했다고 해서 그것이 다른 이들이 전혀 내가 투사한 특성들을 지니고 있지 않다는 것을 의미하진 않는다. 실제로 그들은 통제광, 편집증 환자, 변태 등일 수 있다.

나 자신의 자기에게 '너you'의 한 유형이 된다(우리가 앞에서 이야기했듯이, '2인칭'은 내가 말을 거는 사람을 의미한다. 따라서 2인칭 분노는 내가 여전히 말을 거는 분노를 의미한다. 그러나 그것은 더 이상 나, 혹은 나를, 혹은 나의 것이 아니다. 그것은 더 이상 1인칭이 아니다). 나는 아마도 분노의 느낌이 일어남을 감지할 수 있을 것이나, 그것들은 내 의식에서 마치 화난 이웃이 나의 집 문을 두드리는 것처럼 일어난다. 나는 분노를 느낀다. 그러나 실제로는 그 분노에게 말하길 "너가 원하는 게 뭐지?"—"난 화났어."가 아니라 "다른 누군가가 화가 났어. 내가 아니라."라고 말한다.

내가 계속해서 내 분노를 부인하면 그것은 **3인칭의 상황**으로 완전히 해리되거나 억압될 수 있다. 이는 **내가 더 이상 그것과 말을 섞고 있지 않음**을 의미한다. 나의 분노는 마침내 '그것' 혹은 자신의 의식에서 완전히 낯선 이로 일어나 어쩌면 우울 증세로 나타날지 모르고, 다른 이에게 전치될 수고 있고, 나의 상사에게 투사될지도 모른다. 나 자신의 '나'-분노는 부인된 '그것'이 되어 나의 내면의 공간에 출몰하면서 위축된 자아라는 기계 속의 유령 신세가 될 것이다.

간단히 말해, 전형적인 해리의 과정에서 나의 분노 느낌들이 일어날 때 그것들은 나의 의식 내의 1**인칭** 분노에서 2인칭 혹은 3인칭 **타자**other로 전환된다. 나의 '나'의 일부가 나 자신의 '나' 안에서 '그것'으로 나타난다. 그리고 이러한 '그것'의 느낌들과 대상들은 완전히 나를 좌절시킨다. 이 우울함, 그것It은 나를 엄습한다. 이 불안함, 그것은 나를 미치게 만든다. 이 두통, 나는 그것들Its이 어디서 왔는지 모르지만 상사 곁에 있을 때마다 머리가 아프다. "나는 매우 화가 났어."를 제외한 모든 것, 왜냐하면 이 분노, 그것은 더 이상 내 것이 아니기 때문이다. 나는 착한 사람이야, 나는 결코 화를 내지 않아—그렇지만 이 두통이 나를 죽이고 있어.

이상의 전형적인 사례는 사건의 **현상학적**phenomenological인 연쇄 과정을 집중 조명 하려고 고안된 것이다. 어떤 '나-주체'가 내 의식에서 일어나고 ("난 화났어!"), 밀려나거나 부인되어 이 소외된 느낌, 충동, 혹은 성격적 특성이 나-경계선의 반대편에 놓인다. 나는 이제 그것들을 **타자**로서 **느낀다**. ("나는 착한 사람이야. 나는 화나지 않았어. 하지만 난 누군가가 화났다는 걸 알아. 그리고 그것이 나일리는 없으니까 화난 건 그가 분명해!"). 일단 그렇게 되면, 그 느낌이나 성격적 특성이 존재하기를 멈추는 것이 아니라 거기에 대한 소유권이 정지된다. 이 부인된 느낌 혹은 성격적 특성은 고통스럽고 당황스러운 신경증적 증상으로 나타난다. 자신의 의식 내에서 '**그림자**' 요소로서 말이다.

이 경우에 심리치료의 목적은 이 '그것 느낌'을 '나 느낌'으로 전환함으로써 **그림자를 재-소유하는**re-own the shadow 것이다. 그림자를 다시 갖는 그러한 행위(3인칭에서 1인칭으로 전환시키기)는 고통스런 증상의 근원을 제거한다. 심리치료의 목적은 당신이 그렇게 한다면, '그것'을 '나'로 전환시키는 것이다.

진짜 Freud 씨 일어서 주시겠어요?

정신역동의 무의식에 대한 전체 개념은 실제로 이러한 유형의 **경험적 증거**와 탐구로부터 나왔다. 그것은 철저히 구역 #1에서의 발견이었다. 보통 Freud가, 예를 들어 뛰어난 현상학자였다는 사실은 기억되지 않는다. 그의 많은 작업에서 그는 정확히 이러한 유형의 내면의 현상학과 해석학을 하고 있었다(나 자신의 1인칭 내의 현상학, 그리고 1인칭 충동이 나의 의식 내에서 내가 다른 누군가와 이야기하듯 하는 해석학적 해석이 요구되는 2인칭 혹은 3인칭 충동이 되었을 때의 해석학: 이 증상들, 그것들이 무엇을 의미하는가?).

이것은 Freud에 대한 억지 독해가 아니다. 오히려 Freud에 대한 표준적인 James Strachey의 영어 번역에 의해 분명치 않게 독해되어 왔다. Freud가 결코 '에고ego'라든지 '이드id'라는 용어를 쓰지 않았다는 것을 아는 이들은 많지 않다. Freud가 글을 쓸 때, 그는 실제 대명사인 '나the I'와 '그것the it'을 사용하였다(das Ich, 'the I' 그리고 das Es, 'the it'). Strachey는 Freud를 보다 과학적으로 들리게 하기 위해 라틴어인 '에고'와 '이드'를 사용하였다. Strachey의 번역에서 어떤 한 문장은 이렇게 되어 있다. "따라서 의식을 들여다보면서 나는 에고가 자신을 괴롭히고 당황스럽게 하는 어떤 이드 충동들을 가지고 있음을 보았다." 그렇게 해석하면 이론적 사변 덩어리처럼 들린다. 그러나 Freud의 실제 문장은 다음과 같다. "내 자각을 들여다보면서, 나의 나가 그 나를 괴롭히고 당황하게 하는 어떤 그것, 즉 충동들을 지니고 있음을 발견했다." 내가 말했듯이, Strachey는 Freud를 보다 과학적으로 보이게 하려고 '나'와 '그것' 대신 라틴어인 '에고'와 '이드'를 사용했지만, 그 모든 것이 부인된 자기에 대한 뛰어난 현상학자인 Freud를 완전히 모호한 존재로 만들었다.

아마도 심리치료의 목표에 대한 Freud의 가장 잘 알려진 요약은 "이드가 있는 곳에, 에고가 있으리라."이다. 실제 Freud가 말한 것은 "그것이 있는 곳에 내가 존재하리라."일 것이다.

아름답지 않은가? "그것이 있는 곳에 내가 존재하리라." 나는 나 자신의 소외된 부분—그것들—을 찾아야만 하며, 그리고 그것들을 나로 재-소유하여야 한다. 심지어 오늘날까지 심리치료적인 그림자 작업이 뜻하는 바에 대해 이보다 더 잘 요약해 놓은 것을 찾기는 어렵다.

우리가 **통합적 훈련**Integral Training에서 사용하는 접근은 특정한 Freud 학파 혹은 Jung 학파의 것이 아니다. 우리는 Freud가 한 방식 그대로의 '정신역동'을 사용하지는 않으며, 융이 한 그대로의 '그림자'를 사용하지도 않는다. 하지만 나는 원래 정신역동적 연구가 한 것이 무엇인가에 대한 기초를 간단하게 다루었다. 왜냐하면 그 방법론 자체는 오늘날에도 예전만큼이나 여전히 유효하고 오히려 더 유효할 수도 있으나, 지금은 대신 약을 복용하거나(우상 사분면) 명상으로 그림자를 밀치려 하는(좌상 사분면) 추세 속에서 급속도로 잊고 있기 때문이다. 약을 복용하거나 명상을 하는 것, 둘 다 그림자에 이를 수 없다.

자, 여기서 재빠르게 훑어보자. 그리고 나선 우리 자신이 가장 두려워하고 저항하는 부분을 **찾고, 직면하고, 재-소유하기**라는 절대적으로 중요한 연습을 우리가 어떻게 최신화하였는지에 대해 여러분과 함께 나눌 것이다…….

정신역동적 현상학: 구역 #1에 잠복해 있는 그림자

논의를 재미있게 진행할 방법은 무수히 많다. 하지만 난 그냥 몇 가지 짧은 요점만 강조하고자 한다.

Freud, 그리고 **정신역동적 현상학**이라 부를 수 있는 전체 계보lineage의 핵심적인 발견은 어떤 **경험적** 나-상황I-occasion이 **나 자신의 나-공간**I-space **내에서** 너, 그, 그녀, 그들, 그들을, 그것 혹은 그것들이 될 수 있다는 사실이다. 어떤 나-충동들은 부인될 수 있고, 이 느낌들을 재-소유하는 것에 대해 느껴지는 저항이 존재한다("모든 정신분석은 저항이라는 현상에 기반을 두고 세워졌다."). 달리 말해, 느낌과 느낌에 대한 저항은 여기서 핵심적인 현실이고, 그것들은 모두 구역 #1에서 일어난다. 그것들은 '나'와 '그것'에 대한 1인칭의 경험적 현실이며, 에고와 이드(그것이 뭐가 되었든)에 대한 이론적 사변이 아니다.

이러한 나-감각I-sense의 어떤 현재 느낌에 대한 특정 유형의 저항을 발견한 것은—구역 #1에서의 나 자신의 그림자에 대한 저항—실로 근대 서구의 위대한 발견들 중 하나다. 우리가 계속 살펴보면, 진정 그 어느 곳에도 이 특별한 그림자-이해shadow-understanding 같은 것이 없다.

그 경험적 현상(구역 #1)을 둘러싸고, 다양한 이론적(구역 #2) 발판이 지어질 수 있다. Freud는 물론 왜 그의 환자들이 자신의 느낌에 저항하는지에 대한 그 자신의 이론을 갖고 있었다. 오늘날 그의 이론적 사변의 대부분은 더 이상 굳건히 버티지 못하지만, 그의 구역 #2 이론들이 Freud가 확실하게 못 박은 핵심적인 구역 #1 이슈들을 덮어 버려서는 안 될 것이다. 나는 나 자신의 느낌, 충동, 생각 그리고 욕망을 부정할 수 있다. 그 모든 것에 대한 현상학이 존재한다. 모든 통합적 심리학에서 지속적으로 정제되고 포함되어야 할 필요가 있는 현상학 말이다.

역사 그리고 그림자

"내관內觀이 아니라 오직 역사를 통해서 우리는 자기 자신을 알게 된다." Wilheim Dilthey로부터의 이 인용은 자기-이해에 대한 서구의 두 번째 위대한 공헌인, 이른바 계보학(혹은 역사적 의식)에 관한, 그 이름이 무엇이든 간에 아무튼 최고의 인용구다. Freud 또한 이 전반적인 계보 안에 속한다. 그는 비록 우리가 특정 방식으로 우리 자신의 현재 경험을 내관함으로써 그림자-저항을 발견할 것이라고 지적했지만, 이는 곧바로 계보학에 의해 드러난 보다 깊은 비밀들에게 자리를 내줬다.

Freud는 현재 나-증상의 현상학뿐 아니라 나-발달(인생의 초기 몇 주, 몇 달, 몇 년의)의 초기 단계들에 대한 보다 비범한 유형의 현상학을 시도했던 무수한 서양 연구자들 중 하나였을 뿐이다. 이 연구자들은 나 발달의 초기 단계들이 어떻게 개념화되고 연구되는가를 **바깥**without에서(구역 #2) 살펴보았고, **또한 그들이 안**within**에서**(구역 #1) **어떻게 느낄 것인가에 대해서도** 살펴보았다. 어떻게 나the I의 초기 단계에서 느껴진-나felt-I의 다양한 측면이 밀려나고, 부인되고, 소외되고, 해리되고, 깨져 나가고, 파편화되는가? 전체 발달에 걸쳐 눈물의 흔적을 남기면서 말이다. **바깥**에서 보았을 때, 이것은 전형적인, 정신역동적인, **방어의 발달적 위계**developmental hierarchy of defenses이며(예를 들면, Vaillant), 이는 분명 중요하다. 그러나 **안**에서 바라보았을 때, 그것은 또한 자기의 여정에 대한 이야기,—나의 여정에 대한 **느껴진 이야기**the felt story of my I's journey—**나의**I's 성장과 발달 과정에서의 희망과 두려움과 자기-위축에 대한 이야기이기도 하다.[4)]

---

4) 이것은 안within(구역 #1, 혹은 1p × 1-p × 1p)과 바깥without(구역 #2, 혹은 1p × 3-p × 1p), 둘 다로부터 개인의 내면 혹은 좌상 사분면, 현상을 추적하는 것의 중요성을 강조한다. 바깥에서 from without 보면 방어는 실제로 방어의 위계로 개념화된다. 융합fusion에서 분열splitting, 전치 displacement, 억압repression, 가식inauthenticity, 체계화systematization, 숭고의 억압 등등으로 수직적 · 발달적으로 전개된다. 그러나 안에서from within 보면 이것은 방어의 위계가 아니라 위험 threat 지대, 두려움으로 경험되는 방어의 경계선으로 느껴진다. 안에서 보면 방어의 위계는 그저 두려움이 느껴지는 다양한 방식, 내가 두려움에 직면하여 위축될 수 있는 다양한 방식이며, 결과적으로 내가 부인하고, 전치시키고, 억압하고, 투사하고, 소외시키는 바람에 심리적 유산, 기형, 고통, 괴로움으로 귀결된 나의 느껴진-자아felt-self 의 다양한 부분일 뿐이다.

두 가지 관점—안within으로부터, 그리고 바깥without으로부터—모두 **통합적 접근**을 위해서는 마음에 지닐 필요가 있다. 그리고 정확히 그런 관점(AQAL 관점이 밝혀낸 방식)에서 볼 이론가들이 거의 없겠지만, 그 발달은 나의 '나I'의 성장과 기능장애dysfunction에 대한 핵심적인 **안쪽 이야기**inside story를 포함한다. 여기서 핵심은, 특히 그 초기 단계에 1인칭 나I가 상처받을 수 있고, 뒤에 나의 1인칭 의식 내에서 3인칭 증상 그리고 그림자로 나타난다는 것이다.

나I 형성의 초기 단계에 대한 시각은—**상처 입은-나**damaged-I**에 대한 현상학적 역사**(특히, 인생 초기 몇 년 동안의)—그림자, 부인된 자기, 무수한 형태의 그릇된 의식을 이해하기 위한 전체 움직임의 일부다(그리고 이 경우, 그것은 나 자신의 자기의 역사 혹은 계보학을 걸쳐 만들어진 그림자이다). 이런 전반적인 그림자-이해는 실로 서양 심리학의 위대한 공헌 중 하나이며, 우리가 세계 어느 곳에서도 찾을 수 없는 특별한 공헌이다.

건강한 초월: 나I 에서 나를me으로

여기가 명상 그리고 관상과 충돌하는 지점이다. 이 서양 '그림자 연구자'들은 우리가 언급하기 시작했듯이, 발달의 초기 단계에서 자기의 일부('나the I'의 일부)가 쪼개져 나가거나 혹은 해리되고, 그 결과로 자기의 일부가 그림자 그리고 증상으로서 나타나며, 둘 다 '그것들its(즉, '그것'으로 나타난 나의 일부)'이라는 것을 밝혀냈다. 일단 억압이 일어나면 여전히 그 분노를 경험하는 것은 가능하지만 더 이상 분노의 **소유권**ownership이 존재하지 않는다.

그 분노, '나'로 시작해서 내 의식 내에서 이제는 '그것'이고, 나는 그러한 그것-분노에 대해 내가 원하는 만큼 위빠사나 명상을 수행할 수 있으며, 명상을 통해 '있는 그대로의 주의bare attention'를 사용하여 단순히 '분노가 일어남, 분노가 일어남, 분노가 일어남'을 알아차릴 수 있다—그러나 그 모든 것이 **그것으로서의** 분노에 대한 내 알아차림을 정제하고 고조시킬 뿐이다. 명상적 그리고 관상적 노력은 분명 본래의 문제에 가 닿지 못한다. 근본적인 **소유권-경계선 문제**가 존재한다는 뜻이다. 경계선을 제거하려는 것은 명상이 그렇게 하듯이, 그저 그것이 실재하는 층의 문제를 부인하고 보류하는 것이다. **명상이 단순히 원래 그림자에 가 닿을 수 없다는 것**을, 그리고 실제론 종종 그것을 악화시킬 수도 있다는 사실이 반복되는 고통스러운 경험들로 입증되었다.

명상과 관상의 놀라운 이점들에도 불구하고, 심지어 오래된 명상가들조차 여전히 상당한 그림자 요소를 가지고 있다는 사실은 분명하다. 20년의 명상 뒤에도 그들은 여전히 그러한 그림자 요소들을 가지고 있다. 아마도 그들이 주장하듯이, 그들은 명상을 충분히 길게 하지 않은 것일 수도 있다. 아마도 20년 더 명상을 해야 하나? 아마도 이 문제에 가 닿지 못하는 것이 바로 그 명상 때문일 것이다…….

여기서 AQAL이 이런 중요한 이슈를 다룬 방식을 보자. 정상의, 혹은 건강한 발달부터 출발하자. 저명한 발달론자인 Kegan은 발달 자체의 근본적인 과정이 다음과 같이 진술될 수 있다고 지적하였다. **한 단계의 주체는 다음 단계 주체의 대상이 된다.**

따라서, 예를 들어(매우 일반화된 용어로 이야기한다면) 내가 발달의 빨간색 단계에 있다고 치면, 그것은 나의 나—나의 주체—가 완전히 빨간색에 동일시되어 너무나 동일시된 나머지 빨간색을 대상으로서 볼 수 없고, 대신에 빨간색과 함께 있는 주체 그리고 빨간색을 통해 세상을 보는 주체로서 빨간색을 사용한다. 그러나 내가 다음 단계, 호박색 단계로 넘어가면, 그때는 빨간색-자기가 나의 의식 내의 대상이 되고 스스로를 이젠 호박색과 동일시한다. 따라서 나의 호박색 주체는 이제 빨간색 대상을 보지만 그 자신은 볼 수 없다. 만약 빨간색 사고 혹은 빨간색 충동이 나의 나-공간에서 일어나면 나는 그것들을 나의 자기(이제 호박색)의 대상으로서 볼 것이다. 따라서 한 단계의 주체는 다음 단계 주체의 대상이 된다. 그리고 그것은 실로 발달의 근본적인 과정이다. Gebser가 설명하였듯이, **한 단계의 자기는 다음 단계의 도구가 된다.**

그 자체적으로는 진실이지만, 아직 전체 이야기를 말하는 것은 아니다. 그것은 이 과정을 3인칭 방식으로 개념화한 것이다. 하지만 직접 1인칭 용어로 풀면, 단순히 한 단계의 자기가 다음 단계 주체의 대상이 되는 것이 아니라 '한 단계의 나the I가 다음 단계 나의 나를me'이 되는 것이다.

즉, 건강한 나-발달의 각 단계에서 **1인칭 주격**은 나의 나-공간 내에서 **1인칭 목적격**(혹은 **소유격**)이 된다. '나'는 '나를(혹은 '나의 것')'이 된다. 빨간색 주체는 호박색 대상이 되고, 다음에는 호박색이 오렌지색 주체의 대상이 되고, 이 오렌지색은 녹색 주체의 대상이 되고 등등—**하지만 소유된 대상**—그냥 단순히 대상이 아니라 **1인칭 목적격 혹은 소유격**이다. 그저 주체의 대상이 아니라 **나의** 주체의 나의 대상이다(즉, 나는 나를 혹은 나의 것이 되었다).

따라서, 예를 들어 어떤 사람이 이렇게 말할 수 있다. "나는 생각을 **가지고** 있지만 내가 나의 생각은 **아니다**. 내가 느낌을 **가지고** 있지만, 내가 나의 느낌은 **아니다**." —그 사람은 더 이상 그것들을 주체로서 **동일시하지** 않지만, 여전히 그것들을 대상으로서 소유하고 있다—이는 실로 건강한 것이다. 왜냐하면 그것들이 여전히 '나의 생각'으로 **소유되고** 있기 때문이다. 그 소유권이 핵심이다. 내가 실제로 내 머릿속의 그 생각이 **다른 누군가의 생각**이라고 느낀다면, 그것은 초월이 아니라 심각한 병리다. 따라서 건강한 발달은 나-흐름I-stream 내의 1인칭 주체에서('I') 1인칭 목적격 혹은 소유격으로의('me'/'mine') 전환이다. 이것이 바로 건강한 초월과 변용의 형태다. 한 단계의 나the I가 다음 단계 나the I의 나를me이 된다.

건강치 못한 초월: 나에서 그것으로

건강한 발달이 나I를 나를me으로 전환시키는 반면에, 건강치 못한 발달은 나를 그것으로 전환시킨다. 이것은 AQAL 관점이 밝혀낸 가장 중요한 것들 중 하나다. 명상의 심리학을 연구하는 이들은 오랫동안 완전히 모순되어 보이는 듯한 두 가지 중요한 사실들을 의식하고 있었다. 첫 번째는 명상에선 그 목적이 무엇이든 간에 **떼어 놓거나 탈-동일시하는 것**이라는 점이다. 초월은 오랫동안 **탈-동일시의 과정**으로 정의되어 왔다. 그리고 실제로 명상 수련자들은 나타나는 어떠한 나, 혹은 나를,

혹은 나의 것으로부터 탈-동일시하라고 가르침을 받아 왔었다.

그러나 두 번째 사실은 **병리**pathology 내에도 탈-동일시, 혹은 자기의 부분적 해리가 있어서 탈-동일시가 치료가 아니라 문제라는 점이다. 그럼 내가 나의 분노와 동일시해야 하는가, 아니면 탈-동일시해야 하는가?

둘 다이다. 하지만 타이밍, 이 경우엔 발달적 타이밍이 모든 것이다. 나의 분노가 의식에 떠오르면, 그리고 진실하게 경험되고 **나의** 분노로 **소유되면**, **그때** 목표는 탈-동일시를 지속하는 것이다. (분노를, 그것을 경험하는 자기를 놓아 버린다. 따라서 "나"를 "나를"으로 전환시킨다. 이는 건강한 것이다). 그러나 만약 **나의** 분노가 의식 내에서 일어나고 **너의** 분노, 혹은 **그의** 분노, 혹은 **그것** 분노로 경험된다면,—하지만 **나의** 분노가 아냐—, 그 목표는 먼저 분노와 동일시하고 재-소유하는 것에 있다. (3인칭 "그것 분노" 혹은 "그의 분노" 혹은 "그녀의 분노"를 1인칭 "나의 분노"로 전환시킨다—그리고 **정말로** 그 빌어먹을 분노를 소유한다.) 그리고 **그때서야** 누군가는 분노와, 그것을 경험하는 자기와 탈동일시할 수 있다. (1인칭 주격 "나"를 1인칭 목적격 "나를"으로 전환하기—이것이 건강한 "초월하면서 포함하기"의 정의다.) 그러나 **만약 그림자의 재-소유권이 먼저 취해지지 않으면**, 그때 분노에 대한 명상은 단순히 **소외를 증폭시킨다**. 명상은 "초월하면서 부인하기"가 된다. 이는 정확히 병리적 발달의 정의이다.

이것이 바로 수승한 명상가들조차 종종 사라질 것처럼 보이지 않는 그토록 많은 그림자 내용물을 지닌 실질적인 이유다. 그리고 그들을 제외한 모두가 이것을 확실하게 알 수 있다. 최근 미국의 오프라 쇼에 영향을 받았는지, 명상 스승들이 함께 모여 자신들의 그림자 이슈에 대해 끊임없이 떠들고 있는데, 이는 그들이 자신의 그림자에 어마어마한 마음챙김을 가져갈 순 있지만, 그걸 치유하진 못했음을 보여주는 방증일 뿐이다.

핵심은 그토록 혼란스러웠던 '초탈' 혹은 '탈-동일시'와 관련한 두 가지 사실이 AQAL 용어로 무척이나 간단하게 기술될 수 있다는 것이다. 건강한 발달은 나I를 나를me으로 전환시킨다. 병적 발달은 나를 그것it으로 전환시킨다. 전자는 건강한 탈-동일시 혹은 초탈 혹은 초월이고, 후자는 불건강한 탈-동일시 혹은 해리 혹은 초월 혹은 억압이다.

그렇다면, 우리가 이런 식으로 반론을 요약할 수 있다면 건강한 발달과 건강한 초월을 같은 것으로 보는 식으로 요약할 수 있을 것이다. 발달은 '초월하면서 포함하기'이기 때문이다. 한 단계의 주체는 다음 단계 주체의 대상이 되고, 따라서 소유하나 그 주체를 초월하기owning but transcending that subject는 이상적인 순서로는 모든 상대적인 주체와 자기들이 초월되어 오직 순수한 주시자, 혹은 순수 진아眞我, 영이 이야기하는 공의 개방the empty opening이 남을 때까지 이루어져야 한다.

보다 구체적으로, 우리가 자기 발달의 각 단계에서 보았듯이 한 단계의 나는 다음 단계의 나를me이 된다. 각각의 나가 나를me이 되면서 새롭고 보다 높은 나가 생겨난다. 오직 나-나, 혹은 순수한 주시자, 순수 진아, 순수 영, 혹은 빅 마인드Big Mind가 남을 때까지 생겨난다. 모든 '나'가 '나를'들로 전환될 때, 경험적으로 오직 '나-나'만이 Ramana Maharshi가 그렇게 불렀듯이 나를 자각하는 나the I that is aware of the I, 결코 대상으로 보이지 않고 언제나 순수한 보는 자, 무아無我인 순수한 아트만the pure Atman that is no-atman, 무아인 순수 진아the pure Self that is no-self만이 남는다. 나는 오직 나-나가 존재할 때까지 나를me이 된다.

그러나 발달의 어느 시점에서 **만약 나의 일부에 대한 소유권이 부인되면, 그것들은 그것it으로서 나타난다.** 그리고 그것은 초월이 아니라 병리다. 소유권을 부인하는 것은 탈-동일시가 아니라 부정이다. **그것은 충동에 대한 소유권이 인정되고 느껴지기** 전에 **탈동일시하려는 것이고**, 그러한 부인은 해방이 아니라 증상을 낳는다. 그리고 일단 그 앞선 부인이 일어나면, 명상의 탈-동일시와 분리detachment의 과정은 **그것을 더 악화시킬 공산이 크고** 어떤 일이 일어나도 그 근본 원인에 도달하지 못할 것이다.

수평적 그리고 수직적 깨달음

여기서 일단 멈춰서 우리가 잠시 후에 돌아갈 매우 중요한 지점을 짚고 넘어가려 한다. 지금 그럴 만한 가치는 충분하다. 깨달음Enlightenment은 **모든 가용한 상태와 단계들과 하나가 되는 것이다**. 이러한 정의는 우리가 **수직적 깨달음**—혹은 모든 단계와 하나 되기—이라고 부를 수 있는 것과 **수평적 깨달음**—모든 상태(조대한, 정묘한, 원인, 비이원)와 하나 되기—이라고 부를 수 있는 것을 포함한다.

깨달음에 대한 우리의 정교한 정의(혹은 '이중 정의')가 우리가 발달에 대해 보아온 모든 것과 정확히 맞아떨어진다는 점에 주목해 보자. 온전히 깨달음을 얻은 이는 모든 상태와 단계들과 하나 되려—**포함하면서 초월하려**—노력하며, 그 의미는 이러하다. 모든 상태와 단계들은 당신이라는 주체의 객체가 되었으며, 모든 '나들I's'은 오로지 나-나만이 남아 전체 세계가 당신의 손바닥 위에 편안히 쉬고 있는 객체가 될 때까지, '나를me'으로 구성된다. 당신은 모든 것과 탈-동일시했으며, 모든 것과 하나가 되었으며, 전체 온우주를 초월하면서 포함하였다.

만약 당신이 수평적 깨달음을 얻었다면—만약 당신이 모든 조대한, 정묘한, 원인적 상태를 주시의 대상으로 삼았다면—그것은 말하자면 절반의 깨달음을 얻은 것과 다름없다. 하지만 당신의 수직적 발달이 겨우 오렌지색이라고 치면, **당신은 오렌지색 단계까지의 모든 단계들과 하나가 된 것이기는 하지만**(당신은 이미 진홍색, 빨간색, 호박색 그리고 오렌지색 단계를 초월하면서 포함하였다.) 당신 앞에, 그리고 위에 놓인 것은 녹색, 짙은 청록색(teal), 청록색, 남색, 보라색의 구조다……. 이것들은 지금 이 순간 역사 속에 현존하는 **온우주의 실제 구조**지만 당신이 아직 통과하지 못한, 아직 하나가 되지 **못한**(또한 아직 초월하고 포함하지 못한), 그에 따라 당신이 아직 하나 되지 못한 우주 그 자체의 측면들이 존재할 뿐이다. 만약 나의 발달이 이러한 온우주의 구조, 의식 수준들, 영이 내뿜은 층들을 포함하지 못한다면, 이 구조들(이 경우, 녹색에서 보라색에 이르기까지)은 그야말로 문자 그대로 '이해 불가'이며, 그때 나는 지금 이 순간, 나 자신의 가장 심오한 자기Self의 실제 측면인 역사 속의 영의 그 모든 현현과 진정으로 하나가 된 것이 아니다. 그러므로 나는 온전한 자아를 실현하였다고 주장하지 못할 것이다…….

고로, 온전한 자아-실현 혹은 온전한 깨달음은 수직적/단계, 그리고 수평적/상태의 깨달음 둘 다를 요구한다. 이 깨달음은 모든 상태와 단계를 초월하는 것이며(이것들은 나의 무한한 주체의 객체가 되고, 혹은 나-나 또는 주시자의 '나를me'이 된다.), 모든 상태와 단계들을 포함하는 것이며(전체 온우주가 비이원적 자각 속에서 '나의 것mine'

이 된다.) 그리하여 모든 주체와 객체가 지금 그리고 모든 순간의 나-나인 지고의 자아의 위대한 놀이 속에서 일어나는 것이다.

명상 그리고 그림자

우리는 저 중요한 이슈로 돌아갈 것이다. 하지만 지금으로서는 우리의 그림자 모험담을 먼저 끝내자.

명상은 그 모든 경이로움에도 불구하고, 원래의 그림자 상처에는 직접적으로 가닿을 수 없다. 이것이 경계선 소유권 문제다. 발달과 초월의 과정에서—수직적이든 수평적이든 간에—한 단계의 나the I가 다음 단계 나의 나를me이 되고, 그렇게 전개되는 순서상의 어느 지점에서 나의 부분들이 때 이르게 탈-동일시된다면,—방어적인 부인denial과 소유권 부정dis-ownership, 그리고 해리, 이것들은 나I가 나를me이 되기, 혹은 진정으로 초월되기 **전에** 일어나는 일들이다—그때 그것들은 나로부터 쪼개져 나가고 내 의식 내에서 '너' 혹은 심지어 '그것'으로서 나타난다(내 의식 내에서 나를/나의 것으로서가 아니라). 그럼으로써, **나의 대상 세계엔 이제 두 개의 완전히 서로 유형의 대상을 갖는다.** 이전에 올바르게 소유되었던 것과 그렇지 못한 것이 그것이다.

그리고 그러한 두 개의 대상은 **현상학적으로 구별할 수 없다.** 그러나 그 대상들 중 하나는 실제로는 나로부터 떨어져 나갔던 **숨은 주체**a hidden subject다. 따라서 그 숨은 주체는 그것이 무의식적인 동일시 혹은 **무의식적인 집착**이기 때문에 진정으로 초월될 수 없다(그것이 나의 나my I가 나를me이 될 수 없고, 나의 나가 더 이상 그것을 소유하고 있지 않기 때문에 그것은 결코 진정으로 초월될 수 없다). 그러므로 내가 이 분노를 주시할 때, 그것은 당신의 분노 혹은 그것의-분노 혹은 그의 분노이지 나의 분노가 아니다. 이 그림자-분노는 내 의식 내에서 다른 어떤 **대상**과 마찬가지로 하나의 대상으로서 일어나고, 이는 실제로는 떨어져 나간 숨은 **주체**다. 그리고 단순히 그것을 대상으로서 주시하는 것은 반복해서 해리를 강화시킬 뿐이다.

그러므로 이 그림자-분노는 내가 올바르게 초월할 수 없을 하나의 고착이다. 그림자-분노를 초월하기 위해서는 '그것'이 먼저 '나'가 되어야 한다. 그리고 **그때** '나'는 '나를/나의 것'이 되며, 혹은 진정으로, 실질적으로 탈-동일시되고 놓아지고, 그리고 초월된다. 이 상처에 가 닿는 것, 그리고 부인된 자기의 일면을 재-소유하기는 **치유**therapia의 혹은 치료therapy의 핵심이며, 심리학과 영성에 대한 다른 어떠한 통합적 접근에서도 핵심적인 부분이다.[5)]

---

5) 보다 우수한 학생들을 위해서 똑같은 사례를 좀 더 자세히 살펴보고자 한다.

- 건강한 발달은 1인칭 주체를 1인칭 목적격 혹은 소유격(나I에서 나를me 혹은 나의 것mine)으로 전환시킨다. 반면에, 건강치 않은 발달은 나-흐름 내에서 1인칭 주체를 2인칭 혹은 3인칭으로 전환시킨다. (나I에서 너의yours 것, 그의his 것, 그들의theirs 것, 그것it으로). 전자는 건강한 탈-동일시이고, 후자는 병적인 해리다. 명상은 둘 다 할 수 있다.
- 보다 자세히 살짝 다른 각도에서 보면, 건강한 발달과 초월은 내 주격-나(내가 완전히 그것에 '동일시'하기 때문에 그것들을 볼 수 없다.)에서 일어나는 사건을 나를 혹은 나의 것으로 전환시킨다. (나의 다음 단계 주체의 대상으로서 볼 수 있다. 나는 그것들을 초월하면서 포함하였다. 그것들을 소유하면서 초월하였다.) 반면에, 병적 발달은 나 자신의 나-공간 내에서 1인칭을 2인칭 혹은 3인칭 경험으로 전환시킴으로써 내가 실제로는 그것들을 해리시켰음에도 초월한 것처럼 보인다. 건강한 탈-동일시는 병적인 해리가 되었다.
  따라서, 건강한 탈-동일시(혹은 분리, 무집착)는 초월하면서 포함하는 것이다. "나는 분노를 갖고 있어. 하지만 내가 나의 분노는 아니야." (그 사람이 꼭 이렇게 말하듯이, "나는 생각을 갖고 있어. 하지만 내가 나의 생각은 아니야.") 병적인 초월 혹은 발달은, "나는 이 분노가 아니야. 그리고 나는 이 분노를 갖고 있지 않아." 건강한 발달은 나I를 나를me으로 전환시킨다. 병적 발달은 나I를 그것it으로 전환시킨다.
- 핵심은 어떤 사람이 명상을 할 때, 분노가 이 두 경우 모두 의식의 대상으로서 나타난다는 점이다. 하지만 둘 중 하나는 그림자 분노다. 그리고 둘 중 하나는 진정한, 혹은 소유된 분노다. 명상은 그 차이를 구별할 수 없을 뿐 아니라 맨 처음 문제를 만들어 냈던 탈-동일시, 해리시키는 경향을 강화시킬 수도 있다. "분노가 일어나고 있다. 분노가 일어나고 있다. 분노가 일어나고 있다……." (분명한 영어로, "나는 병적으로 해리시키고 있다. 나는 병적으로 해리시키고 있다. 나는 병적으로 해리시키고 있다…….") 수년 동안의 병적인 해리 후에 나는 내 영적 여정에서 왜 아무 곳에도 도달하지 못했는지 궁금하다.
- 문제는 분노가 현상학적 대상으로 일어날 때까지는 이미 그 상처를 입었다는 점이다. 그리고 명상은 그 상처에 가 닿지 못한다. 왜냐하면 먼저 그림자와의 1인칭 일치가 의식되지 않았기 때문이다. 그럼에도 불구하고 그림자와의 숨은 동일시는 그림자가 여전히 내 자신의 1인칭 충동이라는 사실에 있다. 내가 아무리 그것을 부정하고, 억압하고, 부인하려 하고, 대상으로 보려고 해도 말이다. 따라서 내 그림자-분노가 내가 주시할 수 있는 느낌의 대상으로 나타날 때, 해리시키는 자아는 이것이 끝내준다고 생각한다. 왜냐하면 그것이 바로 자신이 하려는 일이기 때문이다. 분노를 내 것으로 보는 게 아니라 그냥 내가 주시하거나 관상하거나 변형시킬 수 있는 무언가 비개인적인 것으로 보기 때문이다. '분노를 놓아 버리기'는 정확히 명상이 하려는 것이다. 그리고 억압이 하려는 일이기도 하

이것은 매우 간결하게 요약될 수 있다. 소유된 자기와 탈-동일시하는 것이 초월이다. 부인된 자기와 탈-동일시하는 것은 이중의 해리다.

명상은 이 둘 다 할 수 있다.

서양 심리학이 영성과 변용적 발달에 끼친 두 가지 중대한 공헌

앞에서 우리는 서양 심리학이 보다 통합적인 심리학에, 특히 두 가지의 참신하고 근본적인 공헌을 했다는 것을 집중 조명하였다. 첫째는 발달과 의식의 진화에 대한 구역 #2 일반적 접근법으로, 이 접근법은 우리가 내면으로부터는 우리 자신의 의식 발달의 측면에 가 닿을 수 없다는 점, 우리 자신의 즉각적인 느낌, 경험, 의식으로는 가 닿을 수 없다는 것을, 그러기보다는 그것들이 초점에 들어오도록 충분히 멀리 뒤에 서야 한다는 점을 우리에게 보여 주었다. 그렇게 할 때, 우리는 계보학을 보기 시작한다—혹은 이어지는 발달에 대한 일련의 모든 놀라운 발견들, Nietzsche에서 Baldwin, Piaget, Foucault, Maslow, Graves, Loevinger로—이것은 영Spirit의 자기-전개self-unfolding

---

다! 그리고 그 억압하는 자아는 분노를 자신의 것으로 소유하는 것을 제외하고는 무엇이든 할 것이다. 바로 그 지점에서 그 전이 아니라, 나는 분노를 놓아 버리기 시작한다.

심리치료와 관상 영성은 본질적으로 구역 #1의 시도다. 그들의 방식은 둘 다 나I를 나를me으로 전환하는 데 흥미를 가지고 있다. 그러나 우리가 살펴보았듯이, 서구의 심리치료는 한 가지 엄청나게 중요한 발견을 해냈다. 발달의 초기 단계에 '나'의 일부가 '나를'이 아닌 '그것'으로 전환될 수 있다. 이 '그것'은 바로 그림자이고, 그 그림자는 숨은 그리고 부인된 나머지, 이제는 대상object뿐 아니라 타자other로서도 나타난 주체의 충동이다. 그 타자는 대상일 뿐 아니라 당신을 두렵게 하고, 강요하고, 사로잡고, 짜증나게 하고, 열 받게 하는 대상이기도 하다. 이것은 건강한 초월이 아니라 병적인 해리다. 그리고 명상은 이 둘을 대상과 타자-의식에 일어나고 있는 그대로의 주의bare attention로 주시되어야 할 현상으로 동일하게 취급한다. 그러나 그것들이 의식에서 현상으로 일어나기까지는 당신이 이미 상처를 입었는데도 명상은 그 소외되고 진실되지 못한 느낌의 타자성otherness을 승인해 버린다. 그러나 명상은 당신이 이 진실되지 못한 느낌과 접촉하게 하였고, 따라서 당신은 믿을 수 없을 만큼, 생생하게, 이기심 없이, 사랑스러우리만큼 진솔하지 못하다.

핵심은 관상 전통이 구역 #1의 지금까지도 유효한 몇몇 상태와 단계에 특화되어 있는 반면, 정신역동적 전통은 우리에게 가장 초기의, 그리고 발달의 국면에 일어난 상처에 대해 소중한 가르침을 제공한다는 점이다.

와 자기-이해에 대한 근대 서구의 가장 위대한 공헌 중 하나다.[6] "내관을 통해서가 아니라 오직 역사를 통해서 우리는 자기 자신을 알게 된다." 그리고 그 역사의 일부는 구조-단계 혹은 파동으로 전개된다. **당신은 세계 어느 곳의 어떠한 관상적 혹은 명상적 전통에서도 이 특정 유형의 의식 진화의 단계들을 찾을 수 없을 것이다.**

우리는 게다가 이 구역 #2의 단계 어딘가에서 무언가 잘못될 수 있다는 것을 알고 있다. 그리고 우리는 구역 #2 병리 혹은 기능장애의 전형적인 사례가 **베이비 붐 세대 기질**boomeritis이라는 것도 알고 있다. 또한 그 DLD(발달 지류 기능장애)의 치료제는 초심자에게는 나 자신의 베이비 붐 세대 기질의 발생에 대한 역사적 의식을 발전시키고 나 자신을 병적-녹색 자세로 이끄는 단계들과 그들의 기능장애를 이해하는 것이다. "단지 내관이 아니라 역사를 통해야만 나는 이해를 얻는다." 그리고 그러한 이해로부터 나는 보다 통합적인 의식을 향해 작업해 나갈 수 있다(이는 분명 AQAL, 틀 구조를 ILP에 의해 도움받을 수 있다).

두 번째 서구의 독창적인 공헌은 우리가 내관을 사용하여 구역 #1—우리 자신의 즉각적인 인식과 느낌들—을 볼 때, 그리고 그것들을 직접적·경험적·현상학적 방식으로 지금 이 순간을 자각하면서 탐구할 때, 곧 혹은 뒤에 우리는 우리가 불편하게 여기는 다양한 느낌을 찾아내게 된다. 우리가 그것들을 그냥 느끼기만 하고 혹은 주시하고 위빠사나만 하는 것이 아니라 그 실제 기원을 탐구하게 되면, 우리는 어떤 느낌들이 나의 나-공간에서 숨은 현실을 가리는 베일이 될 수 있다는 것을 발견하게 되고, 그것을 탐구함으로써 위축시키고 부인하는 이 과정이 나의 나-

---

6) 구역 #2은 다른 것들 중에서도 공통의 집단에 속한 개인이 공통적으로 겪는 단계를 의미한다—그리고 그것이 이 단계가 불가능한 건 아니지만, 그토록 알기 힘들었던 이유다. 개인이 이 구역 #2을 통과하면서 그 단계는 실로 내면에서 경험된다—예를 들면, 호박색 파동의 개인은 '호박색 느낌' '호박색 사고' 그리고 '호박색 목표'를 경험하지만, 그들이 호박색이란 것을 알지는 못한다. 당신이 당신의 집단으로부터 뒤로 물러나서 다른 다수의 개인들을 연구하지 않는 한 당신은 당신 그룹이 공통적으로 갖는 구조를 알아차릴 수 없다.
그렇게 하는 한 가지 방법이 당신 집단의 역사를 공부하는 것이다. 몇몇 천재들은—Nietzsche, Gebser, Foucault—그렇게 하였고 직관적인 방식으로 이 구조-단계를 찾아내려고 하였다. 또 다른 보다 올바른 방식은 이 공통된 주제를 실제로 찾아내고 명증하기 위해 시간을 들여 다수의 사람들과 집단을 실제적인 시스템적 연구를 하는 것이다. 이것의 진정한 출발은 주지하다시피 1900년대 초기 Baldwin과 더불어 시작되었다.

흐름의 초기에 시작되었다는 것을 찾아내게 된다.[7] 이 '나'를 녹이거나 해체하려는 명상의 시도는 부인의 해결책이 아니라 그저 **원래 무책임함의 강화**the intensification of the original irresponsibility일 뿐이다. 이것이 왜 명상이 그림자에 가 닿을 수 없고 그 증상에만 가 닿을 수 있는지에 대한 이유다.

나I가 나를me으로 전환되어야 하는 심리적 발달의 초기 단계에 그 나의 어떤 측면이 그것its—나 자신의 의식에 '대상(혹은 타자)'으로 나타나지만 실제로는 **숨은-주체, 나 자신의 숨은 모습으로 나타나는** 그림자 요소—으로 부인된다는 이해가, 이른바 근대 서구의 두 번째 중대한 공헌이다. 일단 해리되면 이 숨은 주체 혹은 그림자-그것은 내 의식에 '타자'로서(그리고 고통스런 신경증 증상과 병으로) 나타난다. 이 경우 치료란 사실 이러하다. 그것이 있는 곳에 나I가 존재하리라.

이드가 있는 곳에 에고가 존재하리라—**그러고 나서 그것이 일어나면, 당신은 에고를 초월할 수 있다.** 그러나 적절히 에고를 소유하기 전에 에고를 초월하려 시도하고 나면 그림자가 자라는 것을 보게 될 것이다. 하지만 그 동일시가 처음에 건강한 방식으로 일어났다면 **그때** 탈-동일시가 일어날 수 있다. 그렇지 않으면 그땐 탈-동일시가 보다 심한 해리로 귀결된다.

요약

요약의 방식으로 나는 부인의 과정에 대해서 한 번 훑어볼 것이다. 이것이 이미 당신에겐 명백하다면 반복하는 것을 용서해 주기 바란다.

---

7) 현재 느껴지는-저항felt-resistance에 대한 구역 #1의 탐구로 시작된 두 번째 중대한 발견은 곧 이어서 나I의 초기 역사와 관련련하여 나의 느낌과 그 위협(그 느낌이 가져다주는)을 안으로부터(from within(구역 #1), 그리고 방어 기제의 위계(일종의 안과 바깥으로부터의, 건강하거나 혹은 건강치 못한 형태의 계보학이다.)를 바깥from without (구역 #2)으로부터 재구성reconstruction하는 것을 포함하였다. 내 저항의 탄생에 대한 이해가 그것을 극복하고 나 자신의 그림자와 친해지는 것을 돕는다는 것은 불변의 아이디어였다. 정신분석적 의식은 언제나 역사적 의식이었다. 그림자 증세를 치료하는 것이 반드시 그 역사를 파악하는 것을 포함하지는 않지만, 그것들을 이해하는 일은 반드시 필요하다.

우리는 그림자-충동의 사례로 분노를 가지고 시작했었다. 분노가 1인칭 현실로서 시작되었다(나의 분노: "나는 화났어. 난 분노를 가지고 있어."). 다양한 이유, 두려움, 자기-구속self-restriction, 초-자아 비판, 과거 트라우마 등으로 인해 나는 나의 분노로부터 위축되어 버리고, 그것을 나-경계선 너머로 밀쳐서 이 끔찍한 감정을 갖는 것으로 인한 처벌을 받지 않으려 한다. '나의 분노'는 이제 "내가 바라보고 있는, 혹은 말 걸고 있는, 혹은 경험하고 있는 분노이지만 나의 분노는 아니다!" 이렇게 **밀치는**pushing away **순간**—저항하거나 위축되는 순간—1인칭 분노는 나 자신의 1인칭 나-흐름에서 2인칭 존재가 된다. 내가 더욱더 밀치면 그 분노는 3인칭이 된다. 나는 더 이상 나의 분노와 말을 건네지도 않는다. 어떻게든 이 분노를 여전히 느끼기는 하겠지만, 나는 **누군가가** 매우 화가 났고 그것이 나는 아니기 때문에 그것은 당신이어야만, 혹은 그, 혹은 그녀, 혹은 그것이어야만 한다. 이렇게 생각하게 된다. 'John은 언제나 나한테 화를 내!' 참으로 안타까운 일이다. 정말로 나 자신이 결코 그 혹은 어느 누구에게도 화를 낸 적이 없기 때문이다.

내가 나의 경계선에서 분노를 반대편으로 밀칠 때, 그것은 그럼에도 불구하고 **여전히 나의 나-흐름 내에** 존재하는 2인칭 혹은 3인칭 느낌으로 나타난다. 나는 **여전히** '그의' 분노나 '그녀'의 분노 혹은 '그것'의 분노를 **느낄 수 있다.** 그러한 투사가 실제로 작동하면, 결국 나는 그것을 다시는 느끼지 않을 것이고 아무런 문제도 갖지 않을 것이다. 나는 분노를 던져 버렸고 그것은 말 그대로 그것이 될 것이다. 그것은 마치 다리를 절단하는 것과 같을 것이다—다리는 완전히 사라졌다. 정말 그렇게 될 것이다—고통스럽긴 하겠지만 나는 실제로 다리-분노를 제거하였다. 그러나 나는 분노에 대한 **숨겨진 소유권**secret ownership**에 의해** 나의 투사와 연결되어 있다. (그것은 실제로 하나의 대상이 아니다. 그것은 나 자신의 숨은-주체다). 그것은 그것이 너의 다리일 뿐이라고 주장하면서 나의 다리를 자르지는 않을 것 같은 것이다. "그것은 내 다리가 아니야. 그것은 네 다리야!" 그것은 내 분노가 아니야. 그것은 너의 분노야!" (자, 그것은 중대한 기능장애다. 그렇지 않은가?)

따라서 숨은 집착 혹은 '타인의 느낌'에 대한 **숨은-주체의 정체성**hidden-subjective identity은 언제나 고통스런 일련의 신경증 증상으로 투사를 그 소유자와 연결시킨다. 매번 내가 분노를 나의 나-경계선 반대편으로 밀칠 때마다 나-경계선의 **이쪽 편에** 남는 것은 고통스런 **증상**, 그 자리에 심리적 고통을 남기는 소외된 느낌의 거짓된 결여a pretend lack다. **주체**는 **그림자**가 되었고, **그림자**는 **증상**이 되었다.

자, 이제 우리는 나 자신의 나-흐름에서 해리되거나 부인된 분노를 가지게 되었다. 이 분노는 실제로 '저 밖에 있는' 타인에게 투사될 수 있다. 혹은 나 자신의 정신의 부분으로 해리되거나 투사되어 내 꿈의 괴물, 언제나 나를 증오하고 죽이려 드는 괴물로 나타날 수도 있다. 그리고 나는 땀을 흠뻑 흘린 채로 이 악몽으로부터 깨어난다.

내가 티베트 불교(금강승)와 같은 매우 높은 수준의 명상 수행을 하고 있다고 치자. 그리고 내가 '정서를 변화시키기transmuting emotions' 작업을 같이 하고 있다고 하자. 이것은 어떤 사람이 현재의 부정적 감정과 접촉하고, 언제나-현존하는 비이원적 자각과 더불어 그것을 깊이 느끼고, 부정적인 감정이 그에 상응하는 초월적 지혜로 변화할 수 있게 돕는 매우 강력한 기술이다.

자, 나의 악몽부터 다뤄 보자. 나는 내가 이 괴물 때문에 두려움을 갖는다는 것을 알아차린다. 이 괴물의 면전에서 나는 굉장한 두려움을 느낀다. 이 감정을 변화시키려면 **그 분노로 들어가 느끼고**, 그 분노를 향해 이완하고, 그것이 그에 상응하는 투명한 지혜로 풀려나고, 스스로-해방self-liberate되도록 하라고 가르침을 받았다.

좋다. 분노 그 자체가 **진솔하지 못하고 거짓된**inauthentic 감정이라는 것, 그리고 진솔하지 못한 정서를 변화시키는 것은 그러한 비진솔성inauthenticity을 가정하고 강화시킬 뿐 아니라 그것을 진솔하지 못한inauthentic 지라 일컬어질 수 있다는 점만 제외하면 말이다. 그것은 그릇된 기반 위에 놓은 지혜이다. 억압은 여전히 제자리에 존재한다. 당신은 거기에 대해서는 한 가지도 한 것이 없다! 따라서 당신이 분노를 경험할 때마다 그것은 당신 주변에 투사되어 괴물을 만들어 낼 것이고, 그것은 당신 안의 두려움을(실제로 당신의 분노에 대한 두려움이다. 괴물에 대한 두려움이 아니다.) 불러일으킬 것이며, 당신은 그 분노와 접촉하여 그 분노를 변화시킬 것이다—결코 진정하고 진솔한 분노의 느낌에는 가 닿지 못할 것이다. 당신은 분노라는 진솔하지 못한 감정을 소유하게 될 것이다.

자기를 초월하기 전에 (재)소유하는 3-2-1 과정

이러한 경우를 돕기 위해 개발된 **통합 기구**Integral Institute의 치료적 '3-2-1' 과정은 그러한 3인칭 괴물(혹은 '그것')을 다시 2인칭 대화 목소리로('당신') 바꾸고—이것은 매우 중요하다—그리고 좀 더 나아가 그러한 목소리를 이 지점에서는 목소리 대화가 아닌 '나' 독백을 사용하여 당신이 재-소유하고, 재-거주하는 1인칭 현실로서의 목소리와 재-동일시한다. 당신은 이렇게 마무리를 짓는다. "나는 당신을 죽이고 싶어 하는 매우 화난 괴물이야!"

그렇게 함으로써 당신은 **이제** 진솔한 감정과 접촉하며, 그것은 분노이지 두려움이 아니다. **이제** 당신은 감정을 변화시키는 수행을 할 수 있다. 그리고 당신은 진솔하지 못한 감정이 아니라 진솔한 감정을 변화시킬 것이다. 당신은 1인칭 주격에서 1인칭 목적격/소유격으로 나아갈 것이다(2인칭 혹은 3인칭이 아니라). 그리고 나서 당신은 그것을 놓아 버릴 수 있고, 변화시킬 수 있거나 혹은 스스로-해방시킬 수 있을 것이다. 그리고 그것은 **진정한** 탈집착이자 **건강한** 탈-동일시다.

그렇게 함으로써 당신은 최근에 분노를 두려움으로 전환시킨 **억압 장벽** repression barrier을 가지고 작업하게 될 것이다—당신은 두려움에 대해서 단순히 위빠사나를 하거나, 주시하거나, 대화하거나, 혹은 변화시키거나, 두려움의 역할을 취한다거나, 두려움과 접촉한다거나, 직접 두려움을 경험하지만은 않을 것이다—이 모든 것이 두려움을 봉인해 버려서 깨달음과 그 이후까지도 그것이 당신에게 남아 있을 것이란 것을 확신한다. 해리의 실제 메커니즘(1에서 2에서 3으로)과 치료적 소유권(3-2-1)을 가지고 작업하는 것에 실패하면, 명상은 당신의 무한한 진아와 접촉하는 방법이 되기는 하겠지만 당신의 유한한 자기의 비진솔성을 강화하고 그 유한한 자기는 자신을 파편으로 쪼개어 그것들 중 일부를 타인에게 투사하여 부인된 파편은 숨고, 심지어 관상의 태양으로부터도 지하의 그림자-잡초는 당신이 이곳에서 영원으로 향해 나아가는 모든 움직임을 방해할 것이다.

명상: 수평적 그리고 수직적 효과

명상이 장기적으로 어떤 일을 하는지에 대해 정의 내리기란 늘 어려웠다. 확실한 것은 핵심적인 구성 요소가 **훈련된 상태**라는 것과, 그 이름이 뭐든 간에 어떤 이의 정체성이 조대한 에고에서 정묘한 혼으로, 원인적 진아로, 비이원적 영으로의 이동—우리가 '수평적'이라고 생각하는 상태-단계 혹은 **수평적 발달**—을 내포하고 있다는 것이다. '수평적'이라 부르는 이유는 그것이 어떠한 수직적 단계에서도 이루어질 수 있기 때문이다([그림 2-5]와 [그림 4-1]에 제시되었듯이). 우리는 실제로 당신이 호박색 단계에 있다면 당신의 자기, 혼, 진아의 깨달음과 체험을 호박색 용어로 해석할 것이다. 당신이 녹색 단계에 있다면 당신은 그 모든 것을 녹색 용어로 해석할 것이다.

그러나 장기적인 관점에서 연구들이 밝힌 바에 따르면, 명상은 수직적 발달(혹은 자기 지류에서 수직적 단계들의 전개)에 관계할 수 있으며 당신이 4년 안에 **수직적으로 보통 두 단계**를 이동할 수 있도록 돕는다. 이것은 매우 일반적인 발견이기는 하지만 한편으로는 실증적이기도 하다. 따라서, 예를 들어 당신이 빨간색 단계에 있다면 명상은 당신이 **수직적으로 보통 두 단계**를 이동하여 오렌지색으로 나아가도록 돕는다. 당신이 호박색이면 녹색으로 나아가는 것을 도울 것이다.

당신이 조대한 에고, 정묘한 혼, 원인적 진아, 비이원적 영을 꼭대기에 수평적으로 놓고 진홍색, 빨간색, 호박색, 오렌지색, 녹색, 암녹색, 청록색, 남색 그리고 보라색을 옆에 수직으로 놓으면 실제로 W-C 격자를 만들 수 있다. 그러고 나서 당신은 4년 동안의 관상기도나 명상의 가능한 진보를 표로 만들어 볼 수 있을 것이다. 당신이 오렌지색 에고로 출발했다고 치자. **수평적으로** 당신은 몇 개의 상태들을 통과할 것으로 기대될 것이다. 아마도 원인적 무아인 진아를 향한 첫 견성satori을 경험할지도 모른다(이는 세 가지 상태를 넘어선 통찰에 해당한다). 그러고 나서 **수직적으로는** 평균 두 단계 상승할 것이다. 따라서 격자에서는 **세 상태를 넘어섰고, 두 단계 상승했다.**

당연히 그것은 이 모든 것보다 훨씬 더 복잡하다. 하지만 전반적인 관점에서 당신은 수직적으로는 당신의 무게 중심이 오렌지색에서 시작했다면 짙은 청록색으로 영구적으로 이동했으리라 기대할 수 있고, 수평적으로는 더 이상 당신 자신을 단지 조대한 에고로 해석하지 않고 자신을 정묘한 혼 혹은 심지어 가끔은 원인적, 무아인 진아selfless Self로서 경험할 것이다—**이 모든 것을 당신이 머무는 단계로부터 해석하려 할 것이다**(이 경우, 현재는 **짙은 청록색**이다). 그리고 **그 단계 내에서** 당신이 어떠한 틀 구조를 가졌든지 상관없이 해석할 것이다.[8)]

다시, 틀 구조

틀 구조는 중요하다. 당신의 틀 구조가 수직적 변용을 위한 공간을 명백하게 만들지 않는다면 당신의 견해가 실제로 당신의 성장과 변용을 방해할 수 있기 때문이다. 예를 들어, 당신의 견해가 녹색이라면 당신은 명상을 시작하고 실제로 알아차림을 조대한 상태로 가져갈 것이다. 이는 곧 정묘한 상태로, 그리고 원인적, 비이원적 상태로 이어질 것이다. 하지만 당신은 그 모든 것을 녹색 단계를 통해 해석할 것이다. 당신의 의식은 상태를 거쳐 수평적일 뿐 아니라 단계를 거쳐 수직적으로 움직이고 통과하려고 애쓸 것이다. 이 경우, 당신의 의식은 녹색에서(녹색으로 해석된green-interpreted 에고에서, 녹색으로 해석된 혼으로, 녹색으로 해석된 진아로) 짙은 청록색과 청록색으로 나아가려 애쓸 것이다(그리고 청록색-해석된 자아에서, 청록색으로 해석된 혼으로, 청록색으로 해석된 진아로). 하지만 그러한 상위 단계들이 감싸 안는 위계

8) 이것은 매우 흥미롭고 모순적인 연구 발견이다. 왜냐하면 관상 전통 자체적으로는 그들이 구역 #2을 볼 수도 새길 수도 없기 때문에 수직적 단계상의 전환을 명기한 가르침이 거의 없기 때문이다(그들은 수평적인 상태-단계를 가지고 있다. 수직적인 구조-단계를 가지고 있는 것이 아니다). 따라서 이것은 당신이 스스로 살펴보아야 할 것이다. (즉, 이 전통이 주로 빨간색, 호박색, 녹색, 남색, 어느 색깔에서 나온 것인가?) 실제로 어떤 전통은 수직적 단계 발달을 강력하게 좌절시키고 실제로는 오직 수평적 단계 발달만 장려한다(정확하게 따지자면, 후자가 아니라 전자가 자신들의 교리와 틀 구조를 위협하기 때문이다). 예를 들어, 어떤 전통은 강력한 호박색(신화적-회원권mythic-membership)이어서 조대한-정묘한-원인적 상태 훈련state training을 거쳐 가는 것은 가능하지만 여전히 호박색에 머물고 있다. 좌상 사분면 문화와 우상 사분면 틀 구조가 일종의 홈, 온우주적 습관을 만들어 내고, 그것이 워낙에 강력하기 때문에 그로부터 빠져나가기란 극도로 어렵다.

질서nested hierarchies와 홀라키를 포함하고 있고 녹색이 모든 위계질서를 매우 깊게 불신하고 있기 때문에, 그때 당신 자신의 시각은 당신의 보다 높은 발달을 방해할 것이다.

그림자는 알고 있다

두 가지 느슨한 결론을 재빠르게 훑어보자면 다음과 같다.

1. 명상은 당신이 특정 기간 동안 둘 혹은 그 이상의 단계를 통과할 수 있도록 도울 것이다. 하지만 **그림자도 당신과 함께 움직인다.** 저항 그 자체가 다루어지지 않는 한 특정한 그림자-억압은 보통 제자리에 남을 수 있고, 남을 것이다.
2. 명상이 비록 수직적 성장을 도울 수는 있지만 전통들이 수직적 구조-단계에 대한 명백한 개념 혹은 이해를 가지고 있지 않기 때문에 그들의 틀 **구조**는 수직적 성장 자체를 도울 수도—혹은 방해할 수도—있다. '이중의 깨달음'의 절반은 위대한 관상 전통에게 있어선 소홀히 여겨졌다. 통합적 삶을 위한 수행 ILP는 이 수직적 요소를 AQAL 틀 **구조**와 실제 변용적 수행으로 명시하였다. 명상을 포함한 통합적 수련이 명상만 하는 것보다 수직적 성장을 보다 빠르게 가속한다는 것을 연구는 보여 주고 있다. 제10장을 보라.

이 모든 것을 함께 놓고 보기: 세 개의 S

우리는 좌상 사분면에서—나의 현재 의식에서 느껴지는 경험—관상과 명상 전통(동양과 서양 모두)이 적어도 두 개의 필수적인 현실에 대한 어떠한 설명도 결여하고 있음을 보았다. 첫째, 관상 전통은 **구역** #2에 대한 명확한 이해를 결여하고 있다. 두 번째, 그들이 구역 #1에서 작업하고 있음에도 불구하고, 그 영역의 초기 병리와 어떻게 현재의 느낌과 경험이 왜곡되는지—이른바, **구역 #1의 그림자**—에 대한 명확한 파악을 결여하고 있다.

관상 전통이 우월한 지점—그리고 정통orthodox과 인습적conventional 접근이 비참하게 실패한 지점—은 구역 #1 현실의 한계 밖으로 밀고 나가는… 말 그대로 신성한 합일과 비이원적 깨달음을 향해 나아가는 **의식의 훈련된 상태**에 있다. 분명 둘 중 하나를 택하라고 강요받는다면, 인습적인 계시보다 관상적인 계시를 택할 것이다. 그러나 그렇게 강요받지 않는다면, 왜 그렇게 하고 싶어 하겠는가?

우리가 아는 것을 간단한 하나의 문장으로 요약하자면 다음과 같을 것이다. 서양과 동양을 함께 놓으면(혹은 차라리 관상적 그리고 인습적을) 좌상 사분면에서 우리는 '**세 개의** S'에 도달하게 된다. **그림자**shadow, **상태**state, **단계**stage가 그것이다. 이것은 아마도 내면 의식interior awareness의 가장 중요한 측면 세 개일 것이다.[9)]

전통적인 연구자들은 구역 #2의 의식 발달의 **구조-단계**와 구역 #1 초기의 **그림자** 사고를 발견하였다. 반면에, 동양과 서양의 관상 전통은 주요한 구역 #1의 의식의 **훈련된 상태**의 깊이를 쟀고, 조대에서 정묘, 원인, 비이원으로 향하는 그 근원까지 어떻게 좇아갈 것인지를 살폈다. 의식의 주요한 구역 #1의 의식 상태를 **수평적으로** 통과해 나가는 것은 **수직적** 혹은 구역 2#의 발달을 도울 수 있다(하지만 전통 그 자체로서는 그들이 구역 #2에 전반적으로 무지한 만큼 의식적으로 파악이 되지 않는다). 상태-명상이 수직적 단계-발달을 돕는 이유는 당신이 당신의 현재 구조로서는 해석할 수 없는 비일상적인 의식 상태를 경험할 때마다, 그것이 미시적-탈 동일시로서—'나'가 '나를'이 되도록 돕는다—작용하기 때문이며, 따라서 자기 지류에서 수직적 발달을 돕는 것이다. 하지만 당신이 명상을 하는 것이 수직적 발달을 보장하지는 않는다는 깨달음은 말할 것도 없고, 단순한 사실에 주의하라. 개인이나 전통들 자체가 이 수직적 발달을 좌절시킬지, 북돋울지는 거의 그들의 **견해**와 **틀 구조**의 무게 중심에 달려 있다. 다시 한번, 당신의 **틀 구조**를 신중하게 골라라.

---

9) 이러한 관점에서 동양과 서양을 통합하려는 가장 최근의 시도[정신분석과 불교, 마음과 삶 기구 The Mind and Life Institute, 영혼의 거울, 샴발라 기구, 『*Thoughts without a Thinker*』(역주: 우리말로는 『붓다의 심리학』으로 번역)]조차 이 모든 세 개의 S들을 포함하는 데 실패하였다는 점, 그리고 여기서 통합적 혹은 AQAL 접근이 얼마나 유용할 수 있는지 본다는 것은 실망스러운 일이다.

깨달음이나 득도Realization는 적어도 두 개의 핵심적인 구성 요소를 가지고 있다. 깨달음은 역사상 주어진 어떤 시간대의 가능한 모든 **상태**와 **단계**와 하나가 되는 것이다—혹은 초월하면서 포함하는 것이다—(전자는 '수평적 깨달음'이고, 후자는 '수직적 깨달음'이다). 두 경우 다 어떤 단계 혹은 상태의 **주체는** 다음 단계 주체의 **대상이** 된다—어떤 단계 혹은 상태의 나는 다음 단계 나의 나를the me이 된다. 모든 단계와 상태가 당신 주체의 대상이 될 때까지, 모든 나들I's이 위대한 나-나I-I, 그 안에서 영이 이야기하는 열린 공, 지금 그리고 모든 순간의 신성의 비이원적 여여함, 일미로서 일어나는 온우주를 소유한 지고의 진아의 나를me 그리고 나의 것mine이 될 때까지다. 발달의 어느 지점에서(오직 나-나가 존재할 때까지 나I가 나를me이 되는) 나 혹은 유한한 자기의 측면이 소외되고 억압되면 그것들은 나를 혹은 나의 것으로서가 아니라 그림자 그것으로서 나타난다. 건강한 발달은 나I를 나를me으로 전환시킨다. 건강하지 못한 발달은 나I를 그것It, 나의 고통스런 증상 안에 숨은 소유되지 않고 부인된 주체로 전환시킨다. 나의 그것들을 재소유하는 것은 그것들을, 나를 그리고 나의 것으로 전환시키는 것이다. 그러고 나면 그것들은 그 손바닥에 온우주를 쥐고 있는 위대한 나-나의 광대함 속에서 풀려나고 놓아지며 자유로워질 수 있다.

이제, 우리는 세 개의 S의 중요성을 알았다. **그림자, 상태** 그리고 **단계**가 그것이다. 이 모든 세 개의 S를 결합하는 것은 통합 심리학과 통합 영성의 과제다. 다시 한번 규칙은 이러하다. **보완하라!** 이는 개인과 전통을 위한 진실이다. 당신의 영적 길로부터 아무것도 빼낼 필요가 없다(독점권만 주장하지 않으면 된다). 필요한 모든 것은 영의 끊임없는 진화와 전개에 의해 생성된 정보를 더하거나 보충하는 것이다. 당신이 이러한 통합적 접근을 개척하는 데 돕고 있는 사람들과 함께하고 싶다면 www.integrallife.com을 방문하라. 우리는 이 통합적 모험에 당신의 목소리를 더하길 바란다.

제7장

'우리'라고 불리는 기적

많은 사람이 개체와 집단의 정확한 관계를 파악하는 데 어려움을 겪고 있다. 거의 모든 종류의 개체이면서도 집단적인 것들에 대해서도 마찬가지다. 부족, 국가, 행성, 생물권이 그것이다. 간단히 말해, 우리가 **개체 홀론**과 **사회적 홀론**이라고 부르는 것들 사이의 관계다. 이 주제에 대한 혼동은 이해할 만한 일이다. 왜냐하면 이것이 바로 수천 년 동안 사상가들이 고민해 온 여러 중대하고도 다루기 어려운 주제들 중 하나이기 때문이다.

가이아와 생명의 그물

이 문제는 온갖 방식으로 기술될 수 있다. 가장 간단하게 기술해 보자. "사회 그 자체를 개체라 할 수 있는가?" 혹은 "만약 개체가 유기체라면, 사회도 유기체인가?" 조금 더 복잡하게 기술해 보자. "개별 유기체가 세포들로 이루어져 있고 그 세포가 분자들로 이루어진 것처럼, 사회도 개별 유기체들이 모여 만들어진 것인가?" 오늘날 널리 알려진 버전으로 기술하자면, "**가이아**Gaia는 유기체인가?" 혹은 "가이아는 모든 살아 있는 존재들로 이루어진 거대하고 단일한 유기체인가?"

사회 그 자체는 일종의 초-유기체일까? 아니면 그냥 개별 유기체들의 묶음에 불과할까? 한쪽 극단에는 원자론자들, 오직 개인들만이 있을 뿐이며 사회는 그냥 개인들의 집합이고, 이 집합은 뭐가 되었든 결코 독립적인 실체성을 갖지 못한다고 믿는 이들이 있다. 다른 한쪽 극단에는 유기체론자들organicists, 사회가 일종의 리바이어던Leviathan, 유일한 실체이자 개인들을 그 일부로 삼는 초-유기체라고 주장하는 이들이 있다. 이러한 주장의 대중적인 버전이 바로 모든 유기체를 그 끈으로 삼는 생명의-그물망Web of Life이라는 개념이다.

주지하다시피, 대부분의 정교한 이론가들은 이 양극단 사이의 어느 곳에 머물고 있으며, 마지못해 현실이 개체 홀론이면서 사회적 홀론임을 인정하고 있다. 사실 진짜 문제는 언제나 이래 왔다. "그렇다면 개체 홀론과 사회적 홀론의 관계는 어떠한 것인가?"

지금까지 가장 대중적인 응답들 중 하나는 위대한 생명의-그물망Great Web of Life 개념, 혹은 일련의 전일적 그물망 개념들이었으며, 이들은 기본적으로 각각의 상위 구sphere · 球들이 하위 구를 감싸면서 마침내 온우주를 감싸는 수준까지 나아가는 관계적 존재들로 이루어진 일련의 겹진 구 개념을 상정하였다. 존재의 위대한 겹진 위계Great Nested Hierarchy of Being라는 개념은 실로 매우 오래되었지만, 모종의 이유로 인해 마치 진부한 표현처럼 취급받아 왔다. 예를 들어, 오늘날 대부분의 생태학자들은 각각의 보다 높은 수준이 하위 수준을 전일적으로 포함하는 존재의 위대한 둥지 개념을 활용하고 있다. 다음은 생태-전일주의에 대한 유명한 저서에서 뽑은 인간 존재에서 우주까지 이르는 관계를 묘사한 일련의 개념들이다.

하위-양자 진공Sub-quantum vacuum
양자 사건Quantum events
원자Atoms
분자Molecules
세포Cells
유기체Organisms

가족Families

공동체Communities

국가Nations

종Species

생태계Ecosystems

생물권Biosphere

우주Universe

당신은 곳곳에서 이와 같은 도식의 변형판들을 찾아볼 수 있을 것이다. Alwyn Scott의 저서『마음을 향한 계단(Stairway to the Mind)』은 의식에 대한 시스템적 관점을 보여 준 것으로 상찬을 받아 왔다. 다음은 그가 언급한 인간 존재와 연관되는 일련의 전일적 개념들이다.

양자 사건Quamtom events

원자Atoms

분자Molecules

생화학적 구조물Biochemical structures

신경 충동Nerve impulses

뉴런Neurons

뉴런 모음Assemblies of neurons

두뇌Brain

의식Consciousness

문화Culture

이와 같은 종류의 전일적 연쇄 개념들은 대부분의 시스템적 사고에서 발견된다. 이것은 Deepak Chopra가 "상상할 수 있는 모든 것에 대한 가장 명석하고 포괄적인 이론이다."라고 지지한 Ervin Laszlo의 '모든 것의 이론theory of everything'의 핵심이며, 심층 생태학의 핵심이기도 하다. 또한 모든 새로운 패러다임 사고New Paradigm thinking의 결정적인 부분을 차지하고 있다. 실제로 모든 형태의 생태-전일주의와 생명의-그물망 이론들이 이것을 활용하였다. 그리고 이 모든 것들이 너무나, 너무나, 너무나 혼란스러워졌다.

개체와 사회라는 이 난해한 주제를 가지고 씨름하면 할수록, 나에게는 이 모든 접근들이 전부 동일한 기초적인 혼동에 사로잡혀 있다는 점이 분명해졌다. 그들은 오렌지들이 쌓인 꼭대기 위에 사과들을 쌓고 있었다(그러고 나서 이 모든 것들을 오렌지들이라고 부르거나, 아니면 사과라고 부르고 있는 꼴이었다). 이것은 문제를 푸는 것이 아니라 감추는 것과 다름없다.

이것은 매우 미묘한 문제이긴 하지만, 당신은 거의 모든 생명의-그물망류의 개념들에서 이를 찾아볼 수 있을 것이다. 여기에는 내가 앞에서 제시한 두 가지 사례들도 포함되며, 일단 당신이 그 문제를 알게 되면 아마 다시는 뒤돌아가지 않을 것이다. 일단 전일적 연쇄망에서 각각의 상위 수준들이 하위 수준들을 포함하고 있으며, 이들을 실제 재료로 삼아 지어졌다는 점을 떠올리는 것부터 시작해 보자. 예를 들어, 세포는 분자들을 포함하며, 분자는 원자들을 포함하고, 원자는 쿼크들을 포함하는 등……. 당신은 하위 수준이 없이는 상위 수준, 예를 들면 분자를 가질 수 없을 것이다—만약 원자가 없다면, 단언컨대 분자도 있을 수 없을 것이다. 이것이야말로 이 전일적 연쇄망을 지배하는 법칙이다. 실제 시스템상의 모든 것들은 이 규칙을 따를 수밖에 없다. 따라서, 어떠한 전일적 연쇄망 혹은 개념 목록들에서도—내가 앞에서 제시한 두 가지 사례에서처럼—각각의 상위 수준은 오로지 그 하위 수준들이 출현한 **다음에야** 비로소 나타날 수 있는 것이다(마치 당신이 분자를 갖기 전까진 세포를 가질 수 없는 것처럼 말이다).

그러니 한번 시도해 보자. 첫 번째 목록을 읽어 내려가면서 이 규칙이 계속 지켜지는지 확인해 보자. 물론 이 규칙은 원자, 분자, 세포, 유기체까지는 잘 지켜진다. 하지만 계속 읽어 보라. 저 목록이 옳다면, 당신은 국가를 갖게 되기 전까지는 생태계를 가질 수 없는 것이다.

그리고 이것이야말로 문제의 시발점이다. 예를 들어, Alwyn의 위계에서는 갑자기 맨 꼭대기에서 문화가 튀어나온다. 마치 케이크의 층 위에 얼음 조각을 놓은 것처럼, 의식과 문화가 분자나 아톰 같은 '물질'들과 동일한 종류의 것이 되어 버렸다. 이것들이 동일한 연쇄망 안에 놓여 있기 때문이다. 내가 말한 것처럼, 이 시스템들의 연쇄망은 처음에는 멋져 보이지만, 당신이 이에 대해 보다 숙고할수록 이것들이 점점 더 우스꽝스러워 보일 것이다. 아, 이렇게까지 심한 표현을 쓴 것에 대해서는 양해를 구한다.

우선 알아야 할 것은 개체와 사회라는 어려운 주제와 밀접히 관련되어 있다. 나는 다음과 같은 견해를 발전시켰다. 만약 아무것도 홀로 존재할 수 없다면(즉, 사분면에 의하여 존재한다면), 이 해법은 개체와 사회의 관계에 있어서도 마찬가지일 것이며, 이들을 두 개의 핵심 부분들로 나눠 볼 수 있다. (1) 개체와 사회는 서로의 위에 놓이지 않으며, **이들은 서로 동등한 차원들**equivalent dimensions**이다.** (2) 개체와 사회는 각각 **내면과 외면 차원들**interior and exterior dimensions을 지닌다. 따라서 사분면 혹은 사분면적 관점은 각각의 계기가 일어날 때 네 가지 근본적인 차원을 지닌다는 점을 제시하고 있다(개체와 집단 홀론의 안과 밖, 혹은 의도적 · 행동적 · 사회적 · 문화적 차원 혹은 주관적 · 객관적 · 상호-객관적inter-objective · 상호-주관적inter-subjective). 이들은 서로의 위에 쌓이는 것도 아니고, 서로 따로 분리되어 제각기 쌓이는 구조도 아니며, 거대한 시스템의 연쇄망 안에서 서로 연결되어 있는 것도 아니다. 이들은 그야말로 각 계기의 서로 동등한 (하지만 동일하지는 않은) 차원이다. 각 계기는 사중四重-발생하며 사중-진화한다.

대다수의 이론가들은 사회적 홀론이 개체 홀론들로 구성되어 있기 때문에 개체 위에 사회를 얹을 수 없음을 깨닫고 있었다(앞에서 언급한 두 개의 목록들은 모두 이러한 첫 번째 실수를 범하고 있었다). 어째서 개체 홀론이 사회적 홀론과 동일하지 않은지를 설명하기 위해 내가 종종 제시하는 사례는 단일한 유기체임이 분명한 나의 개, 아이작Isaac이다. 단일 유기체는 철학자 Whitehead가 **지배적 모나드**dominant monad라고 부른 것을 지니고 있다. 이는 간단하게 말하자면, 어떤 단일한 유기체가 자신의 하위 구성 요소 모두가 따르는 일종의 조직화 혹은 지배 능력을 지니고 있음을 뜻한다. 예를 들어, 아이작이 잠에서 깨어나 방 안을 돌아다닐 때, 그의 모든 세포, 분자, 원자들도 깨어나 그와 함께 움직일 수밖에 없다. 이는 결코 민주주의가 아니다. 그의 세포들 중 절반은 한쪽으로 가고, 다른 절반은 반대쪽으로 가는 그런 일은 있을 수 없다. 이들 모두가 일어나 지배적 모나드를 따른다. 우리가 이러한 지배적 모나드를 생화학적 현상, 혹은 의식, 혹은 작은-영혼mini-soul, 혹은 물질적 메커니즘 등 무엇이라고 생각하는지는 중요하지 않다. 혹은 이 세포와 분자, 원자 친구들이 함께 협력했기 때문에 '지배적' 모나드가 있을 수 있었다는 점도 중요하지 않다. 뭐가 되었든지 이 지배적 모나드는 존재하기에 아이작의 세포와 분자, 원자들은 100% 일어나 함께 움직일 수밖에 없다.

그리고 이 세상의 그 어떤 사회도, 무리도, 집단도 그런 식으로 움직이지 않는다. 사회적 홀론은 간단히 말하자면 지배적 모나드를 지니고 있지 않다. 만약 당신과 내가 이야기를 나누고 있다면, 우리는 '우리we' 혹은 사회적 홀론을 형성하는 것이지만, 이 '우리'는 당신과 나로 하여금 무언가를 하게 명령하고 이에 따라 마치 아이작의 세포들처럼 당신과 내가 100% 복종하는 그런 중심적인 '나I' 혹은 지배적 모나드를 지니고 있지 않다. 한마디로 이런 일은 사회적 홀론들에서는 결코 일어나지 않는다. 당신과 나는 분명 아이작의 세포가 아이작과 관계를 맺는 방식대로 '우리'와 관계를 맺지 않는다.

이를 알아차린 사람은 Whitehead만이 아니다. 이는 가장 위대한 시스템 이론가인 Niklas Luhmann이 Maturana와 Varela, 혹은 사회를 보다 큰 유기체로 만들려 했던 그들 이론의 일부를 겨냥해 제기했던 비판이기도 했다. 우리는 이 주제로 다시 돌아와 그 이유에 대해 설명하겠지만, 아무튼 Luhmann은 다음과 같이 간단히 이를 논파했다. 그것은 그렇게 안 된다. 그것은 단연코 그렇게 안 된다. 사회는 유기체가 세포로 이루어진 것과 같은 방식으로 유기체들로 이루어진 것이 아니다.

첫 번째 제시했던 생태-전일주의eco-holism 목록으로 돌아가 보자. '유기체'까지 이르는 홀론들은 모두 개체 홀론들이다. 하지만 '가족'부터 그 위로는 전부 사회적 홀론들이다. 하지만 사회적 홀론들은 개체 홀론들의 위에 쌓여서는 안 된다. 오히려 이들은 개체 홀론들과 '더불어alongside' 놓인 상호 연관된 실재로서 존재한다. 예를 들어, 세포들은 생태계를 지니고 있지만 생태계는 가족이나 공동체, 종species이 출현한 이후에야 비로소 '짠!' 하고 나타나지 않는다. 모든 개체 홀론은 사회적 홀론을 지니고 있다. 하지만 앞에서 언급한 두 목록들은 개체 홀론들 전체가 진화한 다음, 사회적 홀론들이 진화하는 심각한 혼란상을 보이고 있다. 오히려, 개체 홀론과 사회적 홀론들은 상호 연관되어 일어난다. 원자들이 모여 은하를 형성하고 분자들은 행성을, 세포들은 생태계를, 유기체들은 가족을 형성한다. 그러니 개체 홀론과 사회적 홀론 사이의 선을 올바르게 그어보자. 그렇다면 우리는 하나의 긴 목록이 아니라 [그림 7-1]에서와 같이 두 개의 상호 연관된 목록들을 갖게 될 것이다.

친숙해 보이는가? 사실 이것들은 사분면 중 두 개의 분면이다. 이것이 바로 내가 제안한 해법 중 첫 번째 부분이다. AQAL의 제안은 개체 홀론과 사회적 홀론이 단순히 **동일한 일어남**the same arising의 서로 다른 차원이라는 것이다. 한쪽으로 보면, 즉 하나의 관점으로 보면 어떤 계기가 개체로 보이고, 반면 다른 한쪽으로 보면, 즉 또 다른 관점으로 보면 그것이 집단적인 것으로 보이는 것이다(우리는 이를 개체 홀론과 사회적 홀론이 동일한 사물의 위쪽 분면과 아래쪽 분면이라고 요약하여 기술하고 있다). 위쪽 분면들은 **단수**singular(개체)이며, 아래쪽 분면들은 **복수**plural(사회적 · 집단적)이다. **좌측 사분면들은 내면**interior(의식)이고, **우측 사분면들은 외면**exterior(물질)이며, 이 네 가지는 모두 함께 일어난다. 만약 당신이 좀 더 어려운 용어를 원한다면, 이를 함께-출현하는 사중四重-발생co-emergent tetra-arising이라고 표현할 수도 있다. 하나의 단일한 전일적 연쇄망 위에, 서로의 위에 놓이는 것이 아니라, 서로 분리되어 놓이는 것도 아니라, **동일한 사물의 상호 연관된 차원으로서** 놓이는 것이다. **당신은 복수 없이 단수를 가질 수 없으며 내면 없이 외면을 가질 수는 없다**—그것은 그냥 말도 안 되는 일이다. 차라리 모든 홀론들은 사분면을 갖는다고 말하자.[1)]

"모든 홀론은 사분면을 지닌다."는 앞서 제안한 해법의 두 번째 부분, 즉 사회는 (이 경우, 개인과 마찬가지로) **내면과 외면을** 지닌다는 주장으로 귀결된다(사회는 좌하 사분면과 우하 사분면을 갖고 있다). 이 내면의 분면을 더하게 되면, [그림 7-1]에서

---

1) 개체 홀론이 있고, 사회적 홀론이 있고, 인공물들이 있고, 더미들heaps이 있다. 이들 중 오로지 개체 홀론들만이 사분면을 지닌다. 나머지 분면들은 사분면의 관점으로부터 바라보아질 수 있을 뿐이다(즉, 쿼드리비아quadrivia). 부록 II를 보라.

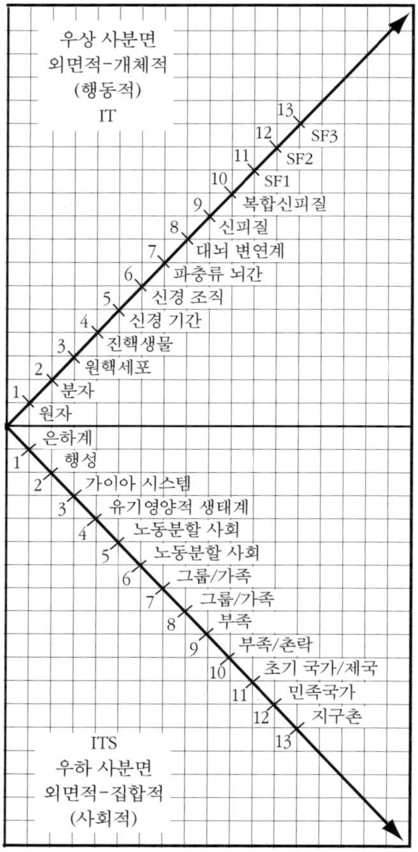

[그림 7-1] 우측 사분면

[그림1-1]로 넘어가게 된다. 다시 한번 말하건대, 이 문제는 이러한 해법들을 알고 나면 그다지 어렵지 않으며, 나는 앞에서 제시한 것들이 상당히 설득력 있는 해법이라고 생각한다. 여기에 해법의 두 번째 부분을 제시한다. 무슨 생각이 떠오르는지 살펴보자.

우리는 일부 시스템적 관점이 취한 오류의 대부분이 Laszlo가 태연스럽게 말한 것처럼, "벌떼와 개의 차이는 정도의 차이이지 종류의 차이가 아니다."라는 식의 주장이었음을 살펴보았다(우리는 Laszlo가 그렇게 말했다고 해야 할까? 아니면 Laszlo라고 불리는 벌떼가 그렇게 말하려고 했다고 해야 할까?). Luhmann이 지적한 것처럼, 일단 '하나 위에 또 다른 하나를 쌓는' 단순한 접근법을 극복한다면, 당신은 정말 어려운 문제에 직면하게 될 것이다. 다음 장에서 살펴보겠지만, Luhmann은 구역 #7과 구역 #8 사이의 차이점을 식별하는 데 선구적인 도약을 이루었다. 당신이 시스템을 단순히 개체가 모인 것으로 혼동하지 않는다면, 안으로부터 바라본 시스템의 모습이 어떠한지에 대해서도 도약을 이루었다. 그의 특별한 공헌에 대해서는 뒤에서 다시 한번 다루겠다.

어쨌든 당신이 이 문제를 들여다보면 볼수록, 당신은 **바깥쪽**outside**과 외면**의 차이와 마찬가지로—용어를 보다 엄밀히 사용하기 시작한다면—**안쪽**inside**과 내면** 사이에도 차이점이 존재한다는 사실을 깨닫게 될 것이다. 예를 들어, **두뇌의 안쪽**에는 변연계, 신피질, 조직, 세포, 분자, 원자가 있지만, **두뇌의 내면**에는 주관성과 의식, 우리가 지금 이 순간 느끼는 것들이 있으며, 여기에는 감각, 충동, 관념, 정서, 생각 등이 포함된다. 이러한 두 개의 현실은—두뇌의 안쪽과 내면—동일하지 않다! 당신의 두뇌에 대해 생각해 보고, 그다음에는 마음에 대해 생각해 보라. 당신은 이것들이 서로 다르다는 것을 **안다**. 그렇지 않은가? 당신의 뇌는 구겨진 핑크빛 자몽같이 생겼다. 당신의 마음은 지금 이순간의 현재 경험처럼 보인다……. 실로, 두 개의 서로 다른 차원이다. 당신의 두뇌는 우상 사분면이고, 당신의 마음은 좌상 사분면이다. 당신의 느낌, 의식 그리고 경험이다. 유물론자들은 의식이 두뇌의 **안쪽**에 있는 무언가일 뿐이라며 주장하며 의식을 제거하고 싶어 하지만, 의식은 두뇌의 안쪽이 아니라 두뇌의 **내면**이다. 두뇌의 안쪽에는 세로토닌과 신경 시냅스, 디지털 데이터와 변연계 그리고 전두엽 등이 있을 뿐이다. 이것은 내면이 아니다!

사회 시스템 혹은 사회적 홀론의 경우도 마찬가지다. 안쪽과 내면 사이에는 차이가 있으며(이것이 Luhmann이 지적한 바다.), 바깥쪽과 외면도 마찬가지다. 이 모든 것들에 대한 구체적인 사례를 바로 제시하겠지만 일단 지금은 이 모든 것을 모아 놓고 크게 보면 사분면—개인과 집단의 내면과 외면—이 주어진다. 그리고 **사분면 각각**은 안쪽과 바깥쪽, 여덟 개의 구역, 혹은 여덟 가지 근본적 관점([그림 1-2] [그림 1-3] [그림 1-4])을 얻게 된다. 따라서 각각의 '나'에게는 안쪽과 바깥쪽이 존재하며,

'우리' '그것' 등에게도 안쪽과 바깥쪽이 존재한다.[2)]

사분면은 개인과 사회를 통합하는 방법, 우리에게 사회를 개인 차원으로 환원시키지도, 개인을 단지 그물의 한 조각이나 기어의 톱니 정도로 취급하지도 않으며, 사회 시스템의 구성원을 그 자체로 세계-내-존재의 차원으로 여김으로써 개인과 사회를 통합하는 하나의 방법을 우리에게 제공해 준다. 개인과 사회는 그 자체로 온전한 존재이며, **또한** 서로 밀접하게 연결되어 있다. 이들은 모든 계기의 공통 차원으로서 위로도, 아래로도 사중四重으로 발생하며 사중으로 얽혀 있다.

이에 대해 좀 더 자세히 바라보면서 떠오르는 생각을 살펴보자. 일단 좌하 사분면, '우리'라 불리는 이 진귀한 것으로부터 시작하자. 이미 여러 차례 얘기했지만, 난 정말 이것이 진실이라고 믿는다. 영은 일어나는 모든 것 속에서 그 자신을 현현顯顯하지만, 특히 '우리'라고 불리는 기적 속에서 자신을 드러낸다. 만약 당신이 영을 직접 알고자 한다면, 그렇게 하는 방법 중 하나는 당신이 '우리'라는 단어를 사용할 때마다 느껴지는 무언가를 그저 깊게 음미해 보라.

도대체 이 '우리'라고 불리는 기적은 무엇이란 말인가?

구역 #3과 구역 #4에 들어가기: 우리는 초월-나超我·Super-I가 아니다

우리는 개체와 사회가 비록 상호 연결되어 있긴 하지만, 이 둘 사이에 중대한 차이가 있다는 것도 살펴보았다. 특히 개인은 지배적 모나드를 지니고 있고 사회는

---

2) AQAL에서 사회적social이라는 용어는 광의와 협의를 지니고 있다. 광의는 모든 집단 시스템, 공동 홀론communal holon, 집단, 혹은 사회(또는 좌하 사분면과 우하 사분면 모두)를 포함한다. 우리가 따로 덧붙이는 말 없이 '사회적 홀론social holon'이라고 말할 때는 용어를 광의로 쓰는 것이다. 하지만 '사회적 홀론'은 모든 집단의 내면과 대조되는 외면을 의미할 수도 있으며, 이때의 '사회적'은 오직 우하 사분면을 의미하는 것이며, '문화적'은 좌하 사분면을 가리키는 데 쓰이는 용어다. 따라서 내가 일반적으로 '사회적 홀론'이라고 말할 때는 '사회적-문화적 홀론'을 의미하는 것이며, 여기서의 문화적 홀론과 사회적 홀론은 각각 좌하 사분면과 우하 사분면을 가리킨다. 사실, 이것은 우리가 사람들을 골탕 먹이기 위해 의도적으로 만들어 낸 전문 용어다. 사람들이 "대체 쟤가 뭐라고 지껄이는 거야?" 하며 고민하게 만들고 싶어서 장난을 친 것이다.

그렇지 못하다는 차이가 있다. 정확히 말하면, 개체 홀론은 **지배적 모나드**를 지니고 있고, 사회적 홀론은 **지배적 담화 양식**dominant mode of discourse을 지니고 있다. 혹은 AQAL식으로 보다 일반적인 용어로 설명하자면 개체 홀론은 지배적 모나드를, 사회적 홀론은 우세한 상호 공명 양식predominant mode of mutual resonance을 지니고 있다.

간단한 예시를 몇 가지 들어 보겠다. 기러기들은 다른 여러 가지 방법들 중에서도, 동일한 음높이(무엇을 향해 꽥꽥거리든지 간에)로 꽥꽥거림으로써 서로 의사소통을 할 수 있다. 만약 어떤 기러기가 다른 이들이 이해할 수 없는 방식으로 꽥꽥거린다면, 그들은 그것을 제대로 듣거나 해석할 수 없을 것이다. 이 기러기는 그 놀라운 개성에도 불구하고, 무리에서 뒤처지거나 V자형으로 제대로 날 수 없을 것이다. 동료들과 제대로 의사소통하지 못했기 때문이다. 어떤 개체든 집단의 구성원으로서 적응하고자 한다면, 그 집단이 사용하고 있는 기본적인 의사소통 방식과 공명할 수 있어야 한다. 어떤 경우, 무리의 생존 자체가—따라서 무리에 속한 개체의 생존 자체도—지배적인 공명 양식을 지녔는지 여부에 달려 있으며, 그래야 특히 생존에 필요한 행동을 취해야 할 때 의견을 일치시킬 수 있다. 소통하지 않으려 하거나 할 수 없는 기러기는 뒤처지거나 심지어 다른 거위들로부터 공격당할 수도 있을 것이다.

적절한 V자형을 유지하며 날기 위해서는(우하 사분면, 또는 '그것들') 기러기는 소통할 필요가 있다. AQAL에 따르면, '소통being on the same wavelength'은 우하 사분면 '그것들'의 영역에서 동일한 물리적 파장대에 머무르는 물리적인 기표記標 · signifiers[3]("꽥.")의 교환을 의미할 뿐만 아니라, 공유된 기의記意 · signifieds[4], 혹은 의미, 혹은 거위들의 안쪽의 **상호 공명**을 의미하기도 한다. 달리 말하자면, 우하 사분면에 상응하는 좌하 사분면 '우리'야말로 근본적이라는 것이다.

만약 당신이 개체 홀론에게 모종의 **내면의** 존재함을 인정한다면, 이러한 일이야말로 **집단의** 내면에서 일어나는 일이라 할 수 있다. 내면의 '우리We'는 보다 높은

3) 역주: 기호 표현, 대상 지시 기호
4) 역주: 기호에 이해 표시되는 언어의 개념 · 의미

'나I'가 **아니다**—집단은 지배적 모나드 또는 '나'를 지니고 있지 않다—모든 집단의 구성원들을 직접적으로 완벽하게 통제하고 지배하는 단일한, 상위의 실체는 존재하지 않는다. 오히려 집단의 구성원들이 밀접하게 협력하게 하되 그들의 행동을 결코 완전히 통제하지 않는 집단의 의사소통과 상호 공명이 있을 뿐이다. 이것이야말로 사회적 홀론의 놀라운 점이다.

당신이 다른 여러 가지 것들 중에서도, 상호 공명을 마스터함으로써 집단 혹은 사회적 홀론의 구성원이 될 수 있다. 그렇게 하지 않거나 할 수 없는 이는 실제로 보통 '소외marginalized'된다. 하지만 대부분의 경우, 이것은 탈근대주의자들이 묘사한 '억압oppression'이 아니다. 그들은 생존을 위해 상호 공명 양식이 어째서 집단 내에서 반드시 일어나야 하는지에 대해 아주 조금만 이해했을 뿐이다.[5]

종종 지배적 공명 양식은 그저 편의의 산물이기도 하다. 때때로 심오한 의미를 지니기도 하고, 때때로 생존의 의미를 지니기도 하며, 때에 따라서는 그저 게임이나 오락의 의미를 지니기도 한다. 금요일 밤에 남자들이 모여서 포커를 즐기고 있다고 가정해 보자. 여섯 명의 남자가 있고, 이야기를 풀어 나가기 위해서 그들의 가치 발달이 모두 오렌지색 수준이라 가정해 보자. 그런데 그중 한 명이 나가고, 녹색 수준의 남자 1명이 새로 들어왔다. 그래도 여전히 지배적인 담화는 오렌지색 수준일 것이며—다섯 명의 오렌지색과 1명의 녹색—따라서 새 멤버는 배척당하지 않기 위해 입을 꾹 닫고 있을 수밖에 없을 것이다. 그는 '오렌지색 수준의 이야기를 해서' 집단에 적응하거나, 자신의 마음을 솔직하게 이야기해서—녹색 수준으로—계속되는 논쟁에 빠져든 나머지 집단을 떠나라는 이야기를 듣게 될 수도 있다. 그는 분명 '소외'되었지만, 만약 오렌지색 수준의 사람들이 모든 이들의 마음이 통한 상태에서 포커와 잡담을 즐기길 원한다면, 그것은 분명 그들의 권리다.

이제 포커 모임에서 오렌지색 수준 세 명이 더 나가고 녹색 수준 세 명이 새로 들

5) 지배적 공명 양식은 특정 상황에서는 실로 억압적이 될 수 있지만, 이러한 억압에 대한 치유는 돌봄과 연민이 점점 증가하는 홀라키의 보다 높은 수준으로 나아가는 것이지, 그러한 억압이 존재하지 않았으리라 여겨지는 상상 속의 과거—하위 수준—를 다시 붙잡고자 노력하는 것이 아니다. 이것은 길고도 복잡한 주제이며, 이에 대해서 상당히 많이 기술한 바 있다. 어쨌든 이 절에서는 논의의 마무리를 짓기 위해 이 주제는 제쳐 놓을 것이다.

어온다고 가정해 보자. 이제 녹색 수준이 네 명이고 오렌지색 수준은 두 명이 된다. 따라서 지배적인 담화 양식은 서서히 녹색으로 변하기 시작한다. 이제 오렌지색 수준의 사람들은 자신들의 숫자가 적다는 것을 알게 되고 전반적으로 모임에 적응하는 데 어려움을 겪게 될 것이다. 그들은 심지어 떠나기로 결정하거나 떠나라는 요청을 받을 수도 있다.

이 사례에서의 핵심은 지배적인 담화 양식이라는 것은 집단이 작동하는 방식에 불과하다는 점이다. 그것은 보통 그다지 나쁜 일이 아니다. 우리가 살펴본 것처럼, 보통 필요에 따른 것이며 우리의 생존은 여기에 달려 있다. 또한 때로는 선호의 문제일 수 있으며 호박색 수준, 오렌지색 수준, 녹색 수준의 사람들은 소통을 위해 보통 자신과 같은 수준의 사람들과 어울리기 마련이다.

다시 포커로 돌아가서 한 가지 지점을 더 살펴보도록 하자. 이 모임이 빨간색 수준인 여섯 명의 남자들로부터 시작되었다고 가정해 보자. 여기서 네 명이 그만두면서 모두 녹색 수준인 신입 네 명이 들어왔다고 치자. 이제 네 명이 녹색이고 두 명이 빨간색이기 때문에 지배적인 담화 양식은 재빠르게 빨간색에서 녹색 수준으로 전환될 것이다. 다시 두 명의 녹색과 두 명의 빨간색이 그만두면서 네 명의 청록색 수준의 신입이 들어왔다고 가정해 보자. 이제 지배적인 담화 양식은 녹색에서 청록색으로 전환될 것이다. 하지만 청록색은 다른 어떠한 가치 수준도 소외시키지 않을 것이다. 그리고 청록색이 비즈니스의 오렌지색 수준이나 전통의 호박색 수준을 소외시키지 않는다는 바로 그 이유로 녹색 수준의 두 명은 발끈 항의하며 이 통합적 모임을 그만둘 것이다.

이 모임의 발달 단계의 무게 중심(혹은 지배적 공명 양식)에 주목하라. **모임은 빨간색 수준에서 녹색으로, 그다음에는 청록색으로 나아갔다.** 달리 말하자면, 모임은 다른 모든 종류의 발달 단계들을 건너뛰었으며(빨간색에서 녹색, 녹색에서 청록색으로 곧바로 나아갔다), 이는 개체 홀론은 할 수 없는 일이다. 따라서 우리는 개체 홀론과 사회적 홀론의 또 다른 중대한 차이점에 도달하게 된다. **개체 홀론은 정해진 단계들을 통과해 나아가야 하지만, 사회적 홀론은 그렇지 않다.**

모임, 집단 혹은 사회에게는 불변의 구조-단계가 존재하지 않는다. 이것이 바로 당신이 집단이나 사회적 홀론을 묘사할 때 개인의 구조-단계를 기술한 Loevinger, Graves, Maslow, Kohlberg 등의 이론을 사실상 적용할 수 없는 이유다. 나는 이 이론가들의 추종자들 중 일부가 그렇게 할 수 있다고 주장한다는 것을 잘 알고 있다. 겉보기에 그것이 가능해 보이는 이유는 집단이 지배적 담화 양식을 지니고 있기 때문이며, 이러한 담화의 구조structure of that discourse는 기본적으로 사회적 홀론의 담화를 주도하는 개인들이 지닌 지배적 모나드 구조structure of the dominant monad에 달려 있다. 고로, 만약 지배적 담화 양식의 구조가 녹색 수준이면 포커 게임 모임을 두고 '녹색 모임green group'이라고 이야기해도 무방하다. 하지만 이미 보았듯이, 구성원들이 바뀌면 집단은 발달 단계를 건너뛸 수 있기 때문에 그 어떤 집단도 개인의 구조-단계들을 차례차례 통과해 나아갈 필요는 없다. **집단 그 자체**는 온갖 종류의 서로 다른 패턴과 규칙들을 따를 뿐이다.

그중에서도 개체 홀론은 사분면을 지니고 있으며, 개체 홀론의 사회적 차원은 그 개인에 속한 다른 분면들과 상호 연관되어 단계별로 전개되지만, **집단 혹은 사회적 홀론은 사분면을 지니고 있지 않으며**, 따라서 수직적 단계로 전개될 필요가 없다. 집단이 개인처럼 불변의 단계들을 동일하게 거쳐 나아가야 하는 것처럼 보이게 만드는 어떤 거대한 유기체라는 생각은 잘못된 관념일 뿐이다. '나I'는 상대적으로 고정된 일련의 수직적 단계들을 거쳐 나아간다. 하지만 '우리'는 그렇지 않다.

(집단의 발달에도 국면과 순환 주기가 존재하지만, 이것들은 매우 느슨하고 포괄적이며, 보통 수평적 발달에 적용된다. 예를 들어, 사회가 탄생, 성장, 성숙, 쇠멸 혹은 감각sensate, 이상주의idealistic, 관념ideal처럼 불변의 순환 주기를 거쳐 발전함을 보여 주려는 시도가 쭉 있어 왔으며, 특히 Oswald Spengler, Arnold Toynbee, Pitikin Sorokin이 유명하다. 하지만 이 모든 단계/주기는 '빨간색' 수준의 사회에도, '호박색' 수준의 사회에도, 그리고 '오렌지색' 수준의 사회와 '녹색' 수준의 사회에도 동일하게 적용될 수 있다. 즉, 이것들은 수평적인 국면이지 수직적인 단계가 아니다. Adizes의 비즈니스 단계/주기 같은 것들도 마찬가지다. 이것들은 집단의 수평적 순환 주기이지 개인의 수직적 단계가 아니다. 우리는 이러한 순환 주기와 국면들을 AQAL에 포함시키긴 하지만, 이를 개인의 단계와 혼

동하지 않는다.[6)]

개인과 사회의 중요한 차이점들에 대해 논할 수 있는 여러 가지 방법들이 있지만, 아마도 가장 중요한 (그리고 이해하기 쉬운) 것은 **우리가 초월-나가 아니라는** 사실이다. 당신과 내가 함께 모여서 이야기를 시작하고, 공명하고, 공유하고, 서로를

---

6) 수만 년의 역사라는 장기적인 관점으로 보면, 사회가 빨간색에서 호박색으로, 호박색에서 오렌지색으로 나아간 것처럼 보일 것이며, 이는 분명 사실이다. 지배적 담화 양식이 그 사회를 이끄는 특정 집단의 지배적 모나드들에 좌우되고 있음을 감안한 사실이며, 이 지배적 모나드들은 분명 단계를 거쳐 전개된다. 또한 개인이 집단 그 자체가 거쳐 가는 어떤 단계/주기(예: Marx, Lenski)에 커다란 영향을 받는다는 점도 분명 사실이다. 하지만 일단 어떤 사회가 특정한 수준으로 발달하면, 그 사회의 집단들은 이전의 단계들을 반복할 필요가 없지만, 개인은 그렇게 해야 한다. 그러므로 만약 어떤 사회의 무게 중심이 오렌지색 수준이라고 한다면, 이 사회에서 태어난 개인은 반드시 자홍색에서 빨간색, 호박색, 오렌지색 수준으로 발달해야 한다. 하지만 이 사회의 집단은 어떠한 수준에서도 형성될 수 있으며, 만약 어떤 집단의 지배적 모나드인 개인이 바뀐다면(포커 게임 사례에서 살펴보았듯이), 집단은 수준을 건너뛸 수 있다. 이것이 바로 내가 개체 홀론들은 정해진 단계들을 통과하지만, 사회적 홀론은 그렇지 않다고 말할 때 의미하는 바다.
사회적 홀론이 자신의 발달 과정에서 정해진 단계들을 통과하는지의 여부는 사회적 홀론의 수준, 유형, 발달 라인이 무엇을 의미하는지에 달려 있다. 가족, 마을, 국가, 회사, 조직, 연애 관계 등이 그것이다. 이것들은 좌하 사분면인가, 우하 사분면인가? 각각의 경우, AQAL 매트릭스와의 관련성에 따라 달라질 수 있다. 이러한 사회적 홀론의 다수는 순환 주기 혹은 국면을 나타낸다. 하지만 모임이나 집단은 개인과 같은 방식으로 단계들을 통과하지는 않는다. 그렇지만—이것은 완전히 다른 주제이기도 하다—사회적 홀론이 무엇이든 간에, 혹은 어떤 계기의 하위 분면들이 무엇이든 간에 사회적 홀론은 그 구성원들에게 막대한 영향력을 행사한다. 이들은 실로 각 구성원의 세계-내-존재의 사회적 차원이다. 사회문화적 홀론들은 역사, 계보학, 기호학 그리고 체계를 지니고 있다. 하지만 이들의 발달은 개인의 발달과 같은 식의 단계들이 아니다. 왜냐하면 엄격한 통일성 속에서 전개되는 지배적 모나드가 존재하는 것이 아니라, 상호 작용하는 구성원들의 집합이 있을 뿐이기 때문이다. 작인agency이 아니라 연합-작인nexus-agency이며, 이 둘은 만약 단계가 있다고 한다면 반드시 같은 단계를 따르지는 않는다. 우리는 사분면의 요인들이 함께 관여함을 발견하였다. 예를 들어, 우상 사분면에서는 진화적 힘이 작용하고, 좌하 사분면에서는 언어의 발달이, 우하 사분면에서는 기술의 발달이 관여한다. 문화의 단계들은 개인 안에서도 반복되며, 인공물의 단계들은 그렇지 않다. 즉, 만약 사회가 인공물들의 다양한 발달 단계를 통과해 나아간다면, 개인은 이를 반복할 필요가 없다는 뜻이다. 만약 내가 정보화 단계에 도달한 어떤 사회 시스템에 속해 있다면, 나 자신은 수렵을 하고 그다음에는 농사를 짓고, 그다음에는 산업화를 하고, 그다음에는 정보화 시대의 컴퓨터를 활용할 필요가 없다. 이 모든 것은 AQAL과 더불어 설명이 가능하며, 단순한 단계 혹은 주기 이론으로는 그렇게 할 수 없다(AQAL은 이들에게 맥락을 부여하여 활용한다).
만약 관심이 있다면, 이러한 여러 가지 차이점들에 대해서는 www.kenwilber.com의 'Excerpts 발췌. A-E'에서 길게 파고들었다. 하지만 거기에 천착할 필요는 없다. 핵심은 개체 홀론이 통과하는 단계들이 사회적 홀론이 통과하는 단계 혹은 단계의 유형들일 필요는 없다는 점이다.

이해하기 시작할 때, '우리'가 만들어진다. 하지만 이러한 우리는 또 하나의 나I가 아니다. 줄을 하나 당겨서 자신이 원하는 대로 당신과 나를 조종할 수 있는 그런 완벽한 통제력을 지닌 나I는 존재하지 않는다.

그렇지만 우리는 분명 존재하며, 당신과 나는 함께 모여서 서로를 이해하려 할 것이며, 적어도 한순간만큼은 서로를 이해하지 않을 수 없다.

흥미롭지 않은가? 이 '우리we'의 풍부함과 복잡성은 그야말로 현기증이 날 정도이다…….

어쨌든 우리는 존재한다. 우리는 서로를 **이해할 수 있으며—당신과 나는 서로를 이해할 수 있다!** 하지만 도대체 어떻게 해야 당신이 내 마음속으로 들어오고, 나 또한 당신의 마음속에 들어가서 서로 상대방이 안 것을 자신도 알았다고 둘 다 인정할 만큼 충분히 가까워질 수 있을까? 이러한 일이 어떻게 일어나든 간에 이것은 기적, 그야말로 절대적이고 충격적이며 놀라운 기적이다.

우리는 정말로 존재한다. 만약 우리가 신God을 '우리의 연합체the nexus of we'라고 정의한다면, 바로 거기서 우리는 신이 존재한다는 증거를 발견하게 될 것이다. 하지만 우리가 통합적 결론을 내리기에 앞서 이 기적에 대해 좀 더 살펴보기로 하자.

우리의 모습과 느낌

당신이 속해 있는 어떠한 관계든지 한 번 떠올려 보라. 그 우리에 대해 상상 혹은 생각, 혹은 느껴 보라. 그리고 앞으로 이 '우리'를 계속 염두에 두기를 바란다…….

자, 다른 모든 홀론들과 마찬가지로 우리는 '우리we(혹은 문화적 홀론)'를 **안**within **으로부터, 그리고, 바깥**without**으로부터**—안쪽inside**으로부터**와 바깥쪽outside으로부터—살펴볼 수 있다.

'나'와 '우리'라는 안쪽 홀론의 안과 바깥 사이의 차이점에 대해 사고하는 놀라우리만큼 단순한 방법이 있다. 바깥쪽의 관점은 그것이 어떻게 **보이는지**looks에 대한 것이며, 안쪽의 관점은 그것이 어떻게 **느껴지는가**feels다.

바깥쪽의 관점은 일종의 **3인칭 관점**—혹은 거리를 두고 바라보는 방식이며—안쪽의 관점은 직접적인 관점 혹은 **1인칭 관점**—혹은 안으로부터 바라보는 방식이다. **구조주의**structuralism는 내면 홀론을 바깥쪽에서 바라볼 때 어떻게 보이는지에 대한 하나의 사례다—구조주의란 그것은 녹색 홀론 혹은 후인습적 윤리, 혹은 후형식적 사고, 혹은 단계 3의 도덕 구조, 혹은 파란색 가치 밈, 혹은 세계중심적 이상이다. 그리고 **현상학**은 안으로부터 어떻게 느껴지는지에 대한 하나의 사례다. 나의 즉각적인 경험, 직접적인 느낌들, 1인칭 충동, 욕망, 감각, 심상 등이 그것이다.

우리는 이미 '나'—혹은 '나의 바깥쪽outer(예를 들어, 나선 역학)과 안쪽inner(예를 들어, 선禪)' 윤곽의 일부가 어떤 모습과 느낌인지에 대해 시간을 할애하였다. **그렇다면 (1) 바깥쪽에서, 그리고 (2) 안쪽에서 바라본 우리의 모습은 어떠할까?**

기호학: 우리의 모습

바깥쪽에서 바라보면서 문화적 홀론과 언어 체계에 대한 접근법으로서의 **구조주의**가 시작되었다. 구조주의는 결국 **후기-구조주의**post-structuralism(Jacques Lacan, Jacques Derrida, Jean-Francois Lyotard, Jean Baudrillard)와 **신-구조주의**neo-structuralism(Foucault)에 자리를 내주었으며, 이 모든 것은 특히 문화적 홀론을 이해하기 위한 시도였다. 하지만 이들 사이의 상당한 차이점에도 불구하고, 우리는 이들을 구역 #4에 위치한 문화적 홀론의 외형에 대한 접근이라고 요약할 수 있다.

물론 구역들 사이에는 겹치는 부분이 상당히 크며, 우리는 어떠한 분야라도 대충 분류하고 싶지는 않을 것이다. 하지만 주로 구역 #4에 초점을 맞춘 접근들에는 **기호학**, **계보학**, **고고학**, **문자학**grammatology, **문화 연구**, **후기구조주의**, **신구조주의**가 포함되며, 이 중 아마도 가장 중요한 것은 **기호학**일 것이다. 보다 분명하고도 익숙한 예시는 기저의 규범, 인습 그리고 사회적 상호 작용의 규칙들을 다루는 **인류학**이다. 인간뿐 아니라 모든 살아 있는 생명들이 민족 혹은 사회적 집단을 지니고 있다

는 점을 감안하여 인류학을 구역 #4의 대표로 [그림 1-3]의 목록에 올렸다.[7)]

---

7) 구역 #4 접근들의 전반적인 유사성에도 불구하고, 이들에게는 중대한 차이점들이 존재한다. 기표와 기의에 대한 그들의 입장에 큰 차이가 있다. Ferdinand de Saussure에게 이 둘의 관계는 임의적인 것이지만, 일단 생겨나면 매우 긴밀해져서 깨뜨릴 수 없는 하나의 단위가 되거나 단일한 구조에 의해 묶여 있는 차이의 체계 속 기호로 자리 잡는다. 그리고 이러한 언어적 혹은 상징적 체계의 규칙, 문법, 혹은 심층 구조에 대한 탐구를 기호론semiology(Saussure) 혹은 기호학semiotics(Charas Peirce)이라고 한다. 이 두 접근의 전반적인 통합에 대해서는 나의 책『아이 오브 스피릿(The Eye of Spirit)』의 4장과 5장을 참고하라. Saussure에게 있어, 기호는 기표와 기의의 두 부분으로 이루어진 것이었으며, Peirce에게는 기호, 대상, 해석체interpretant의 세 부분으로 이루어진 것이며, AQAL에서의 기호는 기표, 기의, 의미론semantic, 구문syntax의 네 부분으로 이루어진 것이며, 각각은 몇 개의 주요 단계들로 나뉘어져 있다. 나는 편의상 기호, 기표, 기의 그리고 지시물referent만 언급하려 한다. 하지만 기호학의 AQAL적 속성을 잊지 말아야 할 것이다. 다시 한번 이와 관련된 요약은『아이 오브 스피릿』을 참고하고, 전체 설명은『온우주 3부작(The Kosmos Trilogy)』의 2권을 참고하라. Lacan, Dedrrida, Lyotard 등의 후기구조주의자들에게 있어 기표와 기의의 관계는 그다지 통합된 것이 아니다. 구조는 미끄러지는 기표들의 사슬chains of sliding signifiers로 대체되었다. 기표(상징)와 기의(의미) 사이에는 근본적인 차이가 존재하며, 이러한 차이는 보통 이데올로기/-주의로 채워진다. 가부장, 인간중심주의, 인종주의, 성차별주의 등이 그것이다. 기표와 기의 사이에는 일종의 미끄러지는 상대주의sliding relativism와 끝없는 의미의 연기延期·deferral가 존재한다(의미의 불확정성을 파악하는 데 실패한 것을 현전의 형이상학presence metaphysics이라고 부른다). 하지만 이처럼 연쇄적으로 미끄러지는 기표들은 '그라마톨로지[구역 #4의 접근법으로 1p(1인칭) × 3-p(3인칭) × 1p*pl(1인칭 복수형) 접근이다]'로 연구될 수 있다. 구역 #2과 구역 #4은 둘 다 내면 홀론에 대해 바깥에서 바라본 관점이기 때문에 서로 비슷해 보이는 것이며, 이 둘의 핵심적인 차이는 구역 #2은 1인칭 단수형의 관점을 취한다는 것, 구역 #4은 1인칭 복수형의 관점을 취한다는 데 있다.

비록 후기구조주의가 여러 가지 핵심적이고 영속적이며 보편적인 진실을 담고 있기는 하지만, 보편적 진리에 대한 맹렬한 부정은 스스로 수행적 모순에 부딪혔다. 특히 Hilary Putnam, Donald Davidson, Habermas, Karl-Otto Apel, Charles Taylor는 이에 대해 강력한 비판을 제기하였으며, 보편적 진리를 부정하는 후기구조주의의 일면은 Lyotard와 그의 미국 베이비부머 세대 "아무도 나한테 뭐라고 할 순 없어!" 추종자들—널리 인정되고 있는 것처럼 학계의 상당 부분—을 제외하고는 그다지 진지하게 받아들여지지 않았다. 아무튼 철저한 상대주의는 Derrida의 저서『입장들(Positions)』에서 초월적 기표를 인정한 것과 더불어 끝이 났다. 대화가 지속되기 위해서는 기표가 반드시 가리킬 수밖에 없는 현실이 존재한다. Derrida도 언급하였듯이, 초월적 기표가 없으면 우리는 언어를 번역할 수조차 없다. 그리고 이 지점에서 후기구조주의자들의 극단적인 입장은 끝이 났다. (하지만 맥락주의, 구성주의 그리고 무관점주의라는 그들의 매우 중요하지만 작은 일부의 진실은 남아 있으며, 이는 AQAL 속에 온전히 통합되었다(내 책『감각과 영혼의 만남(The Marriage of Sense and Soul)』을 보라).

보다 정치한 사상가인 Foucault는 그가 신구조주의를 개척할 때조차 항상 그의 뿌리를 구조주의에 두었다(그에 따라 구조주의가 지닌 여러 가지 불변의 진실들을 활용하였다). Foucault를 전반적으로 살펴보면(즉, 그의 세 가지 주요 국면들을 살펴보면), 발달적 고고학(지식/인식틀episteme), 지식/권력의 '새로운-구조neo-structure'의 계보학 그리고 이를 통과해 움직이는 자아의 연속성이 존재한다. Harbermas와 마찬가지로, 나는 Foucault가 탈근대의 탈구조주의자임에 동의하며 다른 이

해석학: 우리의 느낌

지금까지 우리의 바깥쪽(혹은 구역 #4)에 대해 간단하게 훑어보았다. 그렇다면 우리의 안쪽은 어떨까? 당신이 친구와 함께 있으면서 느낌의 공유를 경험할 때마다, 혹은 서로를 이해했다고 믿을 때마다, 혹은 눈과 눈을 마주하거나 정서를 공유할 때마다, 그러한 경험의, 생각의, 공유된 통찰의, 정서의, 느낌의 실제 질감, 그 공유된 공간에 대해 **느껴진 실제 질감**the actual felt texture은 우리의 안쪽을 보여 주는 하나의 사례다.

일반적으로, '우리'라는 것은 1인칭 단수형(나I)이 **2인칭**(너you)의 포함에 의해 **1인칭 복수형**(우리we)로 전환될 때 형성된다는 점을 상기해 보자. 즉, **나 + 너 = 우리**다(이것이 바로 AQAL이 2인칭을 '당신/우리'라고 기술하는 이유다). **바깥쪽에서 바라보면**, 우리는 구조, 규범, 규칙의 체계, **기표의 사슬**, 문법, 구문, 문자학grammatology, 기호학을 지니고 있다. 하지만 **안쪽에서 바라보면**, 이 우리는 느껴진 의미이며, **기의의 복합체**a conglomerate of signifieds이며, 구문이 아니라 의미론이고, 구조가 아니라 의미의 추구이고, 문법이 아니라 공유된 느낌과 비전, 욕망과 갈등이며, 사랑과 실망의 의무, 상호 이해와 치명적인 배신의 소용돌이이고, 당신이 삶 속에서 '중요'하다고 부르는 거의 모든 것의 오르내림이다. 이 느껴진 관계의 그물망들 말이다.

구역 #3에 온 것을 환영한다.

내가 당신을 어떻게 이해할 수 있는지, 그에 따라 당신과 내가 어떻게 우리를 형성할 수 있는지와 가장 관련이 깊은 분야는 해석의 예술이자 과학인 **해석학**hermeneutics이다. 다른 여러 가지 것들 중에서도 당신과 내가 서로를 이해하기 위해서는 우리는 소통해야만 한다. 그렇게 함으로써, 우리는 공유된 해석과 이해의 연합체를 형성할 것이다. 이러한 **연합체**(혹은 우리라는 공유된 조직체)는 작인을

들도 이를 인정할 수밖에 없을 것이다. 그의 신구조주의 또한 AQAL의 정향적 일반화 원리에 따르면 구역 #4의 원천들 중 하나다.

그렇다면 전반적으로 우리는 AQAL이 기표와 기의 그리고 지시물을 포함하며, 미끄러지는 측면(혹은 상대주의적 · 문화적-특수적)과 미끄러지지 않는(보편적) 측면 둘 다를 지니고 있음에 주목해야 할 것이다(기표와 기의의 관계에 대해선 다음의 주석을 살펴보라).

지닐 것이며(고로 **작인의 연합체**nexus-agency는 다양한 유형의 **교류의 연합체**nexus-communions를 낳을 것이다.), 따라서 그 자체로 일종의 생명력을 지니게 될 것이다(하지만 독립적인 나I 또는 그 자신을 지배하는 능력을 갖진 못할 것이다). 이 연합체는 나름의 문법, 규범, 구조 또는 일종의 패턴(구역 #4)을 지니게 될 것이며, 이러한 구조는 어떤 경우에는 그 구성원인 '나'들이 공유한 구조들로 구성될 것이다. 따라서 이 구조/문법은 앞에서 말한 것처럼, 구역 #2의 구조-단계와 유사할 것이다.[8] 하지만 다른 여러 가지 측면에서 이들은 서로 다르다. 당신과 내가 서로를 이해함에 따라, 사랑함에 따라, 증오함에 따라 형성되는 이 위대한 '우리'는 너무나도 다양한 방식으로 서로의 존재를 **자기 자신의 일부로 느끼며,** 이는 실로…….

해석학은 여러 가지 종류가 있지만, 그 본질은 바로 지금 당신이 하고 있는 바로 그것, 즉 나를 이해하려고 노력하는 바로 그것이다(물론 만약 내가 당신과 함께하고 있다면, 당신과 나는 실제 대화를 나누게 될 것이다. 하지만 이렇게 종이로 인쇄된 책 속에서도 당신은 이 단어들과 공명해야만 하고, 이 단어들은 또한 당신과 공명해야 하며, 당신의 주체 안에서 **수용**reception되어야 한다). 이러한 상호 공명의 활동—다른 한쪽은 '너'인 두 명의 "'나'들"을 우리로 전환시키는 것—이 바로 해석학이다. 물론 이 과정은 보다 객관적(또 하나의 3인칭 용어를 도입하면)으로 연구될 수 있으며, 이는 종종 해석학 분야가 하는 일이기도 하다. 하지만 해석학의 주제는 실제로 이해하는

---

8) 통합적 의미론에서 우리가 만약 쿼드리비움quadrivium · 四科을 그냥 사분면으로 설명한다면, 기표(혹은 물질적 표식)는 우상 사분면이 되고, 기의(마음에 떠오르는 것)는 좌상 사분면, 기표의 사슬 혹은 구문은 우하 사분면, 그리고 기의의 사슬 또는 의미론은 좌하 사분면이 될 것이다. 지시물은 세계 공간 내에 존재 또는 나타나며ex-ists(혹은 탄생하며), 여기서의 문화적 속성을 강조하기 위해 우리가 느슨하게 이를 좌하 사분면과 동일시하지만, 세계 공간은 엄밀하게 말하면 어떤 특정한 순간의 전체 AQAL의 배열을 의미한다(만약 우리가 여덟 가지 관점을 사용한다면, 구문은 7/4이고, 의미론은 8/3이며, 기표는 5/2, 기의는 6/1이다. 역주: [그림 1-4]를 보면 이러한 배열이 숫자로 제시되어 있다).

아마도 통합적 의미론이 집중 조명한 가장 중요한 아이디어는 발달적 기의developmental signified라는 개념, 혹은 '마음속에 떠오르는 것'이 부분적으로 그 메시지 수신자의 발달적 수준 혹은 세계 공간에 의해 결정된다는 아이디어일 것이다. 예를 들어, '신성Godhead'이라는 기표의 지시물은 자외선 수준의 세계 공간에 존재하며, 만약 어떤 사람의 의식이 그 수준까지 발달하지 않았다면 보이지 않는다(혹은 올바른 기의를 낳지 못할 것이다). 신성의 존재를 자외선 혹은 그보다 높은 수준에 도달하지 못한 이를 상대로 증명하려 노력하는 것은 시간 낭비일 뿐이다.

우리actual we of understanding다. Dilthey처럼 보다 객관주의적인 입장부터, Martin Heidegger같은 보다 주관주의적인 입장, 그리고 Hans-Georg Gadamer처럼 전일적인 입장에 이르기까지 해석학의 본질적인 주제는 이해의 활동, **주체**subjects를 **상호 주체**intersubjects로 참여시키는 활동이며, 이는 혼자서는 결코 인식할 수 없는 세계를 드러낸다.

그것은—정말?—기적이다.

상호 주체성의 세계는 주체와 객체 둘 다를 변화시킨다. 상호 주체성의 질감은 단지 주체로 존재하거나(상대적이기만 한) 객체로만 존재할 때(보편적이기만 한)는 결코 보이거나 느껴지지 않는 세계를 드러낸다. 바로 여기에 좌하 사분면의 세계, 지울 수 없는 차원이자 나의 실존의 모든 수준에서의 세계-내-존재의 필연적인 외형이며, 모든 수준에서 발생하는 현상의 4분의 1을 구성하고 있는 상호 주관성의 세계 전체가 놓여 있다. 간단히 말하자면 말이다. 하지만 우리는 이 좌하 사분면을 절대시하지도(탈근대주의자들이 그랬던 것처럼), 그 구성적 본질을 이해하는 데 실패하지도(근대주의자들이 그런 것처럼) 않을 것이다—따라서 당연히도 우리는 이 두 진영 모두에게서 어쩌면 혐오를, 적어도 오해를 받을 것이다.

우리 주변에 무지가 만연해 있다. 해석학(구역 #3)은 어떻게 구문 구조(구역 #4)가 실제로 사람들이 공유하는 느낌과 의미를 지배하는지(그리고 한계 짓는지)를 파악하지 못한다. 현상학(구역 #1)은 어떻게 구조-단계(구역 #2)가 어떤 내성적introspected 공간에서 일어날 수 있는 현상을 지배하는지에 대해서는 파악하지 못한다(좌하 사분면 자체의 구성적 본질, 즉 문화적 배경에 대해 이해하지 못함은 물론이다). 실증주의자들과 행동주의자들은 좌측 분면 전체를 무시한다(무지의 금메달감이라고나 할까?). 시스템 이론가들은 내면 분면들을 너무나 무시한 나머지 그것들을 외면의 전일적 시스템으로 환원시키려고 든다(미묘한 환원주의).

하지만 놓치기 쉬운—혹은 포착하기 어려운—모든 차원들 중에서도 상호 주관성은 분명 적어도 최고 순위를 차지할 것이다. 만약 탈근대의 탈구조주의자가 무엇보다도 이 차원을 집중 조명한 것이라면, 이것만으로도 그들의 나머지 참기 어려운 폭언들을 용서할 수 있을 정도다. 따라서 그들은 적어도 내 책에서는 용서받았다.

우리 대부분은 Martin Buber가 설한 개념인 **나**I-**당신**Thou, 즉 가장 중요한 실상은 나의 1인칭 '나'와 2인칭 '당신Thou' 사이에서, 특히 위대한 당신Great Thou으로서의 신God과의 관계 속에서 발견된다는 개념에 익숙할 것이다. 그럼 지금부터 이 좌하 사분면의 측면에 대해 간단히 살펴보기로 하자.

2인칭의 영

AQAL에서 사분면, 혹은 간단하게 빅Big 3(나, 너/우리, 그것)에는 위로도 아래로도 수준이 존재한다. 일단 어떠한 종류로든 현현顯現 · manifestation이 있고 나면, 심지어 인과의 수준에서도 일단 영Spirit 그 자신이 존재로서 현현하고 나면, 거기에는 1인칭의 영, 2인칭의 영, 3인칭의 영이 존재하게 된다.

1인칭의 영은 위대한 나, 나-나the I-I, 마하 아트만Maha-Atman, 당신 안의 위대한 주시자Witness로서의 상위심의 영Overmind-Spirit, 지금 그리고 모든 순간의 나-나다. 바로 그 주시자, 그 속에서 이 페이지가 펼쳐지고, 이 방이, 이 우주가 펼쳐지고 있다.

2인칭의 영 Spirit in 2nd-Person은 그 분 앞에서 사랑과 헌신, 희생과 놓아 버림으로 경배해야 하는 위대한 당신You, 위대한 당신Thou, 빛나는, 살아 있는, 모든 것을 주는 신God이다. 2인칭 영의 면전에서, 오직 사랑인 신의 면전에서, 나는 오직 한 가지 응답밖에 가질 수 없다. 지금 이 순간의 신을 찾고자 한다면, 상처받을 때까지 사랑하리라, 무한히 사랑하리라, 어디에도 내가 남지 않을 만큼 사랑하리라, 모든 영광, 선, 지식, 은총을 주시는 살아서 빛나는 당신만이 남게 하리라. 그리고 타인에게 고통을 가져다줄 수밖에 없는 나의 존재에 깊은 용서를 구하오니, 이 순간 당신, 신의 사랑이 나를 해방시키고, 용서하고, 치유하고 온전하게 하리라. 하지만 그것은 내가 존재의 핵심 안에 나를 맡기고, 사랑과 헌신, 돌봄과 의식을 통해서 위축된 자아를 놓아 버렸을 때, 그리고 위대한 신 혹은 여신이라 불리는, 지금 그리고 여기의 언제나 빛나는, 언제나 나보다 큰 당신의 존재Thou-ness에 승복했을 때 가능한 것일지니, 이는 '나I'와 '나를me'과 '나의mine'를 넘어선, 그 모든 자아를 넘어선 지금 이 순간의 심오함을 드러내는 것이며, 지금 이 순간 당신의 존재에 의해 주어지는 것이리라. 하지만 이 또한 내가 이 순간 위대한-당신이라는 존재에 대한 사랑과 헌신에 자신을 깊게, 뿌리까지 맡겼을 때 가능한 것이리라. 바로 지금 **나와 마주하고 있는** 이 위대한 신/여신, 바로 지금 **나에게 말하고 있는** 그것, 성스러운 우리 안에서 당신Thou과의 친교를 통해 그/그녀를 **드러내는** 그것이야말로 2인칭의 영이리라.

3인칭의 영은 위대한 그것, 혹은 위대한 시스템, 혹은 위대한 생명의-그물망, 존재 그 자체의 위대한 완전성, 존재자Is-ness, 진여眞如 Thusness, 바로 지금 이 순간의 여여如如함이다. 영은 이 거대한 비인격적 진화 시스템으로, 위대한 연동聯動 질서로, 존재의 위대한 홀라키로, 상호 연결된 계와 수준과 영역과 질서의 홀라키로서 3인칭으로 자신을 드러내며, 이는 먼지부터 신에 이르기까지, 흙에서 신성에 이르기까지 걸쳐 있는 지금 이 순간 펼쳐지는 여여함의 위대한 완전성, 바로 이것이다. 이 모든 개념들은 3인칭의 개념, 혹은 3인칭으로 나타난 영이다.

많은 사람이 영의 세 얼굴 중 이 모습에 편안해하지만 나머지 다른 얼굴들을 인정하는 데 어려움을 겪는다. 물론 신학 전통은 2인칭의 영에 매우 편안해 하지만, 종종 1인칭의 영으로 존재하는 지금 이 순간의 차원을 느끼거나 위대한 나-나를 자각하는 데 상당한 어려움을 겪는다. 그리고 물론 나사렛 예수부터 Al-Hallaj, Giordano Bruno(극히 일부만 칭하자면)에 이르기까지 누군가 1인칭의 영을 깨달았다고 선언하자마자, 그들은 십자가에 못 박히고, 교수형을 당하거나, 화형을 당해 왔다. ("당신들은 어째서 나에게 돌을 던지는가? 잘못한 일에 대한 것인가?" "아니, 잘못한 일에 대한 것이 아니다. 바로 당신, 당신이라는 존재가 스스로를 신이라 밝혔기 때문이다.")

오늘날 '새로운 패러다임'류의 영적 움직임들에서 우리는 보통 정반대의 문제점을 보게 된다. **2인칭 영의 완전한 상실**이 그것이다. 그 대신 우리가 발견한 것은 가이아, 생명의-그물망, 시스템 이론, 아카식 장akashic fields, 카오스 이론 등과 같이 3인칭 형태로 존재하는 영에 대한 방대한 묘사다. 이는 수행법이 존재하는 1인칭 형태의 영과 결부되어 있는 문제다. 명상, 관상기도, 빅 마인드Big Mind, 대아大我 · Big Self · Big Me가 그것이다. 하지만 여기에도 맡김과 헌신만이 유일한 응답인 위대한 당신이라는 개념은 존재하지 않는다.

2인칭 영의 억압은 더도 덜도 아닌 영의 억압에 불과하다. 영의 세 얼굴 모두가 그저 가장 심오한 무형상의 참자아Self가 지닌 얼굴들, 혹은 가장 처음 현현한 태초의Primordial 참자아Self/영Spirit의 세 얼굴이라는 것을 기억하라. 사분면, 혹은 간단하게는 빅Big 3(나, 우리/당신, 그것)는 당신이라는 아직 현현하지 않은 태초의 참자아의 세계-내-존재의 세 가지 근원적인 차원들이다. 줄이자면, 2인칭으로 존재하는 당신 자신의 영을 인정하지 못하는 것은 당신이라는 세계-내-존재 그 자체의 차원을 억압하는 것이다.

오늘날의 미국에서 위대한 당신에 대한 억압은 종종 베이비 붐 세대와 그 자녀들 boomeritis[9)]과 관련되어 있다. 위대한 생명의-그물망처럼 영에 대한 3인칭 개념을 강조하든지, 아니면 빅 마인드 혹은 큰 참자아처럼 영에 대한 1인칭 개념을 강조함으로써 그 '나'가 마땅히 경배하고 승복해야 할 그 무엇도 앞에 남지 않는다. 에고는 사실상 1인칭과 3인칭 접근 뒤로 숨을 수 있게 되었다. 나I는 그저, 나I에서 나I-나I로 움직였을 뿐이다. 당신에게 나를 내맡길 필요가 없이 말이다.

2인칭 영은 위대한 평형자leveler이자, 위대한 에고 킬러이며, 그 앞에서 에고는 공Emptiness을 향해 겸허해진다. 위빠사나, 선, 지관타좌只管打座[10)], 베단타, 초월명상은 나보다 큰 무언가와 나의 안쪽이 직면하지 않으며, 오직 나의 보다 높은 수준과만 만날 뿐이다. 하지만 당신이라는 보다 높은 수준이 없이는—사분면은 위로도 쭉 뻗어 있다! 나임I-ness과 1인칭의 명은 1인칭의 다양한, 미묘한 혹은 그다지 미묘하지 않은 변주에 머물 뿐이다.[11)] 이것이 바로 1인칭 접근만 고수하는 것이 종종 깊숙이 자리 잡은 거만함에 머무는 이유다.

---

9) 역주: 본서의 5장에서 다루고 있듯이, Wilber의 소설 제목으로 근대의 자유주의, 평등적 세계관과 나르시시즘의 치명적 결합이라는 특성을 지닌 미국 베이비 붐 세대와 그 자녀들을 통칭하는 신조어다.

10) 역주: 한결같이 좌선함(『시공 불교사전』). 앉아 있는 모습 그대로가 좌선이고, 좌선 그대로가 깨우침의 현성으로 간주된다(『선불교의 수행법』).

11) 이것이 범주상, 미국 불교가 당면한 이러한 문제를 해결하는 데 도움을 주기 위해 우리와 함께 일하고 있는 통합 기구(역주: Wilber의 사상에 동참하는 각계각층의 전문가들이 모인 조직)의 귀중한 멤버인 겐포Genpo 노사老師를 언급한 것이 아니라는 점을 언급하고 싶다(그의 빅 마인드 과정을 두고 하는 이야기도 아니다).

어째서 그토록 많은 사람이 대학에 진학해서 오렌지색 수준과 녹색 수준의 세계관으로 전환되었을 때, 신화-호박색 수준의 신을 버렸는지는 이해할 만도 하다. 하지만 그들은 신화적 수준의 신을 버리되, 2인칭의 영을 버려서는 안 됐다! 대신에 청록색 수준의 신, 남색 수준의 신, 쭉 올라가 자외선 수준의 신을 찾아야 한다. 이는 자외선 수준의 나-나와 법계法界 · Dharmadhatu(실재 영역)의 위대한 그것Great It과 더불어 있는 영의 2인칭 얼굴인 위대한 당신Great Thou일지니. 이것들은 형상의 세계에 현현한 당신 자신인 무형상의 태초의 영이 지닌 세 가지 모습이며, 이들 중 어느 하나라도 억압하는 것은 당신 자신의 심오한 본모습을 억누르는 것이다.

베이비 붐 세대와 이러한 억압의 연관성은 툴쿠[12)]가 다음에 언급한 것처럼, 여러 번 드러났다. 그는 사실 티베트 불교의 핵심에 헌신이 자리 잡고 있음을 지적하였다. 그렇지만 서구의 불자들은 중대한 실수를 저질렀는데, 그들은 빅 마인드(1인칭)로서의 영과 다르마 가이아Dharma Gaia로서의 영을 가리키는 불교의 일부만 받아들이면서도 헌신의 영은 받아들이지 않았다. 그렇다면 언젠가 서구인들이 불교에 관심을 가지게 되었을 때, 그들은 헌신의 수행을 해야 하는 것에 대해 실망할 수도 있다. 그들은 이런 식으로 말한다. "이것은 우리가 남겨 두고 떠나려 했던 것이야. '우리 바깥의 보다 높은 권위자를 향해 기도하는 것' 말이지. 헌신으로부터 달아났는데, 그다음 코너를 도니 또 다시 신앙과 기도와 마주치게 되다니, 참으로 재미있는 상황 아닌가!"

이것은 매우 간단한 문제다. 영의 세 얼굴과 관련된 핵심은 이들 모두가 바로 이 순간의 차원들로서, 사분면의 영으로서, 위로도, 아래로도, 필수적이라는 것이다.

(통합 기구Integral Institute에서 우리는 사람들이 우리의 가장 심오한 영의 세 가지 차원 모두를 통과하도록 돕기 위해 고안된 일련의 명상 유도법을 개발했으며, 이를 **신의 1-2-3**이라고 부른다. 만약 관심이 있다면, www.integrallife.com, ILP Starter Kit을 확인해 보라. 또한 Sounds True에서 나온 CD 〈신의 1-2-3(The One Two Three of God)〉을 참고할 수도 있을 것이다).

12) 역주: Tulku, 티베트 불교에서 이미 깨달았으나 중생 구제를 위해 인간 세계에 환생한 승려를 일컫는 말

탈근대의 혁명은 아직 보이지 않는데……

상호 주관성에 대한 무지—만약 우리가 전반적으로 좌하 사분면으로 돌아갈 수 있다면—는 놀라우리만큼 방대한 인식론들에서조차 발견될 수 있으며, 그들의 중요한 공헌을 받아들이면서도 탈근대주의자들에 의해 단번에 묵살되게 만들 수도 있다. 다음 장에서 우리는 Edgar Morin, Michael Murphy, Chopra, Varela, Margaret Wheatly, Laszlo, Rupert Sheldrake 등과 관련된 목록들을 살펴볼 것이다. 그리고 안타깝게도 그 목록에는 끝이 없다. 비극은 상호 주관성에 대한 무지가 너무도 쉽게 통합적 틀 구조와 더불어 바로잡아질 수 있다는 점이다…….

도대체 상호 주관성의 무엇이 그것을 알아차리기 어렵게 만드는 것일까? 우리의 안쪽은 느껴질 수 있지만, 우리의 바깥쪽은 거리를 두고 바라보아야 한다. 시간이 흘러 그 중요성과 구조를 파악하려면 말이다. 구역 #2을 파악하기 어렵게 만드는 바로 그것이 구역 #4을 파악하기 어렵게 만든다. 그것은 내성introspection, 관상기도, 느낌, 혹은 명상으로도 보이지 않는다—그것은 아무리 오래 들여다봐도, 안within으로부터만 보일 수 있다.

구역 #2과 구역 #4의 방법론 없이는 우리의 세계-내-존재의 전체 차원은 말 그대로 우리 현존의 전 수준에서, 우리 자신에 대한 무지의 밤 속으로 소리 없이 빠져들게 된다. 구역 #2과 구역 #4의 발견은 서구의 근대와 탈근대의 놀랍도록 중대한 공헌이다.

이것이 바로 우리라 불리는 것이다. 당신과 나 사이뿐 아니라, 지금 이 순간 가장 높은 나와 가장 높은 당신 사이 말이다. 만약 할 수만 있다면, 나는 이 장을 2인칭의 영의 한 가지 버전에 대한 명상으로 마무리 짓고 싶다. 이는 내가 『혼의 눈(Eyes of the Soul)』이라 불리는 책을 위해 쓴 서문의 일부다. 이는 아마도 내가 이 주제에 대해 말할 수 있는 그 무엇보다도 더 잘 어울릴 것이다.

나는 평범한 월요일 아침에 평범한 키보드로 평범한 단어들을 두드리고 있다. 서서히 나는 나를 둘러싼 아침 공기와 분위기 속에서 비범한 무언가를 감지하기 시작한다. 부드럽고 믿을 수 없이 미세한 빗방울의 점멸, 먼지의 황금빛 반짝거림, 무언가를 동경하는 듯 흩뿌려져 사방에서 빛나는 안개. 내가 바라보는 모든 방향에서 생기를 부여하는 몽환적인 백금의 고요한 소란 속에서 이 세계는 빗방울 하나하나에도 고동치는 영혼과 더불어 살아난다. 그와 더불어 작은 문이 열리며, 이 모든 작은 틈으로 나의 마음뿐 아니라 혼에도 서서히 스며드는 빛나는 무한을 향해 나아간다. 나의 가슴은 그 광휘로 채워져 있으니 그로부터 기꺼이 빛이 새어 나와 세상을 향한다. 각각을 경이로 접촉하게 하는 고통스러우리만큼 찬란하고 황홀한 지복, 사랑을 향한 갈망과 부드러운 포옹에 의한 경외의 눈물, 반짝거리는 각각의 빗방울은 나를 향해 손을 뻗는 숨겨진 영혼이다. 갑자기 신과 여신이 합작한 불협화음의 소리가 최대한도로 울리고, 나를 바라보고, 나를 부르며, 나로 하여금 더욱 더 크게, 더 크게 소리 지르게 만든다. 천둥 같은 소리가 울리니 나로부터 그들로 나아가고, 마침내 느닷없이, 감당하기 어려우리만큼, 우리는 모두 한 목소리로 외치고, 노래하고, 울부짖기 시작하니, '주여, 이것이 무슨 소리입니까?' '무슨 천둥 같은 소리입니까?' 하고 우리는 모두 흐느끼며 외치고 있다. 지금 이 순간 영 그 자체의 맨얼굴, 이토록 간단하지 아니하던가? 이제 어떤 식으로든 결코 개정될 수 없는 완전한 계시록이지 않은가?

그리고 이와 더불어, 그 모든 것의 완전한 명백함과 더불어, 비는 갑자기 멈추었다. 나는 이 평범한 월요일 아침에 평범한 키보드 위에서 평범한 단어를 치고 있다.

하지만 그때 왠지, 조금은 이 세상이 결코 예전과 같지 않으리니.

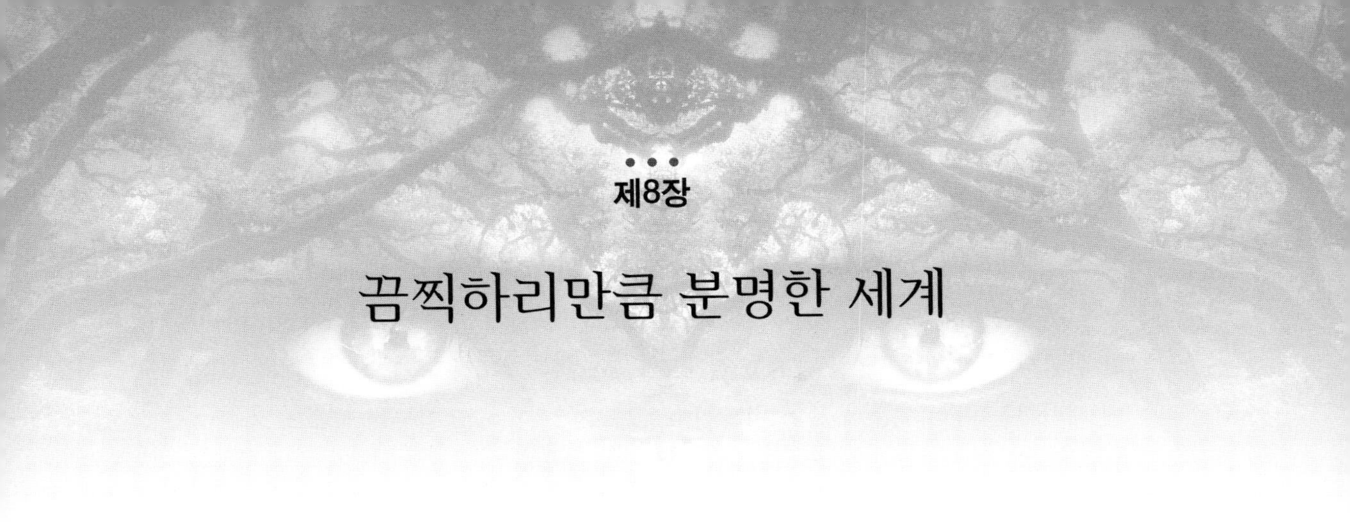

제8장

끔찍하리만큼 분명한 세계

우측 사분면의 세계

우리는 우측(외면) 사분면과 그들이 근대와 탈근대의 세계에서 영과 맺는 관계에 대해 간단히 언급하면서 전반적인 통합적Integral 훑어보기를 마무리 지었다. 이 책이 특히 좌측 사분면의 내면에 초점을 맞춘 만큼, 나는 우측 사분면에 대해서는 여러 가지 세부 사항을 파고들지 않을 것이다. 그러니 부디 고도로 추상적인 요약을 할 수밖에 없음을 양해해 달라.

우리는 우상 사분면, 혹은 객관적 유기체에 대한 연구로 시작하여 우하 사분면 혹은 객관적 유기체 집단에 대한 연구로 나아갈 수 있다. 우상 사분면에서 객체objective 또는 '그것-유기체'는 안within 혹은 바깥without으로부터 보일 수 있으며, 이를 우리는 각각 구역 #5과 구역 #6이라고 간단히 명명하였다. 일단 역순으로, 외면 유기체에 대한 바깥쪽 관점으로부터 시작해 보자.

구역 #6: 행동주의와 실증주의, 예를 들자면

유기체에 대한 **구역 #6의 접근**은 가장 흔한 것이며(3인칭 × 3인칭 × 3인칭), 일반적으로 '순진한 경험주의naive empiricism'라는 경멸적인 용어가 주어졌다. 어떤 것에 대한 삼중의 추상화된 3인칭 관점이 실제로도 '순진한' 것이라고 불릴 수 있다는 사실에 개탄하는 바로 그들이 붙인 이름이며, 그들은 이 용어를 일종의 학문적 지위 강등의 수단으로 활용한다. 외면 대상에 대한 바깥쪽의 관점은 Thomas Nagel이 멋지게 칭한 것처럼 '입장이 없는 관점view from nowhere'이며, 이 역시 또 하나의 약간의 평가 절하다. 하지만 이것은 사실 완전히 입장이 없는 관점이 아니며, 그저 3인칭 관점을 취하고, 취하고, 또 취한 나머지, 이 접근에 남아 있는 1인칭 현실의 분량이 하나도 남지 않은 것처럼 보일 뿐이다. 또 다른 평가 절하들에는 과학적 유물론, 정신이 빠진 행동주의, 그리고 독백적 실증주의가 포함되어 있다. (우리는 곧 어째서 '독백적'이 모든 탈근대주의자들에게 있어 평가 절하인지를 살펴볼 것이다. '독백적'이라는 말은 기본적으로 '단일mono-주체subjective'를 뜻하고, 이는 '상호inter-주체subjective'를 **무시**한다는 것을 의미하며, 이는 매우 나쁜 일이다. 여기에 통합주의integralism 역시 동의하는 바다).

우리는 내면 혹은 좌측의 실상에 대해 이미 많은 시간을 할애하였으며, 앞에서 언급한 순진한 입장을 취한 사람들이 내면의 현실이 실재함을 받아들이지 않는다는 점을 다시 한번 상기할 필요가 있다. '과학적 물질주의'의 세계관은 우상 사분면을 실재하는 유일한 분면으로 취하며, 마치 우상 사분면의 대상만이 유일한 구성물인 것처럼 이 우주를 설명하려는 시도를 지속하고 있다. 인간 의식과 영성에 대한 이러한 의심스러운 동종요법식 물타기는 부유하는 먼지로만 이루어진 우주만 남겨 놓으며 굉장히 별난 일처럼 보이겠지만(사실 그렇기도 하고) 그것이 내 잘못은 아니다.

이쪽 분면과 관련하여 우리가 저지를 수 있는 두 가지 실수가 있다. 하나는 그것을 절대화하는 것이고, 다른 하나는 그것을 부정하는 것이다. 근대는 전자를, 탈근대는 후자를 저질렀다.

AQAL의 입장의 핵심은 좌측과 우측 모두 똑같이 실재하고 똑같이 중요하다는 점이다. 의식 사건은 좌상 사분면에서 일어나지만, 그것들은 우상 사분면의 상관물을 지닌다(사분면 전체에 걸쳐 상관물을 갖지만, 일단 개인에만 초점을 맞추도록 하자). 모든 **의식의 상태**(모든 **명상 상태**를 포함)는 그에 상응하는 **뇌의 상태**를 지닌다. 예를 들어, 의식의 상태와 뇌의 상태는 함께 일어나며, 둘 다 동일한 계기의 실재하는 차원이며, 다른 한쪽으로 환원될 수 없다.

문제는 대부분의 관습적인 과학적 접근법들이 우상 사분면을 절대시한 나머지 내면(좌상 사분면) 현실을 기껏해야 '부수-현상epi-phenomena' 혹은 물질계(예를 들면, 뇌)라는 진짜 현실의 이차적 산물인 것처럼 무시한다는 점이다. 이러한 접근은 눈이 눈물을 만들 듯이, 뇌가 생각을 만든다고 주장한다. 하지만 뇌가 생각을 만들어 내는 것이 아니다. 그저 한쪽에서 바라보았을 때(1인칭 × 1인칭) 생각(혹은 마음)처럼 보이는 무언가가 존재하는 계기가 있을 뿐이며, 마찬가지로 또 다른 한쪽에서 바라보았을 때(3인칭 × 3인칭), 뇌처럼 보이는 무언가가 존재하는 계기가 있을 뿐이다. 하지만 생각은 뇌로 환원될 수 없고(유물론) 뇌 역시 생각으로 환원될 수 없으며(관념론), 이것이 동일성의 문제인 것도 아니다[오히려, 이것은 사중(四重)-상호 작용의 문제다]. 하지만 말할 필요도 없이 이것은 또 하나의 난제이기 때문에 여기서 굳이 다룰 필요는 없을 듯하다(이 문제에 대해서는 내 책『통합 심리학(Integral Psychology)』의 14장 '의식 연구의 1-2-3'과, 특히 '마음-몸 문제'라는 제목이 붙은 절을 살펴보라).

핵심은 우상 사분면 두뇌의 생리학과 상태에 대한 연구가 특히 관상기도나 명상을 통해 유도되는 상태와 관련해서 통합적 의제integral agenda의 매우 중요한 항목이라는 점에 있다. 이러한 현상을 다른 분면에서 일어나는 현상과 짝짓는 것은 매우 훌륭한 일이며, 우리는 이를 **동시 추적**simul-tracking이라고 부른다. 초기의 동시 추적 연구(적어도 개인 분면에서 이루어진)는 Robert Keith Wallace에 의해 처음으로 진지하게 수행되었으며, 1970년『사이언스』저널에 실렸다. 이 연구는 명상이 구별되는 생리적 지표를 지닌 의식의 네 번째, 구별되는 상태를 포함한다고 언급하였다. **좌상 사분면의 의식**에 대한 **우상 사분면의 연구**는 초기에 충격적인 반향을 일으켰

다: 명상은 진짜야! 아마 영Spirit도 실재할 거야! 당신은 그것을 생리적으로 측정할 수 있어!

Richard Davidson과 여타의 연구자들도 의식의 좌상 사분면 **상태**(명상을 포함하는)와 관련된 우상 사분면의 두뇌 **상태**에 대한 이 중요한 연구를 지속하였다. 하지만 이 특정 연구 분야에서 아직 **의식의 단계**는 주목받지 못하고 있다. 아마도 이 연구가 불교와 구역 #1의 접근법과만 결합하여 이루어진 것이기 때문일 수도 있다. 어쨌든 미래에는 그동안 주목받지 못했던 구역들도 연구 계획에 포함되기를 바란다.

불행히도, 현 시대의 과학 문화에 의해 이 연구가 어떻게 해석될지를 고려하면 두려워하지 않을 수 없다. 과학적 유물론은 이 연구를 산 채로 먹어 치웠다. 영은 뇌에 불과하다! **신은 뇌의 상태로 환원된다**는 것이 오늘날 이 연구의 가장 흔한 결론이다. 슬프게도 말이다. 유기체 안에서, 이번에는 우리의 두뇌 안에서 신의 스폿God-spot(새로운 G-spot!)이 존재한다니. 이 신의 스폿을 간질이면 뇌가 장전한 탄약을 발사하면서 초자연적인 오르가즘을 얻게 될 것이다. 하지만 이런 것은 과학적 유물론이 주장하는 것이다. 명상이 하는 일은 물질 두뇌의 특정 영역을 활성화시키는 것이 전부다. 명상은 유기체 바깥에 존재하는 무언가에 대한 그 어떤 통찰도 제공하지 않고 그저 두뇌의 어떤 지점을 밝힐 뿐이다. 예를 들자면, 자아 경계를 흐릿하게 하거나 없애고 인지적 기능을 상실시키거나 감소시켜서 세계와의 '하나 됨'이라는 주관적 감각이 발생하게끔 만든다는 식이다.

간단히 말해, 과학적 유물론은 이러한 연구를 영이 실재한다는 증거로 삼는 것이 아니라 정확히 그 반대다. 영적 실재가 두뇌의 생리에 불과하며, 그 빌어먹을 신의 스폿이 활성화된 것에 불과하다는 증거로 삼는다. 신성이 도파민으로 환원되자 모든 이가 안도했다. 그리고 다시 한번 특정 분면이 절대시되었다…….

이 우상 사분면 접근과 관련된 남용과 환원주의와는 거리를 둔 채, 통합적 접근은 우상 사분면을 취하면서 그와 관련된 현상을 매우 진지하게 받아들인다. 의식 연구와 관련하여 구역 #6과 관련된 분야에는 **신경생리학, 뇌생화학, 유전 연구, 뇌파, 뇌-상태 연구**(EEG, fMRI, PET 등) 그리고 **진화 생물학**이 포함된다. 이 현상은, 그리고 AQAL과의 연관성은 매우 중요하며 진지하게 탐구될 만한 가치가 충분하다.

두뇌의 상태(우상)와 마음의 상태(좌상)

이 주제와 관련해서는 많은 시간을 할애하고 싶지 않다(왜냐하면 상대적으로 이것은 정말 단순한 문제이기 때문이다). 하지만 다양한 두뇌의 상태(뇌파 패턴, PET 분포, fMRI 패턴)에 대한 연구가 서서히, 그렇지만 분명히 마음 혹은 의식 상태(좌상)에 상응하는 다양한 두뇌의 지표(또는 우상 사분면의 물질-에너지적 지문)를 도출해 내고 있음에 주목할 필요가 있다. 우리는 이러한 지표의 명상적 혹은 영적 형태에 대해 약간은 익살스럽게 신의 스폿이라고 불렀다. 최초의 상관물 연구는 뇌파 패턴과 의식 상태에 초점이 맞춰졌다. 〈표 8-1〉은 이러한 유형의 연구에 대한 전반적인 요약을 제시하고 있다. 보다 최근의 연구는 기능적 자기공명영상fMRI(functional MRI), **양전자 방출 단층촬영**Positron Emission Tomography: PET에 초점을 맞추고 있다.

〈표 8-1〉 몇몇 일반적인 마음 상태와 관련된 두뇌의 상태 지표

마음의 상태 (좌상 사분면 또는 의식의 상태)	두뇌의 상태 (우상 사분면 또는 생리적 상태)
깊은 수면	델타파(1-4Hz)
꿈꾸는	쎄타파(4-7Hz)
최면	알파파(8-13Hz)
일상	베타파(13-30Hz)
명상	느린 알파/세타파
관상기도	느린 알파/세타 + 베타 & 델타

최종적인 지표가 무엇으로 밝혀지든 간에(수십 가지, 심지어 수백 가지가 있을 수도 있다), 이 두뇌의 상태들이 일반적인 의식 상태(좌상)의 상관물일 뿐만 아니라, 윌버-콤즈Wilber-Combs 격자나 Brown이 언급한 훈련된 명상 상태-단계들 같은 항목에 대한 우상 사분면의 상관물이기도 하다는 점을 이해할 필요가 있다. 일단 이러한 초기의 연구 프로그램들이 일반적인 지표들을 해명하고 나면, 예를 들어 초급부터 중급, 고급 수준까지 이르는 명상과 관상기도 수련자 집단들의 상태-단계들에 대

해 좌상 사분면의 사건에 대한 우상 사분면의 지표들을 동시 추적하는 보다 광범위한 연구들이 진행될 수도 있을 것이다(아마도 0~20년, 혹은 그보다 더 길게 시간을 잡아야 할 것이다).

그러나 내가 여기서 강조하려는 유일한 것은 AQAL이 이런 연구를 위해 여지를 주고, 격려해 줄 뿐만 아니라, 뇌 상태와 마음의 상태 그리고 이들 서로 간의 관계를 설명하는 비환원주의적인 틀 구조와 이론(그리고 그들의 간間 주관적 배경도)도 갖고 있다는 것이다. 이 뇌 연구가 지속되고 가속화되기까지 함에 따라, 이러한 메타이론과 틀 구조는—AQAL 혹은 다른 것들이 그것을 좋아하는가에 상관없이—점차적으로 자료의 과잉에 대한 이해가 필요해질 것인데, 왜냐하면 정보란 그 자체로는 의미가 없기 때문이다.

신은 실재하는가

이러한 질문이 올라왔다면, 짧게나마 파고들어 가 보자. 영적 실재와 관련해서 당신이 명상을 통해 합일의 상태에 머물 때, 신의 스폿(혹은 추적되는 여타의 두뇌 상관물들)에 불이 들어온다는 사실은 그 상태의 **지시물**이 갖는 존재론적 지위에 대해서는 전혀 **아무것도** 설명해 주지 않는다. 두뇌의 그 어떤 신의 스폿 활동이라 하더라도, 명상 상태의 **상관물**이지 **내용**이 아니다. 내가 사과를 바라볼 때, 그러한 지각과 관련된 두뇌의 영역에 불이 들어오겠지만, 그렇다고 우리는 사과가 뇌 안에만 존재한다고 가정하지 않는다. 그렇다면 우리가 마찬가지로 관련된 두뇌의 영역에 불이 들어온다고 해서 신이 오로지 뇌 안에 존재할 뿐이라고 가정해야 할 이유는 무엇인가?

의식의 상태나 단계가 좌상 사분면에서 활성화되면, 우상 사분면에도 그에 상응하는 두뇌 상태가 존재한다. 의식(좌상) 그 자체는 종종 **지시물**referents을 가리키는 **기호**signs를 지닌다. 이러한 지시물들의 **존재론적 지위**는 다양한 방식으로 결정되는데, 가장 흔한 것은 집단의 현실 검증이다. 예를 들어, 내가 우리 집 개 아이작을 바라볼 때, 이 또한 나의 뇌의 특정 영역에 불이 들어오게 할 것이다. 즉, 좌상 사분면 의식 상태가 일어나는 동안, 동시에 발생하는 우상 사분면-두뇌 상태가 존재하는 것이다. (각각의 사건은 사분면 전체에서 상관물을 지닌다). 내가 우리 집 개가 여기에 있다는 사실을 전달하고자 한다면, 이렇게 말할 것이다. "여기 와서 우리 집 개 아이작 좀 보세요." 여기에는 네 가지 것들이 연관되어 있다. 기호, 기표, 기의 그리고 지시물이 그것이다.

'개'와 '아이작'이라는 실제 단어들은 기표와 기의로 구성된 **기호**다. **기표**記標 · signifiers는 물리적 단어 혹은 소리다. '개'와 '아이작'. 당신이 '개'라는 단어를 듣거나 보았을 때 마음에 떠오르는 것은 **기의**記意 · signified다. 그리고 실제로 개 아이작은 **지시물**指示物 · referent이다. 만약 당신이 다가와서 살펴보면 아이작을 볼 것이며, 우리는 일반적으로 아이작이라는 지시물이 실재하며 상상이나 환각의 산물이 아니라고 가정할 것이다. 그렇다면 이러한 경우, 기표 '아이작'은 실재 지시물을 지닌다.

자, 만약 내가 내 친구에게 "너는 샐리가 나를 사랑한다고 생각하니?"라고 묻는다고 치자. 이러한 기표는 매우 단순해 보이지만, 사실 그와 관련된 현실을 보는 3인칭 관점을 취할 수 있는 능력과 연관되어 있다. 이러한 기호의 **지시물**이 **오직** 오렌지색 혹은 그 이상의 **세계 공간에만 존재한다고 해 보자.** 당신은 그 수준에 도달하기 전까진, 심지어 그와 관련된 감각운동적 단어와 물질 몸을 볼 수 있다고 하더라도 문장의 의미를 알 수 없다. 따라서 당신이 이 문장의 **기표**를 듣고 볼 수 있다 하더라도, 당신은 정확한 **기의**를 파악할 수 없으며, 따라서 실재 **지시물**도 알 수 없는 것이다. 단어를 보기는 하는데, 그 의미는 '이해 불가'이며 나는 그냥 그 지시물이 전혀 존재하지 않는다고 가정할 것이다. 왜냐하면 내가 바라보는 그 무언가가 어디에 존재하는지 도무지 증거를 찾을 수 없기 때문이다.

발달론자들은 오래전부터 이를 알아 왔다. 저 바깥에 모든 사람이 바라보기를 기다리며 놓여 있는 이미 주어진 단일한 세계는 존재하지 않는다. 서로 다른 현상학적 세계(실제 세계)는 의식 발달의 각 수준과 더불어 존재하게 된다. 예를 들어, 시스템 이론은 청록색 수준에서 존재하게 되며, 오렌지색(혹은 그 이하) 수준에서는 보이지 않는다. 전 지구적 시스템은 그저 '이해 불가'일 뿐이다. 따라서 '전 지구적으로 상호 작용하는 시스템'이라는 기표는 청록색 수준에 도달하기 전까지는 실재로서 나타나지 않으며, 청록색 수준에서야 올바른 기의가 떠올려지고 실재 지시물이 보이며 이해가 된다.

이것이 바로 구조주의(그리고 후기구조주의)가 인식론의 '구성주의' 혁명 전반에 걸쳐 핵심에 자리 잡고 있는 이유다. 저 바깥에 보이기를 기다리며 놓여 있는 '순진한 경험주의'의 세계는 존재하지 않는다. 순진한 경험주의 그 자체도 오렌지색 수준까지는 존재하지 않는다! 지각과 공동-창조를 수행하는 의식의 구조에 의해 서로 다른 단어들이 탄생한다. AQAL에서 이러한 '함께-구축하는 구조con-structing structures'는 사분면 전체에 닻을 내리고 있기 때문에(우측 사분면 혹은 '객관적' 사분면들도 포함한다.), 모든 실재가 '사회적으로 구성'되었다는 극단적인 주장으로 퇴보하지는 않는다. 어찌 되었든 핵심적인 사실은 이렇게 남아 있다. "**모든 기표의 지시물은 오직 특정한 발달 단계와 상태들에서만 존재한다.**"

그럼 이제 '신' '공空 · Emptiness' 그리고 '무상삼매(無想三昧, 산스크리트어: nirvikalpa samādhi)'를 살펴보자. 이들의 지시물은 '실재'하는 것일까? 이것들은 존재하는 것일까? 이에 대한 유일한 답은 다음과 같다. **이 문장이 가리키는 그 단계 혹은 상태 속으로 들어가 보고 나서 직접 찾아보라.** 만약 당신이 이러한 기표를 쓴 저자와 동일한 상태/단계에 머물지 못한다면, 결코 올바른 의미를 파악하지 못할 것이며, 따라서 실재 지시물도 볼 수 없을 것이다. 말 그대로 '이해 불가'다.

한편, 원인적 상태causal state를 자각한 사람들은 '공'이라는 기표가 실재 지시물을 가진다는 결론에 사실상 만장일치로 동의할 것이다. 마찬가지로, 비이원적 상태를 안정적으로 자각하는 이들의 결론은 '신성Godhead'이라는 기표가 실재 지시물을 가진다는 결론을 내릴 것이다. 이러한 경우, 두뇌의 신의 스폿에 불이 들어오면서 당신은 두뇌의 다른 부분을 활성화시키는 사과만큼이나 실재하는 무언가를 보게 될 것이다.

하지만 상태와 단계에 대한 올바른 훈련 없이는 '신성' '무상삼매' '불성' '그리스도-의식' '무속성 브라흐만nirguna-Brahman' '메타노이아metanoia(역주: 기독교의 회개)'는 전부 외계어로 남아서 당신에게 아무런 실재 지시물이나 의미를 지니지 못하게 할 것이다. 이러한 경우, 어떤 명상가가 신의 스폿G-spot을 활성화시켰을 때 당신은 그들이 보는 것을 볼 수 없을 것이고, 따라서 그것이 전부 "그냥 뇌 속에서 일어나는 일일 뿐이야."라고 가정할 수밖에 없을 것이다.

어처구니없는 일이다. 그 와중에 두뇌-상태에 관한 연구들은 현상에 대한 과학적 유물론의 관점으로 빠르게 빠져들고 있으며, 불행히도 영성을 돕기보다는 오히려 해치는 결과를 낳고 있다. 그럼에도 이러한 연구는 절대적으로 필요한 것이며 계속 진행되어야 함이 분명하다.

사분면적 관점은 우리가 우상 사분면에서 이루어지는 매우 중요한 두뇌 연구를 포함하면서도 모든 현실 검증 과정에서의 근본적인 원칙을 이해해야 한다는 점을 인정하게끔 해 준다. 만약 내가 무언가가 **실재**하는지를 알고 싶다면, 나는 **반드시** 그러한 주장이 나오게 하는 동일한 상태 혹은 단계 속으로 들어가 살펴보아야 한다. 만약 그렇게 못하겠다면 부디 자신이 이해하지 못하는 것에 대해선 이야기하지 않기를…….[1)]

구역 #5-인지 과학과 자기생성 유기체

우리는 이 책의 50% 이상을 내면에 대한 과학적 연구를 포함하여 내면에 대한 이야기에 할애하였다. 그렇다면 **인지 과학**의 대부분도 다루었어야만 한다. 그렇지 않은가? 그런데 사실상 거의 하나도 다루지 않았다. 그 이유를 이해하려면 인간 존재에게 가용한 가장 매력적인 관점(그리고 방법론) 중의 하나를 이해할 필요가 있다. 물질 유기체의 안쪽 관점에 대한 바깥쪽 관점(**3인칭** × **1인칭** × **3인칭**), 혹은 우측 사분면의 현실에 대한 구역 #5의 접근들이 그것이다.

이 관점을 간단히 소개하기 위해 굉장히 혁명적인 **생물학적 현상학**을 수행했던 Maturana와 Varela를 먼저 소개하고자 한다(그들은 이 방법을 '유기체의 **안쪽 관점**

1) 역으로, 어째서 보다 많은 두뇌 연구를 수행하는 것이 그에 상응하는 상태나 단계에 머물지 못하는 이들에게 아무런 확신도 주지 못하는지의 이유이기도 하다.

inside view'이라고도 불렀다. 그들은 유기체—예를 들어, 개구리—가 주관적으로 경험하고 있는 것이 무엇인지를 이해하기 위한 노력이라는 의미에서 '현상학'이라는 용어를 사용한 것이 아니라는 점을 분명히 하였다). 그들은 개구리의 '나-공간(좌상 사분면의 현상학)'을 재구성하려 노력한 것이 아니었다. 오히려 그들은 그저 개구리의 주관적-인지적 세계에서 입수할 수 있는 것이 무엇인지를 재구성하는 시도를 한 것이며, 그에 대해 여전히 객관적 용어로 사고하였음은 물론이다. 그것은 객관적으로 접근한 개구리의 '안쪽 관점'이었다. 따라서 개구리의 안쪽 혹은 주관적 관점에 대한 객관적 설명(3인칭)이며, 그 자체는 여전히 객관적 혹은 과학적 용어를 활용한 접근이다. 고로, **3인칭** × **1인칭** × **3인칭**이다. 여기서 가운데에 위치한 1인칭이야말로 그들의 **생물학적 현상학** 혹은 '유기체의 안쪽에서 바라본 관점'이 의미하는 바다.

이것만으로도 생물학과 생물학의 인식론에 혁명을 일으키기에 충분했다. 처음에는 개구리의 행동을 이해하기 위해 시스템 이론 같은 모형을 활용했던 생물학계에 충격을 주었다. 하지만 Maturana와 Varela가 개구리의 실제 현상학과 관련하여 지적한 바는 **시스템 이론은 아무런 역할도 하지 못한다**는 점이다—사실, **그런 시스템은 개구리의 세계에는 존재조차 하지 않는다.**

절대적으로 옳은 소리다. 물론 시스템 이론의 역할이 있기는 하지만, 그것은 유기체의 바깥쪽outside 관점의 일부이지 안쪽 관점이 아니다. 오히려 생물 유기체는 자율적이고 일관성이 있는, **자기를-만드는**self-making의 존재이며(**자기생성**autopoiesis은 **자기를 만든다**는 뜻이다), 이러한 자기생성의 유기체적 존재는 세계를 인식하고 적극적으로 탄생시키며, 이미 주어진 세계를 '지각perceive'하지만은 않는다. 줄여 말하자면, 생물 유기체는 그가 지각하는 세계를 공동-창조한다(이것은 매우 긍정적인 의미에서 탈근대적 생물학이다).

이 접근은 생물학에 혁명을 일으켰을 뿐만 아니라, 외면 홀론에 대한 여타의 과학적 접근들에 대해서도 마찬가지였다. 이것은 **전통적 행동주의**classical behaviorism와 **자기생성적 행동주의**autopoietic behaviorism의 근본적인 차이다. 전자는 물질 유기체를 바깥without에서 바라본 것이고(구역 #6), 후자는 안within에서 바라본 것이다(구역 #5).

개체(우상 사분면)에 대한 구역 #5의 접근과 관련해서는 의식 연구(만약 허용된다면, 간접적으로는 영성에 대한 연구)에서 가장 널리 받아들여지고 있는 인지 과학이야말로 의식과 그 내용물에 대해 무엇이 실재하는지의 여부를 가늠하는 현대 과학의 '공식적'인 관점이다. 이 영역의 대표적인 이론가로 Daniel Dennett, Ray Jackendoff, Patricia Churchland, Paul Churchland, Alwyn(마음에 이르는 계단) 등이 있다…….

본질적으로, 그들—그리고 사실상 거의 모든 인지 과학자들—이 하는 작업은 Maturana와 Varela가 채택한 것과 동일한 관점-공간을 활용하고 있다. 그들은 신경생리학이 아니라 '신경생리학적 현상학'을 만들고자 노력하고 있다. 안쪽에서 바라본 유기체와 그 두뇌, 하지만 여전히 본질적으로 객관적 용어로 표현되었다. 이들은 그것it-신경 회로를 통과하는 그것-대상과 그것-데이터를 지각할 때의 그것-두뇌 안에서 무슨 일이 일어나는지를 들여다보고 있지만, 항상 바깥을 바라보는 두뇌의 안쪽에서 바라보는 관점을 취하고 있다(**3인칭** × **1인칭** × **3인칭**).

여기서 더 길게 이야기할 필요는 없을 듯하다. 비록 특정 사분면을 절대시한 것이 책 내용의 상당 부분을 줄여서 그렇기도 하지만, 인지 과학 교과서는 꽤나 단도직입적이다.[2)] 이 구역과 그 내용/지시물에 대한 우리의 이해를 높여 주는 기타 접근법들에는 **생물-의학 정신의학**, **진화심리학** 그리고 **사회생물학**의 일부가 포함된다.

인지 과학 및 그와 관련된 자기생성적 접근들의 발견은 의식과 영성에 대한 모든 통합적 이론에 있어 진실로 중요하며 그 일부로 포함되어야 한다. 왜냐하면 인지 과학은 다양한 좌상 사분면 계기의 우상 사분면의 상관물들 일부를 발견하는 것이며,

---

2) 만약 우상 사분면만이 실재한다고 인정된다면, 이는 불쾌하기 짝이 없는 독백적 접근들의 온갖 단점들만 양산해 낼 것이다(여기에 대해 다음 장에서 자세히 살펴볼 것이다). 이 분야가 직면하고 있는 가장 어려운 문제는 '난제the hard problem'라고 불린다. 이것은 마음-몸 문제라고도 부르며, 요즘은 주로 그렇게 쓰인다. 이 문제는 다음과 같이 기술할 수 있다. 일단 내가 이 우주에서 의식을 지워 버린다면, 그 방법론의 성격상 의식을 어디에서도 감지할 수 없을 것이고, 그렇다면 나의 환원주의적 접근은 우연히 해결책을 마주친다고 해도 그것을 인식할 수조차 없을 텐데 어떻게 문제를 풀 수 있을까? 그들이 문제를 이런 식으로 언급했는지 확실하진 않지만, 이해하기에는 충분할 것이다. 이 난제에 대한 해결책은 이 문제에 의해서는 인식되거나 허용되지 않는 방법론들을 필요로 한다(마음-몸 문제의 일부는, 예를 들면 견성satori에 의해 활성화된 의식으로만 풀릴 수 있다. 내 책 『통합 심리학(Integral Psychology)』의 14장을 보라).

이것들이 함께 취해질 때만이 우리가 인간 의식과 그 지시물을 이해하기 시작할 것이다. 그것이 바위든, 내가 키우는 개든, 혹은 신이든 말이다.

신경현상학 : 구역 #5과 구역 #1의 다리를 놓다

Varela(통합 기구Integral Institute의 창립 멤버)는 의식에 대한 1인칭과 3인칭 접근에 의해 형성되는 다양한 데이터를 동시 추적하는 중요한 방법, 자칭 **신경현상학**neurophenomenology을 계속 발전시켜 왔다. Varela는 오랜 시간 동안 불교 명상을 수행해 왔고, 그에 따라 자연스럽게 내면의 현상학(구역 #1)과 자기생성적 인지 과학(구역 #5)을 통합하는 방법에 관심을 갖게 되었다. 이러한 구역 #1 현상학과 구역 #5 인지 과학의 조합은 최신 과학과 최선의 현상학에 기초하여 좌상 사분면과 우상 사분면을 함께 어울리게 한 최초의 진지한 시도다. 그 시도와 관련한 나의 주된 비판은 그것이 좌상 사분면의 구역 #2의 접근과 좌하 사분면의 구역 #4의 접근을 빠뜨렸다는 점이며, 따라서 단계나 상호 주관성 같은 그 무엇도 갖추지 못하는 심각한 결점을 지니고 있다. 하지만 그 성취에 대해서는 그것은 보다 통합적인 접근을 향한 긴 여정에 서 있는 일종의 랜드마크라고 할 수 있겠다.

이와 관련하여 내가 좋아하는 또 다른 저자는 역시 통합 기구의 멤버인 David Chalmers이며, 그는 1인칭 의식/마음(좌상 사분면)을 3인칭 두뇌/몸(우상 사분면)으로 환원시키려는 만연한 시도들과 훌륭히(그리고 너무나도 뛰어나게) 맞서 싸워 왔다. 특히 그의 책『마음의 철학: 고전 및 현대 선집選集(Philosophy of Mind: Classical and Contemporary Readings)』를 보라.

구역 #7: 사회적 자기생성, 혹은 가이아는 존재하지 않는다

Maturana와 Varela는 원래 그들의 '안으로부터의 관점view from within'을 개구리

같은(혹은 우리가 **개별**individual 홀론이라고 부르는 것) 개별 유기체를 위해 개발하였다. 그들은 사회 시스템(사회적 홀론)이 개별 유기체보다 전일성의 수준이 보다 높다고 가정하면서 사회 시스템이 자기생성의 위계에서 그다음 단계일 수 있다고 추론하였다. 달리 말하자면, 그들의 발달적 홀라키는 다음과 같다. 개별 구성 요소들이 자기생성적으로 합쳐져 단일 유기체를 형성하고, 단일유기체가 자기생성적으로 합쳐져 유기체의 사회를 만든다. 세포, 유기체, 사회 순이다. 사회는 유기체가 세포로 구성된 것처럼 유기체들로 구성되어 있다는 것이다.

일반적으로 세계에서 가장 위대한 시스템 이론가로 간주되는 Luhmann은 이러한 관점에 대해 두 가지 매우 중대한 수정을 가했다(둘 다 AQAL 이론과 일치하며, AQAL은 이를 실제로 예견한 바 있다). 둘 다 극도로 미묘하고 어려우면서도 중요한 문제인 만큼 이에 대해 간단하게라도 언급하고자 한다. 여기에 관심 있는 분들은 이 주제를 길게 파고든 미주의 참고문헌들을 살펴볼 수 있을 것이다.

우선, Luhmann은 사회—혹은 사회 시스템—가 유기체들로 구성되어 있는 것이 아니라, **유기체들 간의 의사소통**communication between organisms으로 구성되어 있음을 지적하였다. 간단히 말해, **생명의-그물망** 이론가들은 곳곳에서 "모든 유기체는 위대한 **그물망**의 한 가닥 줄이다."라고 가정하지만, Luhmann은 위대한 **그물망**에 **내재**된 것이 유기체가 아니라 그 둘 사이의 의사소통이라고 설명한 것이다. 일반적으로 묘사되는 식의 **생명의-그물망**은 존재하지 않는다. 유기체가 세포들로 구성되는 것처럼 유기체들이 모여서 사회가 되는 것은 아니다. 그는 이처럼 간단한 핵심 포인트를 짚어서 Maturana와 Varela를 바로잡았으며, 거의 대부분의 정교한 시스템 이론가들은 이에 동의하였다.

우리의 설명 방식은 다음과 같다. 사회적(사회문화적) 홀론은 개체 홀론들과 그들의 상호 작용(예를 들면, 의사의 교환)의 합으로 구성되어 있다. 개체 홀론들은 사분적 홀론의 **안쪽**inside이며, 그들이 교환한 의사는 사회적 홀론의 **내부**internal다. 여기에는 좌하 사분면(문화)과 우하 사분면(사회) 차원이 함께 포함되어 있지만, 간단한 사례를 들기 위해 좌하 사분면만을 사용하겠다.

당신과 나는 둘 다 친한 친구 집단의 일원이다. 우리는 이 집단의 안쪽과 바깥쪽에 있는 것이 누구인지 정확히 알고 있다. 예를 들어, 이 집단은 James와 George는 포함하고 있지만 Bob은 아니다. 따라서 당신, 나, James 그리고 George는 이 특정한 '우리'의 **안쪽**에 있으며, Bob은 집단의 **바깥**에 있다(혹은 '우리'의 경계 바깥에 있다).

하지만 당신, 나, James 그리고 George는 '우리'라고 불리는 초-유기체의 **일부**parts가 아니라, 오히려 이 '우리'의 구성원이다. 따라서 이 '우리'는 우리 각각으로 구성된 것이 아니다(우리는 그 **내부**의 '부품stuff'이 아니다). 오히려 '우리'는 상호교환된 의사와 상호 작용들로 구성되어 있다. 따라서 당신, 나, James 그리고 George는 '우리'의 **안쪽**이며, 우리의 의사소통은 그 **내부**이다(이해했는가?)[3)]

핵심은 유기체로서의 가이아는 존재하지 않는다는 점이다. 가이아는 존재한다. 단, 집단으로서 존재한다. 즉, 유기체들을 부품 혹은 고리 혹은 끈이 아니라 구성원으로 삼는 **가이아 집합체**Gaian collective가 존재하는 것이다. 이 가이아 집합체의 내부 '부품'은 **의사소통의 홀라키 네트워크**(즉, 우하 사분면에서 이루어지는 교환된 물질적 기표들의 홀라키이자 좌하 사분면에서 상호 공명하는 기의들의 홀라키)다. 하지만 가이아와 생명의-그물망 모두, 일반적으로 묘사된 식으로는 존재하지 않는다(대부분의 사람들은 James Lovelock이 '가이아'를 과학적 가설로 도입했다는 것조차 모르고 있다. 만약 그렇게 생각하고 있었다면, 다음의 각주를 확인해 보라).[4)] 어쨌든 전형적으로 묘사

3) 이 친구 집단은 집단의 기의들로 구성된 좌하 사분면의 '우리'와 주고받은 물질적 기표들—조대의, 정묘한 그리고 원인적—로 구성된 우하 사분면의 '그것들'로 구성되어 있다. AQAL 이론에서 사회 시스템의 내부internal에 있는 것은 그 시스템의 구성원들이 아니라 구성원들 사이에 주고받은 기표들이다. 우하 사분면에서 유기체 혹은 사회 구성원들은 그 사회 시스템의 **안쪽**(혹은 그것들의 경계 안쪽)에 존재하며, 그들이 주고받은 기표들은 그 시스템의 **내부**에 존재한다. 이에 상응하여 좌하 사분면에서 일어나는 일을 살펴보면, 문화의 구성원들은 문화 홀론 혹은 '우리'의 안쪽에 있는 한편 우리의 내부에는 상호 공명하는(즉, 상호 주관적인) 작인의 연합체nexus-agency 혹은 구성원 내에서 공유된 기의들이 존재한다. 다시 한번 이것은 Luhmann의 지적과 본질적으로 동일한 것이지만 '의사 공유'를 공유된 기표(우하)와 공유된 기의(좌하)로 나눔으로써 더욱 정교화하였으며, 이는 통합적 기호학의 기초를 놓는 일이기도 하다(『온우주 3부작(*Kosmos Trilogy*)』의 2권을 참고하라).
우하 사분면에서 이를 설명하는 또 하나의 방법은 사회 시스템이 구성원 더하기 그들이 교환한 인공물들artifacts로 구성된다는 것이다. 구성원들은 안쪽이고, 인공물들은 사회 시스템의 내부이다('인공물'—물질적 인공물들의 교환—은 '기표들signifiers'을 의미한다. 이 주제는 www.kenwilber.com의 Excerpts A-G에서 상세히 다루고 있다.

4) 가이아는 지구에서 순환하고 있는 원핵세포들의 네트워크다. 원핵세포는 초기의 원시적인 단일 세포 유기체다('진짜 세포'를 의미하는 진핵세포와 대비된다). 따라서 가이아, 혹은 원핵세포들의 집

된 가이아와 생명의-그물망은 진실로 낡은 패러다임(모순되게도, 스스로를 '새로운 패러다임'이라고 부르는)의 신화에 불과하다.

Luhmann의 두 번째 지적은 그럼에도 불구하고 당신이 자기생성적 관점을 취하여 이를 의사소통의 내부 시스템에 적용하면, 사회 시스템에 대한 "안으로부터의 관점"을 취하게 된다는 점을 보여 주었다. 정확히 옳은 이야기다. 이것은 우하 사분면에 대한 구역 #7의 접근이며, 여전히 시스템의 구성원을 시스템의 일부로 간주하는 기존의 역학적 시스템 이론(구역 #8)과 대비된다. 구역 #8은 계속 보존되어야 할 중요한 관점이지만, 그동안 진실이라고 여겨졌던 것들 중 일부는 보다 큰 통합을 위해 극복되어야 할 필요가 있다.

이 모든 것을 기억하기는 어렵지 않다. 모든 홀론은 사분면을 지니며, 가이아 같은 것들은 모든 개체 홀론의 외면의 집단적(혹은 우하 사분면) 차원이고, 개체 홀론 위에 쌓인 초-개체 홀론이 아니다.

구역 #8: 역학적 시스템 이론과 카오스/복잡성 이론

사회적(우하) 홀론은 그 구성원들과 그들이 교환한 인공물들로 이루어져 있다. 앞서 살펴본 것처럼, 교환의 네트워크는 안과 밖에서 들여다볼 수 있다. 기존의 시스템 이론의 관점(구역 #8)은 사회적 홀론은 바깥에서 바라보았으며, 층층이 겹진 위계질서 속에서 배열된 생명의-그물망으로 귀착되었다. 일반적으로 이러한 관점이 잘못된 것은 아니지만 부분적으로 옳은 관점이며, 이것이 유일하게 옳은 관점으로 취해질 때 사회 시스템의 본성과 그 내부의 의사소통 네트워크의 본질에 대해

합은 일종의 과학적 가설로서(나는 진실이라고 생각한다), 인간, 포유류, 파충류, 어류, 식물, 생물계 등 모든 생명의 형태를 포함하는 것이 아니다. 가이아의 진화적 위치는 원핵세포들의 집단이라는 차원에서 정확히 [그림 7-1]에 나온 것처럼 우하 사분면에 들어간다. AQAL 이론에서는 상위 수준의 홀론이 하위 수준의 홀론을 포함하면서 초월하기 때문에 가이아의 원핵세포 홀론은 모든 생명의 형태에 내재된 것이고, 그 역은 아니며, 가이아는 포유류를 포함하지 않는다. 즉, 가이아는 우리 안에 있지만, 우리는 가이아 안에 있지 않다. 하지만 바로 그 이유로 가이아를 죽이는 것은 인간에게 자살이나 마찬가지다. 비환원주의적 생태학의 기초이기도 하다.

심각한 오해를 하게 된다. 비록 구역 #8을 다루고 있는 시스템 이론이, 말하자면 현실의 1/8만을 다루지만, 그럼에도 불구하고 그것이 **전체 그림**Total Picture이라고 주장한다면 통합적 관점에서는 좀 황당할 뿐이다. 하지만 시스템 이론이 과학적 유물론의 세계를 지배한 우상 사분면의 원자론적 세계에 전일주의holism의 방법을 도입한 최초의, 그리고 역사적으로도 가장 중요한 시도였다는 점에서 칭송받을 만하다. 이 분야 선구자들의 긴 목록 중에서도 Ludwig von Bertalanffy는 특별히 언급할 만한 가치가 있다. 그는 여러 면에서 진짜 영웅이었다.

최선의 관점에서 보면, 우하 사분면의 접근은 3인칭의 영 혹은 영의 물현화物現化, 영의 객관화, 3인칭 형태로의 현현을 이해하는 수준까지 나아갔다. **가이아, 생명의-그물망, 상호연동 질서**the Interlocking Order, 『자연의 체계(Système de la Nature)』(계몽 철학자들이 언급한 것처럼), 상호 연관된 과정의 **거대한 체계**the Grand System of mutually interrelated processes, 이 모든 것이 그들의 인지 여부와 관계없이 종종 3인칭의 영에 대한 진실한 경외와 숭배를 향해 나아가게 하였다.

그냥 내버려 두었을 때, 이 접근은 미묘한 환원주의와 독백의 제국주의로 퇴화할 수도 있다. 그 이유를 이해하려면 다른 여러 사람들 중에서도 Maturana와 Varela가 촉발한 모든 통합적 관점이, 단언컨대 반드시 타협을 보아야 하는 탈근대 혁명의 핵심임을 이해할 필요가 있다.

독백의 제국주의와 소여의 신화

만약 전반적인 탈근대적 흐름에 공통 줄기가 있다면, 그것은 독백적 의식에 대한 철저한 비판이다. 몇 가지 언급하자면, **소여의 신화**the Myth of the Given, **독백의 제국주의**Momological Impericalism, **주체의 철학, 의식의 철학** 등으로 다양하게 지칭되었다. 내가 처음에 지칭한 것처럼 '독백적monological'이라는 말은 기본적으로 '대화적이지 못함not dialogical'—혹은 상호 주관적이지 못함, 맥락적이지 못함, 구성주의적이지 못함, 문화적 배경의 구성적 본질을 이해하지 못함—을 뜻한다. 기본적으로 구역

#2과 구역 #4을 파악하지 못한 것이다.

소여의 신화 혹은 **독백적 의식**은 본질적으로 수백 가지 모습으로 변장한 현상학과 단지 경험주의만의 또 다른 이름이다. 그것이 일반적인 경험주의든, 급진적 경험주의든, 내면의 경험주의든, 자아초월적 경험주의든, 경험적 현상학이든, 초월적 현상학이든, 급진적 현상학이든 전부 마찬가지다. 중요한 것은 이들 모두가 공통적으로 **소여의 신화**라는 것이며, 여기에는 다음이 포함된다.

- **현실이 그저 나에게 주어진 것이라는 믿음.** 혹은 나의 경험적 혹은 현상학적 자각에 도달하기도 전에 다양한 방식으로 구성된 세계가 존재한다는 믿음 대신 의식이 나에게 있는, 그래도 전달해 주는 이미 주어진 단 하나의 세계가 있다는 믿음
- **개인의 의식이 진실을 전달할 수 있다는 믿음.** 이를 두고 Habermas는 "의식의 철학the philosophy of consciousness이다."라는 구절로 소여의 신화를 지칭했다—그는 이러한 믿음이 무엇보다도 상호 주관성에 무지하다고 비판하였다. 우리가 이 책을 통해 말해 온 것처럼, 의식 그 자체는 구역 #2와 구역 #4을 볼 수 없으며, 따라서 그 자체에 결함이 있다(예를 들어, "내성이 아니라 역사를 통해 우리는 우리 자신에 대해 알게 된다."). 당신은 당신이 원하는 모든 것을 내관할 수 있지만 또 다른 진실들을 볼 수는 없을 것이다. 따라서 의식 그 자체에는 결함이 있다—개인적이든 초개인적이든, 순수 의식이든, 순수하지 못한 의식이든, 본질적이든 상대적이든, 높든 낮든, 빅 마인드든 작은 마음이든, 위빠사나든, 순수한 주의bare attention든, 향심기도든, 관조적 자각이든 관계없이 모두 그러하다—이들 중 그 누구도 다른 편의 진실을 알지 못하며, 이것이 Habermas와 탈근대주의자들이 '의식의 철학'을 광범위하게 비판한 이유다.
- **주체가 전달하는 진실이 부분적으로 상호 주관적인 문화 네트워크에 의해 구성된다는 진실을 이해하는 데 실패함.** 이것이 소여의 신화가 '주체의 철학'이라고 불리는 이유다—우리에게는 '상호 주관 혹은 상호 주관성의 철학'도 필요하다.
- **자연의 거울 혹은** 반영 패러다임이 적합한 방법론이라는 **신념.** 최근 들어, 영

적 접근에서 반영 패러다임(혹은 현상학)을 취하여 그것을 다른 현실(자아초월, 영적, 초-정상, 행성 의식, 복잡성 사고 등)에까지 확장해서 적용하려는 움직임이 있어 왔다. 이는 본질적으로 반영 패러다임, 혹은 독백의 제국주의와 독백적 현상학이 자아초월적 · 영적 현실을 다룰 수 있으리라는 신념에 기초하고 있다. 하지만 주체는 현실을 반영하는 것이 아니라 그것을 공동-창조한다.

이 모든 것을 관통하는 것은 탈근대주의자들이 동의하였듯이, 소여의 신화다. 달리 말하자면, 근대의 세계에서 영적 현실이 인정받기를 원하는 대다수의 접근들이 단순히 경험적 방법론을 취하고, 이를 확장시키고, 더 크게 만들어서 명상, 가이아, 자아초월적 의식, 명상을 하는 두뇌의 스캔, 관상기도의 인지적 효과에 대한 경험적 검증, 카오스와 복잡성의 과학, 홀로그램과 홀로그래픽 정보, 아카식 장akashic field 등의 영역들에 적용시켰다는 이야기다. 비록 이것들이 '역동적으로 연결된 과정들의 상호 의존적인 네트워크' 같은 것들을 도입하여 한 가지 문제점—예를 들면, 뉴턴-데카르트식 사고방식—은 극복한 듯하지만, 이들 중 그 누구도 탈근대주의자들이 비판한 **보다 근본적인 문제를 다루지 못하였다.** 즉, 이 모든 접근이 여전히 소여의 신화에 사로잡혀 있으며 상호 주관성을 무시하고 있다. 실제로, 이들은 그것이 의미하는 바가 무엇인지조차 전혀 알지 못하는 것처럼 보인다.[5]

이 책의 전반적인 목적 중 하나는 통합적 틀 구조를 요약하고 그다음에는 영적 접근이 근대와 탈근대의 세계에 적응하도록 돕는 방법을 밝히는 것이다. 영적 현실에 대한 오늘날의 다양한 접근이 지닌 장단점을 지적하는 것은 물론이다. 기본적인 탈근대의 메시지와 맥락주의, 상호 주관성, 구성주의 그리고 무관점주의의 진실이 어떻게 다양한 영적 접근으로 녹아들어갈 수 있는지의 문제야말로 이러한 결함이 가장 두드러지는 지점이다. 하지만 대부분의 경우, 마치 탈근대주의의 메시지 전체가 이 접근들을 그대로 통과해 지나가면서 아무것도 건드리지 않은 채 부적절함만 그대로 남겨 놓은 듯하다. 영적 접근들은 경험주의의 확대 적용, 독백적 자각, 그리

5) 만약 궁금해 죽겠다면, 내 책『감각과 영혼의 만남(The Marriage of Sense and Sou)』의 9장 '탈근대주의Postmodernism'부터 시작하는 것이 좋을 것이다.

고 무엇보다도 소여의 신화가 가미되어 겉은 전근대주의인데 속은 근대주의인 것처럼 보일 때가 있다.

관심 있는 분들을 위해 탈근대의 흐름이 결여된 영적 접근들의 대표 사례 목록에 대한 주석을 달아 놓았다. 다시 한번 이것은 탈근대와 전근대 그리고/혹은 근대의 인식론들을 통합하는 방법론적 제안으로서의 비판이라기보다는 통합적인 포용을 향해 나아가자는 취지의 비판에 가깝다. 다음의 저술에 대한 주석이 달린 리뷰에 관심이 있다면 부록 Ⅲ을 참고하기 바란다. C. P. Snow, Margaret Wheatley의 『두 문화(The Two Cultures)』, Edgar Morin의 『리더십과 새로운 과학(Leadership and New Science)』, A. H. Almaas의 『고향 지구(Homeland Earth)』, Byron Katie의 『내면의 집으로의 여정(The Inner Journey Home)』, Frijiof Capra의 『있는 그대로의 사랑(Loving What Is)』, David R. Hawkins의 『생명의-그물망(The Web of Life)』, William James의 『Power vs. Force: The Hidden Determinants of Human Behavior』(국내에서는 『의식혁명』이라는 제목으로 출간), Daniel Goleman의 『종교적 체험의 다양성(The Varieties of Religious Experience)』, Francisco Varela의 『명상 경험의 다양성(The Varieties of Meditative Experience)』, Ervin Laszlo의 『신경현상학(Neurophenomenology),』 『Journal of Consciousness Studies』, Deepak Chopra의 『과학과 아카식-장場(Science and the Akashic Field)』, Michel de Certeau의 『비밀의 서, 그리고 신을 아는 방법(The Book of Secrets and How to Know God)』, Michael Lerner의 영화 〈우리가 아는 것은 도대체 뭐지?(What the Bleep Do We know)〉, 『변종학變種學 Heterologies: 타자의 발견(Discourse on the Other)』, Rupert Sheldrake의 『새로 태어난 유대인(Jewish Renewal)』, Michael Murphy 『자연의 재탄생(The Rebirth of Nature)』, Thich Nhat Hanh의 『몸의 미래(The Future of the Body)』, 『살아 있는 붓다, 살아 있는 그리스도(Living Buddha, Living Christ)』가 그것이다.

부디 실수하지 말기를 바란다. 탈근대주의자들은 엄격하다. 앞의 접근들은 그 장점에도 불구하고, 본질적으로 소여의 신화를 품고 있다. 최악의 관점에서는 그야말로 독백의 현상학에 불과하다. 그 자신을 실제보다 훨씬 큰 것처럼 과장했기 때문이다. 하지만 그 자체로 계속 꽃피고 있는 영의 탈근대적 움직임의 관점에서 보자면, 거짓말에 지나지 않는다.

개인적으로는 참 슬픈 일이다. 이 모든 것이 몇 가지 간단한 움직임만으로 해결될 수 있기 때문이다. 하지만 내가 이 분야를 거의 30년 가까이 지켜봐 왔는데, 상호 주관성에 관한 요점을 파악한 저자들은 거의 없다(이는 그들이 좌하 사분면, 보다 구체적으로는 우하 사분면의 구역 #2과 좌하 사분면의 구역 #4을 포함하지 않고 있음을 의미한다). **통합적 접근**(전근대, 근대, 탈근대를 통합)의 일부로 취해진 탈근대의 구성적 접근은 자신들의 중요한 작업과 연구를 있는 그대로 남겨 놓았지만, 문제의 소지가 많은 이 인식론들을 통합적 틀 구조에 끼워 넣으면 보다 온전한 맥락 속에 놓인다. 그렇게 하지 못한 결과로서의 소여의 신화는 마음을 환상에 구속시키고, 계속 고군분투하면서 살아남아 자신만의 자기-이미지를 해방이라고 주장하는 가운데 소여의 신화는 거짓의 자식들을 낳고 있다.

제9장

컨베이어 벨트

마지막으로 **컨베이어 벨트**라고 불리는 문제에 대해 논하고자 한다. 아마도 이것은 내면 사분면[1]의 세계가 직면하고 있는 가장 크고도 유일한 문제일 것이며, 여기엔 예외가 없다. 만약 내 말이 과장법이라고 생각된다면, 일단 읽어보시라.

게다가 이 문제를 바로잡는 것은, 그런 해결책이 존재한다면, 근대와 탈근대의 세상에서의 종교를 위해 깜짝 놀랄 만한 새로운 역할을 제공해 줄 것이다.

나치의 지배

새로운 사실로부터 시작해 보자. 당신이 어떤 척도를 사용하는지에 달려 있겠지만, 대략 세계 인구의 50%에서 70%는 **민족중심적 혹은 그보다 낮은** 발달 수준에 머물러 있다. 이는 모든 발달 라인상에서 호박색 혹은 그보다 더 낮은 수준에 머물러 있음을 의미한다. 이것을 가능한 뭉뚱그려 표현한다면, 이는 전 세계 인구의 약

1) 역주: 좌측 분면

70%가 나치임을 의미한다.

자아중심에서 민족중심, 세계중심 그리고 보다 높은 수준까지 이어지는 거대한 발달의 전개선상에서 전 세계 인구의 70%는 아직 세계중심적, 즉 후인습적 발달 수준에 안착하지 못하였다. '나치'는 그러한 사실을 좀 극단적으로 표현한 것일 뿐이다. 하지만 이들이 조지아주의 근본주의 남부 침례교도인지, 교토의 선불교 신자인지, 이란의 알 카에다 무슬림인지, 중국의 근본주의 마르크스주의자인지는 중요치 않다. 수직적 발달의 관점에서 보면, 이들은 전 세계 인구의 대다수를 대표하고 있을 따름이다.

그러니 제발 여기서 정치적으로 올바른 쯧쯧거림은 삼가기로 하자. 나는 지금 나의 가장 친한 친구들과 가족들 대부분의 이야기를 하고 있는 중이다(분명 사촌들은 전부 민족중심적 수준일 것이다).

두 번째 사실은 이것이 없는 일이거나 없어질 수 있는 일이 아니라는 점이다. 모든 **사람은 원점에서 태어나며** 발달의 일반적인 파동을 통과해 나아가야만 한다. 이렇게 표현할 수 있다. 누군가 어딘가에서 섹스를 할 때마다, 그들은 새로운 나치 대원을 공급하고 있는 것과 마찬가지다.

현재 70%가 민족중심적 혹은 그 이하라고 한다면, 지나가던 사람도 흥분하기에 충분할 만한 이야기다. 하지만 상황은 더 안 좋다. 이 70%가 동의하는 생각과 신념들을 소유한 것은 누구일까?

기본적으로, 세계의 거대 종교들이다.

달리 말하자면, 인간에게 가용한 거대한 발달의 파동에서 태곳적archaic, 마술적 그리고 신화적 파동은 세계의 거대 종교와 신화 체계가 지배하는 영토나 다름없다. 이것은 그 자체로는 나쁜 일이 아니다. 사실은 필수적이기도 하고 세계의 거대 신화의 핵심 기능이기도 하다. 모든 인간이 원점에서 태어나 그 혹은 그녀의 발달을 시작하면서 태곳적에서 마술적으로, 마술적에서 신화적으로, 그리고 가능하다면 보다 위로 나아가려 하는데, 만약 세계의 신화가 이러한 초기 수준 신념들의 저장고가 아니었다면, 태어난 모든 인간은 그것들을 새롭게 재창조해야만 했을 것이다. 세계의 거대 종교가 지닌 역할은 실로 엄청나서 적어도 몇몇 방식으로는 인간 발달의 필수적인(그리고 피할 수 없는) 단계들을 통과하기 위한 탈것이 되어 준다.

하지만 오늘날의 세계에서—마술신화적 체계가 최초로 개발된 위대한 시대와는 다르게—호박색 수준까지의 신념들이 특정한 문제들을 제기하고 있다. 우선 호박색 수준의 시대 이후로 발달된 몇 가지 의식 수준들, 특히 근대의 오렌지색과 일부 탈근대의 녹색 수준이 존재한다. 이는 AQAL 매트릭스에서의 **구성 요소 간의 수직적 충돌**을 야기하며 극도로 심각해질 수 있다. 특히 오렌지색 수준과 그 상위 수준들은 후인습적이고 세계중심적인 반면, 언급한 것처럼 호박색과 그 이하는 민족중심적, 인습적 그리고 순응주의자(최선)이기 때문이다.

이러한 수준 간의 수직적 충돌은 현재 세계의 심리도psychograph에 존재하는 내면의 분면에서 분열의 가장 큰 단일한 원천이다. 이 거대한 지각판들(빨간색, 호박색, 오렌지색)은 서로 맹렬하게 부딪히면서, 그 결과 지진을 발생시키고 있으며 계속해서 이 행성의 수백만의 인간 존재들을 죽이고 있다.

테러리즘의 심리도

『테러리즘의 다면성(The Many Faces of Terrorism)』에 대한 연구를 수행하면서 나는 미국 남부에서 일어난 낙태 시술소에 대한 개신교도의 폭탄 테러에서, 도쿄의 지하철에서 일어난 불교도의 테러, 인도의 시크교 분리주의자, 9·11을 포함하는 무슬림 테러리스트의 행위에 이르기까지 전 세계에서 일어난 50여 건 이상의 주요 테러 사건들을 들여다보았다.

놀랍게도, 그들은 모두 기본적으로 동일한 심리도를 지니고 있었다(빨간색 자아에 호박색 신념amber beliefs with red self이 그것이다). 그들의 인지 틀은 호박색, 신화적-멤버십, 순응주의자, 전통적이며, 이 경우 그들의 전통적 틀 구조는 세계의 거대 종교들 중 하나 혹은 종교-신화적인 사고와 신념 체계에 사로잡혀 있었다. 그들의 자아, 혹은 무게 중심은 빨간색, 에고중심적, 권력-지향적이었다. 비록 그들이 호박색의 종교적 신념, 절대주의적 가치, 전통적-순응주의자의 도덕을 채택하긴 했지만, 그들의 무게 중심은 한 눈금 낮은 빨간색 수준이었으며, 권력욕과 에고중심적 충동으로 뒤범벅되어 자신들의 필요에 맞으면 심지어 성스러운 종교적(호박색) 전통까지 깨부술 준비가 되어 있다.

줄이자면, 그들의 말은 호박색 수준이지만, 걸음은 빨간색 수준이었다.

그리고 그들은 모두 그들이 그렇게 행동한 이유를, 어째서 누군가에 의해 테러리스트라고 규정될 행동을 저질렀는지에 대해 똑같은 이야기를 하였다. 비록 이러한 기술적인 용어들을 사용하진 않았지만, 그들은 모두 **근대**(**오렌지색 수준**)의 세계가 자신의 성스러운(**호박색 수준**)의 여지를 남겨 놓지 않았기에 기회가 있을 때마다 신의 이름과 그의 축복을 빌어 그러한 세상을 날려 버리겠노라고 주장하였다. 자신이 죽인 이들은 어떤 식으로든 이를 자초한 것이며, 이것이 바로 자신의 행위가 살인이 아니고, 잘못된 일도 아니며, 벌 받을 일도 아닌 이유다. 실제로, 내가 이러한 성스러운 명분에 의해 죽는다면, 나는 천국에 갈 것이라는 식의 이야기다(어떤 경우, 특히 일부 무슬림과 시크교도들의 경우, 자살이 일종의 신분 상승으로 간주되기도 한다).

오렌지색 압력솥 뚜껑

현실은 사람들이 태어나고 거대한 발달의 파동을 통과해 성장하면서 태곳적에서, 마술적(빨간색)에서, 신화적(호박색)에서, 합리적(오렌지색)에서 다원적(녹색)에서 통합적(남색) 그리고 그 너머로 나아가고 있다. 전반적으로 좌하 사분면이 몇몇 종교적 신념 체계를 지지해 주는 문화 속에서 사람들은 그렇게 전 세계에서 성장해 나아가고 있다. 그들의 발달선상 어딘가에서, 호박색에서, 오렌지색 근처에서 그들은 신화적/민족중심적 영에서 세계중심적/합리적 영으로의 전환을 이루어 낼 수 있다. '강철 천장steel ceiling'에 부딪히는 셈이다. 전근대의 종교는 호박색의 신화를 소유하고 있고, 과학과 근대의 세계는 오렌지색의 이성을 소유하고 있다. 그리고 그들은 자신의 종교적 신념에 대해서는 호박색의 신념에서 오렌지색의 신념으로 나아갈 길을 도무지 찾지 못하고 있다.

그들의 영적 지능 라인은 호박색 수준, 근본주의적 신화-멤버십 수준에 얼어붙어 있으며, 영적 지능을 오렌지색 수준으로 표현할 방법이 없는 오렌지색 수준의 세계에서 옴짝달싹 못 하고 있다.

이 '압력솥' 뚜껑은 오늘날 세계 도처에 널려 있으며, 민족중심적 근본주의 신념은 세계중심적 이성과 후인습적 도덕과 충돌하고 있다. **호박색 수준을 옥죄는 이 거대한 오렌지색 압력솥 뚜껑**은 아마도 오늘날의 세계가 내면 분면에서 직면하고 있는 가장 큰 문제일 것이다.

세계의 대학생들이 직면하고 있는 가혹한 선택지

여기 동일한 문제의 또 다른 측면이 하나 있다. 최근 UCLA에 의해 수행된 조사에 따르면, 미국에서 약 79%의 대학 초년생들은 영성이 그들의 삶에서 매우 중요하며, 무려 네 명 중 세 명(!)이 기도를 한다고 응답하였다. 하지만 그들은 대부분 오렌지색에서 녹색 수준이고, 그것을 조롱할지도 모를 교수들과는 자신의 신앙에 대한 이야기를 나눌 수 없다. 하지만 그들은 자신의 호박색 수준 신앙의 신화적 · 민족중심적 버전에 대해서도 사실상 더는 편안함을 느끼지 못하고 있으며, 대부분의 친구들이 지닌 근본주의적 종교에도 만족하지 못하고 있는 실정이다. 예를 들어, 전형적인 기독교인 학생은 자신의 교수와 종교에 대해 이야기하기가 곤란하며, 기독교도 친구들과는 더더욱 그러하다. (심리도에 따르면, 이것은 테러리스트들이 직면하고 있는 것과 동일한 문제다. 호박색 수준의 신념은 오렌지색 수준의 세계에서 머물 공간이 없다).

따라서 대학생들은 가혹한 선택지에 직면한다. 영적 발달의 호박색-단계의 신앙에 머물 것인가, **아니면** 자신의 신앙을 철회할 것인가.

이것은 실로 끔찍한 선택이며—호박색으로 살면서 그리스도를 받아들일 것인가, 아니면 오렌지색으로 나아가 그리스도를 포기할 것인가—실제로 이들에게 주어진 유일한 선택지이기도 하다.[2] 영적 지능의 발달 과정에서 그들은 호박색 단계(예를 들어, Fowler의 신앙 발달 단계 3)에 고착되어 **영적 지능의 발달의 오렌지색 혹은 그 이상의 수준**을 탐구할 수 있는 여지를 갖지 못한다(특히, 종합적—인습적 수준—4단계 그리고 개인적—반성적 신앙 수준—5단계는 둘 다 그것을 억누르는 것이 없다면 이 시기에 출현하기 시작하는데, 보통의 대학 교육은 그것을 억누르고 있다). 그들은 결과적으로 영에 대한 접근에 있어서는 유아 취급을 받고 있다.

그들의 나머지 선택지는 자신의 신앙을 단념하고 영적 지향성을 빼놓은 채, 오렌지색 수준과 그 이상의 발달 수준을 향해 나아가는 것이다. 두 선택 모두 끔찍한 일이며, 대부분의 대학생들은 연구 결과가 보여 주듯이 그냥 벽장 속에서 기도하고 있는 것과 다름없다.

그리고 테러리스트들은 또 다른 선택을 하였다.

수준/라인 오류

이러한 문제들은 둘 다 서로 다른 방식으로 수행되기는 하지만, 동일한 해결책을 지니고 있다. **영적 지능의 오렌지색(그리고 그 이상의) 발달 수준을 활용 가능하게, 보다 잘 이해할 수 있게 만들기**가 그것이다.

계몽주의로부터 시작된 서구의 지적 전통은 그 자신의 영적 지능보다 높은 모든 수준을 적극적으로 **억압하였다.** 역사적으로, 근대의 발호와 더불어 신화적 신은 철저히 버려졌다. '신의 죽음Death of God' 전체의 움직임은 합리적 근대성으로서는 조금의 증거도 찾을 수 없었던 신화적 개념인 **신화적 신의 죽음**을 의미하였다.

---

2) 만약 그들이 전자(역주: 호박색 신앙에 머물기)를 선택한다면, 그들은 보통 구성원들이 "누구든 예수를 믿지 않는 자는 영원히 지옥 불에 처하리라."라고 하는 호박색/민족중심적 단계에 머무는 '근본주의자들의 모임fundamentalist fraternity'과 어울려 살 수밖에 없을 것이며, 이것은 분명 훌륭하기 그지없는 자유주의적-세계중심적 교육에게는 바람직한 일이 아니다. 반면, 자유주의적 교육 그 자체도 적어도 현재의 행태로 봐서는 호박색 수준을 넘어선 영적 지능을 억압하고 있으며, 이것은 실로 가혹한 선택이다.

그리고 바로 여기서 그들은 심각한 오류를 저질렀다. 신화적 신 관념 혹은 영적 발달 라인의 **신화적** 수준의 미성숙함을 올바로 포착했으면서도 신화적 수준의 영적 지능뿐 아니라 영적 지능의 **발달 라인 전체**를 내던졌다. 그들은 신화적 수준에 너무 열 받은 나머지 신화적 수준의 발달이라는 목욕물과 영적 라인이라는 아기를 둘 다 내던져 버렸다. 그들은 오렌지색, 그다음은 녹색, 청록색 그리고 남색 수준의 신을 발견하는 대신, 호박색 수준의 신을 폐기하면서 신을 전부 내버리고, 숭고의 억압, **자신이 가진 영적 지능의 보다 높은 수준의 억압**에 착수하였다. 서구의 지성은 이러한 문화적 재앙으로부터 결코 근본적으로 회복하지 못하였다.

그에 따라 서구의 지적 전통—현재는 전반적으로 근대(오렌지색)의 세계를 의미—은 보다 높은 후-신화적 영적 지능이 박탈된 채 근대를 향해 돌진하였다. 의식의 각 수준은 여러 발달 라인 중에서도 그에 걸맞은 과학, 예술, 영성, 도덕 발달 라인을 지닌다. 이것들이 바로 서로 다른 네 가지 다중 지능이다. **인지**, **미적**美的, **영적** 그리고 **도덕적**이 그것이다.[3] 예를 들어, 빨간색 과학과 영성이 있고, 호박색 과학과 영성이 있으며, 오렌지색 과학과 영성 등이 있는 것이다.

하지만 근대성이 신화적 수준의 영적 지능과 영적 지능 그 자체를 혼동하여 영적 혹은 종교적으로 보이는 모든 것을 조롱한다면, 그것은 '엉터리로 쌓인 케이크ludicrous layer cake'라고 부를 수밖에 없는 꼴이 된다. **모든 영성**이 호박색 수준(신화)과 동일시된다. 신화적 과학과 종교 대신, 그리고 합리적 과학과 종교 대신, 이제 오직 합리적 과학과 신화적 종교만이 남아 있다. 전자는 합리적이고 근대적이며 전부 좋은 것이고, 후자는 전합리적이고 전근대적이며 전부 나쁜 것이거나 최소한 조롱거리로 치부된다.

이처럼 재앙과도 같은 혼란 상태에서 우리는 **수준/라인 오류**(The Level/Line Fallacy, LLF)라고 부를 수 있는 사례를 발견할 수 있다. **어떤 발달 라인의 수준과 그 라인 자체를 혼동하는 것이다.**

---

3) 이것들은 오렌지색 수준에서 의식적으로 분화되기는 하지만, 주요 발달 라인으로서 사실상 모든 발달 단계에 내재되어 있다. 또한 이것들은 사분면이 아니라 내가 판단 기준judgements이라고 부르는 것들이며, 각각의 판단 기준은 지능 혹은 라인이다.

일단 이러한 혼선이 빚어지면, 보통 둘 중 하나가 벌어진다. 만약 어떤 수준이 경멸받으면 그 발달 라인 전체가 경멸받으며, 따라서 다중 지능이 경멸받은 수준에 고착되어 버린다. 해당 라인에서 어떠한 상위의 발달도 효과적으로 금지된다. 이는 일반적으로 해당 지능의 억압으로 귀결된다.

두 경우 모두 **그러한 영향을 받은 다중 지능이 수준/라인의 혼선이 빚어진 바로 그 수준에서 고착되어 버린다. 억압**의 경우, 전체 라인이 부인되고 억눌리며, 라인의 위축과 역기능의 발현이라는 결과를 낳는다. 만약 영적 발달 라인에서 이러한 일이 벌어지면, 여러 경우에 있어 억압된 영적 충동은 타인에게 투사되어 자기 자신의 그림자를 공격하는 동성애자 포르노 반대 투사처럼, 그는 과잉過剩-이성적hyper-rational인 십자군이 되어 모든 영적 노력에 맞서 싸우면서 그것들을 완전히 비합리적인 헛소리로 간주하게 된다(전/초 오류에 가깝다). 마침내 우리는 종교에 대한 전쟁을 선포한 과학을 갖게 된다.

고착fixation의 경우, 특정한 수준이 지나치게 미화된 나머지 발달은 혼선이 빚어진 바로 그 수준에서 다시 한번 고착되고, 다중 지능은 부인되며, 강박적으로 그리고 맹렬하게 관심 있는 모든 것으로부터 자신을 보호하려 든다. 하지만 유일하게 막을 수 있는 것은 그 라인의 특정 수준일 뿐이며, 특정한 지능의 올바른 유형만이 허용됨에 따라 해당 수준은 곧 전체 라인과 동일시되면서 혼선이 빚어진다. 모순되게도 이들은 자신의 보다 높은 수준의 다중 지능이 출현함에 따라 결국 그것들을 억누르게 된다. 해당 라인의 **특정 수준에 고착된 나머지** 그 라인에서 새로 출현하는 자신의 잠재력들을 억압하고 마는 것이다. 만약 그 라인이 영적 라인이라면 이들은 결국 영적 지능의 보다 낮은 수준(보통 신화적)에 고착되며, 모순되게도 자기 자신의 보다 높은, 창발하는 영적 충동을 타인에게 투사하여 이러한 영적 충동들을 반反-영적인 것으로 간주하게 된다. 그다음 그들은 보통 과학과 종교 둘 다의 상위 수준을 부정하기에 이르고, 자신의 보다 높은 잠재력에 해당하는 것을 맹목적으로 거부하게 된다. 마침내 우리는 과학에 전쟁을 선포한 신화적 수준의 종교를 갖게 된다.

근대의 서구에서 일단 이 수준/라인 오류가 발생하고 나면, 오렌지색 수준의 최첨단에 선 지성인들은 종교와 영성을 그들에게 허용된 자각에서 걸러 내기 시작한다. 이제 오렌지색 수준 그 자체가 영적 발달 라인에서는 절름발이 신세가 된다. 달리 표현하자면, **최전선의 사회적 홀론의 지배적 담화 양식이 이제 절름발이 오렌지색 수준이 된다.** 이는 일거에 무수히 많은 역사적 사건을 설명해 준다.

근대성의 위업과 재앙

근대성이 **가치 영역의 분화**the differentiation of the value spheres(Max Weber)와 관련 있음은 오래전부터 알려진 바다. 특히 이는 세 가지 주요 가치 영역—예술, 도덕, 과학—이 신화적 중세 시대에 그랬던 것처럼 더 이상 뒤섞여서는 안 되고, 지금처럼 분화되어 자기 나름의 진실을 추구할 수 있게 허용되어야 함을 의미한다. 과학적 진리는 더 이상 신화적 도그마에 강제로 순응하게 해서는 안 된다(예를 들어, 갈릴레오Galileo는 더 이상 망원경 보는 일을 금지당하지 않아도 된다). 이는 매우 긍정적인 성취였으며—서구의 자유주의적 계몽주의가 획득한 수많은 특별한 소득 중 하나다—보통 이를 두고 **근대성의 위업**the dignity of modernity이라고 부른다.

분화(좋은)가 너무 멀리 가서 **해리**(나쁜)가 된 나머지, 근대성의 위업이 **근대성의 재앙**이 된 것은 이미 오래전부터 알려진 사실이다. 특히 세 개의 가치 영역이 분리된 것이 아니라 산산조각 나게 된 것은 다른 영역을 대가로 기술적-과학적 합리성의 과잉-성장을 허용하였으며, 이는 이 기술적 합리성에 의한 **생활세계의 식민화** colonization of the lifeworld로 귀결되었다. 당신은 Georg Hegel에서 Heidegger, Marx Horkheimer, Habermas에 이르기까지 **서구의 정직한 지성인들이 스스로** 제기한 근대성에 대한 비판의 대부분에서 이러한 주제에 대한 다양한 글을 찾을 수 있을 것이다.

하지만 애당초 어째서 이러한 해리가 실제로 발생했는지에 대해서는 철저하고 분명하게 설명되지 않았다. 표준적인 설명조차 그 모든 사실을 결코 제대로 설명하지 못한 듯 보인다. 지금으로서는 이 이론가들이 포함시키고 설명한 다른 요인들뿐 아니라, **이러한 분열의 중심에 심각한 수준/라인 오류**가 자리 잡고 있는 것으로 보인다. 우선 영성 전체가 배 밖으로 던져졌고, 지배적 담화 양식은 전-합리적 또는 신화적 영성을 추방했을 뿐 아니라, 합리적 그리고 후-합리적 영성도 마찬가지로 추방하였다. 그리고 정확히 영적 라인이 "궁극의 관심사란 것은 대체 무엇인가?"라는 질문에 답하려 한다는 이유로 이 발달 라인—그리고 삶에 의해 우리에게 주어진 이 질문을 다루기 위한 특정한 유형의 지능—은 근대의 서구에서 절름발이 신세가 되었다.

그 속에서 도덕 라인과 미적 라인은 고삐를 죄어야만 했다. 근대의 자유주의적 지성인들은 더 이상 종교를 갖지 않았으며, 그들은 오직 예술과 도덕만 지니게 되었다.

달리 말하자면, 위대한 근대에 신화적 구조의 분화가 발생했을 때 **반드시** 출현해야 했던 일은 적어도 그냥 세 가지가 아니라, 네 가지 분화된 가치 영역이었던 것이다. 우리가 살펴본 것처럼, 신화적 구조에서 예술, 도덕, 과학 그리고 영성은 아직 미분화되었다. 그들은 호박색 수준에서 기능하고 있지만, 아직 나름의 구별되는 논리(혹은 문법)와 타당성 주장을 갖춘 각각의 영역으로 분리되지 못하였다. 결국 근대성 안에서 출현한 것은 분화된 '빅 3the Big 3' 뿐이었다—예술과 도덕과 과학. 영성은 수준-라인 오류로 인해 신화적 수준에 고착되어 신화적 수준의 영성과 영성 전체를 혼동하게 되었다.

근대성의 수준/라인 오류의 짧은 역사

이 오류는 특별히 다음과 같은 이유로 일어났다. 신화적 수준의 신이 너무나도 끔찍한 나머지—그리고 교회가 신화적 신의 이름으로 사람들에게 가한 진짜배기 테러가 너무도 광범위한 나머지—계몽주의는 종교를 완전히 내던져 버렸다. "그 잔인함을 기억하라Remember the cruelties!" Voltaire가 촉구한 계몽주의는 수백만의 사람들에게 교회가 저지른 고문과 살인을 언급하였고, 그들의 만행을 기억할 것을 요구했다. 이 신화적 신은 신의 전부로 받아들여졌다. 신화적 신은 종교재판과 수백만의 살상에 대한 공포와 동일시되었으며(전부 진실이다.), 최전선의 문화가 종교에 대해 품은 경기와 혐오—역력한 문화적 트라우마—로 인해 종교적인 모든 것이 분노로 억압되었다. 영적 지능은 호박색 수준에서 얼어붙었으며, 거대한 수준/라인 오류가 시작되었고, 목욕물과 더불어 궁극적 관심사라는 아기까지 버리는 지경에 이르렀다.

영적 발달 라인을 호박색 수준의 신화적 멤버십에 고착시킨 것은 영적 발달 라인이 근대의 자유주의적 계몽주의로 나아가지 못하게 하였으며, 오렌지색 수준까지 발달한 다른 라인들과 마찬가지로 영적 라인도 오렌지색 수준까지 발달하여, 오렌지색 수준의 과학, 미학, 도덕, 영성이 존재할 수 있는 가능성을 막았다. 빅 4 대신, 빅 3가 출현하고 분화한 것이다. 영성은 유아적인 것으로 취급받았으며, 조롱당했고, 부정되었으며, 억압받고, 근대성으로부터 지속적으로 완전히 배재되었다.

빅 3가 출현하고 분화됨에 따라 **이미 피해를 입게 되었다.** 분화된 빅 3는 **이미** 그 안에 분열되고 해리될 것이 뻔한 내재적 불안정성을 지니고 있었다. 서구의 비판적 지식인들은 어째서 빅 3가 분화되고 분리되는 것이 아니라 산산조각 나고 해리되어, 그 결과 예술과 도덕을 대가로 합리적 과학의 과잉-성장으로 귀결되는지 그 이유를 정확히 파악하지 못했다. 하지만 서구의 지성인들이 이 문제를 분석하기 시작했던 바로 그때, 이미 우리는 내밀한 피해를 입고 있었다. 이 피해는 **빅 3가 나타나기도 전에** 일어난 일이다 .

이것이 바로 당신이 빅 3를 분석하기 시작해서 어째서 해리가 일어났는지 파악하려 노력해도, 결코 제대로 파악할 수 없는 이유다(이것이야말로 비판적 지식인들 중 그 누구도—Heidegger에서 Habermas에 이르기까지—선행하는 문제점을 파악하지 못한 이유다. 게다가, 그들 모두 Horkheimer에서 Theodor Adorno 이후까지 이 문제를 완전히 잘못 이해하고 있었다. 그들은 근대인으로서 이미 무의식적으로 이러한 수준/라인 오류를 앓고 있었다. 그들은 영성이 한 묶음의 신화에 불과하다고 정말 믿고 있었던 것이다).

이러한 근본적인 수준/라인 오류가 자리 잡자 **거대한 자리바꿈**the grand displacement 이라 불릴 수 있는 일이 벌어지기 시작했다. 궁극적 관심사의 발달 라인이 호박색 수준에서 억압되었고, 그럼에도 불구하고 다중 지능이 여전히 활성화되어 있는 상태에서 궁극적 관심사에 대한 내면의 판단 기준이 **종교에서 과학으로 자리바꿈한 것이다.** 근대의 세계에서는 이제 과학이 궁극적 질문들에 대한 답을 줄 수 있는 것처럼 암묵적인 느낌을 주고 있으며, 과학이야말로 궁극적 신앙과 충성의 맹세를 바쳐야 할 대상인 것이다. 궁극적 현실은 이제 질량과 에너지 같은 항목들로 느껴진다. 질량과 에너지는 창조될 수도 파괴될 수도 없으며, 영원하고 궁극적인 실재이며, 편재하고 등등이다. '질량'과 '에너지'—하Ha!—는 신의 두 이름이며, 이제 신은 3인칭의 영 혹은 절대로 환원되었으니, 그럴수록 더욱 저열한 종교적 요소들에 오염되지 않도록 숨겨지고 옮겨져야 하리라.

이에 따라 궁극적 관심사는 과학으로 대치되었으나, 그것은 과학의 방법론으로는 다룰 수 없었다. **과학 그 자체**는 항상 그 한계에 대해 철저하리만큼 정직하였다. 과학은 신이 존재하는지의 여부를, 절대자Absolute가 존재하는지의 여부도, 우리가 왜 여기에 있는지, 우리의 궁극적 본성은 무엇인지 등을 **말할 수 없다.** 물론 과학은 절대자에 대한 아무런 증거도 발견할 수 없고, 그것을 부인할 증거도 찾을 수 없다. 과학이 정직할 땐, 그것은 궁극적 질문에 대해 철저히 불가지론이며 철저한 침묵을 지킨다.

하지만 인간의 마음은 그렇지 못하다. 그리고 이러한 문제들에 답하거나 적어도 다루려 하는 영적 지능은 그렇게 쉽게 침묵하지 못한다. 남성과 여성에겐 궁극적 존재Ultimate가 필요하다. 왜냐하면 그들은 실제로 궁극적 존재를 직관함, 그들의 정직함이 자기 가슴의 갈망을 인정하도록 요청하기 때문이다. 하지만 만약 신화적 신이 죽었다면, 그리고 영적 지능이 어린아이의 수준에서 고착되었다면, 궁극적 관심사에 대해 답을 줄 수 있는 것은 과학으로밖에 보이지 않는다. 과학이 절대시될 때 어떻게 변모하는지를 잘 보여 주는 유명한 용어가 하나 있다. **과학주의**scientism가 그것이다. 그리하여 자유주의적 계몽주의는 그 모든 막대한 선good과 다른 발달 라인에서의 뛰어난 지능에도 불구하고 과학으로 시작해 과학주의로 끝을 맺었으며, 이는 이전의 수준/라인 오류가 영적 지능이라는 도구를 빠뜨린 나머지 도구들만 계몽주의에 배달했기 때문이다.

과학이 절대시될 때, 가치 영역의 해리를 야기하는 숨은 불안정성이 존재하기 때문에 이제 영적 혹은 궁극적 관심사라는 짐을 지게 된 과학적 합리성에 의해 생활세계가 식민화되어 버린다—짐을 졌지만 결코 답을 주거나 만족시키지 못한다. 기술적 합리성이 생활세계를 식민화했을 때, 그것은 실제로 생활세계에 남아 있는 모든 영성을 죽이며(식민화), 그 본질상 무의식적으로 전치되어 숨겨진 영적 충동을 만족시키는 데 처참하리만큼 실패하고 만다.

여기 이 문화적 재앙에 대한 처방전이 있다. 빅 4가 아닌 빅 3가 신화적 구조로부터 출현하고 분화되어 근대성의 위업을 향해 나아감에 따라 우리는 이미 내밀한 피해를 입게 되었다. **근대성의 존엄은 오렌지색 수준의 인지, 미학, 도덕 지능과 더불어 나아가는 오렌지색 수준의 영적 지능 없이는 결코 안정화될 수 없다.**

달리 말해, 근대성의 전설적인 위업은 이미 병들었다. 이미 파악된 근대성의 재앙이 발생하기도 전에 병들었으며, 세속적인 인본주의자나 기성 종교의 수호자들로서는 도저히 포착하거나 극복할 수 없을 정도로 병들었다. 전자는 영적 발달 라인 전체를 억누르고 근대의 오렌지색 수준의 영성이 출현하지 못하게 하였고, 후자 또한 신화적 수준에 영적 발달이 고착되어 근대의 오렌지색 수준이 출현하지 못하게 하였다. 종교개혁, 반종교개혁反宗教改革 · Counter-Reformation과 더불어 종교는 자신의 입장을 고수하였으며, 과학도 마찬가지였다.

이 거대한 문화적 수준/라인 오류가 일어나고, 두 진영이 모두 영성을 신화적 수준과만 동일시했을 때(그리하여 영적 발달 라인의 신화적 수준을 영적 라인 그 자체와 혼동했을 때), 우스꽝스럽게 쌓인 케이크가 완전히 구워졌다. 오렌지색 수준, 근대, 합리적, 급진적 과학 대 호박색 수준, 전근대, 전합리, 반동적, 신화적 종교-과학은 위에, 종교는 아래에 쌓인 우스꽝스러운 케이크 말이다.

그리하여 근대성이 출현하였고, 3대 가치를 분화해 냈으며, 그 위업(부분적으로는 진실인)을 자축하였지만, 자기-정의상within its own self-definition 심리도가 손상되었으며, 필연적으로 서서히 구조의 균열이 일어나면서 과학적 유물론이 다른 가치 영역들을 식민화하고, 지배하게 되었고, 이제 하나의 세계관이 지지자들에 의해 절대적인 신앙으로 받아들여지게 되었으니 모든 지식인은 그 세계관을 향해 매일 충성

맹세를 하는 지경에 이르렀다.

이러한 분열이 일어나자마자 지식인들은 펄쩍 뛰며 들고일어섰고, 어째서 문제가 이렇게 심각하리만큼 잘못되었는지 그 이유를 분석하고자 하였다. 하지만 그들은 문제를 파악할 수 없었다. 왜냐하면 그들이 바로 **문제였기** 때문이다. 우리가 본 피해는 이미 발생한 일이었으며, 지식인들은 예술, 도덕 그리고 과학이라는 3대 가치 영역을 탐색하였지만, 그 문제의 일부가 단순히 마땅히 출현해서 분화되어야 했던 다중 지능들 중 하나의 부재로 인한 것이라는 사실을 알아차리지도, 알아차릴 수도 없었다. 거기에 없는 것이 무엇인지를 알아차리지 못한 채, 그들은 근대성의 근본적인 역기능을 처음부터 잘못 진단했다. 하지만 그들은 무엇이 일어났는지 그 현상은 파악할 수 있었다. 3대 가치가 출현하여 분화되었지만, 그다음에는 분열되었고, 예술과 도덕은 합리적 과학의 무게로 인해 짓눌렸으며, 과학은 다른 가치 영역을 식민화하였고, 모종의 이상한 이유로 인해 이제 계몽주의 지식인들의 종교가 되어 버렸다.

예술과 도덕은 더 이상 이 과학주의의 상대가 되지 못한다. 신은 곧 증기 기관이었지만, **신**Deus은 이미 **감추어졌다**abscondus—신은 닻줄을 끊고 달아났으며, 보다 정확히는 비극적으로 억눌렸다. 지배적 담화 양식은 오렌지색 수준의 영성을 금기시했다. 영성 그 자체가 이제 금기였기 때문이다.[4] 이러한 피해를 안은 채, 절뚝거리

---

4) 여기서 우리는 '계몽주의의 진짜 범죄'를 목도하게 되며, 그것은 (주로 녹색 수준인) 자유주의 지식인들이 제공한 통상적인 분석이나 비판과 거의 상관이 없다. 그것은 또 다른 지능의 발달 라인으로의 실제로 놀라운 수준의 도약이었던, 그렇지만 현재 경멸받고 있는 뉴턴-데카르트식 패러다임과는 아무런 관계가 없다(뉴턴-데카르트식의 도약에 대한 증오는 베이비 붐 세대와 그 자녀들임을 입증하는 가장 분명한 신호들 중 하나다. 그 이유에 대한 심층 분석은 책『boomeritis』—역주: 국내 번역『모든 것의 목격자』—를 보라). 뉴턴-데카르트식 패러다임도, 분석적 사고도, 가부장제도, 그 어떤 희생양도 결국 일어난 분열의 근본적 원인과는 아무런 관계가 없다. 이것들은 그저 녹색 수준이 제일 선호하는 희생양에 불과하다.

사분면의 요인들은 분명 이 문제에 관여되어 있다. 산업화(우하 사분면)는 분열에 기여했지만, 그것은 동일한 수준에서 균형을 잡아 줄(그렇지만 잡지 못했다.) 영적 지혜가 부재할 때만 그렇다. 물질계(우상 사분면)의 기본적인 구성단위들에 대한 발견은 분명 분열에 기여할 수 있지만, 이 역시 해당 분면이 절대시될 때만 그렇다(과학주의가 하는 일이 바로 그것이다). 군주제, 귀족정 그리고 신화적-멤버십 사고방식에 대한 문화적 혐오는 합리성에 대한 과잉-이상화와 신화적인 모든 것들에 대한 혐오에 기여할 수 있지만, 체제 내부에 과학이 과학주의로 기울어지게 하는 무언가가 있을

는 오렌지색 담화는 자신이 건강한 오렌지색 수준인 양 가두 행진을 벌였고, 3대 가치의 분화는 계속되었으며(1600~1800년), 이것이 전부 위업으로 잘못 받아들여졌다. 분명히 그것은 위업이긴 했지만, 그 위업은 이미 병들어 있었다. 거대한 위업은 스스로 분열의 씨앗을 품고 있었다. 그리고 그러한 분열이 시작되자(1800~1900년) 서구의 앞서가는 지식인들은 그 현장에 서서 문화 전체가 겪게 될 그 끔찍함과 비극 그리고 파멸의 운명에 대해 통곡하며 애도하였다.

그것은 분명, 그들이 옳았다.

영적 지능의 탈-억압

이것—'강철 지붕'—에 대한 치료제, 전 세계 도처의 '압력솥 뚜껑'의 해결책, 70%의 세계 인구가 부글부글 끓고 있는 가운데, 여기저기서 폭발과 테러리즘이라는 명백한 증상들이 나타나고 있다—이에 대한 치료는 두 가지 측면을 지니고 있으며, 잠깐 간단히 언급하자면, 정향적 일반화orienting generalization가 바로 그것이다.

억압과 고착이라는 양쪽 길 모두 수준/라인 오류를 해소할 필요가 있다. 억압 측에서는 **오렌지색 수준의 이성**이 호박색 영성에 대한 증오를 내려놓고 오렌지색 수준의 영성의 진가를 알아보거나, 적어도 인정하기 시작해야 한다. 이것이 바로 자신의 영적 지능에 대한 억압으로부터 벗어나는 것이다. 그리고 한 가지 강력하게 지적하고 싶은 것은 **무신론**과 **불가지론** 둘 다 형식적·조작적 인지를 통해 도달하였다면, 일종의 오렌지색 수준의 영적 지능이라는 점이다. 영적 지능은 간단히 말해

때만 그렇다(영적 지능의 억압과 거대한 자리바꿈이 있을 때 그러하다). 이 모든 요인이 분명 기여한 바가 있지만, 선행하는 수준/라인 오류가 없었다면, 이것들은 결코 이전과 같은 견인력을 지니지 못했을 것이다. 궁극적으로 체제가 다른 영역들을 산 채로 먹어 치우는 과격한 과학주의로 기울게 끔 하는 것은 그 자리에 온통 황량함만을 남길 뿐이며, 이 만만찮은 지배적 담화 양식은 한층 더 강화될 것이다. 특히 Foucault가 집중적으로 언급한 이 '인간의 과학sciences of man'은 의학적 개입이 필요한 병이라는 논쟁을 제기하면서 그 이력이 시작되었다. 이제 신이 정신의학이라는 풋내기 과학이, 치료제를 갖고 있는 병이 된 것이다.

궁극적 관심사와 절대적인 것으로 받아들여지는 것들을 다루는 지능 라인이다. 그리고 만약 어떤 사람의 사려 깊은 결론이, 예를 들어 궁극적 실재가 존재하는지 여부를 결정할 수 없는 것이라면(불가지론), 그때 그것은 오렌지색 수준의 영적 지능이다. 하지만 오렌지색 수준의 합리성이 하는 짓은 보통 둘 중 하나다. 단언컨대, 그렇게 할 수 없음에도 불구하고 과학이 궁극적 실재의 부재를 **증명**했다고 주장하거나, 과학의 옷을 입었지만 본질적으로 영적 판단 기준을 도입한 것과 다름없이 절대적 실재를 질량이나 에너지처럼 유한한 것들에 귀속시켜 버린다—거칠게 말해, 위선에 불과하다. 둘 다 주로 건강한 영적 지능의 억압에 따른 결과이며, 건강한 영적 지능은 절대적 실재의 존재를 반드시 받아들여야 한다는 식이 아니다. 다만 그 존재를 개방적으로, 그리고 정직하게 다루자는 것이며, "난 몰라." 혹은 "난 그렇게 믿지 않아."라고 말해도 무방하다.

고착의 측면을 보면, **호박색의 영성**은 민족중심적 종교에 대한 고착을 내려놓을 필요가 있으며 자신의 보다 높은 수준의 영적 지능을 향해 스스로를 열어야 한다—세계중심적 이성과 후인습적 사랑으로 영을 표현하는 것으로부터 시작하자. 우리는 이러한 움직임의 필요조건에 대해 뒤에서 다시 살펴볼 것이다.

억압과 고착 둘 다를 다루는 이 모든 요소는 컨베이어 벨트라는 개념에 잘 담겨 있다. 그러면 그 개략적인 내용을 좀 더 자세히 살펴보자.

기름, 가스만큼이나 소중한 천연자원

제4장에서 의식의 상태(영적, 종교적 경험을 포함한)가 어느 단계에 있는지에 따라 달리 해석이 된다는 사실에 대해 논하면서 우리는 그 사례로 진홍색 그리스도와 빨간색 그리스도, 호박색 그리스도, 오렌지색 그리스도, 녹색 그리스도, 청록색 그리스도, 남색 그리스도 등을 들었다.

이는 결정적으로 중요한 지점이다. 왜냐하면 근대와 탈근대의 세계에서 이제 모든 주요 종교에 적어도 호박색 수준만이 아니라 오렌지색과 녹색 수준의 종교적 메시지를 지닌 일부 지지자들이 있기 때문이다. 하지만 정확히 오늘날까지 존재하면서 종교를 신화적 수준에 고착시킨 이 극도로 강력한 문화적 수준/라인 오류로 인해, 그보다 상위의 수준들은 강조되거나 심지어 공식적으로 용인되지도 못했다.

하지만 상위 수준의 활용 여부와 관계없이 그리스도 의식의 첫 번째 층, 두 번째 층 그리고 세 번째 층의 해석이 존재한다는 사실은 여전하다. 그리고 이것이야말로 인간의 모든 위업 중에서도 오직 종교만이 인류와 그 성장 단계를 위한 일종의 거대한 **컨베이어 벨트**를 제공해 줄 수 있다는 것을 보여 주는 하나의 사례다. 몇 가지 이유로, **오로지** 종교만이 이 일을 할 수 있다.

첫째는, 세계의 종교들이 거대한 신화의 저장고라는 점이다. 발달의 초기 단계는 편의상 태곳적 · 마법적 · 신화적이라고 할 수 있다. 그리고 이 위대한 신화들은 3,000년 전에 기초가 놓였으며, **오늘날은 결코 만들어질 수 없다.** 인류가 상상력이 부족해서가 아니라 모든 사람이 비디오카메라를 갖고 있기 때문이다. 오늘날 모세가 자신이 홍해를 갈랐다고 이야기하게 내버려 두고 그가 어디까지 갈 수 있는지 지켜보자.

내가 좀 익살스럽게 이야기하긴 했지만, 난 정말 진지하다. 오늘날 모든 아기들은 태곳적 본능으로부터 마법적 본능, 신화적 세계관을 향해 나아가며, 어떻게든 그렇게 해낸다. Piaget의 작업을 보면, 당신은 다섯 살 아이가 세계의 위대한 신화의 핵심 개요를 만들어 내는 것을 볼 수 있을 것이다. 종교 체계의 신화적 단계는 바로 이 발달 단계에 대한 이야기를 심도 깊게 전해 주며, 반복하자면 **이 단계들은 사라지지 않는다.** 모든 사람은 원점에서 출발한다.

오늘날의 인류는 비디오카메라로 무장했기에 신선하고, 믿을 만한 새로운 신화들을 갖지 못할 것이다. 홍해를 가른 모세나 생물학적 처녀로부터 태어난 예수나, 태어났을 때 이미 900살인 노자, 혹은 거북 위의 코끼리 위의 뱀 위에 놓인 땅덩어리 같은 신화들 말이다. 세계의 거대한 신화적-종교적 체계는 귀중한 인간의 자원이며, 인간 성장의 피할 수 없는 단계들을 전해 주는 유일한 자원이기도 하다. 그들은 인류의 태곳적 · 마법적 · 신화적 단계와 함께 시작했으며, 따라서 기름이나 가스만큼이나 희소하고 소중한 인간 내면의 자원의 보고다. 그리고 세계의 거대 종교 체계들은 내면에서 이 단계들을 다루기 위해 존재한다. 이것이 70%의 인류가 세계의 종교들에 의해 좌지우지되는 정확한 이유다.

하지만 세계의 거대 종교들은 그뿐만이 아니다. 정확히 그들은 인류의 진홍색, 빨간색 그리고 호박색 단계와 더불어 시작되었기 때문에 그러한 신념들에 부여된 **정당성**legitimacy을 통제할 수 있다. 이 때문에 그들은 오렌지색 수준과 그보다 상위 수준의 영적 지능을 **자신의 전통 내에서** 인정해 줄 수 있는 **유일한** 권위의 원천이다. 그들은 오늘날의 세계에서 거대한 컨베이어 벨트 역할을 해 줄 수 있는 유일한 체계이며, 사람들이 빨간색으로부터 호박색, 오렌지색, 녹색, 청록색 그리고 그 이상으로 나아갈 수 있게 도울 수 있다. 왜냐하면 그들만이 그 모든 단계가 정결하며, 정당하고, 신성하며, 수용 가능하다고 선고할 수 있기 때문이다. 그리고 이들을 자신의 계통 내에서 허가imprimatur해 줄 수 있다.

인류를 위한 성스러운 컨베이어 역할을 하는 것, 이것이야말로 아마도 근대와 탈근대의 세계에서 종교가 지닐 수 있는 가장 중요한 역할일 것이다. 오늘날의 세상에서 당신은, 말하자면 의학 공부를 시작할 때 자신의 환자에게 거머리를 써먹는 법부터 시작하여 골상학, 항생제, 현미경을 이용한 미세 수술 전부를 배우지는 않는다. 하지만 신성한 학교에서는 그렇게 해야 한다. 당신은 진지하게 당신의 종교에 마법과 신화적 버전을 적용하는 법을 배우고—남성과 여성으로 성장하려면!—그다음에는 만약 당신이 보다 진도가 나간 학교 비슷한 어딘가에 있다면, 당신은 보다 깊고 보다 높은 수준의 이름, 오렌지색, 녹색, 청록색, 그리고 남색 수준의 의미를 향해 나아갈 것이다. 이미 Clement나 Origen, Maimonides 같은 사람들은 자신의 은유적 방법으로 이를 해 왔었다. 종교적 신화는 **경험적인 진실이 아니다.** 그들도 그것을 알고 있었지만, 신화를 존중하면서도 영적 실재의 깊이를 재기 위해서는 반드시 신화를 거쳐 이성, 초-이성으로 나아가야 함을 알고 있었다. 즉, 우리는 호박색에서 보다 높은 수준으로의 지속적인 성장을 위해서는 영적 지능이라는 발달 라인을 허용해야만 한다. 역으로, 신화를 실재하는 것으로 강요하는 것은 호박색 수준에 고착시키고 영구적인 수준/라인 오류로 빠지게 하는 가장 확실한 길이다. 과거의 신화들을 분명 존중하고, 소중히 여기고, 칭송해야 함은 물론이지만, 이것들을 절대적 실재로 격상시키는 것은 절대로 아니 될 일이다.

하지만 영적 발달 라인의 보다 높은 수준이 인정받고 허용되려면, 영적 라인 그 자체가 인정받고 존중받을 필요가 있다. 종교와 과학 둘 다 문화적 수준/라인 오류와 이 유행병과도 같은 영적 발달의 신화적 수준에서의 고착을 영속화하고 있다. 따라서 둘 다 성장할 필요가 있다.

숭고함의 탈-억압, **영적 지능이라는 발달 라인의 탈-억압**에는 많은 것이 필요하지만, 우리가 그간 강조해 온 것들 중 하나는 근대와 탈근대의 세계에서 과학과 영성 둘 다의 역할에 대한 보다 포괄적인 관점을 허용하고 촉진하는 정향적 **틀 구조**를 획득하는 것이다. 지적 설계론의 주창자들이 그러하듯이, 과학이 신화적 수준의 시를 입증하게끔 노력하는 것은 터무니없는 짓이다. 그리고 과학이 과학주의로 나아가 과학이 궁극에 대해서는 입증을 하지도 못하지도 않는다고 선언하기보다는, 자체적으로 모든 질문에 답하려고 노력하는 것이야말로 병적 오렌지색 수준이다. 적어도 통합적 틀 구조는 케사르의 것은 케사르에게, 아인슈타인의 것은 아인슈타인에게, 피카소의 것은 피카소에게, 칸트의 것은 칸트에게, 그리고 그리스도의 것은 그리스도에게 돌리는 시도를 시작하려 한다.

발달의 단계들은 인생의 정거장이다

원점에서부터 시작한 인간 존재는 아무리 멀리까지 발달했다 하더라도, 자신이 원하면 어디에서라도 멈출 권리가 있다. 어떤 사람들은 빨간색 수준에서, 또 어떤 사람들은 호박색 수준에서 멈추었다. 어떤 이는 오렌지색 수준 혹은 그 이상으로 나아갈 것이다. 어떤 이들은 어느 단계까지 발달하면, 잠시 멈추었다가 그다음에 계속 성장을 해 나아간다. 또 다른 어떤 이들은 사춘기 즈음 성장을 멈추고 결코 두 번 다시 성장하지 않는다. 하지만 그것은 그들의 권리다. 사람들은 자신이 멈추고자 한다면 어느 단계에서든 멈출 권리가 있다.

나는 모든 **단계**가 또한 삶 속에서의 **정거장**이기도 하다는 말로 이를 강조하고자 한다. 어떤 사람들은 성인기의 삶 전체를 빨간색이나 호박색 수준에 할애하겠지만, 그것은 **그들의 권리다**. 다른 사람들은 앞으로 계속 나아갈 것이다. 하지만 모든 위업 중에서도 종교만이 홀로 **삶의 정거장에서의 교리문답**을 제공할 수 있다. 여기 빨간색 버전의, 호박색 버전의, 오렌지색 버전의, 남색 버전 등의 그리스도가 있다.

(미국의 불교도들은 종종 자신의 비-개념적 지향성 때문에 이 모든 것 위에 있다고 느낀다. 만약 그렇다면, 이 책의 제5장을 다시 한번 읽어 보라. 호박색 수준의 『능가경楞伽經(Lankavatara Sutra)』이 있고, 오렌지색 수준의, 녹색 수준의, 청록색 수준의, 남색 수준 등의 능가경이 있다. 대부분의 미국 불교도들은 녹색 수준의 능가경만을 본다. 그들이 청록색이나 남색 수준처럼 다른 해석을 허용하는 한 그것은 그들의 권리이자 자유다. 그렇다면 핵심은 매우 단순하다. 영적 해석의 스펙트럼이 존재하며, 오로지 종교만이 이 컨베이어 벨트 역할에 발을 들여놓을 수 있다).

어떤 사람들은 빨간색 수준에서 멈출 것이며, 그러면 마법적-빨간색 수준의 종교가 그들에게 계속 말을 건넬 것이며, 그들의 사회에 가장 필요한 것은 분명 호박색 수준의 종교일 것이다. 어떤 이들은 오렌지색 수준에서 멈출 것이고, 오렌지-이성과 보편적인 선의지善意志를 지향하는 종교가 그들에게 계속 말을 건넬 것이고, 그들의 사회는 오렌지색 버전의 종교를 간절히 접하고자 할 것이다. 어떤 이들은 녹색 수준에서, 짙은 청록색, 연한 청록색에서 멈출 것이니……. 종교만이 홀로 삶의 여러 단계—정거장들—에 걸쳐 있는 거대한 컨베이어 벨트 역할을 수행하면서 이 스펙트럼을 확장시킬 수 있다.

이것은 거대 조직만이 수행할 수 있는 특별한 역할이며, 반복건대 영성만이 홀로 그렇게 할 수 있다. 왜냐하면 유아기와 아동기의 인류가 통과하는 단계들의 존재를 허용하며, 신화적 수준에 맞춰 영적 메시지를 표현하는 유일한 조직이기 때문이다. 단언컨대, 이는 자신의 어린 시절 버전을 버리고 오로지 오늘날의 최신 발견만을 채택하는 의학, 법학, 물리학, 생화학, 건축 등과는 다르다. 말해 온 것처럼, 우리는 오늘날 거머리를 추천하는 의사도, 점성학을 가르치는 천문학자도 찾을 수 없다. 하지만 우리는 설교자들이 그렇게 하는 것을 볼 수는 있다. 근대와 탈근대 그리고 통합적 시대를 향한 영 스스로의 펼쳐짐과 계속 발을 맞춰 온 마법적 · 신화적 가르침을 전하는 것은 **거대 종교가 영성의 오렌지색과 그 상위 수준을 정당화하고 접근 가능케 하는** 한 나름 괜찮은 일이다…….

그리고, 특히 이는 종교 그리고 종교만이 홀로 걸음을 내디뎌 현재 지구를 둘러싸고 그 안에서 우리를 질식사시키고 있는 강철 지붕, 압력솥 뚜껑을 없애는 일에 착수할 수 있다. 그 날이 올 때까지, 테러리스트들은 계속 뚜껑을 날려 버리려는 시도를 할 것이고, 대학생들은 이를 피하려고 벽장 속에서 기도할 것이다.

상위 단계, 하지만 보다 상위의 단계

근대와 탈근대의 세계에서 종교의 두 번째 중요한 역할은? 오렌지색 수준과 그 보다 위의 **단계들**에 접근할 수 있게 만드는 것뿐만 아니라 관조적 **상태**를 수행의 핵심으로 삼아야 한다.

이 역할이 좋은 것은 상태는 삶의 모든 단계—즉, 모든 정거장—에서 접근이 가능하다는 점이다. 진정한 영성은 발달의 상위 단계(혹은 자아초월적, 세 번째 층의 단계—영성의 네 가지 주요 정의들 중 첫 번째에 해당)에서만 접근 가능한 것이 아니라, 영성의 측면이나 차원들은 진정한 종교적 체험(혹은 상태)에서 모든 단계 혹은 정거장에서 접근이 가능하다(영성의 정의 중 세 번째에 해당). 따라서 문자 그대로 **삶의 모든 단계 혹은 정거장에서** 사람들에게 제공할 수 있는 심오한 무언가가 존재하는 것이다. 물론 그 해석의 깊이와 포용의 범위는 상위 단계에서 더욱 늘어나지만, 누군가 명상, 관상, 오순절 체험, 혹은 향심기도를 시작한다면, 그가 빨간색 수준이냐, 호박색 수준이냐, 오렌지색 수준이냐, 녹색 수준이냐 등과 관계없이 진정한 조대한, 정묘한, 원인의, 비이원적 종교적 상태로 푹 빠져들어 갈 것이다. 따라서 만약 활용되기만 하면, 이는 거대 종교들에게 인류의 위대한 잠재력이 담긴 다양한 메뉴를 제공할 수 있다. 어떤 수련자가 어떠한 **단계**에 머무는지와 관계없이 진정한 영적 · 관조적 **상태**는 수련자에게 바로 처음부터 제공될 수 있다…….

(말하자면, 명상을 호박색 수준에서 시작한 누군가가 깨달음 같은 무언가를 성취할 수

있을까? 그 답은 '예'이면서 '아니요'이기도 하다. 깨달음의 단계는 아니다. 하지만 우리가 수평적 깨달음이라고 부른다면, '예'다. 수직적 깨달음은 '아니요'다. 이 주제에 대해선 부록 II를 살펴보라).

지금으로서는 영적 상태-체험이 보통 대다수 정통 종교의 지배적 담화 양식에 의해 거부당하며, 그에 따라 다른 곳에서 이루어질 수밖에 없다. 십대들에게 이는 종종 레이브rave 파티[5]와 약물로 나타난다(하지만 솔직히 영적 변성 의식 상태를 억누르고 아이들로 하여금 애당초 레이브 파티로 떼를 지어 달아나게 만든 종교보다는 차라리 레이브 파티가 더 건강하다고 생각한다).

영적 상태들이 종교 내에서 수면 위로 떠오를 때, 그들은 종종 복음주의 부흥evangelical revival, 오순절 모임으로 내몰리고, 그곳에서 종종 때로는—Underhill의 은총과 조명 상태에까지 이르는—심오한 성격의 정묘 상태 체험과 변성 의식 상태들을 실제로 체험하기도 한다. 하지만 그들은 보통 빨간색 수준으로 분절된 채로 남아 있으며, 호박색 수준의 발달 단계가 드물다. 이는 테러리스트를 없애는 것이 아니라, 되레 만드는 것이다.

영적 전통이 보다 상위의 단계와 상태들을 제공하기만 하면, 종교는 근대와 탈근대의 세계에서 새로운 역할을 맡게 될 것이다. 전체적으로 인류를 위한 거대한 컨베이어 벨트의 역할을 맡게 되는 것이다.

상태가 단계에 끼치는 영향

종교가 인류의 거대한 컨베이어 벨트 역할을 수행하기 위해서는 명상적, 관조적 그리고 비일상적 상태들(조대한, 정묘한, 원인의, 비이원적)을 자신의 커리큘럼 안에 넣어야 할 또 하나의 이유가 있다. 그것은 꼭 아이들을 레이브 파티에 가지 못하게 하고, 다 큰 어른들을 대형 텐트 속 부흥회tent revival에 밀어 넣지 않기 위함만은 아니다. 오히려 이 상태들이 단계에 끼치는 지극히 이로운 효과를 위함이다. 앞에서

5) 역주: 밤새 전자합성 음악을 들으며 열광하는 파티

살펴보았듯이, 모든 상태는 동등한 것으로 간주되며, **당신이 다양한 상태를 경험할 수록, 당신은 더욱 빠르게 단계를 통과해 나아가며 발달할 것이다.**

당신이 어떤 발달 라인에서 단계들을 건너뛸 수 있는 경우는 결단코 없다—**단계는 건너뛸 수 없다.** 하지만 방대한 연구물들은 당신이 명상적 혹은 관조적 의식 상태를 경험할수록, 당신이 더욱 빠르게 의식의 발달 단계를 거쳐 발달할 것임을 입증하고 있다. 그 어떤 수련 혹은 기법—심리 치료도 아니고, 호흡 작업도 아니며, 변용적 워크숍도 아니고, 역할-취하기도 아니며, **하타 요가**도 아니다—도 이를 경험적으로 입증하지 못했다. 오로지 명상만이 그렇게 할 수 있다. 예를 들어, 성인 인구의 약 2%가 두 번째 층의 수준에 머물지만, 4년의 명상 수행을 거치면 명상 집단 내에서 2%는 38%로 상승한다. 이는 실로 놀랄 만한 연구 결과다.

이미 보았듯이, 명상이 그렇게 할 수 있는 이유는 간단하다. 당신이 명상을 할 때 당신은 그 결과 마음을 주시하고 있으며, 이에 따라 주체를 객체로 전환하게 된다—이는 정확히 발달의 핵심 시제다("한 단계에서의 주체는 다음 단계의 주체의 객체가 된다.").[6]

당신이 명상을 시작할 때의 전반적인 단계가 어느 정도인지와 관계없이(빨간색이든, 호박색이든, 오렌지색이든, 녹색이든 등등) 당신은 명상적 혹은 관상적 혹은 황홀경 혹은 비일상적 상태들(조대한, 정묘한, 원인, 비이원적)을 직접 경험할 수 있으며, 이 상태들은 그 자체로 심오한 경험들을 실어 나를 뿐만 아니라, 단계를 통과하며 펼쳐지는 당신의 성장과 발달을 가속화할 것이다.

이 모든 영적 크로스-트레이닝을 결합한 것이 바로 **통합적 삶의 수련**Integral Life Practice이며, 이에 대해서는 다음 장에 논의할 것이다.

---

6) 나는 이에 대해 『영의 눈(The Eye of Spirit)』(역주: 『아이 오브 스피릿』, 김철수 · 조옥경 역, 학지사, 2015)에서 다루었다. 만약 관심이 있다면, 이 글을 꼭 읽어 보라. 거기에는 이에 대한 연구와 통합적 관점에서의 논의가 담겨 있다. 그 책의 유일한 단점은 윌버-콤즈 격자Wilber-Combs Lattice를 고려하지 않아서 상태와 단계의 관계가 온전히 설명되지 않았다는 점뿐이다. 하지만 당신은 행간에서 그 의미를 읽어 낼 수 있을 것이며, 나머지 논의에서도 꽤나 큰 관련성을 발견할 수 있을 것이다.

요약과 결론

여기 이번 장에서 내가 전달하고자 했던 전체 그림이 있다.

모든 이들이 원점에서 태어난다. 언제나 빨간색 수준의 사람들은 있을 것이고, 그것은 괜찮은 일이다. 언제나 호박색 수준의 사람들이 있을 것이고, 그것도 괜찮은 일이다. 언제나 오렌지색 수준의 사람들이 있을 것이고, 그것도 괜찮은 일이다 (계속 이어진다). 깨어난 사회는 **발달 단계들**이 **삶의 정거장**이기도 하다는 것을 인정함으로써 항상 자리를 만들어 놓는다. 그리고 누군가는 (영 스스로가 펼쳐 낸) 그 정거장들 중 어딘가에 멈추어 서서 그들이 머무는 어느 정거장에서든 마땅한 존중과 존경을 받을 것이다.

그럼에도 불구하고 태곳적에서 마법적 · 신화적 수준에 이르는 초기의 정거장들은 인류의 최전선에서 유아기와 아동기, 사춘기를 통과해 나아갔던 단계들을 포함하고 있다. 하지만 오직 종교만이 그 시기 동안 만들어졌던 신화의 저장고로 존재하며, 오로지 종교만이 오늘날의 세계에서 남성과 여성을 위한 단계와 정거장들에 **정당성**을 부여할 수 있는 조직이다. 종교만이 홀로 신화에 정당성을 부여할 수 있다. 그리고 종교만이 이 단계에 속한 전 세계 인류의 70%를 보유하고 있다.

이 모든 것이 훌륭하고 아름다운 일이다. 하지만 이는 정확히 종교가 인류의 전-합리적 유산(그리고 위대한 전-합리적 신화들의 총체)을 보유하고 있기 때문이며, 종교만이 홀로 그 추종자들이 전-합리적, 신화적-멤버십, 민족중심적, 절대주의적 버전의 메시지에서 합리적-관점적, 세계중심적, 후인습적 버전의 메시지로 나아가도록 도울 수 있다. **민족중심적 호박색에서 세계중심적 오렌지색으로의 도약, 오직 종교만이 인류의 그 거대한 도약을 도울 수 있다.**

오직 거대 종교만이 오렌지색 수준(혹은 그 이상)에서 그들의 핵심 메시지와 영성의 정수를 (사회적 · 종교적인 의미에서) **정당화**할 수 있는 컨베이어 벨트가 될 수 있다. 이것은 테러리스트부터 벽장에 갇혀 기도하는 대학생들이 입증했듯이, 힘겨운 도약이다.

이러한 어려움에 가장 크게 기여한 것이 바로 거대한 수준/라인 오류다. 근대 과학, 그리고 종교 둘 다—세속의 인본주의자, 그리고 종교의 옹호자들 둘 다—이를 놀랄 만큼 열심히 받아들여 영적 라인의 신화적 수준과 전체 영적 라인을 혼동하였으며, 그다음에는 영적 지능을 아동 단계에서 얼어붙게 만들었다. 종교와 과학 둘 다 이 우스꽝스럽기 짝이 없는 케이크를 보존하고자 열심히 싸워 왔다. 이는, 갑자기 비유를 바꾸자면 전 세계를 뒤덮는 압력솥 뚜껑을 만들어 냈으며, 합리적 과학과 근대의 세계는 모든 오렌지색 수준을 보유하게 되었다. 그리고 종교는 전부 전근대, 전합리 그리고 신화적인 호박색 수준에 머물게 되었다.

그 모든 민병대('테러리스트')들은 놀랍게도 정확히 똑같은 것을 이야기하였다. 근대의 (오렌지색 수준의) 세계는 나의 (신화적 호박색 수준의) 종교적 신념의 여지를 남겨 놓지 않았으며, 그렇기에 나는 내가 믿는 신의 이름으로 이 근대의 세계를 날려 버릴 것이다.

특정 종교 스스로 자신의 종교적 메시지에 대한 오렌지색 수준, 세계중심적, 근대적 수준의 해석이 담긴 교리문답서를 만들 여유를 갖기 전까지는, 그리고 이 오렌지색 수준의 해석을 정당한 것으로 인정해 주기 전까지는(예를 들면, 제2차 바티칸 공의회), 단언컨대 이 일은 멈추지 않을 것이다.

오렌지색 수준의 세계중심적 해석을 강조한 뛰어난 종교적·영적 저술가들의 수는, 예를 들면 기독교에서도 매우 많다. 특히 John Shelby Spong 주교의 작품들(예를 들면, 『성경을 근본주의로부터 구출하기(Rescuing the Bible from Fundamentalism)』『기독교가 변하지 않으면 죽는 이유(Why Christianity Must Change or Die)』『새로운 세계를 위한 새로운 기독교: 어째서 전통적 신앙이 죽어가고 새로운 신앙은 어떻게 태어나고 있는가(A New Christianity for a New World: Why Traditional Faith Is Dying and How a New Faith is Being Born?)』이 잘 알려져 있다(널리 추천받기도 한다). Marcus J. Borg의 『기독교의 핵심(The Heart of Christianity)』, Stephen Carter의 『불신의 문화(The Culture of Disbelief)』, F. Forrester Church의 『신과 자유주의자들(God and Other Famous Liberals)』도 잘 알려져 있다.

한편, 기독교의 녹색/탈근대적 해석의 흐름도 점점 커지고 있다. 소수이긴 하지만, John R. Franke와 Stanley J. Grenz의 『정초定礎주의를 넘어서: 탈근대의 맥락에서 신학을 만들기(Beyond Foundationalism: Shaping Theology in an Postmodern Context)』와 John Milbank의 『신학과 사회 이론: 세속의 이성을 넘어서(Theology and Social Theory: Beyond Secular Reason)』와 Kevin J. Vanhoozer(편저)의 『탈근대의 신학에 대한 캠브리지 안내서(The Cambridge Companion to Postmodern Theology)』와 Brian McLaren의 『관대한 정설(A Generous Orthodoxy)』과 The Bible and Culture Collective의 『탈근대의 성서(The Postmodern Bible)』[7]가 있다. 혹자는 이들을 옹호하는 대부분의 사람들이 녹색 수준의 파동이 계속 부풀어 오른 데 따른 X 세대와 Y 세대라고 예측하고 있다. 『무엇이 깨달음인가(What Is Enlightenment?)』 2006년 3~5월호에서는 다음과 같이 보고하고 있다. "탈근대족族 pomos들이 점점 더 막강한 구매력을 지니고 문화적 영향력이 점증함에 따라, 종교 서적에 대한 Publishers Weekly의 분석은 구매자들의 평균 연령이 38세로 젊었으며 구매자들 중 가장 큰 집단은 25세에서 45세까지 걸쳐 있었다."

물론 기독교를 근대와 탈근대의 세계로 옮긴 진짜 선구자들 중 하나인 Hans Küng의 모든 작업을 빼놓을 수 없다. Raimon Panikkar의 작업 또한 여러 면에서 매우 도발적이었다.

다시 종교로 주제를 돌리면, 개인 수련자들이 특히 호박색에서 오렌지색에 이르는 지평을 헤쳐 나아갈 수 있게 돕는 것이 가장 화급하다. 이 어려움은 사분면을 활용할 때 가장 잘 분석될 수 있다.

좌상 사분면에서 심리적으로 개인은 민족중심적 신앙에서 세계중심적 신앙으로 나아갈 필요가 있다. 이것은 역할 중심의 정체성에서 개인 중심의 정체성으로의 힘겨운 변용이다. 이는 개인이 민족중심적, 우리 대 그들의 사고방식 대신 후인습적, 세계중심적 도덕적 태도를 취할 수 있게 해준다. 기독교 신앙의 배경을 지닌 이에게는 이러한 도약이 예수 그리스도가 나의 개인적 구원자가 될 수 있지만, 다른 이들 역시 구원으로 향하는 또 다른 길을 찾을 수 있음을 깨달음으로써 가능해진다. 성령이 남녀에서 서로 다른 방식으로, 서로 다른 언어로, 서로 다른 대지에서 말을 건네

7) 역주 : 복수의 진보적 신학자들로 구성된 필진들의 글을 모아 편집한 책. 근대의 문헌학 이론과 문화 비평을 활용하여 최근 이루어진 성경 연구에 적용하여 성경에 대한 새로운 해석을 이끌어 냈다.

지만, 그럼에도 온전히 현존한다.

좌하 사분면에서 개인은 반드시 그 혹은 그녀의 종교가 진정 우주적이고 보편적인 예수를 지지하는지, 단순히 민족중심적 교리만을 지지하지는 않는지 느껴 볼 필요가 있다. 어떤 경우, 이것은 매우 논쟁적인 이슈가 될 수 있으며, 예를 들어 가톨릭에서는 제2차 바티칸 공의회가 그 문을 열었고 지난 두 명의 교황들이 그 문을 닫고자 하였다. 제2차 바티칸 공의회의 지배적 담화 양식은 건강한 오렌지색 수준(세계중심적)의 기독교를 허용하였다. 지난 두 명의 교황은 신비적 상태에 대한 그 모든 포용과 겉으로 보이는 자유주의적 독실함에도 불구하고, 억압적인 호박색 수준의 지배적 담화 양식에 한 발을 걸치고 있었다. 자신의 보다 높은 영적 지능의 출현을 비극적으로 억누르는 그 호박색 수준에 말이다.

이것이 (우하 사분면에서) 조직화되는 방식은 근대와 탈근대의 세계에서 신앙을 지닌 이들에게 허용되는 행동(우상 사분면)을 결정하는 데 도움을 준다. 특히 삶의 정거장들을 자신의 구체적인 사회(그리고 문화) 시스템 내에서 구현하는 조직이 필요하다. 전-합리에서 합리적 그리고 초합리적 층으로 개인이 안전하게 옮겨 갈 수 있는 컨베이어 벨트는 존재할 것인가? 아니면 종교는 그저 인류의 어린 시절의 저장고 역할에 머물 것인가?

만약 종교가 후자를 택한다면, 역으로 다른 분야들(법, 의학, 과학, 교육)이 계속해서 어른들이 하는 일을 수행해 나갈 것이며, 종교는 여전히 어린 아이 수준에 머물 것이다. 폭파처럼 말이다. 하지만 만약 영이 종교를 통해 인류에게 말을 건네게 하는 노력을 기울여 가능성에 부합한다면, 실로 영은 자기를 현현하며 진화할 것이고, 그때 종교는 인류를 영의 어린 시절의 산물에서 성인기의 산물로……. 그 너머 영이 계속해서 보여 주는 위대한 내일에 이르는 그곳까지 실어 나르는 컨베이어 벨트가 될 것이다.

분명, 이것이야말로 근대와 탈근대의 세계에서 종교가 지닌 커다란 역할이리라.

제10장

통합적 삶의 수련

AQAL은 현실에 대한 **이론적 접근**이며, 우리는 이 AQAL의 통합적 테오리아Integral Theoria[1]를 **AQAL-IT**으로 상징화할 수 있다. 하지만 실용적인 접근, 통합적 접근의 현실적 실천은 어떨까? 'AQAL의 통합적 실천Integral Praxis'[2]을 줄인 **AQAL-IP**는 어떨까? 혹은, 내가 나의 삶 속에서 실제로 통합적 관점의 모든 측면을, 나의 세계-내-존재의 측면 또는 차원들을 실제로 연습할 수 있는『**통합적 삶의 수련**(Integral Life Practice, ILP)』[3]은 어떨까? 나는 어찌해야 온전한 나를 실천할 수 있을 것인가?

ILP의 짧은 역사

모듈화된 통합적 삶의 수련은『성, 생태, 영성(Sex, Ecology, Spirituality)』(1995)에서

1) 역주: '관상(觀想)'을 의미하는 그리스어로, 이론theory의 어원이기도 하다.
2) 역주: '실천'을 의미하는 그리스어로, 테오리아theoria와 대비되는 개념으로 practice의 어원이다.
3) 역주:『켄 윌버의 ILP』, 안희영 · 조효남 역, 학지사, 2014.

소개된 AQAL 틀 구조에 기초하여 『일미一味(One Taste)』[4]에서 최초로 제안되었다. 그다음에는 통합 기구Integral Institute에 의해 제공된 최초의 통합적 삶의 수련 워크숍과 더불어 구체화되었다.[5] 비록 문자 그대로 동양과 서양의 수백 가지 주요 변용 수련들에 기초하면서 이에 막대한 빚을 지고 있긴 하지만, 이 접근은 몇 가지 고유한 특징을 지니고 있다.

아마도 가장 분명한 것은 그것이 여덟 개의 구역 모두에 기초한 최초의 온전한 통합적 수행이었다는 점이다. 개인의 수행과 관련하여 Aurobindo는 네 개의 방법론을 자각하고 있었으며, 그의 통합 요가Integral Yoga는 그중 두 개를 훈련하였다. 소승 불교에서 시토 수도회, 하시디즘에 이르기까지 주요한 명상적 · 관상적 전통들은 세 개를 자각하였고, 그중 두 개를 훈련하였다. Mike Murphy와 George Leonard의 통합적 변용 수련Integral Transformative Practice은 여섯 개를 자각하였고, 그중 다섯 개를 수련하였다. 인간 잠재력 운동the Human Potential Movement의 전형적인 수행법들은 세 개를 자각하였으며, 그중 두 개를 훈련하였다. 하지만 그 어디에서도 여덟 가지 관점 모두를 인정하지 않았으며, 훈련은 말할 나위 없다.

여덟 개의 구역 모두에 기초한 통합적 삶의 수련은 특히 좌상 사분면에서 '세 가지 S'를 포함하는 수행의 문을 열었으며, 이는 개인의 성장을 이해하고 촉진하는 데 필수적이다. 그림자Shadow, 상태States 그리고 단계Stages가 그것이다. 통합 기구가 ILP

---

4) 역주: 우리말로는 『켄 윌버의 일기』(김명권 · 민회준 역, 학지사, 2010)로 번역되었다. 여기서는 제목이 뜻을 중시하여 '일미'로 번역한다.

5) 성, 생태, 영성은 1995년에 AQAL 틀 구조를 소개하였으며 이는 이전의 변용적 접근들에 내재된 핵심적인 방법론들의 문을 열었다. 이에 기초하여 일미는 모든 수준, 발달 라인 그리고 사분면에서의 통합적 삶의 수련의 모듈들을 제기하였다. 2000년에 이르러 이를 외부로 개방하고 여덟 가지 기본 관점과 방법론들을 수립하면서 한층 정제하였고, 이는 학문적 배경에서만이 아니라, 개인 삶의 수련 속에서 각각의 구역에 대한 훈련 혹은 연습이라는 관점이 도입되었다. 이는 이제 AQAL 프락시스 혹은 통합적 삶의 수련으로 불린다. 2003년에 통합 기구의 운영진이 첫 번째 통합 훈련 세미나Integral Training Seminars를 시작하였으며, 이는 2004년에 처음으로 대중에게 개방되었다.

이 세미나와 워크숍은 여러 사람들 중에서도 Jeff Salzman, Huy Lam, Terry Patten, Diane Hamilton, Bert Parlee, Willow Pearson, Sean Hargens, Cindy Lou Golin, Colin Bigelow, Rollie Stanich, Marco Morelli, Elliott Ingersoll, Jeff Soulen, Barrett Brown, David Johnson, Sofia Diaz, Michael Zimmerman, Brett Thomas, John Forman, Fred Kofman, Clint Fuhs 등 특별한 통합적 선구자 집단이 함께 노력을 기울인 결과였다.

워크숍을 제공하기 시작함에 따라, **통합적 접근**이 그들의 세계-내-존재 전체를 활성화시켜 참여자들의 열렬한 소망과 내적 차원들과 함께 깊이 공명한다는 분명한 반응을 확인할 수 있었다. 그렇게 **통합적 삶의 수련**이 탄생하였다.

통합적 삶의 수련의 구성 요소들

통합적 삶의 수련은 네 개의 핵심 모듈과 다섯 개 이상의 보조 모듈 그리고 수십 가지의 선정된 모듈들을 지니고 있다. 비록 우리가 각각의 모듈별로 '황금별 수련 goldstar practice'으로 여기는 것을 갖고 있지만, **모듈식 접근**의 전체 포인트는 당신이 각각의 모듈에서 오랜 시간에 걸쳐 그 유효성이 입증된 수십 가지의 적법한 수련법들 중에서 선택할 수 있다는 것이다(주요 모듈과 수련법들의 일부에 대한 요약은 [그림 10-1]을 보라). 기본적인 규칙은 단순하다. 각각의 모듈에서 한 가지 수련법을 골라서 그것들을 동시에 연습하라. 이 **변용적 크로스-트레이닝**은 성장을 가속화하고 건강한 발달의 가능성을 높이며, 변용적 삶을 위한 개인의 역량을 엄청나게 심화시킨다.

모듈은 간단히 말해 훈련될 수 있는 인간 역량의 모든 측면을 의미한다(사분면, 라인, 상태, 유형 등). ILP는 우리가 기초로 간주하는 **네 개의 핵심 모듈을 추천하며,** 특히 세 가지 S(좌상 사분면)와 세 가지 몸(우상 사분면)을 다루고 있다.

1. 통합적 틀 구조 모듈

인지 혹은 공共-인지co-gnosis 모듈이 바로 AQAL 틀 구조다. 원래 관점을 취할 수 있는 능력이 바로 인지이기 때문에 AQAL 틀 구조를 공부하는 것은 명료하고, 의식적이며, 이해하기 쉬운 방식으로 여덟 가지 관점 모두를 열 수 있게 도와준다. AQAL은 단순히 추상적인 모형만이 아니다. 서문에서 언급한 것처럼, 이것은 일단 학습되거나 '다운로드'하기만 하면, 정신 안의 다양한 관점의 공간이 창조되기 시작

모듈

핵심 모듈				보조 모듈				
몸(신체, 정묘, 원인)	마음(틀 구조, 관점)	영(명상, 기도)	그림자(치료)	윤리	성	일	정치	관계
역도力道(신체적)	독서와 학습	선禪	게슈탈트 치료	품행 기준	탄트라	정업正業	정서의 변형★	통합적 관계★
에어로빅(신체적)	신념 체계	향심기도	인지치료	전문적 윤리	통합 성 요가★	전문적 훈련	정서 지능 훈련	통합적 양육
F.I.T. (신체적, 정묘)★	통합 틀 구조(AQAL)★	빅 마인드 명상★	3-2-1 과정	사회적 및 생태적 활동주의	카마 수트라	금전 관리	박티 요가(헌신 수련)	의사소통 기술
다이어트: 애킨스[6] 오니쉬 다이어트,[7] the Zone[8] (신체적)	정신 훈련	카발라	꿈 작업	자기-개방	쿤달리니 요가	ILP양식의 작업★	정서적 마음챙김 수련	커플 상담
ILP 다이어트 (신체적)★	다각적 관점	자비 교환	대인 관계 작업	통합 윤리★	성적 변용 수련	카르마 요가	통렌(자비 교환 명상)	관계적 영성 수련
태극권(정묘)	도움이 되는 세계관이나 의미 체계	TM(초월명상)★	정신분석	스포츠맨십		지역 사회 봉사 및 자원	창조적 표현 및 예술	바른 조직(상가Sangha)
기공氣功(정묘)		통합적 탐구★	예술 및 음악 치료	맹세와 서약		변용으로서의 작업		의식적 결혼
요가(신체, 정묘)		1-2-3 인칭 신★						
3-신체 운동(신체, 정묘, 원인)★								

Practices

★= 황금별 수련

[그림 10-1] 통합적 삶의 수련 매트릭스

하는 일종의 **통합적 운영 체제**(또는 IOS)다. **인지 라인이 다른 모든 주요 발달 라인의 필수조건이지만 충분조건은 아니기 때문에** 당신의 인지적 틀 구조가 보다 통합적이고 포괄적일수록, 당신의 삶이 더욱 완전하게 충족될 것이다. 이러한 공-인지의 모듈은 모든 **단계의 발달**에 필요하지만 그것만으로 충분하지는 않다.

2. 영성 혹은 명상 모듈

'영적'이라는 말은 물론 여러 가지 의미를 담고 있다. 여기서는, 특히 명상적 혹은 관조적 **상태 훈련**을 의미한다. [그림 3-1]을 보면, 당신은 우리가 명상 모듈로 염두에 둔 전체 훈련에 대한 감을 얻을 수 있을 것이다. 명상과 영적 체험에 대한 다수의 접근들이 존재하는 가운데 ILP는 몇몇 주요한 명상 훈련, 시각화 경험 그리고 향심기도를 집중적으로 정제한 자각 훈련(**통합적 탐구**Integral Inquiry)과 더불어 빅 마인드 프로세스Big Mind Process를 활용하고 있다.

3. 3-2-1 프로세스 혹은 그림자 작업 모듈Shadow Work Module

자신의 그림자 혹은 억눌린 무의식에 대한 작업을 하는 것은 모든 변용적 생활수련에 절대적으로 필요한 구성 요소다. 통합 기구는 개인적인 그림자 재료에 접근하고 통합할 수 있는, 간단하지만 매우 효과적인 과정을 고안하였으며, 이는 3인칭 증상의 그림자를 2인칭 존재로, 그리고 1인칭 의식으로 전환시키는 데 도움을 준다.

---

6) 역주: 탄수화물 섭취를 금하고 단백질 섭취를 증가시키는 식이요법으로, 1972년 미국인 의사 Atkins가 제안하였다.

7) 역주: Ornish 박사가 제안한 식이요법으로, 과일, 야채, 콩류, 곡류 등은 제한 없이 먹되, 육류나 유지류, 유제품을 피하여 지방을 통한 칼로리 섭취량을 10% 이하로 줄이는 방법이다.

8) 역주: 역시 식이요법의 하나로, 호르몬의 균형을 중요시한다. 인슐린이 과하게 분비되어도 문제이고, 글루카곤이 과하게 분비되어도 문제가 되므로 그 균형을 중요시한다. 전체 칼로리에서 볼 때, 탄수화물 40%, 단백질 30%, 지방 30%의 비중으로 섭취하도록 한다.

4. 세 가지 몸을 위한 운동 모듈The 3-Body Workout Module

이것은 세 가지 몸-조대, 정묘, 원인 수준의 몸 모두를 훈련하는 운동이다. 앞의 세 모듈이 특히 좌상 사분면의 세 가지 S[9]를 다루었다면, 이 모듈은 우상 사분면의 세 가지 몸을 다루고 있다.

통합 기구는 이 네 가지 핵심 모듈과 더불어, 특별히 도움이 되거나 보완이 될 만한 것으로 다섯 가지 서로 다른 모듈을 추천하고 있다.

5. **윤리**
6. **성**sex, **혹은 성 요가**Sexual Yoga
7. **세상 속에서의 일, 혹은 카르마 요가**Karma Yoga
8. **감정의 변형**
9. **관계**relationships

윤리는 우상 사분면에서의 행동을 좌상 사분면에서의 후인습적 도덕 의식과 연결하는 것을 의미한다. **성**(혹은 성-요가)은 관계의 탄트라 측면에 초점을 맞추는 것이며, 특히 좌상 사분면과 좌하 사분면을 자각의 교두보로 활용한다. **세상 속에서의 일**(혹은 카르마 요가)은 직업적 일과 조직적 행동(우하 사분면)을 개인의 통합적 삶의 수행의 고유한 부분으로 활용한다. **감정의 변형**은 부정적인 감정을 그에 상응하는 지혜로 변형시켜 다루는 좌상 사분면의 심화 작업이며, 여기에는 **성-요가**도 포함된다. **관계**는 육아, 연애 그리고 의식적인 결혼과 함께 개인의 가장 중요한 관계(좌하 사분면)를 변용의 수단으로 삼을 뿐 아니라, 통합적 자각의 표현으로 활용하는 것에 초점을 맞추고 있다.

통합 기구는 각각의 모듈에 대한 세미나, 워크숍, 코스, 온라인 자료, 재택 학습 도

9) 역주: 그림자

구들을 제공하고 있다. 만약 관심이 있다면, www.integrallife.com을 방문해 보라.

통합적 전문가 수준 훈련

보다 개인적으로 마련된 훈련뿐 아니라, 통합 기구는 통합 리더십Integral Leadership, 통합적 심리치료Integral Psychotherapy, 통합적 의학Integral Medicine 그리고 통합적 지속 가능성Integral Sustainability 등의 영역에 대한 광범위한 전문가 수준의 세미나와 워크숍도 제공하고 있다. 만약 여기에 관심이 있다면 www.integrallife.com을 방문해 보라.

통합적 영적 수련

통합 기구, 통합적 영적 센터Integral Spiritual Center, ISC는 세계의 주요한 영적 전통을 가지고 작업하기 위해 통합적 수련을 채택하였다. 이곳에서 개인은 자신이 선택한 영적 길을 활용하여 5장에 설명된 것처럼, 그것을 통합 수련의 다른 구성 요소에 '끼워 넣기plug it in'만 하면 된다. 우리는 이러한 시도에 동참하고자 하는 모든 신앙과 영적 길을 환영한다.

만약 관심이 있다면, www.integrallife.com을 방문해 보라.

영의 위치는 어디인가

간단한 사고 실험을 한번 해 보자. 다음의 남성들을 마음속에 그려 보면서(원한다면 여성을 그려 보아도 좋다.), 당신이 생각하기에 누가 제일 영적인 것 같은지 말해 달라.

1. 아르마니 양복을 입은 남성
2. 페라리를 모는 남성
3. 메이저 리그의 투수
4. 전문 코미디언
5. 수학자
6. 민소매 티셔츠를 입고 웨이트 트레이닝을 하는 남성
7. 올림픽 수영 선수
8. 대학교수
9. 모형
10. 성 치료사sexual surrogate

당신이 생각하기에는 누가 가장 영적인가? 당신은 누가 가장 덜 영적이라고 생각하는가?

우리가 영적이지 못하다고 생각하는 것들을 보면 우습지 않은가? 어째서 우리는 앞의 사람들을 그다지 영적이지 못하다고 그리는 걸까? 혹은 역으로, 어째서 우리는 그들을 영적이라고 보기 힘들어 하는 것일까? 우리는 사실상 어디서 영을 찾을 수 있고, 혹은 찾을 수 없는지에 대해 자신의 편견을 투사하고 있는 것은 아닐까? 더 심하게는, 우리는 사실상 영에 대한 우리의 관념이 얼마나 낡고 파편화되었으며 **통합적이지 못한지**를 공표하고 있는 것에 다름없지 않을까? 농담을 하는 것이 어째서 영적이지 못한 걸까? 어째서 아름다운 것들—차, 양복—이 영적이지 못한 걸까? 어째서 신체적 우수함이 영적이지 못한 걸까? 어째서 섹스가 영적이지 못한 걸까? 어째서…….

이제 새로운 세상, 새로운 영성, 새로운 시대, 새로운 남성, 새로운 여성이다. 앞에서 언급한 범주들은 모두 지극히 영적이다. 주로, 앞의 항목들은 전부 다 우리가 영성으로 접근하기 두려워하는 것들의 목록이다. 목 아래로는 시체가 되어 아무런 유머도 없고, 섹스도 안 하고, 미적 감수성 따위도 없고, 쇠약해지면서, 하루 종일 세상을 무시하는 데 시간을 허비하고 기도 속에 길을 잃는……. 그 얼마나 낯선 신

이란 말인가.

그냥 여기까지만 하자. 삶에, 몸에, 본성에, 섹스에, 미美에, 탁월함에 무감각해졌다. 그것은 결코 진짜 신이 아니며, 단지 남성과 여성 모두 언제나 다루기 어려워했던 것들을 바짝 말린 것에 불과하다. 그리고 그로부터 신은 **대탈출**the Great Escape하였고, 이제 신은 인간이 두려워하고 억압한 모든 충동의 정수이자 연쇄concatenation가 되었다.

뭐, 여기까지 하자. 이제 새로운 세상, 새로운 영성, 새로운 남성, 새로운 여성이니까.

영은 통합적이며, 인간의 존재 또한 마찬가지다.

AQAL 매트릭스

AQAL 매트릭스('온 분면, 온 수준, 온 라인, 온 상태, 온 유형')는 무수한 방식으로 끌어낼 수 있다. 가장 직접적인 방법은 인간의 역사 속에서 가장 널리 활용된 방법론의 존재를 그냥 인정하는 것이다. 그냥 경험주의, 현상학, 행동주의, 관조, 해석학 그리고 시스템 이론 등의 존재를 인정하고 당신이 지닌 것을 합치기만 하면 된다. 이 방법론들을 활용하는 인간 존재가 자신이 하는 일을 잘 알고 최선을 다하고 있다면, 그들에게 예의를 표하라—그들이 총체적인 오류에 사로잡힌 엄청난 바보라고 가정하는 대신에 말이다. 이 분야들과 패러다임들 각각은 잘못된 데이터를 포착하여 폐기할 수 있는 방법을 갖추고 있다—그들은 자신이 무슨 일을 하고 있는지 알고 있다! 만약 당신이 그들에게 예의를 표한다면, 그리고 이 모든 오랜 시간을 걸쳐 입증된 근본적인 방법론들의 성과를 받아들인다면, 이들을 전체적으로 일관된 일종의 틀 구조로 함께 모아 놓아야 한다. 그 결과물은 지금 이 순간에 일어나는 가능성들의 AQAL 매트릭스 같은 것이다.

물론 AQAL만이 그렇게 할 수 있는 것이 아니고, 그것이 꼭 최선인 것만도 아니다. 단지 내가 아는 한 유일한 방법이다. 하지만 우리가 AQAL이 그 자체로 메타-

이론meta-theory 인지에 대해 무어라 결론을 내리든 간에, 그것이 앞에서 언급된 방법론들의 종합에 기초한 메타-이론이라는 점을 잊어선 안 된다—즉, 이것은 메타-프락시스praxis에서 파생된 메타-테오리아다. AQAL은 포함의 연습의 결과이지, 그에 대한 이론이 아니다. 방법론은 일종의 연습, 지시injunction, 전범exemplar 그리고 패러다임paradigm을 의미한다—이는 현상, 경험 그리고 데이터(William James가 그랬던 것처럼, '어떤 영역에서의 경험'이라는 의미로 '데이터'라는 용어를 활용함)를 낳는다—그리고 AQAL이야말로 최소한 여덟 가지 방법론을 동시 추적하는 메타-패러다임이다. 그에 따른 모든 경험과 현상학적 세계의 관계를 개념화하는 방법들 중 하나가 바로 AQAL 매트릭스다. 하지만 연습과 데이터, 지시와 전범에 의해 형성된 실제 경험이 우선이며, 이론은 그다음이다.

AQAL 틀 구조는 최소한 여덟 가지 관점과 방법론들로부터 나온 다차원적 증거들을 생생하게 상기시켜 주며(우리의 세계-내-존재의 여덟 개의 구역을 개방), 전근대, 근대 그리고 탈근대의 세계에서의 종교, 영성, 과학처럼 매우 중요한 분야들과 그들의 시도를 이해하려면 **이 모든 것을 고려해야 한다.**

50,000피트 상공에서 바라보면서 할 수 있는 한 원을 크게 그려 보라. 통합적 다원주의와 그 밖의 것들을 활용하여 다양한 것을 그 안에 담고, 모든 분야와 현장(여덟 개의 방법론으로 다뤄지는)에서 특별히 멋진 일을 수행하고 있는 남성과 여성을 자애롭게 포용할 때까지 원을 확장시키라. 그리고 손을 뻗어 그들의 현상학적 세계를 당신 세계의 지도에 포함시키라. 당신의 마음이 무한에 닿아 상위심overmind의 광휘와 더불어 빛날 때까지 계속 마음을 확장하고, 당신의 가슴 안에 숨어 있는 온우주 전체의 사물, 사람, 사건을 사랑하고자 하는 바람이 자유롭게 풀려날 만큼 가슴이 뛰게 하라. 그리하여 당신은 무한하리만큼 온 힘을 다해 사랑하였으니 2인칭 신(혹은 무한한 사랑인 궁극적 당신Thou, 그다음에는 궁극적 우리로 나타나는 신)의 빛나는 신의 얼굴을 **실제로, 마침내, 깜짝 놀라 바라보면서** 미소를 띠게 되리라. 당신의 본래면목이 바로 1인칭의 신이며(혹은 지금 이 순간의 순수한 비이원적 주시하는 공Witnessing-Emptiness), 드러난 우주 전체-위로도, 아래로도 뻗어 있는 존재의 위대한 홀라키가 바로 3인칭의 신이다. 나, 당신, 우리 그리고 그것, 지금 이 순간 단순한

여여함의 빛나는 윤곽 속에 함께 모여 있으니 당신은 온우주의 질감을 깊이 느끼면서 결코 부인될 수 없는 영, 지금 이 페이지를 의식하는 것을 부정할 수 없듯이 더 이상 부정할 수 없는 영이 내뿜는 빛과 더불어 일어나는 이 우주의 모든 기본적 요소 속에서 참자아Self를 찾아내고 만다. 이 페이지에 대한 자각과 영에 대한 자각이 동일한 것이라는 것을 분명 둘이 아님을 알게 되면서 당신은— 노자에서 아상가Asanga, 샹카라Shankara, 사도 바울, 아우구스티노Augustine, 파르메니데스Parmenides, 플로티누스Plotinus, 데카르트Descartes, 셸링Schelling, 테레사Teresa 그리고 초걀 여사Lady Tsogyal에 이르기까지 동서양의 위대한 성자들과 마찬가지로—영적 세계의 궁극적 비밀을 깨닫게 된다. 이른바 완전히 깨달은, 그리고 언제나-현존하는 신성에 대한 자각은 획득하기 어렵지 않으며 피하기가 불가능하다는 것을 말이다.

어째서 당신은 신이 바로 그 바라보는 자임에도, 다른 모든 곳을 바라보고 있었단 말인가? 어째서 당신은 신이 바로 그 구하는 자임에도, 계속 무언가를 구하였단 말인가? 신이 바로 그 찾는 자임에도, 당신은 대체 언제부터 신을 찾겠다는 계획을 세우고 있었단 말인가? 이미, 그리고 바로 지금 신의 얼굴이 당신의 본래면목—지금 이 페이지의 주시자—일지니, 도대체 어떻게 신으로 하여금 그 혹은 그녀의 모습을 드러내게 만들 수 있단 말인가? 어찌하여 당신은 언제나-현존하는 자각이 이 책, 그리고 주변 공간, 당신의 몸 그리고 당신의 방에 대한 자각처럼 지금 당장 자발적으로 노력 없이 일어나고 있음에도, 그토록 많은 노력을 허비했단 말인가?—이 모든 것을 알아차리라. 그리고 이것들이 전부 당신의 현재 자각 속에서 노력 없이 일어나고 있음을 알아차리라, 이것들은 모두 당신의 무시간적 깨어 있음 속에서 노력 없이 일어나고 있는 일이다. 바로 지금, 바로 여기서—그러니 이러한 현재 자각이 일어나게 하려면 얼마나 많은 노력을 기울여야 하는 걸까? 신이 언제나-현존하는 보는 자일 때, 당신은 대체 어디서 신을 보겠다는 계획을 세울 것인가? 당신이 신이 언제나-현존하는 아는 자Knower임에도, 대체 신을 알고자 한다면 얼마나 많은 지식을 머릿속에 구겨 넣어야 한단 말인가? 이 문장을 읽는 독자가 바로 영Spirit임에도, 도대체 이 책—혹은 다른 책들—을 얼마나 많이 읽어야 신을 찾을 수 있단 말인가? 이 문장의 독자야말로 온전히 드러난 신임에도 그럴 것인가? 이 문장의 독자를 느껴 보라. 존재의 단순한 느낌을 느껴 보라. 지금 바로 당신 안의 느끼는 자를 느껴 보라. 그리하면 당신은 그 혹은 그녀의 빛나는 영광 속의 신이 온전히 드러남을, 온우주 전체의 신성한 여여함의 일미를, 자아와 참자아를 느끼게 될 것이며, 이는 당신을 이 모든 순간에 숨이 막힐 정도로 깨닫게, 완전히 알아차리게 만들 것이다. 당신 주변의 소리가 들리는가? 대체 누가 깨닫지 못하였는가?

이 모든 것을 허용하라. 온우주를 꿀꺽 삼키라. 당신은 모든 존재가 옳다는 것을 알고 있다. 그러니 거짓말은 그만두고, 자아self에서 진아Self로 나아가라. 온우주에는 모든 존재를 위한 공간이 있다. 문을 열어 그 모든 것을 받아들이라. 당신의 마음이 갑자기 열릴 때까지, 더 이상 지도가 필요 없을 때까지 말이다. 당신you이 진짜 당신You을 찾을 수 있게, 그리고 내가 나-나를 찾을 수 있게 도와주는 지도였던 AQAL에 대한 기억이 희미해질 때까지 말이다. 그리하여 당신이 AQAL 탐구를 포기함으로써 마침내 신을 발견한 그해 여름의 가족사진 앨범에 끼워 넣을 때까지 당신의 마음을 계속 확장시키라. 탐구를 포기하고 탐구자the Searcher 속에서 쉼으로써 당신은 더 이상의 지도가 필요 없게 될 것이다. 하지만 지도가 없이도, 당신 에고의 눈을 당신의 진아Self로 멀게 하는 무시간의 현재가 발하는 광휘 속에서 영토만으로도 충분할 것이며, 영적 구도의 과정에서 구도 그 자체를 포기함으로써 그 모든 어려움을 극복할 것이고, 위대한 게임 혹은 놀이가 끝났음을, 숨바꼭질이 끝났음을 알고 고개를 끄덕거릴 것이다. 왜냐하면 당신이 바로 그것It이고, 당신You이 그것을 찾아냈기 때문이다.

상대적으로 유한한 현상계에서 AQAL 지도는 여덟 개의 세계-내-인간 존재의 차원들을 향한 유용한 안내서이며, 만약 우리가 현실에 대한 우리의 지도 속에 그 모든 차원과 방법론을 포함한다면, 진실로 믿건대 우리는 전근대, 근대, 탈근대의 세계에서 환히 빛나는 영을 보게 될 것이고, 쉬운 포용과 우아한 포함의 방식으로 그 모든 것을 한데 모으는 방법을 알게 될 것이다. 그것은 마치 에피타이저가 아니라 풀코스의 정식처럼 우리를 존재Being로 흠뻑 적실 것이며, 그리하여 AQAL 세계 속에서 현존과 기쁨, 경이와 해방, 인정과 내맡김, 유머와 가벼움, 놀람과 안도감, 올바름과 정의와 더불어 존재할 것이다. 이 모든 것이 어떻게든 우리를 AQAL을 통해 존재와 의식Consciousness과 의무Duty와 지복Bliss에 흠뻑 젖게 한다면 가능해질지도 모른다…….

너무도 풍요로워 스스로 흘러넘치는 진화의 다양성 속에서 펼쳐지는 하위 수준을 감싸 안으려는 소란스러운 발달, 자신의 내일을 위한 토대로 온우주의 습관을 정초하면서 자신의 어제에 대한 온우주의 기억은 분리시키는 영의 진화(기억나지 않는가?)가 펼쳐지는 가운데, 온우주의 컨베이어 벨트—거대하고 위대하며 영광스러운 영적 엘리베이터—역할로서, 종교는 마침내 근대와 탈근대의 세계에서 자신의 자리를 찾았다.

상호 깨어남Mutual Awakening의 우리We 안에 있는 당신 자신의 가장 깊은 나-나I-I를 의미하는 영성은 상태와 경험뿐 아니라, 삶의 여정에서의 단계와 정거장들도 포용한다. 태고의 신, 마법적 신, 신화적 신, 이성적 신, 다원주의적 신, 통합적 수준의 신 그리고 그 이상까지 포함하는 영성의 단계들은(영이 현현한 구역 #2과 구역 #4에 해당) 실로 자아중심적에서 민족중심적·세계중심적·온우주중심적 수준에까지 이르는 컨베이어 벨트의 단계이자 정거장이다. 종교는 이를 수행하고자 하는 인류의 시도를 담을 수 있는 유일한 조직이다.

당신이 세계를 향해 펼쳐지고 접힐 수 있게 하는 것, 나의 가장 깊은 나-나를 취하여 나My 자신의 구체적 되어 감Becoming 속에서 나의 존재My Being가 실현되는 것을 볼 수 있는 그것, 네 개의 팔을 지닌 형상 속의 무한한 사랑, 나My 자신의 계기들에 주어진 이 사분면들. 종교는 그저 조직화된 영성일 뿐이며, 전달하기에 적합해 보이는 좋은 소식을 다음 세대에게도 전달해 주며, 그다음에는 마지막 시간이 올 때까지 종교 자신을 다음 세대에게 건네준다. 모든 사회의 종교는 영성의 집이며, 시간의 찬란한 펼쳐짐이 발하는 선한 빛 속에서 진화적 전개를 이끌어 내고, 죽음에서 불멸로, 구속에서 자유로, 고통에서 온전함으로, 환상에서 깨어남으로, 죄에서 구원으로, 무지에서 앎으로 나아가게 하는 온우주의 컨베이어 벨트다.

영 스스로의 정거장인 이 컨베이어 벨트는 참으로 적절하게도, 특별하게도, 그리고 명백하게도—바로 여기에 있다.

만약 당신이 이 접근이 흥미롭게 여겨지고 우리와 함께하고 싶다면, 그것It을 최대한도로 포용하는 가장 의미 있는 우리들We 사이의 지극히 심원한 나I를 펼쳐 내고자 한다면, 이 특별한 시도에 동참하여 우리를 도와주기를 바란다(www.integrallife.com을 방문해 보라).

이제 새로운 날, 새로운 여명, 새로운 남성, 새로운 여성이다. 새로운 인간은 통합적이며, 영성도 마찬가지다.

통합 기구의 모두와 함께 감사의 인사를 전한다.

부록 I

존재의 대사슬로부터 탈근대주의까지 세 단계로 간단히 살펴보기

훑어보기

전통적인 존재의 대사슬은 보통 다음과 같이 제시되었다. **물질, 몸, 마음, 혼** 그리고 **영**이다. 예를 들면, 베단타 힌두교에서 이것들은 각각 영의 다섯 개의 껍질 혹은 수준으로 제시되었다. **애나마야코샤**anna-mayakosha(물질적 음식으로 이루어진 껍질 혹은 수준), **프라나마야코샤**prana-maya-kosha(생명령élan vital으로 이루어진 수준), **마노마야코샤**mano-maya-kosha(마음으로 이루어진 수준), **비즈나나마야코샤**vijnana-maya-kosha(상위심 혹은 혼으로 이루어진 수준) 그리고 **아난다마야코샤**ananda-maya-kosha(초월적 지복 혹은 원인적 영으로 이루어진 수준). 물론 베단타는 여기에 **뚜리야**turiya 혹은 항상 존재하는 초월적 참자아Self 그리고 **뚜리야띠따**turiyatita, 혹은 항상 존재하는 비이원적, 정의할 수 없는 여여한-영을 추가했지만, 도입 목적상 다섯 개의 수준만 간단하게 제시한 것으로도 충분할 것이다. 우리는 뒤에서 보다 '완전한' 버전을 다시 살펴볼 것이다.[1)]

이 다섯 개의 수준으로 이루어진 존재의 대사슬은 [그림 부 I-1]처럼 도식적으로 표현될 수 있다. 비록 우리가 문화 간 비교를 할 때는 매우 신중해야 하지만, 이 대사슬이나 '존재의 대둥지'와 유사한 해석 도식은 [그림 부 I-2]와 [그림 부 I-3]에 제시된 것처럼, 대부분의 '전근대' 세계의 지혜 전통들에서 찾아볼 수 있다. 이 도표들은

1) 엄밀히 따지면, kosha는 수준/구조이고, turiya/turiyatita는 상태다.

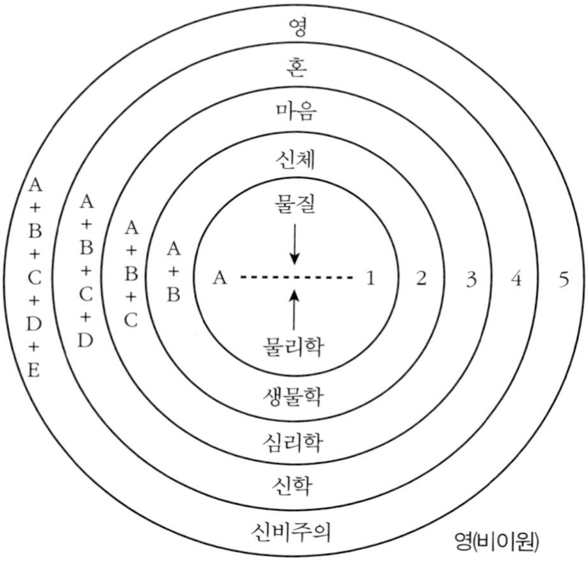

[그림 부 I-1] 전통적인 존재의 대사슬

이들 전통들의 유사성(혹은 가족 유사성family resemblance)을 나타내기 위해 Huston Smith가 사용한 것이다.

[그림 부 I-1]과 관련하여 대사슬—혹은 보통 홀라키라고 불리는 것—이 그 주창자들이 생각한 대로 실로 대둥지에 가깝다는 점에 주목해야 한다. 왜냐하면 각각의 상위 차원이 그 하위 수준을 넘어 가면서 그것들을 감싸 안기(혹은 '끼워 넣기nests') 때문이다. Plotinus는 이를 '발달은 곧 감싸 안기'라고 불렀다. 하지만 각각의 상위 수준은 또한 하위 수준을 근본적으로 초월하기에 하위 수준으로 환원되지도, 설명되지도 않는다. 이는 [그림 부 I-1]에 (A), (A+B), (A+B+C) 등으로 제시되었으며, 이는 각각의 상위 수준이 새로 출현한 환원될 수 없는 요소나 특질을 보유하고 있음을 의미한다.

예를 들어, 몸 혹은 생명(A+B)이 물질('A')로부터 '밖으로out of' 출현할 때, 그것은 'A'의 물질적 관점만으로는 설명할 수 없는 어떤 특질(성적 생식, 내면의 정서들, 자기 생성, 생명력élan vital 등 전부 'B'로 표현될 수 있는 것들)을 지니게 된다. 마찬가지로, 마음(A+B+C)이 생명으로부터 출현할 때, 마음은 생명과 물질만으로는 환원되거나

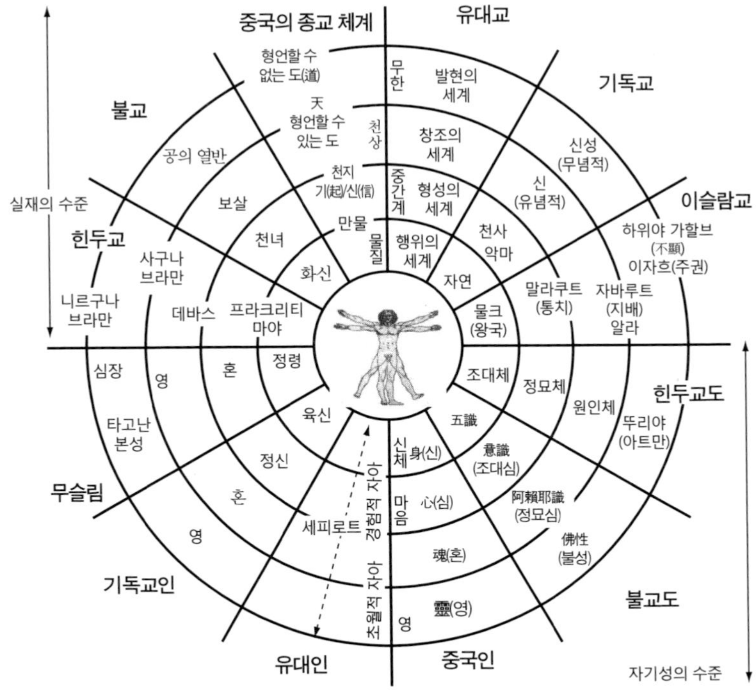

[그림 부 I-2] 다양한 지혜의 전통 속의 대사슬

출처: Huston Smith 편저에서 인용

설명될 수 없는 창발적 특성('C')을 지닌다. 혼(A+B+C+D)이 출현할 때, 그것은 마음과 생명과 몸을 초월한다. 그렇다면 진화는 물질에서, 몸에서 마음에서, 혼에서, 영 그 자체로 나아가는 영의 '펼쳐짐' 혹은 전체 과정의 목표이자 토대였던 절대적 영의 깨달음이다(이것이 꼭 일종의 오메가 포인트를 말하는 것은 아니며, 보다 높은 잠재력의 끝없는 펼쳐짐으로써 네안데르탈인들이 우리와 우리의 세계를 상상했듯이, 오늘날의 우리도 그에 대해 계속해서 새로운 상상을 할 수 있다).

이 전통적 개념에 대한 최상의 소개는 Ernest Friedrich Schumacher의 고전인 『골치 아픈 것에 대한 안내서(A Guide for the Perplexed)』에 실려 있으며, 이 제목은 같은 주제에 대한 Maimonides의 훌륭한 해설에서 빌려 온 것이다. 이 책에 담긴 전반적인 아이디어는 자기 수준에 반영되어 있는 '바깥' 세계의 현실 수준으로 이루어진

존재와 앎의 위대한 홀라키에 대한 것이며, 이는 특별히 [그림 부 I-3]에 제시되어 있다.

하지만 이에 따르면, **진화** 혹은 '펼쳐짐un-folding'의 전체 과정은 이전의 **포함** 또는 '접힘in-folding'의 과정 없이는 결코 일어날 수 없다. 지혜의 전통에 따르면, 상위 수준은 하위 수준의 용어로 설명될 수 없을 뿐 아니라, 그리고 상위 수준은 사실상 하위 수준으로부터 '출현'할 수 없을 뿐 아니라, 이 둘의 역逆도 마찬가지로 진실이다. 즉, 하위 차원 또는 수준은 실제로 상위 차원의 침전물 혹은 매장층이며, 상위 차원 덕분에 자신의 의미를 발견한다. 왜냐하면 하위 차원은 상위 차원의 하강stepped-down 혹은 희석된 버전이기 때문이다. 이러한 침전 과정은 '퇴화involution' 혹은 '발산emanation'이라고 불린다. 지혜의 전통에 따르면, 영의 진화 혹은 펼쳐짐이 있기에 앞서 영의 퇴화 혹은 접힘이 반드시 일어나야 한다. 상위 수준이 하위 수준으로 연속해서 하강하는 것이다. 따라서 상위 수준은 진화가 일어나는 동안 하위

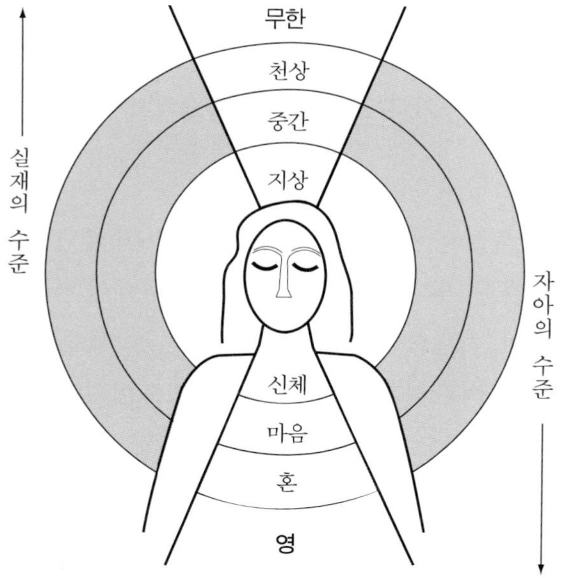

[그림 부 I-3] '위에서와 같이As above, 아래에서도So below'
출처: Huston Smith의 『잊어버린 진리: 세계 종교들의 공통 비전(Forgotten Truth: The Common Vision of the World's Religions)』(하퍼샌프란시스코, 1992년, p. 62)에서 승인을 받고 인용.

수준으로부터 '출현'하는 것처럼 보인다—예를 들어, 생명은 물리로부터 출현한 것처럼 보인다—그 이유는, 그 유일한 이유는 그것들이 퇴화 과정에서 애초부터 그곳에 축적되어 있었다는 점이다. 상위 수준이 이미 그곳에, 잠재력으로 말하자면—잠들어 있으면서—솟아나기를 기다리고 있지 않는 한—당신은 하위 수준으로부터 상위 수준을 밖으로 꺼낼 수 없다. '창발의 기적miracle of emergence'은 그 자신이 현현한 놀이터에서 벌이는 영의 창조적 유희일 뿐이다.

그러므로 이 전통들에 따르면, 영이 드러난 우주를 창조하고자 유희(릴라lila, 케노시스kenosis)삼아 자신을 밖으로 내던졌을 때, 이 거대한 우주적 게임이 시작된 것이다. 영은 그 자신을 '잃어 버렸고loses' '잊었으며forgets' 자신과의 거대한 숨바꼭질 게임을 즐기기 위해 다양성(마야maya)이라는 마술적 허울을 취하였다. 영은 먼저 혼을 만들기 위해 그 자신을 바깥으로 내던졌으며, 이는 영의 하강이자 희석된 반영이었다. 그다음에 혼은 마음으로 하강하고, 약간 더 창백하긴 하지만 영의 빛나는 영광의 반영이다. 그다음에 마음은 생명으로 하강하고, 생명은 가장 조밀하고 낮은 단계이며, 가장 덜 의식적인 영의 형상인 물질로 하강한다. 우리는 이를 다음과 같이 나타낼 수 있다. 영Spirit으로서의 영은 혼으로서의 영으로 하강하고, 그다음에는 마음으로서의 영으로, 그다음에는 몸으로서의 영으로, 그다음에는 물질로서의 영으로 하강한다. 대둥지의 이 수준들은 전부 영의 형상들forms of Spirit이지만, 이 형상들은 모두 유희 중인 영이긴 하지만, 점점 의식이 줄어들고, 자신의 원천Source과 여여함Suchness을 덜 자각하게 되며, 자신의 언제나-현존하는 근본바탕Ground에 덜 깨어 있게 된다.

만약 우리가 진화 과정에서 출현하는 주요 단계들을 (A), (A+B), (A+B+C) 등—여기서 추가되는 기호들은 현현manifestation에 무언가 새로 출현하거나 추가되었음을 의미함—으로 표현할 수 있다면, 우리는 퇴화를 선先-퇴화 과정으로 나타낼 수 있다. 영은 모든 현현의 잠재력을 그 자신 안에 지니고 있는 온전하고 완벽한 상태에서 시작하며, 이를 대괄호 안에 다음과 같이 나타낼 수 있다. [A+B+C+D+E]. 영은 먼저 자신의 영적 본성을 흘리고 드러난, 유한한, 제한된 형상, 이른바 혼 [A+B+C+D]을 가정함으로써 현현을 향해 하강한다. 그리고 현현 속에서 자신을 '잃기' 시작한다. 혼은 이제 'E'를, 혹은 영과의, 영으로서의 근본적인 동일시를 잃어버렸으며, 그에 뒤따르는 혼란과 고뇌 속에서 혼은 마음[A+B+C]으로 하강함으로써 이 공포로부터 달아나며, 이는 'D'를, 혼의 광휘를 잃어버린 것이다. 그리고 마음은 생명으로 도망가며 'C' 혹은 그 지성을 잃어버린다. 그리고 마지막으로 생명은 그 식물적 생명력 'B'를 흘리면서 비활성의, 감각 없는, 생명 없는 물질로서 나타난다. 이 지점에서 빅뱅 같은 일이 일어나고, 이로부터 물질이 구체적인 존재로 불쑥 나타나고, 전체 현현한 세계가 나타나며, 감각 없는, 죽은, 무생명의 물질만이 존재하게 된다.

하지만 이 물질은 이상하리만큼 기운차다. 그렇지 않은가? 물질은 그냥 실업 급여를 받으면서 빈둥빈둥 누워 TV만 보고 있지는 않다. 이 물질은 놀랍게도 스스로 조직화하기 시작한다. 복잡계 물리학은 이것을 '무질서로부터의 질서' 혹은 산일구조散逸構造 · dissipative structure, 혹은 자기-조직화, 혹은 역동적 생성dynamic becoming이라고 부른다. 하지만 전통주의자들은 이에 대해 보다 직접적으로 언급하였다. Hegel이 말한 것처럼, "신은 석화되어 죽은 채로 존재하지 않는다. 바로 그 돌이 고래고래 소리 지르며 스스로를 영Spirit으로 끌어올리고 있다."

달리 말해, 전통적으로 일단 퇴화가 일어나면 그다음에 진화가 일어나고 혹은 일어날 수 있으며, (A)에서 (A+B)에서 (A+B+C) 등으로 나아가면서 새롭게 출현하는 각각의 단계와 더불어 퇴화 과정에서 하위 단계에 비밀스럽게 접혀 있거나 침전되어 있었던 상위 차원을 펼치거나 기억해 낸다. 퇴화 과정에서 분할된, 파편화된 그리고 잊혀진 것이 진화 과정 동안 기억되고, 재결합되며, 온전해지고, 실현된다. 그러므로 **상기**想起 · anamnesis의 교의, 혹은 플라톤(Plato)과 베단타 철학의 '기억remembrance'은 지혜의 전통에서 너무나도 흔한 개념이다. 만약 퇴화가 자신이 누구인지를 잊는 과정이라면, 진화는 자신이 누구인지, 그리고 무엇인지를 기억하는 과정이다. **따뜨 뜨밤 아시**Tat tvam asi: "네가 바로 그것이다you are That." **견성**satori, **메타노이아**, **모크샤**moksha[2] 그리고 무無는 이러한 자기-실현을 일컫는 예로부터 내려오

2) 역주: 해탈(解脫, 산스크리트어: moksha, 산스크리트어: mukti)은 자유(自由) 또는 해방(解放)을 뜻하는데, 몸과 마음의 고뇌와 속박의 원인인 번뇌로부터 해방되는 것 또는 벗어나는 것, 또는 해방된

는 이름들이다.

1. 1단계

참으로 아름답고 훌륭한 해석 도식이긴 하지만, 문제가 없는 것은 아니다. 도식 그 자체가 잘못된 것은 아니지만, 근대와 탈근대의 세계는 우리가 보다 통합적이고 포괄적인 시야를 원한다면 추가되거나 포함되어야 할 몇 가지 심오한 통찰들을 더해 주었다. 이것이 '대사슬로부터 탈근대주의까지 세 단계로 간단히'가 의미하는 바다.

문제

대둥지, 퇴화와 진화, 존재와 앎의 수준, 이것들은 전근대 세계의 위대한 성자와 현인들의 막대한 공헌이었으며, 실로 Plotinus의 『엔네아데스(Enneads)』, 『능가경(Lankavatara Sutra)』, Aurobindo의 『신성한 삶(The Life Divine)』에 이르는 모든 것, 위대한 형이상학 체계의 모든 표현물에서 찾아볼 수 있다.

하지만 우리 근대인들이 이러한 사상들을 평가하려 할 때 반드시 염두에 두어야 할 항목이 하나 있다. 위대한 형이상학 체계을 최종 분석해 보면, 현자들이 자신의 영적 경험들에 부여한 해석적 틀 구조였다. 대사슬 같은 도식들은 살아 있는 **경험**에 대한 **해석**이었다—그것들은 영원토록 진실인 모종의 고착된, 완고한, 존재론적 격자가 아니다. 이어지는 글에서 이러한 **해석들**의 일부 적절성에 대해 의문을 제기하겠지만, 이러한 위대한 현자들의 **경험 혹은 깨달음의 진실성**에 의문을 제기하는 것은 결코 아니다. 나는 그저 진화 그 자체가 계속해서 진행됨에 따른 새로운 지평을 활용하여 근대와 탈근대에 공헌할 수 있는 보다 적절한 해석적 그물망 속에서 이러한 경험들에 다시 맥락을 부여하고 틀을 짜서, 그 결과 영 그 자신이 펼쳐 내는 전근대, 근대, 탈근대의 최선의 형태로 통합할 수 있음을 제안할 뿐이다.

이러한 목표를 향해 나는 위대한 형이상학 체계의 해석적 틀 구조가 지닌 세 가지 핵심 난제들뿐만 아니라 세 가지 해결책도 제안하고자 한다. 내 견해상 우리는 위대

상태 또는 벗어나 있는 상태를 말한다. (출처: 위키 백과)

한 전통 체계 내의 불필요한 형이상학적 해석들, 동일한 자료들을 설명하는 데 불필요할 뿐만 아니라, 영성으로 하여금 근대와 탈근대적 사고의 법정에서 공정한 심리를 받지 못할 것임을 **보장하는** 해석들을 포기함과 더불어 위대한 전통 체계를 최대한 유지하길 원한다.

첫 번째 어려움—우리가 문제 #1이라고 부르게 될—은 다음의 사례로 살펴볼 수 있다. 만약 당신이 전통적인 형이상학을 나타내는 온갖 도표들을 살펴본다면([그림 부 I-1] [그림 부 I-2] [그림 부 I-3]), 물질보다 높은 수준에 있는 모든 것이 물리 혹은 물질 너머에 존재한다는 점에서 실로 **형이상학적**이라는 점에 주목하라. **물질** 수준(수준 1)에는, 예를 들면 물질적 복합체로서의 인간 두뇌가 포함된다. 형이상학 체계에 따르면, 이는 따뜻함의 느낌(수준 2)이 인간 두뇌(수준 1)보다 상위 수준의 현실상에 존재함을 의미한다.

분명 이러한 도식과 맞아 떨어지지 않는 무언가가 존재한다. 문제의 일부는 인간 의식과 신경생리학과의 관계가 내성적 현상학(이른바, 명상 혹은 관상기도)에서는 **불분명**하다(심지어 가용하지도 않다.)는 점이며, 이는 고대인들로서는 일반적으로 도파민, 세로토닌, 시냅스 경로, **크렙** 사이클, 시상하부 조절 등과 같은 항목들에 접근할 수 없었음을 의미한다. 다시 한번, 이는 그들의 영적 깨달음이 흠집이 있거나 부적절하다는 것을 의미하는 것이 아니다. 다만 그들이 근대 과학이 발견한 일부 사실들을 이용할 수 없었음을 의미할 뿐이다. 만약 오늘날 Plotinus가 살아 있었다면, 당신은 분명 『엔네아데스』의 몇몇 장이 두뇌 생리학 그리고 그것과 영과의 관계에 할애되었다는 데 돈을 걸었을 것이다. 만약 Shankara가 오늘날 살아 있었다면, **브라흐마 수트라**Brahma Sutras에 대한 그의 주석에는 **나디**nadis와 신경전달물질의 관계에 대한 방대한 논의가 포함되었을 것이 분명하다.

해법의 제시

Plotinus 혹은 Shankara라면 두뇌 같은 물질적 실재와 영적 실재의 관계에 대해 무어라 결론 내렸을까? 나는 그들이 다음에 동의하였을 것이라 믿는다. 여하간, 여기 제안 #1이 있다.

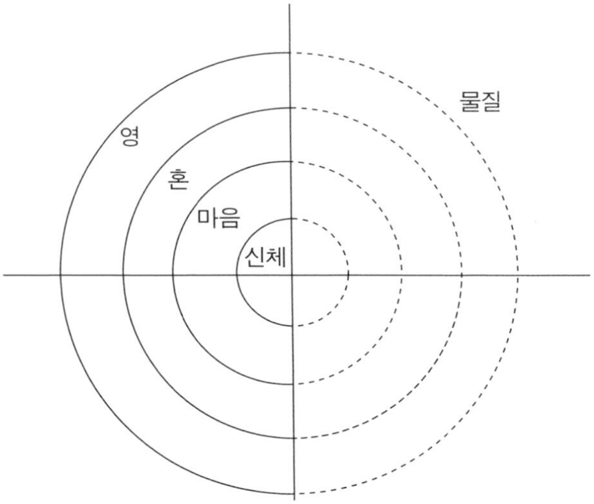

[그림 부 I-4] 1단계: 물질은 모든 수준의 '밑바닥'이 아니라 모든 수준의 '외면'이다

현상계에서 우리가 '물질'이라고 부르는 것은 존재의 거대한 스펙트럼 속에서 가장 낮은 사다리 단이 아니라, 위대한 스펙트럼의 **모든 사다리 단의 외면 형상**이다. 물질은 낮고 의식은 높은 것이 아니라, 물질과 의식은 모든 계기의 외면과 내면인 것이다.

이는 [그림 부 I-4], 그리고 보다 자세히는 [그림 부 I-5]에 나타난 것처럼 도식적으로 표현될 수 있다. 여기서의 기본적 움직임은 존재의 밑단에 위치한 '물질'처럼 보이는 것을 취해서(그보다 높은 물질, '너머meta'의 모든 수준과 더불어), 다른 모든 수준의 외면 형상으로 만드는 것이다. 그럼 이제 물질이 밑바닥 수준에 위치한 [그림 부 I-1]을 취해서 물질이 다른 모든 수준의 외면 형상으로 나타나는 [그림 부 I-4]로 바꿔 보자(이들의 상관관계에 대해선 짧게 사례를 제시할 것이다).

위대한 전통은 항상 물질보다 '상위의' 수준들이 보통의 감각들에게는 '보이지 않는다고invisible' 가정하였으며, 이는 우리의 재구성 작업에서도 마찬가지다. 이른바, 모든 내면의 차원(느낌, 연민, 자각, 의식, 상호 이해 등)은 외면의 감각들에게 보이지 않는다. 하지만 우리는 불필요한 '형이상학적' 해석 없이도 이러한 이해에 도달할 수 있다. (환생은 어떻게 이해할 것이냐고? 조금만 기다리시라…….)

일단 우리는 두 개의 위쪽 분면에 주의를 한정시키고 있다. 우상 사분면에서 우리는 근대 과학이 밝혀낸 것처럼 외면 혹은 '물질적' 혹은 '물리적' 형상의 진화를 볼 수 있다. 이 외면 형상들은 점진하는 진화적 복합성의 질서대로 다음과 같은 항목들을 포함한다: 원자, 분자, 원핵세포, 진핵세포, 신경망을 지닌 유기체(예를 들면, 새우), 파충류 뇌간(예를 들면, 도마뱀), 변연계(예를 들면, 말), 신피질 혹은 삼위일체 뇌(예를 들면, 인간; 여기에 몇몇 고등 '구조-기능'의 목록을 덧붙일 수 있다.)가 그것이다.

이것들은 모두 '외면' 혹은 '물질적' 형상이며, 따라서 당신은 이것들을 외면에서, 감각운동의 세계에서 볼 수 있다. 하지만 **점증하는 복합성**의 물질 형상들 각각은 내

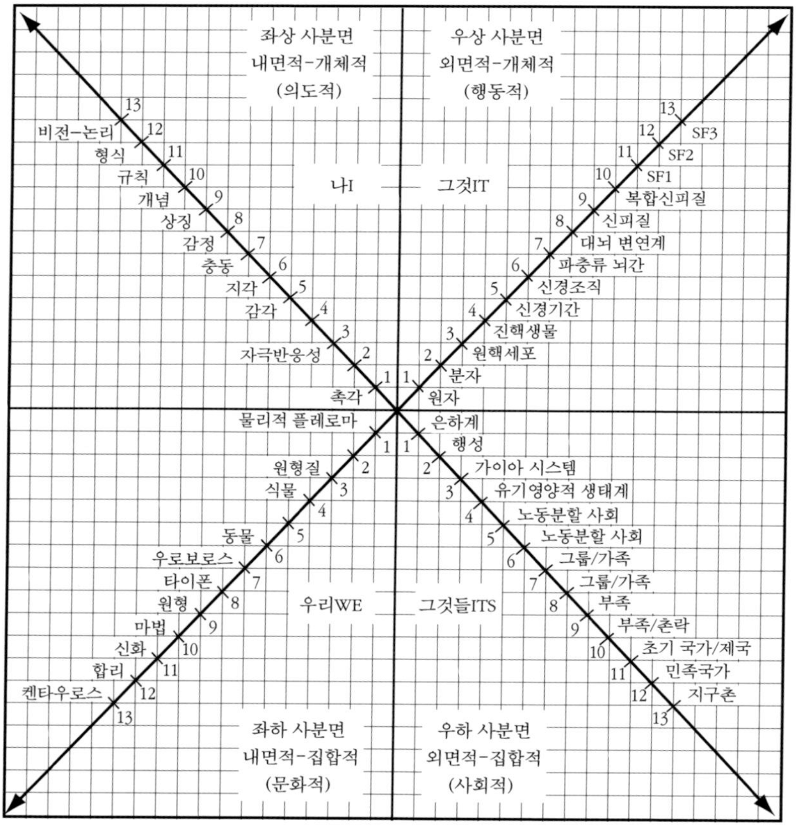

[그림 부 I-5] 사분면

면의 상응물로서 점증하는 의식의 수준을 지닌다. 그러므로 외면 형상이 중성자, 양성자, 전자처럼 물리적 실체인 원자는 내면의 파지prehension 혹은 원原 · proto-느낌(원-인식)을 지닌다. 신경을 지닌 유기체는 내면의 감각을 소유한다. 신경삭neural cord을 지닌 유기체는 지각을 소유한 파충류 뇌를 지닌 동물의 출현은 내면의 충동과 본능의 출현과 맞물려 있다. 외면의 변연계의 출현은 내면의 감정의 출현과 맞물린다. 삼위일체 뇌는 다른 여러 가지 것 중에서도 형식적 조작의 인지, 후인습적 도덕, 비전-논리, 언어 능력 등을 보유한 내면 의식의 외면 혹은 물질적 형상이다(당신은 우상 사분면과 좌상 사분면의 이러한 상관관계의 일부를 [그림 부 I-5]에서 볼 수 있다).

달리 말하자면, 물질은 진화의 나선에서 가장 밑의 단이 아니라 오히려 그 **내면**에 상응하는 느낌, 인식, 의식 등의 수준을 보유한 진화의 **외면** 형상이라 할 수 있다. AQAL의 메타-이론은 모든 마음은 몸을, 혹은 모든 의식 상태는 그에 상응하는 물질-에너지의 상태 표지를, 혹은 모든 내면의 파지는 외면의 형상을 지니고 있다는 말로 이를 다루고 있다. 줄이자면, 좌상 사분면의 모든 계기는 우상 사분면의 상응물을 지니며, 그 역도 마찬가지다. 상위 수준(생명, 마음 그리고 혼)만이 물질(그 자체는 가장 낮은 수준에 머물러 있는)을 각인시키거나 그 안에 족적을 남기는 것이 아니라, 우리가 물질이라고 부르는 것은 내면의 수준 각각에 직접적으로 상응하는 외면 형상이다([그림 부 I-4], [그림 부 I-5]에서 제시된 것처럼).

그러므로 전근대의 현자들이 물리적 실재-너머 META라고 취한 것들은 많은 경우 물리적 실재-내內 INTRA에 해당한다. 그것들은 물질보다 위에 있지 않고, 자연 너머에 있는 것도 아니며, 형이상학적이지도 않고, 초자연적이지도 않다. 그것들은 자연 너머가 아니라 자연 안within에 존재하며, 물질 너머가 아니라 내면interior에 있다.

전근대의 성자들에게는 혼의 본성에 대한 깊은 명상 속에서도 그 혹은 그녀의 뇌파 패턴이 세타-알파 상태로 안정화되고 있음을 아는 혹은 알 수 있는 방법이 전혀 없었다. 세로토닌이 증가하고, 신경 젖산이 감소하고 있으며, 세포 내 산소 요구량이 유의미하게 감소하고, 반구편재화가 일어나고 있음을 알 도리가 없는 것이다. 그러므로 혼이 드러내는 내면의 모든 계시는 마치 그것들이 비물리적이고, 비물질적이며, 자연과 전혀 연결되어 있지 않으며, 드러난 물질의 피륙의 일부조차 아닌 것처럼 보이고 느낀다. 그것들은 모든 면에서 형이상학적으로 보인다.

앞으로 살펴보겠지만, 진실로 초-물리적meta-physical이라 할 수 있는 일부 상위 차원들이 존재한다. 하지만 우리가 첫 번째로 주목해야 할 것은 전근대가 형이상학적이라고 여긴 많은 것이 사실 물리-내적intra-physical이며, 자연을 벗어난 것이 아니라 그 안에 있다는 점이다. 이것이 바로 형이상학에서 통합적 탈-형이상학으로 나아가는 첫 번째 걸음이다.

2. 두 번째 걸음

문제

단계 1은 전근대의 심오한 지혜에 **근대** 과학의 값으로 매길 수 없는 기여를 더하는 것을 포함하고 있다. 단계 2는 영의 **탈근대적** 전환이라는 중대한 기여를 한층 더하는 것을 포함하고 있다. 이러한 기여들은 [그림 부 I -5]의 아래쪽 두 개 분면에 요약되어 있다. 위쪽 분면들은 **개별** 존재를 나타낸다. 아래쪽 분면들은 모임, 집단, 혹은 개별 존재로 이루어진 **시스템**을 나타낸다. 좌측 사분면들은 개체 혹은 집단의 **내면**을 나타낸다. 우측 사분면들은 개체 혹은 집단의 **외면**을 나타낸다. 고로, 사분면은 개체와 집단의 안쪽과 바깥쪽이다.

탈근대를 참고할 때의 중요한 지점은 바로 이것이다. 고대인은 자신의 진실한 영적 체험들에 부여한 형이상학적 해석에 근대의 과학적 발견들을 활용하지 못했음은 물론, 탈근대주의, 민속방법론, 문화적 맥락주의, 지식사회학 등의 심오한 발견을 활용하지 못했다. 이 모든 것은 한데 모으면 충격적인 기소를 하게 된다. 고대의 현자들이 형이상학적 절대라고 받아들인 것들의 다수가 사실은 문화적으로 주조되고 조건화된 것이다. 이러한 사실만으로도 탈근대로 하여금 위대한 전통을 너무나도 혼란스러운 난센스로 일축하게 하였으며, 이것이 바로 문제 #2다.

해법의 제시

문화적 맥락이라는 피할 수 없는 실체가 간-문화적 진실 혹은 보편성이 존재하지 않음을 의미하는 것은 아니다. 단지 그것의 식별이 형이상학이 상상한 것보다 더욱 심사숙고하여 이루어져야 함을 의미할 뿐이다. 그리고 이러한 식별은 대개 추론적 형이상학이 아니라 연구 방법론으로 이루어져야 한다.

통합적 접근은 탈근대의 기여를 매우 간단하게 담을 수 있다. 모든 개인은 **문화적·사회적** 그물망, 개별 존재 자신의 앎과 존재에 심대한 영향을 끼치는 그물망의 시스템 속에 안착되어 있다. 이러한 그물망은 [그림 부 I -5]에서 좌하 사분면(문화)과 우하 사분면(사회)으로 나타난다. 우하 사분면은 **사회 시스템**-개별 유기체의 **집단 시스템** 혹은 **집단 외면**, 바깥 혹은 감각운동의 세계에서 보이는 외면을 나타낸다(모든 **우측 사분면**이 '물질적' 혹은 '외면적' 존재이기 때문에 '저 바깥out there'에서 보인다는 것을 상기하라). 이러한 외면 시스템은 생태계, 지정학적 시스템, 기술-경제 생산양식(약탈, 원예, 정보화 등) 같은 항목들과 집단 혹은 시스템의 모든 가시적 · 외면적 · 구체적 측면을 포함하고 있다. 다시 한 번, 형이상학적 전통에서 이 모든 '물질 시스템'이 존재의 가장 낮은 수준에 존재하는 것인 반면, 통합적 탈-형이상학에선 이것들이 그저 '상위(이제는 **내면**interior)' 수준의 집단적 외면 차원에 불과하다는 것을 명심하라. 우리가 보았듯이, 초-자연super-natural은 내-자연intra-natural이다.

좌하 사분면 혹은 문화적 분면은 **모임**group 혹은 집단의 모든 **내면**, (모든 **좌측 사분면**과 마찬가지로) '저 바깥'에서는 보이지 않는 내면, 모임의 가치, 정체성, 세계관, 문화적 신념, 배경의 맥락 등과 같은 내면을 나타낸다. 특히 탈근대가 이 분면에 초점을 맞추고 있다. **시스템 이론**은 우하 사분면에 초점을 맞추고 있으며, **탈근대의 후기-구조주의**는 좌하 사분면에 초점을 맞추고 있다. 이 둘이 합쳐져 집단의 외면과 내면을 나타낸다.

여러 가지 형태의 시스템 이론들은 모든 개별 유기체가 관계의 역동적인 그물망과 생태계 속의 환경과 불가분하게 상호 연결되어 있고, **이 모든 것을 '저 바깥'에서 볼 수 있다**는 사실에 초점을 맞추고 있다. 이는 다시 한번 '물질'이 존재의 가장 낮은 수준이 아니라 존재의 모든 내면 수준에 대한 외면 형상일 뿐임을 보여 준다(이 경우에는 집단 혹은 **공동 시스템**의 **외면** 형상이다).

물론 시스템 이론 혹은 생태학의 그 무엇도 미美, **견성**, **삼매**samadhi, 상호 이해, 가치, 세계관 등의 내면 상태를 다루지 못한다. 왜냐하면 이 모든 것은 실로 내면적이기 때문이다(그러므로 생태학이나 시스템 이론으로는 접근이 불가능하다). 시스템 이론이 종종 그러했던 것처럼, 모든 실재를 하나의 분면으로 환원시키려는 시도는 **분면 절대주의**quadrant absolutism로 알려져 있으며, 통합 방법론적 다원주의는 이를 피하려는 시도다.

반면, 탈근대주의는 개체의 세계-내-존재의 내면적 혹은 문화적 측면에 초점을 맞추고 있으며, 어떤 사회가 '주어진' '진실한' 그리고 '절대적인' 것이라고 취한 것의 상당수가 사실 **문화적으로 주조되고, 조건화되었으며**, 종종 **상대적**relative이라는 점을 강조하였다. 탈근대주의 스스로가 종종 자기 분면을 절대시하는 것에 사로잡혔다는 점을 두고(모든 것을 좌하 사분면의 문화적 구성물로 환원시키려 하였다.), 그것이 기여해 온 중대한 진실의 가치를 손상시켜서는 안 될 것이다. 우리는 이 모든 것을 모든 계기는 좌하 사분면 혹은 차원을 지닌다는 말로 요약할 수 있다.

그렇다면, 사분면은 어떤 개체의 세계-내-존재의 불가분한 네 개의 차원을 나타낸다고 할 수 있다. 이 네 개의 차원은 너무나 근원적이어서 모든 주요 자연 언어들이 나, 당신/우리, 그것 그리고 그것들로 요약될 수 있는 1인칭, 2인칭, 3인칭 대명사들을 보유하고 있을 정도다. 좌상 사분면은 '나' 혹은 어떤 유정有情 개체(원자에서 개미에서 유인원까지 이르는)의 내면 느낌 혹은 인식이다. 우상 사분면은 '그것' 혹은 어떤 유정 존재의 외면 형상이다(즉, 원자에서 두뇌, 그리고 곧 살펴보겠지만 정묘 에너지까지 이르는 조대한 외면 형상을 포함하는 물질과 에너지를 뜻한다). 우하 사분면은 유정의 존재 혹은 개체들의 모임, 집단 혹은 시스템의 외면 형상이다. 그리고 좌하 사분면은 집단의 내면 의식, 집단의 가치, 상호 주관적 배경, 문화적 맥락 등이다. 다시 한번, 개체와 집단의 내면과 외면이다.

나는 인간에게서 나타나는 형태로 축소시킨 사분면 도표를 하나 포함시켰다([그림 부 I-6]을 보라).

나는 이에 대한 장문의 논쟁을 벌이지 않을 것이다. 하지만 내 견해를 가장 강력한 방법으로 간단히 기술코자 한다. 근대와 탈근대 모두와 타협하지 못한 모든 전근대의 영성은 오늘날의 세계에서 살아남을 가능성이 없을 것이다. 이러한 통합에 영향을 끼치는 한 가지 방법이 바로 AQAL('온 분면, 온 수준')을 활용하는 것이며, 이는 전근대, 근대, 탈근대의 영속적 기여들을 결합한 것이다. '**온 수준**all levels' 부분은 전근대의 위대한 현인들에 의해 너무도 훌륭하게 처음으로 해석된 존재와 앎의 거대한 스펙트럼을 나타내고 있다. 물질에서 몸으로 마음으로 혼으로 영으로 향하는 스펙트럼(잠시 뒤에 이 수준들로 돌아갈 것이다)이다. '**온 분면**all quadrants' 부분은 근대(이른바, 물질이 사다리의 맨 밑단이 아니라 모든 사다리단의 외면이라는 것)와 탈근대(이른바, 모든 개체가 문화와 사회라는 맥락 속에 자리 잡고 있다는 것)가 가져온 개선들을 나타낸다.

AQAL의 활용은 전통이 지닌 위대하고 영속적인 진리를 존중하고 포함하면서도, 그것들을 보다 적절한 곳에 위치시키고 맥락을 부여함으로써 그들의 진리를 보고 들을 수 있게 하는 해석적 틀 구조 속에 안착시켜 준다. 사분면을 바라보면 누구라도 근대의 과학이 우상 사분면에, 시스템 이론은 우하 사분면에, 탈근대성은 좌하 사분면에 초점을 맞추고 있음을 알 수 있을 것이다. 하지만 그 누구도 사실상 좌상 사분면의 작업을 하지 않았다. 현상학, 내관 그리고 명상을 제외하고는 말이다. 여기가 바로 전통들이 탁월했던 지점이다! 사실, 전체 대사슬은 좌상 사분면과 거의 맞아떨어진다! 그것이 이들의 커다란 강점이다. 달리 말해, 이 분면에 대한 이해와 가장 높은 차원을 일깨우고 수행하는 방법이야말로 수천 년 전만큼이나 지금도 여전히 유용하고 필요한 커다란 강점이며 영속적인 기여다.

하지만 이 위대한 전통들은 나머지 세 개의 분면들에 무지하였기 때문에 근대(특히, 우상 사분면)와 탈근대(특히, 좌하 사분면)는 이들의 진리를 결여하였다는 이유로 위대한 전통을 완전히 십자가에 못 박았다. 하지만 근대와 탈근대는 목욕물과 아이를 함께 버렸으며, 부드럽게 표현하건대, 결국 심각한 빈틈이 발생하였다. 반면, AQAL의 활용은 우리로 하여금 전근대, 근대 그리고 탈근대의 최선의 공헌들을 인정하고 통합할 수 있게 해 준다.

AQAL 틀 구조 같은 것의 채택은 형이상학에서 통합적 탈-형이상학으로 나아가는 두 번째 중대한 발걸음이다.

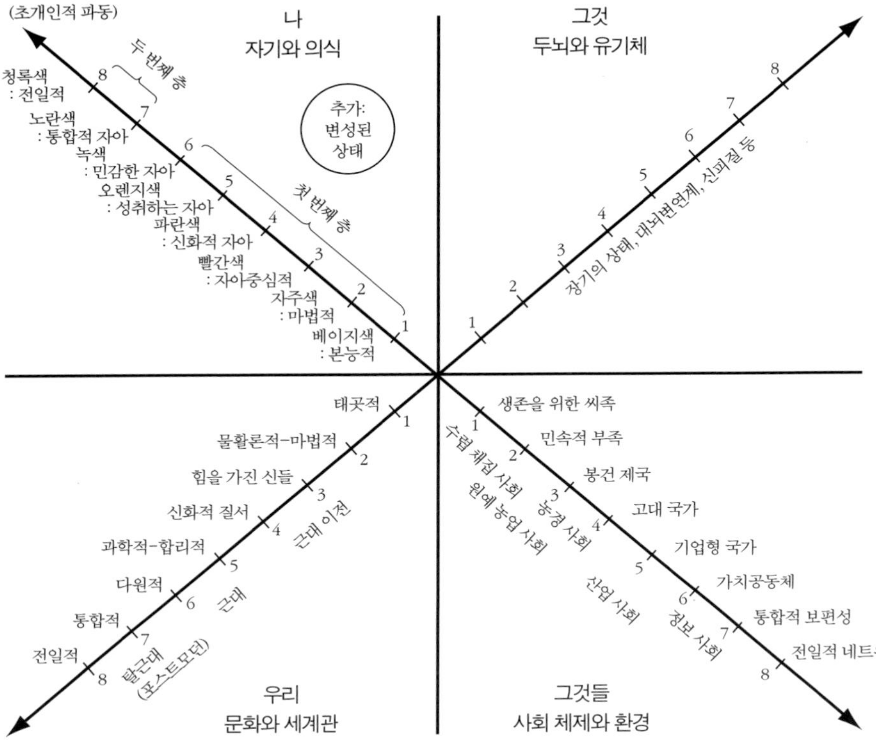

[그림 부 I-6] 인간에게서 나타나는 사분면의 몇 가지 측면들

3. 3단계

문제

여기서 우리는 에너지의 역할과 본성을 언급하는 것부터 시작하고자 한다. 조대한 에너지, 정묘 에너지 그리고 원인 에너지가 그것이다. 나는 이미 물질과 에너지가 모든 개별 존재의 우상 사분면-차원의 측면들임을 주장한 바 있다. 즉, 그것들은 모든 개체의 일부 **외면 형상**을 나타낸다(그리고 모든 시스템의 외면 형상을 나타낸다. 이에 대해서는 곧 살펴볼 것이다).

여기서의 문제는 다음과 같이 기술될 수 있다. (1) 물질의 역할에 대한 전근대의 불분명한 인식, 그리고 (2) 고대인들이 이에 따라 정묘 에너지를 근본적으로 물질-

너머meta-physical 혹은 초-자연적인 것으로 묘사했다는 사실을 감안하자. (3) 하지만 물질에 대한 근대의 이해가 밑바닥bottom으로서의 물질이 아닌 외면의 물질임을 감안하면, (4) 우리는 정묘 에너지와 조대한 물질 형상의 관계를 어떻게 보다 적절한 방식으로 재해석할 수 있을까?

간단히 말해, 물질이 모든 수준의 밑바닥이 아니라 모든 수준의 외면에 존재한다면, 정묘 에너지는 이 도식의 어디에 맞아떨어질까? 전근대의 전통은 사실상 가장 조밀한 것에서 가장 정묘한(혹은 원인적인) 것에 이르며, 각각이 물질보다 더욱 높고 '더욱 넘어선' 일종의 정묘 에너지 스펙트럼을 지니고 있었다. 하지만 만약 물질 그 자체가 재해석된다면, 정묘 에너지 같은 것들이 어떻게 영 그 자신이 펼쳐 낸 근대와 탈근대의 계시들과 보조를 맞춰 재해석될 수 있을 것인가?

해법의 제시

이 경우, 제시된 해법은 세 가지 가설의 형태로 나타나며, 이들 중 두 개를 이미 살펴보았고, 세 번째 가설이 직접적으로 이 문제를 다루고 있다.

(1) **진화의 증가는 조대한 형상의 복잡성의 증가를 야기한다.** 예를 들어, 우상 사분면에서 우리는 쿼크에서 양성자에서 원자에서 분자에서 세포에서 복합 유기체까지를 발견한다. 이러한 형상의 복합성의 증가(분화와 통합 같은 과정을 통한)는 진화 생물학자들에 의해 오랫동안 언급되어 왔다. Laszlo는 "고로, 유기체의 새로운 수준은 시스템 기능과 그에 상응하는 시스템 구조의 단순화를 의미하는 한편, 점진적인 구조와 기능의 복잡화 과정의 시작을 의미하기도 한다. 나는 이 '복잡화'가 매우 분명한 만큼, 주저할 필요가 없다고 생각한다."라고 말했다.

(2) **(우상 사분면에서의) 형상의 복잡성의 증가는 (좌상 사분면에서의) 내면 의식의 증가와 관련이 있다.** 이것이 바로 Teihard de Chardin이 '복잡성과 의식의 법칙'이라고 일컬은 것이다. 이른바, 전자(역주: 복잡성)가 증가할수록, 후자(역주: 의식)가 증가한다는 것이다. 이를 보다 정확히 설명하자면, 물질 형상의 외면 복잡성의 정도가

커질수록, 그러한 형상 내에서 활성화될 수 있는 내면 의식의 정도도 더욱 커지는 것이다(즉, **우상** 사분면과 **좌상** 사분면의 상관관계).

(3) 추가하자면—그리고 이것이 연결 짓는 가설이다—**조대한 형상의 복잡성의 증가는 에너지의 정묘함과 관련이 있다.** 진화가 점점 더 복잡한 조대한 형상으로 나아감에 따라, 조대한 복잡성의 정도의 증대는 그에 상응하는 정묘하고 보다 정묘한 에너지 패턴(혹은 지표)을 수반한다. 이 지점에서 우리가 개별 존재에 초점을 맞추고 있기 때문에 우리는 다음의 것을 지닌다. 진화의 증가는 (우상 사분면에서의) **조대한 형상의 복잡성**의 증가, 이는 (좌상 사분면에서의) **의식의 정도의 증가**와 관련이 있고, 우상 사분면 그 자체 내에서 **그에 상응하는 에너지의 정묘화**를 야기한다. 그러므로 상위 수준을 본질적으로 조대한 물질 혹은 조대한 형상으로부터 분리된 것으로 해석하는 대신, 조대한 형상의 복잡화를 보다 정묘한 에너지와 보다 큰 의식의 실현 도구로 해석할 수 있다.

만약 이러한 연결 고리가 유지된다면, 그것은 전근대의 형이상학에서 통합적 탈-형이상학을 향해 나아가는 중대한 세 번째 걸음이 될 것이다. 믿건대, 위대한 형이상학 전통의 영속적 진리를 보유하면서도 그들의 철 지난 해석적 틀 구조를 제외한 그런 발걸음이 될 것이다. 이 문제에 대한 전체 논의는 www.kenwilber.com의 Excerpt G에서 찾을 수 있다. 그것은 모든 유형(아스트랄, 에테르, 생명장, 심령적 그리고 원인적)의 정묘 에너지에 대한 전근대 버전들을 다루고 그것들을 우상 사분면에서의 조대한 형상의 복잡성의 증대와 조심스럽게 연결시킨 긴 논고다.[3] 한 비평가는 이를 두고 '정묘 에너지의 주요 학파들에 대한 최초의 믿을 만하고 활용 가능한 종합'이라고 불렀다. [그림 부 I-7]은 이에 대한 기초적인 개념을 제공하는 여러 도표 중 하나다.

---

3) Excerpt G는 또한 환생과 그것이 이 가설들과 어떻게 어울리는지의 문제도 다루고 있다.

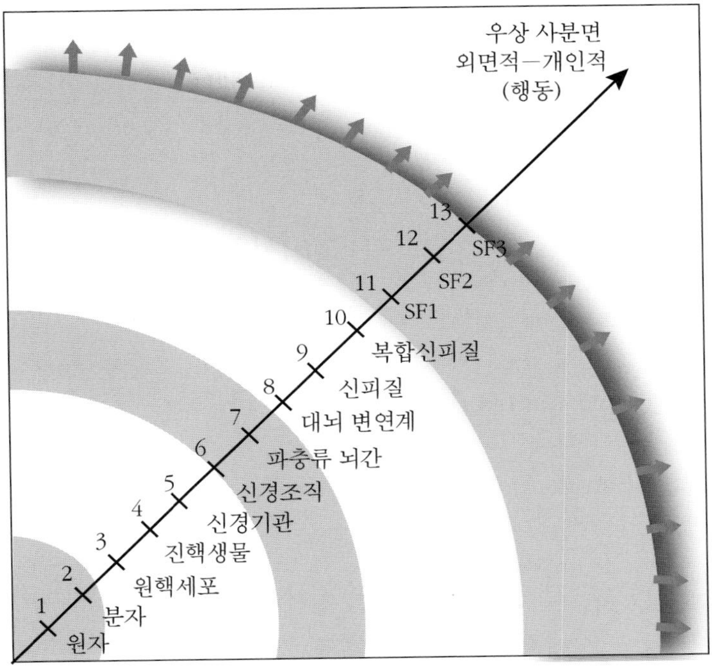

[그림 부 I-7] 조대한 형상의 복잡화는 보다 정묘한 에너지를 수반한다

이러한 상관관계—그리고 물론 정묘 에너지 그 자체의 존재—는 가설로 제시되고 있다. 하지만 핵심은 그것들이 타당한 것으로 판별되는지 여부와 관계없이, 정묘 에너지는 우상 사분면에 온전히 **자리 잡을 수 있다**는 점이다. 조대한 물질 형상, 정묘한 물질 형상, 원인적 물질 형상.

그러므로 어떠한 경우가 되었든 이는 우리로 하여금 형이상학에서 통합적 탈-형이상학을 향한 움직임을 위해 꼭 필요한 단계를, 적어도 전반적으로나마 완성하게 해 준다. 바라건대 이에 대한 필수 개념들 중 일부나마 충분히 보였기를…….

부록 II

통합적 탈-형이상학

탈-형이상학이란 무엇인가?

'탈-형이상학'이란 무엇인가? 다음의 질문부터 던져 보자. 형이상학이란 무엇인가?

형이상학은 일반적으로 존재론(존재 혹은 실재란 무엇인가?)과 인식론(우리가 그것을 어떻게 아는가?)의 문제를 다루는 철학의 분파로 취급된다. 이 용어는 최초에 아리스토텔레스의 제자들에 의해 주로 사용되었는데, 그 이유는 아리스토텔레스의 책인 『자연학(*Physics*)』 다음에 쓰였다는 이유로 그들이 그냥 **형이상학**Metaphysics이라고 불렀기 때문이다. 뭐, 나름 훌륭한 이유인 것 같기는 하다.

만약 형이상학이 아리스토텔레스와 더불어 시작되었다고 한다면, 칸트와 더불어 끝났다고 할 수 있다. 혹은 어떤 식으로든 칸트 이후 수준 높은 철학자들이 실재에 대해 생각한 방식을 규정짓는 전환이 있었다. 칸트의 **비판 철학**은 존재론적 대상을 주체의 구조로 대체하였다. 핵심은 우리가 경험의 대상을 완전히 실재적인, 이미 주어진 방식으로 지각하지 않는다는 것이다. 오히려 앎의 주체의 구조가 알려진 대상의 다양한 속성을 부여하기 때문에 그러한 속성들이 대상에 속한 것처럼 보인다. 하지만 사실 그렇지는 않다. 그것들은 오히려 앎의 주체의 공동-창조물이다. 앎의 주체의 다양한 **선험적** 범주는 우리가 알고 있는 대로의 현실을 빚어내거나 구축하는 데 도움을 준다. 현실은 지각perception이 아니라 개념conception이다. 적어도 부분적으로라도 말이다. 존재론 그 자체는 그냥 존재하지 않는다. 그렇다면 형이상학은 이러한 점을 이해할 수 없는 부류의 사상들을 폭넓게 칭하는 것이 된다. 혹은 소여의 신화의 먹잇감 신세가 된 사상이기도 하다.

이것이 전반적으로 영성에게 의미하는 바는 형이상학이 폐기되거나, 최소한 완전히 재고되어야 한다는 점이다. 형이상학의 전통적인 범주 전체—신, 불멸성, 혼, 마음, 몸 그리고 앎—는 그들의 근본주의적, 선-비판적, 존재론적 형태로는 도저히 비판적 사고의 엄밀함을 견뎌 낼 수 없다. 근대와 탈근대의 세계에서 그것들은 플로지스톤, 성 비투스의 춤, 골상학이 의학에게 그러하였듯이, 종교에게도 부끄러운 낡은 관념들이다.

예를 들어, 존재의 대사슬을 살펴보자. 녹색 밈 이론가들이 대사슬을 겨냥해 제기했던 비판들은 솔직히 말해 싸구려이고, 정교하지 못했으며, 중요한 문제들을 건드리지도 못 했다. 우리는 대신 이 주제에 대해 Lovejoy의 고전적 연구『존재의 대사슬(The Great Chain of Being)』에서 개술한 단순한 사실들로부터 시작하고자 한다.

일단, 여러 대사슬 이론가들은 세 가지 핵심 지점을 주장하였다.

(1) 모든 현상—모든 사물과 사건, 사람, 동물, 광물, 식물—은 전부 영Spirit의 과잉과 풍성함의 현현이기에 영은 부분과 전체에 본질적으로 엮여 있으며, 따라서 전체 물질계와 자연계는 플라톤이 말한 것처럼, '볼 수 있는' '만질 수 있는' 신이다(**영의 풍성함**the Plenitude of Spirit).

(2) 그러므로 자연에는 '격차가 없으며no gaps', 잃어버린 고리도, 다리 놓을 수 없는 이원론도 없다. 왜냐하면 모든 것이 서로 서로 엮여 있기 때문이다(**존재의 연속성**the continuum of being).

(3) 그럼에도 불구하고 존재의 연속성은 명암을 나타내는데, 다양한 **창발물**emergents이 다른 차원에서는 나타나지 않지만 어떤 차원에서는 나타난다. 예를 들어, 늑대는 달릴 수 있지만 바위는 그럴 수 없으며, 따라서 창발물들 내에서는 '격차'가 존재한다(**존재의 위계**the hierarchy of being).

지금 우리 근대인 혹은 탈근대인들이 대사슬 이론에 대해 뭐라고 생각하든, 그럼에도 불구하고 그것은 "역사 대부분에 걸쳐 문명화된 인류의 대다수에게 있어 공식적인 철학이었다. 게다가 보다 정묘한 사색적 정신을 지닌 수많은 이와 위대한 종교적 스승이(동양과 서양 모두) 다양한 방식으로 연루되어 있는 관점이었다."

존재의 대사슬 그 자체는 일반적으로 적게는 셋 혹은 네 개의 수준에서(예: 몸, 마음, 혼, 영), 많게는 십여 개 혹은 그 이상의 수준으로 구성되어 있는 것으로 전해진다. 이 수준들은 앎(인식론)의 수준이자 존재(존재론)의 수준이기도 하다. 이것들은 영원토록 혹은 무시간적으로 주어진(혹은 '이미 주어진') 것이라고 전해지거나, 몇 가지 유명한 것들의 이름을 대자면, 플라톤의 원형, 집단의 기억 혹은 훈습熏習 · vasana(Asanga, Vasubandhu), 헤겔식 관념 혹은 후설식 형상形相 · eidos처럼 오직 객관적인 혹은 존재론적 양태로 실재한다고 전해졌다. 어쨌든 Lovejoy가 절대적으로 옳았다. 인류가 낳은 가장 위대한 철학자들과 영적 스승들은 존재와 앎의 거대한 홀라키 버전을 지지하였다. 고로, 간단히 말해 당신이 존재의 대사슬을 쓰레기통에 버리려 한다면, 그 전에 우선 최소한 그것을 대체할 만큼 훌륭한 무언가를 마련해 두는 편이 나을 것이다.

형이상학은 일반 규칙으로 이러한 실재의 수준들이 존재한다고 가정하였으며, 그다음에는 이것들을 활용해 세계, 신, 혼, 해방(열반, 회개metanoia, 구속救贖, 구원) 그리고 괴로움(죄, 환영, 마야maya, 추락, 윤회samsara)을 해명하였다. 하지만 탈근대/근대 철학의 비판적 전환과 더불어, 이러한 구조들 자체에 대한 해명(그리고 방어)이 요구되었다. 그리고 이 꽤나 복잡한 이야기의 가장 간단한 결론은 방어가 불가능하다는 것이다. 이것들은 근대 혹은 탈근대의 사상 혹은 비판적 방법론들의 검열을 통과하지 못했다. 그렇다고 그것들이 폐기되어야 함을 의미하는 것은 아니다(이 경우에는 근대와 탈근대가 잘못된 것일 수 있다). 하지만 통합적 탈-형이상학이 주장하는 바는 당신이 실제로 형이상학 혹은 영적 철학이라는 진실로 필수적인 재료들을 그것들 없이도 해명할 수 있다는 것이다. 정말 간단하게도, 이러한 형이상학적 가정들은 영성을 돕기보다는 해치는 불필요하고 번잡한 짐에 불과하다. 오늘날과 미래의 세계에서 살아나기 위한 영성은 반드시 탈-형이상학적이어야 한다.

이 모든 것 속에서 내가 생각하는 핵심은 단 하나다. 존재와 앎의 거대한 홀라키 같은 이론들은—사실상 '형이상학'이라고 불릴 수 있는 모든 것은—그저 다양한 철학자와 현자들이 자신의 경험을 해석하기 위해 활용했던 것들이다. Plotinus가 어느 날 산책을 하다가 갑자기 10층짜리 건물을 발견해서 각각의 층에 '물리적' '정서적' '논리적 마음' '상위 마음higher mind' '정신nous' 그리고 '일자the One' 같은 이름표를 붙인 것이 아니다. 실재가 존재와 앎의 열 가지 주요 수준으로 구성되어 있다는 그의 사상은 그가 겪은 특정한 통찰과 경험을 해석하기 위해 그가 알고 있는 그야말로 최선의 방법이었다(특히, **신비적 합일**unio mystica이라는 다양한 신비 체험). 하지만 저 밖에 열 개의 구별되는 구조 혹은 층을 지닌, 그리고 누구라도 Plotinus가 거닐었던 숲과 똑같은 곳에 가기만 한다면 볼 수 있는 '대사슬'이라는 이름의 이미-존재하는 건물이 존재하는 것은 아니다. 거대한 홀라키—그리고 일반적인 형이상학—는 그저 만약 당신이 신, 혼, 신비적 하나 됨 그리고 **신비적 합일** 상태에서 경험되는 실재와 비교했을 때는 마치 환영처럼 보이는 방식으로 현현하는 물질계를 설명하고자 할 때 실재를 해석하는 최고의 방법이다.

그것은 여전히 실재를 해석하는 최고의 방법이다. 하지만 많은 면에서 심각하게, 필사적으로, 아플 만큼 갱신과 재개정이 필요하다. 무엇보다도 가장 중요한 것은 실재의 열 가지, 혹은 그 이상의 수준들은 저 밖에서 모두를 기다리면서 저 밖에 놓인 이미-존재하는 구조물들이 아니며, 사과나 바위, 종이 집게처럼 우연히 발견되기를 기다리는 잡동사니도 아니다. **심지어** 우리가 실재의 열 가지 수준 같은 것의 존재를 허용했다 하더라도, 이 수준들은 독립적으로 존재하는 구조물들로서가 아니라 부분적으로 **앎의 주체가 함께 만든 구조물**로서 이해되어야 한다. 즉, **인간 의식의 구조**로서 이해되어야 한다(따라서 구성주의야말로 영의 탈근대적 전환의 필수적인 일부다).

두 번째, 의식 구조들의 존재를 입증하는 방법으로 더 이상 전통이 그렇게 말했다는 이유만으로 그 존재를 주장해서는 안 된다. 혹은 자기 존재의 토대를 단지 내성이나 명상만으로 두어서도 안 된다(혹은 다른 소위 초-문화적 주장이나 언명들도 마찬가지다). 그들은 최소한 근대의 **객관적 증거**의 요구와 탈근대의 **상호 주관적 기반**에 대한 요구를 받아들여야 할 것이다. 그것이 없다면 무엇보다도 먼저 그저 **근거**

없이 주어진 믿음a given myth(혹은 주어진 신화given mythology: 신화란 적절한 증거 없이 진실임을 주장하는 것이다. 이는 근대가 극복하기 위해 맹렬히 싸워 온 부류의 주장들이다. 왜냐하면 이것들은 모두 너무나 자주 전제적 권력이 머물 곳을 마련해 주는 경험적 오류에 해당하기 때문이다.) 혹은 두 번째로, **소여의 신화**the myth of the given(문화로부터 자유로운 척하는, 탈근대가 극복하기 위해 맹렬히 싸워 온 부류의 주장들이다. 왜냐하면 이것들은 모두 너무나 자주 소외와 억압이 깃들게 하는 허위의식의 양태이기 때문이다.)를 제시하고 있는 것이다.

셋째, 이러한 의식의 구조들이 영원히 혹은 무시간적으로 주어진 것들로 여겨져서는 안 된다. 이것들은 원형도, 신의 마음속의 영원한 관념도, 역사 바깥의 집단적 형상도, 무시간의 직관적直觀的 이미지 등도 아니다. 주로 이 존재와 앎의 탈-형이상학적 수준은 **시간, 진화 그리고 역사 속에서 발달해 온 형상들**로 여겨져야 할 것이다. 이것은 영적 철학에 그 어떠한 **선험적**a priori 형상도 필요 없음을 말하는 것이 아니다(그 어떤 철학도 그럴 수 없다). 하지만 그것이 적을수록 더욱 좋긴 하다. 그리고 이와 같이 상정된 **선험적** 형상들은 적어도 근대와 탈근대의 정당화 형식들(그리고 타당성 주장들)을 참고하여 스스로를 옹호할 수 있어야 할 것이다. 단순히 그것들이 존재한다고 주장하는 것만으로는, 단언컨대 그렇게 할 수 없다. 그리고 당신이 신을 개인적으로 알고 있다고 주장하는 것 역시 도움이 되지 않을 것이다.

이 부록에서 나는 세 가지 일을 하고자 한다. 첫째, 형이상학적 사고에 의존하지 않는 의식의 수준 혹은 구조의 존재에 대한 설명을 제공하기다. 그다음으로, 탈-형이상학적 사고의 두 가지 사례를 제시하기다. 첫째는 온우주Kosmos에서의 홀론의 '주소'와 관련 있고(이는 우주 속의 무언가에 실제 위치를 부여하기 위해 구체화해야 할 것이 무엇인가?), 두 번째는 영적 실재를 언급하는 새로운 방식, 우리가 실로 탈-형이상학적이라고 부를 수 있는 방법과 관련되어 있다.

깨달음의 슬라이딩 스케일The Sliding Scale

제4장에서 우리는 '깨달음의 슬라이딩 스케일'이라는 개념을 소개하였다. 이른바,

만약 진화가 형상의 세계에서 일어난다면, 그리고 깨달음이 진화하는 형상의 세계와 하나가 되는 것을 의미한다면, 이때 우리는 진화하는 세계를 온전히 인정하면서도 무시간적인 깨달음의 의미를 빠뜨리지 않는 방식으로 어떻게 깨달음을 정의할 수 있을 것인가? 이는 믿을 수 없을 만큼 도전적인 문제다…….

나는 좀 더 속도를 내기 위해 제4장에서 쓴 '깨달음의 슬라이딩 스케일'의 첫 단락을 반복하고자 한다. 만약 우리가 이로부터 조금이라도 전진할 수 있다면, 나는 우리가 진정한 탈-형이상학의 창조를 향한 먼 길을 떠난 셈이라고 믿는다. 그러면 일단 시작해 보고, 우리가 얼마나 잘 해낼 수 있을지 살펴보자. 우선, 단락을 다시 보자.

문제는 몇 가지 서로 다른 방식으로 기술될 수 있다.

- 만약 진화가 일어난다면, 도대체 깨달음이 무슨 의미겠는가? 깨달음은 모든 것과 하나가 되는 무언가를 의미한다고 가정되는데, 만약 **모든 것이 진화한다면** 나는 오늘 깨달았어도 내일이 오면 그 깨달음이 부분적이 되는 것이 아닌가? 그럼 나는 새로운 태양이 떠오르면 깨닫지 못한 것이 되는 것인가?
- 전형적인 대답은 깨달음은 **무시간**Timeless, **영원 그리고 불생**不生인 것과 하나가 되는 것이며, 그렇게 나는 무시간의 것과 하나이니 시간의 세계(그리고 진화하는 형상)에 의해서는 영향을 받지 않을 것이며, 그렇게 문제는 해소될 것이다. 하지만 이 모든 것이 영 안에 거대한 이원성을 낳는다—무시간과 영원 대 시간과 진화—그러므로 내가 정말 말하고 싶은 것은 그런 깨달음이 영의 절반과 하나가 되는 것일 뿐이라는 점이다.
- 우리는 '비이원적 신비주의'가 '조대, 정묘 그리고 원인 영역에서 **모든 것**과의 합일'임을 살펴보았다. 하지만 당신은 마법적 · 신화적 단계를 포함하여 사실상 모든 단계에서 비이원적 상태 경험을 누릴 수 있으며, 예를 들어 신화적 세계는 보다 상위 단계의 현상을 포함하지 **않는다.** 따라서 당신은 지금 당장 **합일**의 경험인 영원히 현존하는 비이원적 자각의 깨달음을 누릴 수 있지만 그 깨달음은 우주의 많은 부분을 빠뜨리고 있다. 그러므로 **견성**satori은 실제로 파편화된 세계와의 합일일 수도 있다. 개략적으로 말해, 이것은 좋지 않은 일이다.

앞의 모든 이야기는 동일한 문제를 달리 표현한 것이지만, 설상가상으로 이것은 문제의 시작에 불과하며(이것을 문제의 A 부분이라고 부르자.), 다음과 같이 요약될 수 있다. 우주—혹은 어찌 되었든 현현한 우주—는 진화하고 있다.[4] 만약 영이 공과 형상과의 합일로 정의된다 하더라도(여기서 공은 무시간, 불생, 비현현 그리고 진화하지 않는 것이라면, 형상은 현현한, 시간적 그리고 진화하는 것이다.), '시간' 혹은 '형상의 세계' 부분은 쉽게 고쳐지지 않는 깨달음의 의미를 강조하고 있다. 형상의 현상계는 진화하면서 점점 더 복잡해진다. 시간이 흐름에 따라 더욱더 완전해지고, 완전해지고, 또 완전해진다……. 고로 오늘의 깨달음이 무엇이든, 내가 지금으로부터 십 년 후, 한 세기 후, 천 년 후 얻을 깨달음보다는 완전하지 않으리라. 만약 내가 그렇지 않다고 주장한다면, 나는 깨달음을 오직 무시간과 불생의 실현으로만 정의하는 것으로 후퇴하는 것이며, 그다음 나는 현현한 형상의 세계이기도 한 영을 부인하는 것이리라. 그렇게 나는 두 개로 이원적 영을 갖게 될 것이다.

David Deida 같은 몇몇 이론가들은 우리가 문제의 이 부분을 진술하게 도와주는 멋진 구별을 해냈다. 공은 해방freedom이고, 형상은 완전성Fullness이다. 깨달음은 공과 형상 모두의 합일, 혹은 해방과 완전성의 합일이다. 무한한 공이 모든 유한한 것으로부터 자유롭다는 것, 모든 고통, 모든 괴로움, 모든 한계와 모든 특질로부터 자유로움을 깨닫는 것—알려진 것으로부터의 초월적 해방을 향해 날아오르는 부정의 길via negativa, 욕망과 죽음, 고통과 시간, 갈애와 회한, 두려움과 희망을 넘어선

---

4) 현현하는 우주가 진화하고 있다고 말하는 것이 진화에 대한 신-다윈주의의 모든 것을 반드시 지지하는 것은 아니다. 나는 시각 처리의 생화학과 생물리학을 전공했는데('소의 로드의 바깥 부분 로돕신의 광이성화光異性化 · The Photoisomerization of rhodopsin isolated from bovine rod outer segments'), 우리가 진화의 기제에 대해 이해하지 못한 것이 국회 도서관을 몇 차례나 채우고도 남을 정도였다. 나는 그저 **창조 과학**의 탈을 뒤집어쓴 **지적 설계**의 팬도 아니다. 하지만 진화가 모종의 '창조적 매력creative allure' 혹은 Whitehead가 '새로움을 향한 창조적 진보the creative advance into novelty'라고 부른 것과 관여되어 있어 보인다는 것을 깨닫는 데 있어 지적 설계자는 필요하지 않다. 이러한 충동—다른 이름으로는 **에로스**—은 우리가 이해하고 있는 진화의 진실들을 감안하면, 완벽하게 현실적인 결론으로 보인다. 일단 **에로스**의 **온우주**를 위한 넉넉한 공간이 있다고 치자. 하지만 탈-형이상학의 전반적인 핵심은 보다 적은 것으로도 충분할 땐 더욱 많은 실체를 상정하지 않는 식으로 **오컴의 면도날**을 엄격히 적용하자는 것이다. 그렇다면 사라지지 않을 것으로 보이는 것들 중 하나가 바로 **에로스**다…….

무상삼매nirvikalpa samadhi, 무시간의 불생의 법신Dharmakaya of the Unborn, 유한한 특질 등(그것도 포함해서)으로부터 자유로운 위대한 아인[5]Ayin 혹은 심연Abyss. 길의 맞은편에서 공과 하나가 되는 것이 궁극적인 해방이라면, 형상의 세계와 하나가 되는 것은 궁극의 완전성이다—전체 현상계와 하나가 되는 것, 그 모든 영광을 지닌 색신Rupakaya(형상으로서의 몸Form Body), 이를 통해 영원eternity은 시간의 산물과 사랑에 빠져 있음을 발견하리라. 그러므로 공과 형상의 합일로서의 깨달음은 또한 해방과 완전성의 결합으로서의 깨달음이기도 하다.

나는 이것이 참으로 진리임을 믿는다. 문제 A 부분은 형상이 진화하고 있다는 것, 혹은 완전성이 진화하고 있다는 것이다. 그러므로 더욱더 완전해지고 완전해지며 또 완전해지니, 말하자면 그러므로 오늘 당신의 깨달음은 내일보다는 덜하고 덜하며 또 덜한 것이다. 그리고 당신은 비이원성을 근본적으로 침해하지 않는 한 그것을 그다지 중요하지 않은 것으로 치부(진짜 중요한 것은 등식의 절반뿐임을 암시함으로써)해버릴 수 없다. 이것은 위대한 지혜 전통에게는 문제가 되지 않았었다. 왜냐하면 그들은 형상의 세계가 진화한다는 사실을 **알지도 못했기** 때문이다. 그러니 이 문제가 그들의 레이더망에 걸리지 않았을 수밖에 없었다. 형상의 시계는 그들에게는 고정된 채로 존재하지만, 오늘날의 우리는 이것이 실제로 펼쳐지고 진화한다는 것을 알고 있다……. 그러므로 공과 형상의 합일은 어떤 식으로든 불생과 진화의 합일이며, 진화는 깨달음으로부터 어떤 지점에서의 완성을 앗아가 버렸다. 왜냐하면 비록 내일이 보다 자유롭지는 않을지라도, 그것은 언제나 보다 완전할 것이기 때문이다.

진화의 특정 시점에서 깨달음이 그 당시의 공과 형상의 세계와 하나가 되는 것일 뿐이라고 말함으로써 간단하게 이 문제를 다룰 수 있는 것 같다. 모든 것과 하나가 되는 것이 그저 특정한 시간의 모든 것과 하나가 됨을 의미하는 것은 아니다. 그러므로 예를 들자면, 툰드라의 샤먼은 비이원적 합일의 경험을 누리면서 공과 역사 속에서의 특정 시점의 형상의 세계와 하나가 될 수 있을 것이다. 그 당시에는 그 밖에는 하나가 될, 그로부터 모든 것을 포함하는 무언가가 없었으며, 그것이 신경 써야

5) 역주: Ayin은 카발라와 하시디즘 철학에서 중요한 개념이다. 우주가 창조되기 전에는 오직 Ayin만이 존재했었다. 이것은 무無에 해당된다.

할 모든 것이었다. 그때는 더욱 완전한 것이 없었으며, 따라서 그보다 더 높은 수준의 합일은 존재하지 않았다. 그다음 시대는 더욱 완전할 것이며, 그때는 그만큼을 포함한 모든 것과 하나가 되어야 할 것이다. 당신은 어떤 시대의 '합일Unity'을 후대의 합일과 비교할 수 없다. 왜냐하면 그것들은 마치 사과나 오렌지색 같아 둘 다 진짜 '합일' 경험이기 때문이다.

당신이 서구의 연구자들이 발견한 단계들에 도달할 때까지는 이렇게 문제를 풀 수 있을 것이다. 이는 우리를 문제의 B 부분으로 데려간다. 문제 A를 앞의 글을 통해 다룰 수 있었다면, 문제 B는 그렇지 않다. 그리고 이것은 지혜 전통의 자체적인 형이상학 지도를 활용할지라도 선명해지기 시작한 문제다. 왜냐하면 앞의 글을 활용한다면 (그것이 먹히기는 하겠지만) 결국 대사슬을 완전히 파괴해 버릴 것이기 때문이다. 일단 당신이 진지하게 문제의 B 부분을 직면하기 시작한다면, 그것은 그야말로 오히려 영적 실재에 대한 전체 형이상학적 해석을 해체할 것이다. 영적 실재 그 자체가 아니라 **형이상학**으로서의 해석을 해체할 것이다(그리고 내가 믿기에, 이는 우리를 탈근대/근대의 세계에서 반대할 수 없는 방식으로 영적 실재를 방어할 수 있는 유일한 방법인 '탈-형이상학'으로 가차 없이 데려다줄 것이다. 탈근대/근대라는 용어가 근대성과 탈근대성 모두가 받아들이는 항목들을 의미하는 것으로 쓴다면 말이다).

살펴본 것처럼, 위대한 지혜 전통의 형이상학 체계는 Plotinus의 수준(이는 Dionysius에서 Eckhart에 이르기까지 서구에서 신플라톤주의에서의 기본 수준으로 자리 잡았다.), 카발라의 **세피로트**Sefirot, 그리고 **대승**과 **금강승** 불교의 8식識 · vijnanas 같은 존재의 대사슬—실제로 **존재와 앎의 수준들**이 존재한다는 관념—을 포함하고 있다.

전통들은 대사슬이 전부 한 번에 주어진 것이라고 믿어 왔고, 이에 따르면 비록 그 일부가 아직 실현되거나 일깨워지지 않았을지라도 지금 현재 영원히 존재하는 것이다. 그리고 이러한 이해는 대사슬이 사실은 방대하고 천문학적인, 그야말로 지질학적인 긴 시간에 걸쳐 펼쳐진 것임을 깨달을 때 해체되어 버린다. 대사슬의 하위 네 개 혹은 다섯 개의 수준은 보통 물질, 감각, 지각, 충동, 정서, 상징, 개념으로 주어진다(예를 들어, **오온**skandhas에서 발견되듯이 말이다). 하지만 이 수준들은 **실제로 140억 년이라는 진화의 시간을 걸쳐 진화한 것이다**. 빅뱅과 더불어 물질이 일어났고,

첫 번째 생명 형상과 더불어 감각이, 첫 파충류와 더불어 충동이, 첫 포유류와 더불어 정서가, 첫 유인원과 더불어 상징이, 그리고 첫 인간과 더불어 개념이…….

놀라운 일은 이러한 수준들이 그 연대기적인 질서뿐 아니라 매우 정확한 것으로 밝혀졌다는 점이다. 이것들이 수십억 년에 걸쳐 펼쳐진 것이긴 하지만 말이다. 그러므로 Lovejoy가 지적한 것처럼, 이 140억 년의 역사에 직면했을 때 지혜 전통의 대사슬을 구원할 수 있는 가장 쉬운 방법은, 그저 괜찮다, 대사슬의 수준들이 전부 한 번에 주어진 것이 아니라고 말하는 것뿐이다. 오히려 이것들은 실제로 아주 긴 시간에 걸쳐 펼쳐진 것들이다. 하지만 만약 그렇다면 깨달음은 공과 모든 형상의 합일이므로, 깨달음을 얻는 유일한 방법은 모든 시간이 펼쳐질 때까지 기다리는 것일 뿐이다.

이것이 문제의 B 부분이다. 깨달음의 본질 그 자체—그리고 이 모든 것에 걸친 영적 실재—는 일단 당신이 진화의 거리에서 보다 완전하고, 더욱 완전하며, 한층 완전한 쪽을 설명해야만 할 때 극적으로 변화한다. 당신은 여전히 공을 깨닫고 절대적인 해방을 얻을 수 있겠지만, 완전성의 측면에서는 문제를 인식하지 못한 채로(진화가 깨달음으로부터 안정성을 앗아 갔다는 것을 인식하지 못함) 구축된 깨달음과 전체 형이상학 체계 속에 숨겨진 치명적인 결함이 존재한다. 근대성과 탈근대성은 이 문제를 인식하였지만 영적 실재를 포기하였다. 그들이 버려야 할 것이 실재에 대한 형이상학적 해석일 뿐임에도 불구하고 말이다.

만약 우리가 그렇게 형이상학적 해석을 버린다면, 우선 **앎과 존재의 수준을** 기존의 존재론적 실재(열 개의 세피로트, 8식, 혹은 일곱 개의 차크라 등 무엇이 되었든)의 수준 혹은 차원으로부터 스스로 진화하는 수준으로 변환시켜야 할 것이다. Peirce는 자연 법칙을 두고 그것이 **자연의 습관**에 더욱 가깝다고 언급하였으며, 나 역시 동의한다. 우리는 그것을 **온우주의 습관**Kosmic habits 혹은 **온우주의 기억**Kosmic memories이라고 부르며, 그것이 바로 실재의 수준을 재해석하는 방법이다. 그것이 처음 출현했을 때 취한 형상은 상대적으로 개방적이고 창의적이었지만, 일단 어떤 특정한 반응이 몇 번이고 반복해서 일어나면 그것은 점점 더 흔들기 어려운 온우주의 습관으로 자리 잡는다.

따라서 가치 구조 수준의 예를 들자면, 약 50,000년 이전에는 **진홍색**의 가치 구조(마법적 · 물활론적)가 그 당시 인류가 진화한 가장 높은 수준이었을 것이다. 하지만 분명 고도로 진화된 개인들이 존재와 앎의 새롭고 창의적인 양식을 향해 돌진하기 시작했을 것이며, 그들은 보다 높은 수준의 복잡성과 의식으로부터 나온 반응들을 하기 시작할 것이다. 점점 더 많은 개인이 이러한 반응들을 공유함에 따라, **빨간색** 가치 구조(자아중심적, 권력)가 **온우주**의 습관으로 자리 잡기 시작할 것이다. 기원전 10,000년 즈음에 빨간색 가치 구조가 인류의 반응을 지배함에 따라, 몇몇 영웅적 개인들이 더욱 의식적이고, 더욱 자각적이며, 더욱 복잡한 반응을 향해 돌진하기 시작했다. 그러자 **호박색** 가치 구조(절대주의적 · 민족중심적)가 처음으로 자리 잡기 시작하였다.

세계관의 관점에서 이 같은 마법적 빨간색으로부터 신화적 호박색으로의 움직임은, 특히 훨씬 복잡한 사회 시스템의 창조를 허용하는 방대한 신화 체계의 구축을 수반한다. 마법적 수준은 혈통과 친족 관계의 끈에 기초하여 사람들을 하나로 묶거나 사회적으로 통합할 수 있을 뿐이다. 당신이 나와 피로 연결되어 있지 않는 한, 우리가 '우리we'를 만들 방법은 없다. 그러므로 마법적 수준에서 부족은 서로 사회적으로 혹은 문화적으로 통합될 수 없다. 하지만 신화의 기능들 중 하나는 피나 유전이 아니라 가치와 신앙을 통해 자신들이 신의 후손이라고 주장함으로써 **모두 동일한 신화적 신에 대한 신앙을 채택하기만 한다면 다양한 사람과 친족 관계가 아닌 부족민들을 하나로 통합시켜 준다.** 그러므로 이스라엘의 12지파는 야훼 아래서 하나가 될 수 있었으며, 선지자들(혹은 유사한 존재들)은 그들 주변의 빨간색 이교도 문화에 호박색 수준의 법과 진실한 신앙을 가져다주면서 하나의 신화적 신 아래서 사람들을 하나로 통합시켰다.

진화의 이 지점에서—약 6,000년 전—다음과 같은 것들이 가능해졌다(정말 간단하게 말하자면). 의식의 수준에 있어(대사슬의 이론가들이 고정되고 주어진 것으로 오인한 앎과 존재의 수준) 인간은 **태곳적** 유인원으로부터 마법적 **진홍색 수준**에서 **빨간색** 권력에서 **호박색** 신화적-멤버십을 향해 진화해 왔다. 이제 사람들은 다양한 발달 라인에 걸쳐 존재하는 이 네 개의 의식 수준 모두를 활용할 수 있게 되었다. 모든 사람이 가장 아래 수준에서 태어나 이제는 '고정된' 수준들을 통과해 발달해야 한다. 고정되었다는 것은 이 수준들이 Peirce적인 의미에서 온우주의 습관으로 안착되었기 때문이다. 그리고 존재와 앎의 항상—보다 높은 수준들의 **창조**creation를 설명하는 데 필요한 것은 우주의 자기생성적 · 산일dissipative-구조적 경향—보다 시적인 표현으로는 '에로스Eros'—이 전부다. '형이상학' 대신 Whitehead의 '새로움을 향한 창조적 진보creative advance into novelty'로도 충분하다. 그렇지만 이러한 최소한도의 형이상학만으로도 이미-존재하는 모종의 독립적인 존재론적 구조를 상정하지 않고 대사슬과 그 필수적인 구성 요소들을 생성해 낼 수 있다.[6)]

이와 동시에 몇몇 창조적이고 영웅적인 영혼들이 **오렌지색**과 그 이상을 향해 돌진할 것이다. 하지만 이러한 수준들 중 그 무엇도 플라톤식으로 주어진 것이 아니다. 그것들은 어떤 영원히 고정된 대사슬 속에 이미-존재하는 존재론적 구조가 아니다. 그것들은 시간이 지나면서 발달함에 따라(혹은 사중四重-진화함에 따라) 진화하고 사분면 속의 요인들에 의해 규정되며 인류에게, 미래의 모든 인간에게 가용한 온우주적 습관이 된다. 실제로 실용적인 용도에도 불구하고, 미래의 모든 인간에게 깊숙이 자리 잡아 고정된 습관으로(플라톤식의 원형이 아니라 온우주의 습관으로) 건네지게 되며, 그에 따라 대사슬 이론가들이 2,000년 전에 기술한 수준들이 마치 영원히 주어진 것처럼 **보일 것이다**(하지만 사실 진화한 것이다). 인간에 의해 발견되기를 기다리며 놓여 있는 형이상학적 짐들—원형들, 실재의 존재론적 차원들, 존재의 독립적 수준들—은 존재하지 않으며, 동일한 결과를 얻고 '고정된' 수준들의 존재를 설명하기 위해 필요한 것도 아니다. 게다가 이 수준들은 이후 태어난 모든 **특정한** 인간으로부터 **독립적으로** 존재하기 때문에 심리학으로 환원될 수도 없다. 필요한 모든 것은 탈-형이상학적으로 끌어낼 수 있다.

이와 동시에(6,000년 전), 인간 존재가 다시 한번 의식의 깨어 있는, 꿈꾸는 그리고 깊은 잠의 상태를 겪으면서, 다양한 신비주의의 형태로 절정 체험을 하게 되었다—자연, 신성, 무형상 그리고 비이원적 신비주의가 그것이다. 비록 이 상태들이

6) 보다 정확한 설명을 원한다면, 발췌 A-G의 '퇴화적 소여involutionary givens'에 대한 논의를 보라.

언제나-현존하지만, 인류 전체는 오늘날의 명상가들이 그러하듯이 대략 동일한 질서로 그 상태들을 숙달하는 법을 배울 수 있는 것처럼 보인다. 외면의 조대한 몰입(이교異教 · paganism)에서, 신성 신비주의(상승과 초월)에서, 무형상의 심연Abyss(위대한 축의 시대the great Axial Age)에서 언제나-현존하는 비이원을 향해 나아가는 것이다. 하지만 의식의 구조들과는 다르게 훈련된 의식 상태들의 연속선상에는 커다란 유동성이 존재하며, 개인들은 이러한 상태들을 다양한 수준에서 절정체험할 수 있다. 하지만 전 세계에 걸쳐 위대한 신화적(호박색) 시대 동안, 인류 전체는 정묘한-꿈 세계의 천상의 영역들을 탐구하고 있었다. 인류는 빨간색의 권력 부족으로부터 호박색의 신화적-멤버십 사회를 향해 구조적으로 전환되었을 뿐 아니라, 그들의 가장 진화된 종교적 인물들은 이교도적 자연 신비주의의 상태로부터 내면의 신성 신비주의와 예언가적 비전, 광휘와의 직면 그리고 이 세계의 것이 아닌 창조적 근원을 향해 나아갔다(때때로 더욱 상위의 수준에도 접근할 수 있었다).

그러니 이쯤에서 멈추고 본래의 질문으로 되돌아가 보자. 어떻게 하면 우리가 깨달음을 그 시대에도 의미를 지닐 수 있게 정의할 수 있을 것인가? 깨달음은 인류가 구조적으로 깊숙이 민족중심적(호박색)이었던 시기 동안에도 존재할 수 있는 것일까? 만약 그렇다면, 깨달음은 무엇으로 구성되어 있는가? 그리고 만약 우리가 이 시기 동안에도 작동하는 깨달음의 정의를 발견한다면, 그것이 오늘날에도 믿을 만하게 적용될 수 있을까?

깨달음의 포괄적 정의가 공과 모든 형상을 온전히 깨달음 혹은 하나 됨이라는 것을 상기해 보라. 그보다 못한 여러 영적 체험과 자각이 가능하지만, 우리는 대문자 'E'의 '깨달음Enlightenment'을 가능한 한 가장 완전하고 가장 높은 영적 자각의 일종의 최종 지점으로서 받아들이고 있다(이것이 바로 내가 이 책 전체에 걸쳐 이 단어를 거의 대문자로 표기한 이유다).

그렇다면 우리는 이를 염두에 두고 깨달음을 어떻게 정의할 수 있을까? 우리가 이 책 전체에 걸쳐 제시한 답은 이러하다. **깨달음은 어떤 주어진 시간에 존재하는 모든 상태와 구조와의 하나 됨을 실현한 것이다.**

원인적 공causal Emptiness의 안정화는 어떤 주어진 시간대의 해방을 제공해 준다.

하지만 형상의 세계는 이미 결정된 계획에 따라서가 아니라, 진화의 창조적 과정으로서 진화한다. 원한다면, 이 과정이 분명 영의 창조적 스포츠와 놀이처럼 보일 수도 있을 것이다(나는 이것이 진실이라고 믿으며, 이는 우리로부터 다양한 형태의 과학적 유물론을 제거해 준다).[7] 하지만 '대사슬의 수준들'은 그저 더 이상 이미 존재하거나 그들의 고정된 형태들처럼 주어진 무언가가 아니다. 형상의 세계가 진화함에 따라, 누군가 그 세계와 하나가 되기 위해 필요한 것은 **그때 존재하는 가장 높은 수준**을 향해 스스로 진화하고 발달해 나아가는 것이다. 그보다 더 높은 것은, 존재론적으로 말하자면 존재하지 않는다.

고로 영의 색신 혹은 형상의 세계는 더 이상 이미-존재하는 대사슬로서가 아니라 어떤 주어진 시간의 **총체적 형상**the Totality of Form으로 간주된다. 그리고 이러한 총체성과 하나가 되는 것은 완전성의 측면이다.

하지만 어떤 개인은 접근 가능한 모든 구조뿐만 아니라 접근 가능한 상태들을 통과함으로써 완전한 하나 됨을 실현할 수 있다. 고로, 어떤 깨달은 개인은 그 시기에 온우주에서 접근 가능한 가장 높은 구조에 이르기까지 발달한, 그리고 접근 가능한 상태들을 항해한 누군가다(즉, 일반적으로 조대한, 정묘한, 원인적, 비이원적 상태들에 깨어 있음을 가져가는 것이다).[8]

---

7) 그리고 또한 우리가 지적 설계의 옹호자가 되는 것을 막아 준다. 지적 설계의 주창자들은 한 가지 진실은 지니고 있다. 과학적 유물론이 진화의 전부를 설명할 수 있는 것은 아니다(그것은 주요한 전일적 변용의 도약을 제외하고는 거의 모든 것을 설명할 수 있다). 이 하나의 진실에 대해서는 꽤 동의하는 편이다. 하지만 진화를 계속 진행시키기 위해 필요한 것은 오직 최소한의 에로스(퇴화적 소여로서의)뿐이다. 새로움을 향한 이 창조적 진보의 힘은 활동 중인 영의 한 형태이며, 이 에로스는 진화 이론이 제대로 작동하게끔 만들기 위해 필요한 모든 것이다. 이것이 바로 진화가 간헐적으로 일어나는 이유다. 그것은 창조적 예술 작업이지, 지적 엔지니어링의 산물이 아니다(만약 그렇다면, 그 엔지니어는 멍청이일 것이다). 지적 설계의 주창자들은 그들의 작은 진실 하나를 창세기에 나오는 여호와가 바로 그 에로스라고 강력히 주장하는 데 써 버렸으며, 그것이 존재한다는 증거는 하늘 혹은 땅의 그 어느 곳에도 없다.

8) 이 정의의 상태적 측면은 여러 면에서 정밀-조정될 수 있다. 앞에서 시사된 것처럼, 비록 주요 상태들이 언제나-현존하지만, 그리고 매우 초창기의 계통 발생적 단계 때부터 인간의 존재는 깨어 있는, 꿈꾸는, 깊은 잠의 그리고 비이원의 상태에 접근이 가능하지만, 인류 전체를 놓고 보면 오늘날 명상가들이 하는 것과 거의 같은 질서로 그 상태들을 숙달하는 것처럼 보인다. 외면의 조대적인 몰입(이교주의)에서 신성 신비주의(상승과 초월)에서 무형상의 심연(위대한 축의 시대)에서 언제나-현존하는 비이원으로 말이다. 하지만 의식의 구조와는 달리 의식의 훈련된 상태의 질서에는 훨씬

이러한 깨달음의 개략적 정의는 진화적 깨달음의 '슬라이딩 스케일'을 설명할 때 가장 훌륭히 작동한다. 공은 동일하게 머무른다—무시간, 불생, 비현현Unmanifest, 불사—하지만 형상은 계속 진화하며, 깨달음은 이 둘—공과 형상—과 하나가 되는 것이다. 점점 더 완성되어 가는 형상이라는 측면에서 하나 됨이라 함은 온우주 내의 수준들을 포함하고 있지만, 이제 한 번 놓이면 이미-존재하는 존재론적 구조로서 주

큰 유동성이 존재하며, 개인은 어떠한 상태에서도 다양한 수준으로 절정-체험을 할 수 있다. 그렇지만 분명 가장 깊은 상태의 역사적 진보가 존재하였으며, 이를 통해 어떤 주어진 시대에 깨어 있음Wakefulness 혹은 주시Witnessing가 전반적으로 확장되었다.

제4장에서 시사한 바처럼, 우리 초기의 연구자들은 상위 상태를 상위 구조로 착각하는 경향이 있었으며, 그에 따라 상위 상태들을 인습적 구조 위에 쌓았다. 나는 『에덴을 넘어(Up from Eden)』에서 그렇게 하였으며, 그 책에서 구조는 '평균 양식'으로 불렸고, 상태는 '가장 진화된 양식'으로 불렸다. 『에덴을 넘어』는 이 두 가지 '라인'을 추적하였으며, 그것이 실제로 추적한 것은—꽤나 정확히— (1) 어떤 주어진 시대에 출현하는 수직적 구조-단계의 평균적인 무게 중심과, (2) 그러한 시대에 걸쳐 출현하는 훈련된 상태들의 진보다. 깨어 있음이 조대에서 정묘에서 원인에서 비이원을 관통한 것을 상태-단계라고 하며, 『에덴을 넘어』에서는 이를 또한 샤먼/요기의 길(조대에서 정묘), 성자의 길(정묘에서 원인) 그리고 현자의 길(원인에서 비이원)이라고 불렀다. 이것은 사실상 계통 발생에 대해 구조를 수직축으로, 상태를 수평축에 놓은 W-C 격자에 해당한다. 『에덴을 넘어』는 만약 당신이 고려한다면, 여전히 매우 타당하고 정확한 책이다.

보다 상위 단계(태곳적 · 마법적 · 신화적 · 합리적 · 통합적-무관점에 이르기까지)의 광범위한 출현으로 정의되는 위대한 시대의 어느 지점에서도 모든 개인이 넷 혹은 다섯 개의 주요 상태에 접근이 가능했음에도 불구하고, 대개의 사람들은 오늘날의 명상가들과 마찬가지의 동일한 진행 순서로 주요 상태들을 일깨우는 경향이 있으며, 이는 『에덴을 넘어』의 두 번째 경로에 해당한다. 이 둘의 일반적인 관계는 정확히 『에덴을 넘어』가 제시한 바와 같다. 마법적/조대, 신화적/정묘, 합리적/원인, 통합적/비이원이 그것이다. 상태의 핵심은 그것들이 단계보다는 느슨한 계층 구조로 이루어져 있다는 점이다. 왜냐하면 그것들은 절정체험될 수 있기 때문이다. 하지만 일반적으로 가장 진보한 종교적 위인들은 이신적 자연 신비주의에서 정묘 에너지(샤먼/요기의 길)를 거쳐 내면의 신성 신비주의와 예언적 비전, 이 세상의 것이 아니니 광휘와 창조적 근원과의 대면(성인의 길)을 지나 원인적 공과 비현현의 몰입(현자의 길)에서 공과 색의 비이원적 합일(달인siddhas과 탄트라tantra의 길)을 향해 나아간다.

따라서 모든 주요 단계/시대에 접근 가능했던 상태들에 대한 실제적인 접근에 있어서의 이러한 전반적인 상태적 진보들을 통해 깨달음에 대한 우리의 정의를 보다 세밀하게 조정할 수 있다. 그렇다면 '완전한 하나임total oneness'은 역사 속에 주어진 어떤 시간대에서 예상할 수 있는 가장 높은 단계와 상태들을 뜻하며, 이것이 바로 책 『에덴을 넘어』가 발견한 것이다. 마법적/조대, 신화적/정묘, 합리적/원인, 통합적/비이원이 그것이다. 단계의 진보에 초점을 맞춘 문헌에서도 이러한 상태적 진보는 중요한 변인이며, 우리의 깨달음의 슬라이딩 스케일과 정의에 정확히 맞아떨어진다. 어떤 시대의 전반적인 단계와 깨어 있음의 침투를 통해 진보된 상태들의 상관관계를 발견한 것은 내 생각에 여전히 『에덴을 넘어』가 한 가장 큰 기여 중 하나다.

어진 것처럼 보이는 플라톤식의 원형으로서가 아니라 사실은 온우주의 습관인 진화하는 형상으로서의 수준들을 포함하고 있다.

그러면 우리가 살펴본 간단한 사례에서 다시 신화적(호박색) 수준으로 돌아가기 위해 형상의 세계(완전성의 측면)와 완전히 하나가 되기 위해서 어떤 개인은 정확히 무엇과 하나가 되어야 하는 것일까? 해당 시기(호박색)에 '총체적 형상과 하나 됨'이 의미하는 것은 무엇일까? 형상의 세계에서 이제 존재와 앎의 네 가지가 주어지고 '고정된' 수준이 존재한다—원형이 아니라 온우주적 습관으로서 말이다(진홍색, 빨간색, 호박색 그리고 초기 오렌지색). 이 수준들은 이제 온우주 내의 **실제 구조**이며, 따라서 어떤 사람이 모든 형상과 하나가 되려면 이 형상들과도 하나가 되어야 할 것이다—그들은 자신의 발달 과정에서 이 네 가지 수준 전부를 **초월하면서 포함**해야 한다. 그들은 태곳적에서, 마법적-물활론적에서, 권력의 빨간색에서 호박색-신화 구조를 향해 나아가야만 한다(자각 속에서 **주체**를 **객체**로 전환하며 초월하고 포함하는 것이다). 그렇게 함으로써, 그들은 실로 자기 자신의 존재 속에서 형상의 세계 전체를 초월하면서 포함하였다. 플라톤식 천국에서 떨어지길 기다리는 그런 **상위의 수준들은 어디에도 존재하지 않으며, 그러므로 완전한 하나 됨은 성취될 수 있다**. 적어도 이 수준이란 변인에선 그러하다.

그렇다면 상태 변인은 어떠할까? 만약 어떤 개인이 깨어 있음을 조대한 상태에서 정묘, 원인 그리고 비이원 상태로 가져가 이러한 상태들을 어느 정도 숙달할 수 있다면(주체를 객체로 전환하여 자각 혹은 의식 속에 담을 수 있다면), 그들은 이러한 상태 전반과의 일치를 실현할 수 있을 것이다. 일단 누군가 이 둘을 모두 성취하였다면(그 시간대에 존재하는 모든 상태와 단계들을 초월하면서 포함하였다면), 이때 전체 온우주 안에는 접근 가능한 보다 높은 상태나 단계가 존재하지 않을 것이다. 이 사람은 그야말로 모든 면에서, 온우주 전체와의, 모든 수준에서의 공과 형상과의, 법신(혹은 무시간의 영)과 색신(혹은 시간적 영) 둘 다와의 하나 됨을 실현한 것이다. 약 6,000년 전의 이 사람은 될 수 있는 한 최대한으로 깨달은 것이다(혹은 이 사람이 역사 속에서 그때에 수평적으로, 그리고 수직적으로 깨달았다고 표현할 수도 있을 것이다).[9]

9) 실제로 접근 가능한 상태들에 기초한 정밀-조정된 버전을 원한다면, 이전의 각주를 참고하라.

그렇지만 이 사람이 매우 민족중심적일 수 있다는 점에 주목하라. 그 혹은 그녀에게는 선택지가 없을 것이다. 그때까지 진화된 온우주의 그 어디에도 세계중심적(혹은 후인습적) 구조는 존재하지 않는다. 아무리 깊이 깨달을지라도(그리고 접근 가능한 모든 상태와 단계를 완전히 숙달한다 할지라도), 이 사람은 필연적으로 구원이 어떤 선택된 사람들, 혹은 계급 혹은 성별, 혹은 특정한 길을 위해 존재한다고 믿을 것이다.

약 BC 1000년 즈음에 의식의 다음 주요 수준, 오렌지색이 호박색에 의해 해결될 수 없는 문제에 대한 창조적 응답으로서 출현하기 시작했다(이 새로운 진화적 출현자는 일반적으로 가능한 진화로, 그 자신을 AQAL의 실현을 통해 표현 중인 활동-중인-영의 창조성으로 간주할 수 있다. 혹은 당신은 무작위적 변이와 자연 선택이라는 어리석음을 받아들일 수도 있다. 이런 경우, 이것이 중요한 문제는 아니다. 핵심은 새로운 것들이 출현한다는 점이며, 그것들이 당신이 편할 대로 믿는 무언가에 의해 선택되고 이월되었다는 점이다. 이미 기술한 것처럼, 나는 그것들을 온우주의 습관이라고 언급할 것이며, 그 정확한 속성에 대해서 우리는 종일 토론할 수도 있을 것이다. 하지만 이러한 새로운 것들이 어디에서 출현하든 그것들은 존재한다).

오렌지색 수준이 온우주의 습관으로 자리 잡는 동안, 혹은 새로운 도전에 직면한 인류의 창발적 선택이 누적되는 동안, 인류 전체는 또한 정묘한-꿈의 상태에서 원인적-무형상의 상태의 숙달을 향해 돌진할 수 있었을 것이다(예를 들어, 내 책 『에덴을 넘어』를 참고하라). 세계중심적 구조와 원인적-상태 접근의 결합은 전 세계적으로 의식의 폭발적 성장을 야기했으며, 이는 일반적으로 위대한 축의 시대로 알려져 있다. 그 시기에는 전 세계에 걸쳐(약 BC 6세기) 처음으로 세계중심적 혹은 보편적 도덕을 옹호하는 사람들뿐만 아니라, 무한한 원인적 심연 혹은 이 윤회의 세계에 대한 두려움으로부터 완전히 자유로운 열반을 언급하기 시작한 현자들을 찾을 수 있다("나와 아버지는 하나다I and the Father are One."). 인류가 그 창조적 진화를 계속함에 따라 이 모든 것은 놀라우리만큼 새로운 깨달음이었다.

오늘날에 이르기까지 축의 시대Axial Age 이후에 셋 혹은 네 개의 주요 보편적 구조들이 자리 잡았다(대략, 오렌지, 녹색, 암녹색teal 그리고 청록색). 오늘날의 (서구) 문화에선 대략 40%의 인구가 호박색이고, 30%가 오렌지이며, 20%는 녹색 그리고 2%가 청록색이다.[10] 오늘날 이보다 더 높은 수준들에 접근할 수 있을까? 상태가 아니라 구조/수준들을? 그 답은 '그렇다'처럼 보인다. 적어도 청록색보다 더 높은 셋 혹은 네 개의 구조/단계/수준들이 존재하는 것처럼 보인다. 또한 이것들은 이미-존재하는 존재론적 구조 혹은 이미 어딘가에 존재하는 형이상학적 구조가 아니라, 고도로 진화된 영혼들이 새로운 영토로 돌진함에 따라 자리 잡은 매우 잠정적인 초기 구조들이다. 그렇게 그들은 공동-창조 중이다(즉, 이 구조들을 사중-창조tetra-creating 중이다).

천 년 혹은 그보다 훨씬 전에 몇몇 사람들이 탐험을 하면서 영토들을 공동-창조해 낸 것처럼, 최초의 선구자들이 이 새롭지만 미처-형성되지 않은 영토를 향해 돌진함에 따라 기존보다 높은 탈-청록색 구조들이 자리 잡기 시작했다. 하지만 오늘날까지 이러한 상위 구조를 향해 안정적으로 움직여 온 인류의 총합은 불과 수천 명에 불과하며, 그렇다면 인류 1%의 100분의 1도 안 될 것이다. [그림 2-4]에서 나는 Aurobindo에 기초하여 인지 라인에서 몇몇 상위 수준들의 목록을 기술하였다. 비전-논리 혹은 높은 마음higher mind 위에, 우리는 조명심the illumined mind, 직관심the intuitive mind, 상위심the overmind 그리고 초월심supermind을 지니고 있으며, 분명 보다 높은 수준들이 만들어지고 있는 중이다. 자기self 라인에서 Cook-Greuter는 이 상위 수준의 첫 두 수준들을 탐구해 왔으며, 이는 [그림 2-4]에서 '에고-자각' 그리고 '자아초월적transpersonal'으로 불리고 있다. 이것들은 상태가 아니라 항구적인 구조적 기능이다.

만약 당신이 이 구조/수준을 온우주적 습관으로 생각한다면, 오래된 수준일수록 더욱 깊게 온우주에 새겨질 것이다. 나는 그랜드 캐니언의 비유를 활용하곤 한다. 그것은 너무나 오래되어서 수 킬로미터의 길이로 파여 있다. 그것은 마치 50,000년 전 즈음에 시작된 빨간색 수준과도 같을 것이며, 온우주에 아주 깊게 새겨져 있을 것이다. 10,000년 전 즈음에 시작된 호박색은 아마도 500미터 깊이의 온우주적 협

10) 이것은 Kegan, SD, Paul Ray, Loevinger 그리고 Wilber를 포함한 몇 가지 자료들로부터 나온 복합적인 결론이다. 겹치는 부분이 존재하기 때문에 다 합쳐서 100%가 되진 않는다.

곡 같을 것이다. 축의 시대 즈음에 시작되어 서구의 계몽주의와 더불어 사실상 꽃을 피운 오렌지색은 아마도 100미터 정도의 깊이일 것이다. 1960년대에 시작되어 인구의 상당 부분을 차지하는 녹색은 겨우 10미터의 길이일 것이다. 암녹색과 청록색은 사실상 이제 겨우 놓여서 아마도 1미터 정도의 깊이밖에 되지 않을 것이다. 청록색보다 높은 수준의 구조들은 마치 사람들이 막대기로 땅바닥을 질질 끌며 돌아다니는 것 같아 우주에 온우주적 습관을 새기기 시작하는 중이며, 언제나 그러했듯이 작은 물방울로 시작하지만 그다음에는 작은 개울로, 그다음에는 협곡을 가로질러 온우주를 향하는 성난 강물로, 그다음에는 온우주의 실제 구조물로 존재하는 협곡이 될 것이다(그러므로 존재론적으로 이미-존재했던 것처럼 보일 것이다). 하지만 오늘날 청록색보다 높은 수준의 구조는 사실상 사람들이 막대기를 들고 땅바닥을 질질 끄는 것과 같다. 남색Indigo은 아마도 3 혹은 4센티미터의 길이일 것이며, 자외선 수준은 누군가의 본래면목Original Face 위에 그어진 희미한 흠집에 불과할 것이다.

보다 많은 사람이 탈-청록색의 발달 수준을 향해 돌진함에 따라 이러한 수준/구조들이 창조되거나 실행되거나 자리 잡을 것이다. 그 수준에서의 AQAL 현실과 사중으로-얽힌 이러한 구조들은 선택되고 실천될 것이며, 그리하여 완고한 온우주적 습관으로 점점 더 누적될 것이고, 이는 결국 더 이상 개인들에 의해 좌지우지되지 않는 심층구조인 주어진 의식 구조가 될 것이다.

달리 말해, 우리는 위대한 형이상학 체계의 그 모든 정수를 사실상 형이상학적 짐 덩어리 없이도 생성해 낼 수 있는 것이다.

그러므로 오늘날의 세계에서 깨달음이라 여겨지는 것은 무엇인가? 온우주에서 접근 가능한 가장 높은 상태와 단계들은 무엇인가? 최소한 그것은 인지와 자기 라인에선 남색 수준에 해당할 것이고, 넷 혹은 그 이상의 상태들의 숙달은 물론이다(조대한, 정묘한, 원인적 그리고 비이원적 상태에 대한 접근이 포함된다). 다른 모든 종류의 실현이 가능하며, 그들 중 일부는 매우 심오할 것이다. 하지만 '총체적 실현total realization' 혹은 '완전한 깨달음full Enlightenment'은 주어진 어떤 시점의 주요 상태들과의 합일('수평적 깨달음horizontal Enlightenment')과 주요 단계들과의 합일('수직적 깨달음vertical Enlightenment')을 의미하며, 오늘날 그 의미는 다음과 같다. 최소한 남색 수준의 높이와 비이원적 상태다.

(일단 당신이 거기에 있다면, 그다음은 무엇일까? 일단 당신이 모든 상태와 단계를 확인하였다면, 당신은 최첨단에 서 있는 것이며, 에로스 그 자체를 확인한 것이며, 새롭고 보다 높은 영토로 돌진하면서 당신을 따라 사중-창조가 일어나고 있는 것이며…….)

오늘날 신화적-멤버십의 호박색 수준의 누군가가 비록 조대한, 정묘한, 원인적 그리고 비이원적 상태들(**아누**Anu와 **아티**Ati 요가[11]를 포함)을 완전히 숙달했다 할지라도, **완전한 깨달음을 얻지도, 얻을 수도 없을 것이다.** 수평적으로는 깨달았지만, 수직적으로는 깨닫지 못했다. 세상은 이미 움직였다. 영은 그 자신의 존재를 좀 더 펼쳐 냈다. 오늘날의 세계에서 당신이 온우주와 하나가 되려면 반드시 일치해야 할 더 많은 구조-단계가 존재한다…….

달리 말해, 6,000년 전에는 완전히 깨달았다고 말할 수 있는 동일한 구조가 오늘날은 더 이상 그렇지 못한 것이다. 오늘날 신화적-멤버십 수준이 있는 사람은 더 이상 전체 형상의 총체성과 하나이지 못하다. 왜냐하면 호박색의 '머리 위에' 오렌지색, 녹색, 암녹색 그리고 청록색의 구조들이 있기 때문이다. 이것들은 이제 '존재론적으로' 실재하며, 온우주에서 **사실상 존재하는 구조**들이며, 플라톤식으로 영원히 주어진(그렇지 않을 경우는 제외) 것처럼 실재하고, 만약 어떤 사람이 발달 과정에서 이 수준들을 초월하면서 포함하지 못하였다면 그들(호박색 수준의 사람들)이 하나가 되지 못한 실재의 주요 수준들이 존재하는 것이다. 심지어 그들이 공과 형상의 비이원적 합일이라는 비이원 상태에 숙달했다 할지라도, 그들이 **아티** 요가와 **쇼갈**thögal 비전 그리고 **동산5위**洞山五位[12]를 숙달했을지라도, 그들이 향심기도와 가장 심오한 관

---

11) 역주: 티베트 불교의 오랜 전통에 의하면, 탄트라 불교는 6분류로 나뉘는데, 여기서 크리야 요가, 차리야 요가 및 요가 탄트라는 외적 요가로, 마하 요가, 아누 요가 및 아티 요가는 내적 요가로 분류된다. 내적 요가는 정화와 깨달은 자의 지혜를 인식하기 위한 준비 작업에 기초한다. 아누 요가는 신성과 공 그리고 완성의 순간적인 시각화의 의미를 강조한다. 아티 요가는 족첸 혹은 위대한 완성으로 불리기도 하며, 그 수행의 길이 자기-해방의 길이고 변형의 길이 아니기 때문에 사실상 탄트라라고 인식되지 않는다.

12) 역주: 동산5위는 선종의 일파인 조동종의 개조인 동산양개가 마음의 상태를 5가지로 나누어 수행자들에게 제시한 것으로, 선종의 철리哲理와 참선하는 공부를 5가지의 요목으로 묶은 것이다. 동산5위洞山五位는 다시 정편5위正偏五位와 공훈5위功勳五位로 나뉘는데, 전자는 선禪의 철리를 위주로 한 구분이고, 후자는 실천하는 참선 공부를 위주로 한 구분이다. 정편5위는 정중편正中

상 상태를 숙달했을지라도, 그들이 지속적으로 아인Ayin 속에 머물지라도, 그들은 완전히 깨닫지 못했다. 이 사람의 세계로 결코 들어오지 못하는 형상의 측면들이 존재하며, 따라서—우리가 설명하려 했던 바 그대로—이 사람의 **견성**은 부분적 세계와의 하나 됨이다.

그렇지만 신화적/호박색의 시대에는 동일한 실현이 실로 온우주 전체와의 하나 됨이었으며, 그러므로 완전한 깨달음으로 간주되었다. 고로 깨달음에 대한 이러한 정의는 우리가 출발한 모든 조건을 충족시킨다. 그것은 어제뿐 아니라 오늘날의 깨달음도 설명할 수 있다. 그것은 무시간적 구성 요소를 허용한다. 또한 시간적, 진화하는, 역사적 구성 요소도 포함하고 있다. 우리는 형상의 세계의 진화에 의해 만들어진 지극히 미묘한 한 줌의 문제들로부터 시작하였다. 우리는 오직 탈-형이상학적인 접근들만이 이 문제들을 다룰 수 있음을 발견하였다(왜냐하면 고정된, 영원한, 독립적으로 존재하는 플라톤식의, 혹은 다른 방식의 원형을 상정하는 것이 근대와 탈근대 인식론의 검열을 통과하지 못할 뿐만 아니라, 진화하는 형상의 세계 속의 무언가를 설명하려 시도할 때 사실상 스스로를 해체시키기 때문이다). 한편, 우리는 의미론적으로 깨달음의 정의가 변화되며, 따라서 항상 보다 완전해지는 형상의 세계(혹은 색신)뿐 아니라, 무시간의, 불변의, 이미-존재하는 위대한 불생의 공(신성, 법신, 아인) 또한 존중할 수 있음을 살펴보았다. 오늘날 어떤 이의 깨달음이 붓다Buddha의 깨달음(공즉시공)보다 더욱 해방적이진 않겠지만, 그것은 붓다의 것보다는 더욱 완전할Fuller 것이다(그리고 앞으로도 더욱 완전해질 것이다). 그렇지만 2,000년 전의 붓다와 오늘날의 붓다 모두 깨달음의 정의의 모든 의미에서 동등하게 깨달은 것이다(하지만 같은 이유로 1,000년 전의 길은 오늘날 그 자체로는 더 이상 완전한 깨달음의 수단이 되지 못한다).

그러므로 이 모든 것들을 염두에 두고 우리는 깨달음을 **역사 속에 주어진 어떤 시간 속에 존재하는 모든 주요 상태와 단계와의 하나 됨을 실현하는 것**으로 정의한다.

이러한 정의의 그 무엇도 어떠한 형이상학적 짐을 필요로 하지 않는다. 이것은 형이상학적 사고가 아니라 전근대, 근대, 탈근대 방법론의 지속적인 측면들을 존중

偏 · 편중정偏中正 · 정중래正中來 · 편중지偏中至 · 겸중도兼中到의 5가지 요목으로 이루어져 있고, 공훈5위는 향向 · 봉奉 · 공功 · 공공共功 · 공공功功의 5가지 요목으로 이루어져 있다.

하고 포함하는 **통합 방법론적 다원주의**Integral Methodological Pluralism로부터 만들어진 것이다. 이것은 **슈루티**shruti와 **스므리티**smiriti에 기초하였다는 식의 형이상학적 타당성의 주장을 필요로 하지 않는다. 즉, 단지 전통에 근거한 주장이나 마음챙김을 통한 내면 관찰의 기억에 기초한 것이며, 둘 다 근대와 탈근대의 요구를 다루기에는 충분히 통합적이지 못하다.

달리 설명하자면, 근대와 탈근대 둘 모두가 무참하게 공격했던 **존재론적으로 이미-존재하는 그 모든 존재와 앎의 수준들**—요가행파의 8식으로부터 카발라의 세피로트까지—은 그저 더 이상 필요하지 않을 뿐이다. 왜냐하면 우리가 그러한 모든 수준의 정수를 완전히 탈-형이상학적인 방식으로도 만들어 낼 수 있기 때문이다. 칸트는 다양한 형태로 근대와 탈근대가 받아들인 주장 속에서 그들의 존재론적 지시물referent을 무너뜨렸다—잘한 일이다—그리고 그러한 공간의 인식론적 근거상 세계 공간이 실존한다는 증거를 요구하였으며, 이러한 요구는 AQAL의 탈-형이상학이 완전히 충족할 수 있다. 이 '**탈-칸트적인 탈-형이상학**post-Kantian post-metaphysics'—혹은 그와 유사한 것—은 근대와 탈근대의 세계에서 영적 철학에게 열려 있는 유일한 방안이다.

온우주 속 객체의 주소는 무엇인가?

오늘날의 영적 사유가 형이상학으로부터 얼마나 멀리 나아가야 하는지를 보여주기 위해 다음의 사고 실험을 해 보려 한다. **개, 산타클로스,** $\sqrt{-1}$**, 그리고 공**이라는 기표들로 칭해지는 네 개의 지시물을 취해 보자.

이 기표들의 지시물들은 어디에 존재하는가? 혹은, 만약 그것들이 존재한다면 어디서 찾을 수 있는가? 산타클로스는 존재하는가? 만약 그렇다면, 어디에? $\sqrt{-1}$은 존재하는가? 만약 그렇다면, 어디에서 찾을 수 있는가 등등…….

제2장에서 우리는 다음과 같은 개념을 간단히 언급하였다. **온우주 주소=고도**altitude **+ 관점**perspective. 내가 하고자 하는 일은 이 개념을 좀 더 풀어서 탈-형이상학적인 사유의 모습이 어떠한지, 그리고 영적 실재—혹은 그와 관련한 모든 실재—

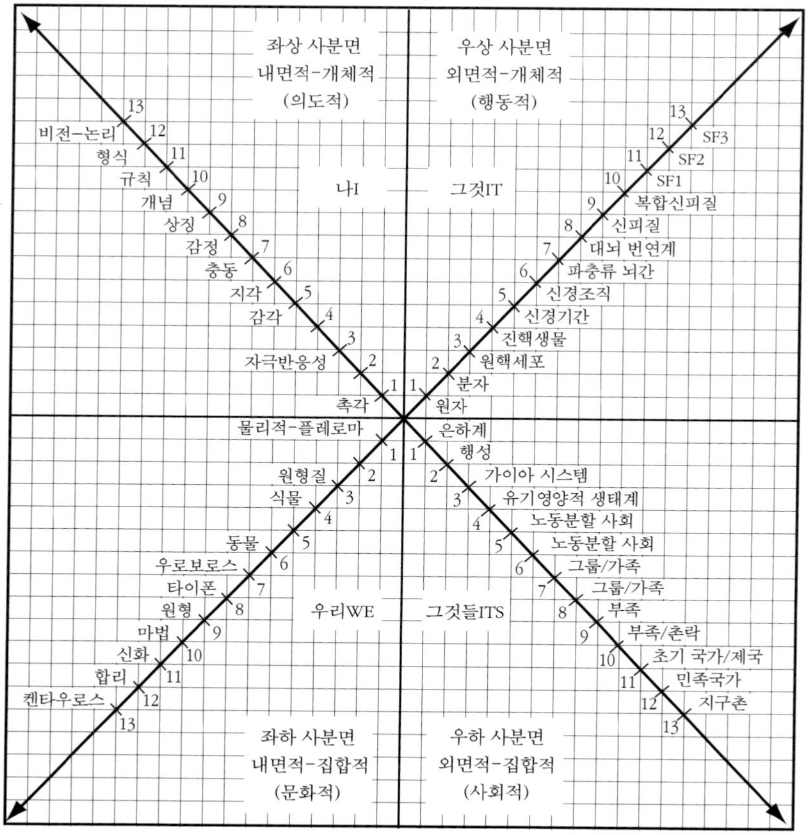

[그림 부 II-1] 사분면

가 탈근대/근대의 세계에서 어떻게 개념화되어야 하는지를 모두 보여 주는 것이다(근대성과 탈근대성 모두가 받아들이는 항목들임을 의미하기 위해 '탈근대/근대'란 단어를 활용하였다).

표준적인 사분면 도표로부터 시작해 보자. 우리는 이 책에서 몇 차례에 걸쳐 살펴보았으며, 편의상 여기서는 [그림 부 II-1]을 다시 보도록 하겠다.

일단 이 도표가 정확하다고 가정하자. 그것은 공통적으로 수용되는 몇몇 실재들을 꽤나 간단히 표현한 것처럼 보인다. 원자, 분자, 상징, 개념, 생태계 등 같은 것들이 그것이다. 하지만, 예를 들어 홀라키적 행성계 같은 것들은 청록색의 시작 지점

근처에서야 겨우 보이고 파악될 수 있다. 따라서 만약 우리가 전 지구적 생태계 같은 것들의 '위치location'를 찾고자 한다면, 첫 번째 규칙은 단순하다. 생태계는 오직 청록색 혹은 그 이상의 세계 공간에만 존재한다.

아, 어쨌든 분명 생태계는 실재 세계의 100,000년 전에도 존재하였다. 말하자면, 인류가 겨우 진홍색 수준에 머물며 그것을 볼 수도 생각지도 못했음에도 말이다. 물론 근대와 탈근대의 여러 인식론에 따르면, 당신은 그렇게 하도록 허용되지 **않는다**. 당신은 '단순히 거기에' 존재하여 표상적 방법론들이 다양한 수준의 접근을 제공해 주는 단일한, 이미 주어진, 비역사적非歷史的 세계를 상정할 수 없다. 만약 그렇다면, 우리가 오늘날 '생태계'라고 생각하는 것은 아마도 지금으로부터 천 년 후에는 초공간의 11차원 세계를 향한 접근권을 통제하는 암흑 물질의 에너지 하수원energy sink으로 이해될지도 모른다……. 뭐, 당신도 핵심은 파악했을 것이다. 만약 우리가 자신의 인식론이 기본적으로 표상적representational 지도(혹은 자연의 거울)라고 주장한다면, 오늘날의 우리로서는 1,000년 전에 취해진 것을 인정하지 못할 것이며, 마찬가지로 내일의 우리 역시 오늘날의 지식을 인정하지 않을 것이다. **따라서 그 누구도 항상 아무런 진리도 지니지 못하며**, 다양한 수준의 거짓만이 존재할 뿐이다. 이것이 바로 소여의 신화다. 이것이 탈근대성이 맹렬히 비난한 모든 것이다. 그리고 이것은 우리가 믿음직스럽게 촉구할 수 있는 무언가가 아니다.

어쨌든 핵심은 이것이다. 생태계가 무엇이든 간에 그것은 100,000년 전에는 보이지도 이해되지도 **않았다**(Graves가 종종 지적하였듯이, 부족 의식은 "강의 모든 굽이마다 이름을 지어 놓았지만, 강 자체에는 이름을 붙이지 않았다."). 생태계는 오로지 청록색이나 그 이상의 수준에서 의식에 진입한다. 그리고 '의식에 진입'하고 '존재'한다는 것이 탈근대/근대의 세계에선 본질적으로 동일한 것이기 때문에 우리는 생태계가 무엇이든 간에 그것이 오직 청록색의 세계에서만 발견될 수 있다고 틀림없이 말할 수 있다.[13]

13) 이것은 주체의 관념론이 아니며, 진홍과 이른-초기 시대에 생태계가 존재하지 않았다고 이야기하는 것도 아니다. 다만 감각적 경험의 '내재적 특성intrinsic features'이라고 불리는 것을 여전히 허용하고 있는 소여의 신화에 대한 거부의 차원에서, 우리는 생태계가 진홍의 세계 공간에서는 출현하지 않았거나 두드러지지 않았지만, 그럼에도 불구하고 그 안에 '존속subsisted'하고 있거나 진

그렇다면, 공식 **온우주 주소=고도**altitude **+ 관점**에서 온우주 주소의 '고도' 부분이 의미하는 바가 바로 그것이다. 지시물(혹은 '실재 대상')은 다른 여러 가지 것들 중에서도 발달적으로 정렬된, 혹은 특정한 '고도'의 실제 세계 공간 내에서만 존재한다(혹은 발견될 수 있다). 이 부록의 나머지 부분에서 나는 존재와 앎의 열 가지 주요 탈-형이상학적 수준을 활용할 것이며, 다음은 [그림 2-4]와 [그림 2-5]에 제시된 열 개의 수준들이며, 편리한 참고를 위해 다시 한 번 여기서 반복하려 한다.

(1) **적외선**—태곳적, 감각운동적
(2) **진홍색**—마법적-물활론적
(3) **빨간색**—자아중심적, 권력, 마법-신화적
(4) **호박색**—신화적, 민족중심적, 전통적
(5) **오렌지색**—합리적, 세계중심적, 실용적, 근대
(6) **녹색**—다원적, 다문화적, 탈근대
(7) **암녹색**—통합의 시작, 낮은 비전-논리, 시스템적
(8) **청록색**—세계적 정신, 높은 수준의 비전-논리, 높은 마음
(8) **남색**—파라-마인드para-mind, 초-세계적, 조명심
(10) **보라색**—메타-마음meta-mind과 상위심

홍에 의해 인식되지 않은 온우주의 내재적 특성으로서 존재하였다고 말할 수 있다. 하지만 핵심은 여전히 소여의 신화에서 이 내재적 특성을 제거하는 것이며, 내재적 특성 그 자체는 이미 주어진 것이 아니라 그러한 주장을 하는 의식의 가장 높은 수준이 함께-만들어 낸 것에 불과하다. 달리 말하자면, 내재적 특성 그 자체는 부분적으로 해석되고 공동-구축된 것이다. 그렇다면 이러한 내재적 특성을 보다 이른 시대에서 역으로-읽어 낼 수 있다. 이런 것은 괜찮다. 그것들이 단순히 이미 주어진 세계의 내재적 특성이 아니라 청록색 세계 공간의 내재적 특성이기 때문이다(이는 물론 거의 거부당할 것이다—혹은 보다 정확히는 초월하면서 포함될 것이다—남색에 의해서 말이다. 하지만 남색 역시 자신의 내재적 특성을 보라색에 의해 거부당할 것이다). 달리 표현하자면, 이것들은 본질적으로 내재된 특성이 아니라, 해석을 거쳐 내재된 특성들이다. 핵심은 온우주에서 실제로 '내재된' 모든 것은 각각의 새로운 세계 공간에 따라 변화한다는 것이다. 그러므로 출-현하고 존-속sub-sist하는 것 둘 다 의식이 공동-구축한 것이다(하지만 물론 의식만이 그렇게 한 것은 아니다. 왜냐하면 각각의 계기는 사중-구축되기 때문이다). 이 사례에서 우리는 간단히 생태계가 진홍 세계 공간에서는 출-현하지 않으며, 그 현상학 속에서는 어느 곳에서도 발견될 수 없음을 지적하였다.

나는 또한 이 수준들을 숫자로도 언급할 것이다. 이 숫자들이 비록 임의적이기는 하지만 말이다. 다시 한번, 논의상 이러한 수준들이 구역 #2에 해당하는 방법론들에 의해 타당화된 탈-형이상학적 의식 구조들로서 존재한다고 가정하자.

그럼, 다시 온우주 주소라는 개념으로 돌아가 보자. 생태계는 오직 청록색 혹은 그보다 높은 세계 공간에서만 **존재**exist한다. 그리고 여기서 '**존재**'의 의미는 '**출**ex-**현**ist'이다. 밖에 서다, 알려지다, 드러나다, 사중으로-일어나다—저 바깥에서 인식되기를 기다리며 놓여 있는 이미 주어진 세계의 일부로 존재하는 것을 제외한 모든 것이다. 온우주 주소에서 객체 부분은 오로지 복잡성과 의식의 다양한 발달 수준에서만 객체가 존재하게 되었다는, 혹은 일어나게 되었다는 사실을 뜻한다. 어떠한 경우에도 객체들이 어떤 식으로든 존재하는지의 여부는 **알려질 수 없다.** 그리고 그들이 아는 마음으로부터 완전히 독립적으로 존재한다고 가정하는 것은 소여의 신화와 표상적 패러다임에 불과하다—즉, 적절한 근거를 갖추지 못한 또 하나의 형이상학적 사고인 것이다. 어떠한 경우에도 탈-형이상학적 사유는 이미 주어진 세계의 존재와 소여성의 신화에 의존하지 않는다.[14]

다시 [그림 부 II-1]로 돌아가서 다시 한번 질문을 던져 보자. **그림에 표현된 객체들은 존재하는가?** 그 답은 이들 대부분은 청록색 혹은 그 보다 높은 수준의 세계 공간 속에 존재한다. 생태계에서 원자에 이르는 모든 것은 적외선, 진홍색, 빨간색, 혹은 호박색에선 **발견될 수 없다.** 그것들은 오직 오렌지색에서 청록색에 이르면서 드러나고, 혹은 존재하게 되며, 따라서 전반적으로 [그림 부 II-1]에서의 **기표들**('생태계' 'SF1' 'SF2의 구조-기능들')에 의해 표상된 **지시물들**(혹은 실재 존재하는 객체들)은 오직 청록색 혹은 그보다 높은 **높이**에서만 존재할 뿐이다.

그것이 바로 온우주 주소의 고도 부분이다. 그렇다면 관점 부분은 무엇인가? 그것은 그냥 사분면을 뜻하며, 그 속에서 지시물은 출-현한다. 형이상학적 사유는 관점으로부터-자유로운 우주를 가정하며, 사물들이 마치 관점으로부터 자유롭게, 전반적으로 맥락으로부터 자유롭게 존재하는 것처럼 역설하였지만, 이는 소여의 신

14) 이전 각주를 보라.

화일 뿐 아니라 소여의 신화의 지독히 자아중심적인 버전이기도 하다. 모든 실제 객체들은 무엇보다도 우선 관점들이다. '관점으로부터 보이는 것'이 **아니라**, '관점들**이다**'. 다시 한번, 비역사적 세계 속에서 보이기만을 기다리고 있는 이미-존재하는 무언가가 존재한다고 가정하는 것은 형이상학에 불과하다(그리고 소여의 신화). 모든 계기는 네 개의 차원/관점/분면들을 지니고 있다. 이것들이 바로 그들 자신인 그로부터 분리된 것이 없는 네 개의 차원이다. 어떤 것이 나타나는 방식으로부터 '분리된' 것은 존재하지 않는다. 그저 나타나는 방식이 존재할 뿐이며, 그리고 그것은 언제나 이미always already 관점으로서 나타나 있다.

그렇다면 최소한 우리는 지시물이 지칭될 때 일어나는 사분면을 특정할 필요가 있다.[15] 예를 들면, 생태계는 '그것들its' 혹은 우하 사분면의 실체/계기다. 그러면 생태계는 어디에 존재하는가, 혹은 그것의 온우주 주소는 무엇인가?

생태계＝청록색 + 우하 사분면

말하자면, 이제 이 온우주 주소는 그냥 대략적인 거리의 주소와 마찬가지다. 이것은 그저 당신을 야구장으로 안내하는 것과도 같다. 혹은 최선은 어떤 거리에 있는 건물로 안내하기다. 하지만 그 이상은 아니다. 그것은 그 안에 사는 거주자들, 혹은 실제 건물의 윤곽, 혹은 구체적인 요소 등에 대해 설명해 주지 않는다. **하지만 이 대략적인 온우주 주소는 '상황things'이 저 바깥에 그냥 놓여서 앞서 주어진 세계 속에 존재하는 것이 아님을 엄혹하게 상기시켜 주고 있다.** 다른 여러 가지 것들 중에서도 그것들은 다양한 발달적 복잡성과 의식 수준에서 존재하게 되고, 언제나 이미 특정한 관점으로 드러나 있으며, 주체의 나, 객체의 그것, 상호 주관적 당신/우리 그리고 상호 객관적 그것들을 포함(하지만 제한되지는 않음)하고 있다.

(보다 완전한 온우주 주소는 어떤 계기의 AQAL 측면 전부를 포함해야 하겠지만, 핵심은 최소한 당신에게 사분면과 수준, 혹은 관점과 고도가 필요하다는 것이다).

---

15) 우리는 이것을 곧 사분면과 사과四科로 구분하였다.

지금까지는, 정말 훌륭하다. 하지만 기다리시라! 우리는 진짜 지금 막 시작했을 뿐이다. 탈-형이상학적 세계 속에서 절대적인 토대도 없고 만물이 무언가로서 존재하기 이전에 관점으로 존재하는 그런 세계 속에서 우리는 반드시 다음의 훨씬 중요한 발걸음을 내디뎌야 한다. 우리는 단지 지시물 혹은 인식된 현상(이 경우, 생태계)의 온우주 주소를 제공했을 뿐이다. 하지만 인식자perceiver의 주소는 어떠할까? 우리는 객체의 주소를 제공하였다. 주체의 주소는 어떠할까? 기억하라. 탈-형이상학적 세계에서 그것들은 근본적으로 분리될 수 없다는 것을 말이다. **그렇다면 우주 안의 어떤 존재에게 위치를 부여하기 위해선 인식자와 인식된 것 둘 모두의 주소가 반드시 표시되어야 한다.**

이제 정말 이야기가 흥미로워지기 시작한다. 왜냐하면 정확히 아인슈타인의 특수 상대성 이론과 마찬가지로, 사물들이 서로 전적으로 상대적이 되어 버렸기 때문이다. 그냥 상대적인 게 아니라, 절대적으로 상대적인 것이다. (모든 사람이 알고 있듯이, 아인슈타인의 이론은 정말 이름이 잘못 붙여졌다. 그는 그것을 절대성 이론이나 불변성 이론 같은 것으로 부르려는 생각도 했었다. 그의 생각은 우주에는 중심이라고 여겨질 수 있는 어떤 고정된 지점이 존재하지 않는다는 것이다. 각각은 오직 서로에 대해 상대적으로만 위치할 수 있으며, 이는 여전히 절대자와 보편자를 만들어 내지만, 각자를 상호 참조하고 어떤 주어진 시간에 전체로서 존재하는 시스템을 참조하는 슬라이딩 시스템 속에서 그러하며, 시간 그 자체는 불변하는 빛의 속도에 의해 정해진다).

여기서 우리에게 필요한 것이 사분면quadrants과 사과四科 · quadrivium의 개념이다. **사분면**은 **주체**의 관점이다. **사과**는 바라보인 **객체**의 관점이다. 오직 개체 홀론만이 사분면을 지니거나 혹은 **소유**하고 있다. 하지만 모든 것은 이 사분면을 **통해** 혹은 **사분면으로부터** 바라보일 수 있다(바라보이면 사과가 된다).

따라서 예를 들면, 하나의 개체 홀론으로서 나는 적어도 네 개의 분면-관점들을 지니고 있다. 나라는 존재는 나-관점, 우리-관점, 그것-관점 그리고 그것들-관점을 **보유**하고 있다. 하지만 콜라병은 사분면을 지니고 있지 않다. 왜냐하면 그것은 살아 있는 존재가 아니기 때문이다. 하지만 그것은 나의 사분면/관점**으로부터** 바라보일 수 있다. 나는 콜라병을 나-관점으로 바라볼 수 있고, 당신에게 내가 콜라병에 대해 생각하거나 느끼는 바를 설명할 수 있다. 당신과 나는 콜라병에 대해 토론하면서 우리-관점을 형성할 수 있다. 그리고 나는 콜라병을 과학적인 방식(그것, 그리고 그것들)으로도 바라볼 수 있으며, 아마도 그 분자 구조에 대해 토론할 수도 있을 것이다.

고로, 나는 네 개의 분면들을 소유하고 있다. 콜라병은 이 네 개의 분면을 통해 바라보일 수 있다(그러면 사과가 된다). 혹은 개략적으로, 인식하는 주체는 사분면을 지니고 있으며, 이는 온우주 주소의 일부로 반드시 명시되어야 한다. 그리고 인식된 객체, 지시물 혹은 현상은 사과를 지니고 있으며, 이 역시 반드시 온우주 주소의 일부로 명시되어야 한다.

이를 설명하는 또 다른 방법—보다 느슨한—은 객체가 특정한 분면을 통해 혹은 분면으로부터 바라보일 수 있기 때문에 **주체**는 객체를 분면을 **통해** 바라보고, **객체** 그 자신은 사분면 '안in'에 존재한다는 것이다. 두 경우 모두 인식자의 분면과 인식된 것의 분면(사과)은 알려진 지시물의 온우주 주소로 반드시 명시되어야 한다.[16]

그리고 이것이 모든 것을 다른 모든 것에 대해 **전적으로 상대적으로** 만든다. 여기에는 그 어떤 토대도, 형이상학도, 소여의 신화도 존재하지 않는다. 모든 단단한 것이 허공으로 녹아들고, 모든 근본적인 것이 증발해 버린다. 그렇지만 우리는 여전히 위대한 형이상학 체계의 정수들 전부를 신빙성이 사라진 형이상학적 짐 없이도 만들어 낼 수 있으며, 우리에겐 이 짐이 더 이상 필요하지 않다…….

그러면 다시 한번 쭉 훑어보자. 어떤 것을 탈-형이상학적 우주 속에 위치시키는 방법에 대한 요약은 다음과 같다.

---

16) 이러한 정보와 더불어 우리는 이제 '여덟 개의 구역' 그리고 '여덟 개의 관점/방법론'이 보다 복잡한 버전의 사분면과 사과라는 것을 알 수 있다. 즉, 여덟 개의 구역과 '여덟 개의 분면들' 혹은 어떤 개체 홀론의 여덟 개의 실제 차원-관점들 그리고 여덟 개의 관점/방법론은 무언가를 그러한 차원들(그리고 차원 내에서 활용될 수 있는 방법론들)을 통해 살펴볼 수 있는 여덟 가지 근본적인 방법들인 것이다.

그렇다면 여덟 개의 quadrivia는 octavia가 되는 것인가? 이쯤 되면 무슨 로마 황제 이름처럼 들린다. 어쨌든 내가 여기서 라틴어를 잘못 쓰고 있는 것이 아님은 분명하게 밝힌다. 나는 사과의 복수형이 quadrivii라고 생각한다(역주: Wilber는 네 개의 범주가 가장 기본이기 때문에 이를 여덟 개로 세분화할 경우에 네 가지 범주의 복수형으로 보고 사분면이나 사과처럼 이를 여덟 개의 근본 범주로 따로 지칭하진 않겠다는 이야기를 하고 있다).

(1) 우주에는 고정된 중심이 없으며, 근원적인 수준 같은 것도 없다(아래로 계속 내려가도 거북들만 있을 뿐). 그렇다면 어떤 현상, 혹은 사물, 혹은 사건, 혹은 과정, 혹은 홀론의 위치는 오로지 서로의 관계 속에서만 특정될 수 있다.

(2) 덧붙여, 이미 주어진 세계, 모든 인식으로부터 분리되어 독립적으로 존재하는 그런 세계는 존재하지 않는다. 또한 모든 사물이 그저 인식일 뿐인 것도 아니다. 오히려 각자 서로에 대해 상대적으로(즉, 서로의 관점에 대해 상대적으로) 자기 자신을 드러내는 사물과 사건의 상호 드러남의 총체가 존재한다. 현실 속에서 이는 각각가 다른 무언가로 존재하기에 앞서 우선 관점으로 존재한다는 것을 의미한다. 그리고 이것은 현상계에서는 인식이 아니라 오로지 관점만이 존재한다는 것을 의미한다. 간단히 말해, 인식, 파지prehension, 자각, 의식 등은 전부 그 어떤 실재도 지니지 못한 3인칭의 독백적 추상 개념이다. 우리가 알고 있는 한, 혹은 알 수 있는 한 현상계는 속성을 지닌 사물, 인식 능력을 지닌 주체, 진공의 잠재성vacuum potential, **법**法, dharma, 초끈, 홀로그램, 생명장biofields 등이 아닌 관점을 지닌 유정의 존재들로 이루어져 있다. 이것들은 전부 어떤 유정의 존재와 연관되어 존재한다.

(3) 그러므로 어떤 계기의 '위치'를 명시하고자 한다면—그것을 찾을 수 있는 곳을 명시하려 한다면—우리는 반드시 서로 연관되어 있는 인식자와 인식 대상 둘 다의 위치를 명시해야 한다. 이 위치는 적어도 두 가지 구성 요소를 지니고 있다. 수직적, 발달적, 진화적 구성 요소(**고도**) 그리고 어떤 계기를 그 속에서(**사과**) 혹은 그것을 통해서(**사분면**) 접근할 수 있는 관점, 어떤 현상의 위치를 부여하게 도와주는 여타의 구성 요소들도 명시할 수 있지만, 이 두 가지(수준과 사분면)가 최소한도다. **따라서 우리는 인식자와 인식 대상 둘 모두의 높이와 관점이 필요하다**. 이를 다음과 같이 간단하게 표현할 수 있다.

온우주 주소 = 고도 + 관점

그리고 우리는 인식자/주체와 인식 대상/객체에 대해 이것을 다음과 같이 명시할 필요가 있다.

온우주 주소 = (고도 + 관점)$_S$ × (고도 + 관점)$_O$

주체의 관점이 사분면(이 관점을 통해 무언가가 보인다.)이고, 객체의 관점이 사과(어떤 것이 이 관점으로부터 바라보인다.)이기 때문에 우리는 이를 다음과 같이 쓸 수 있다.

온우주 주소 = (고도 + 사분면) × (고도 + 사과)

물론 우리는 AQAL 매트릭스에서 어떤 계기의 다른 구성 요소들 또한 명시할 수 있다. 우리는 사분면, 수준, 라인, 상태 혹은 유형을 명시할 수 있으며, 객체를 인식하였다고 주장할 때의 나는 **이것들을 통해** 세상을 바라보고 있는 것이다. 또한 우리는 사과, 수준, 라인, 상태 혹은 유형을 명시할 수 있으며, '그 속에서' 객체는 존재한다(혹은 존재한다고 주장된다). 하지만 고도(**수준**)와 사분면(**관점들**)은 우리가 깊이와 넓이를 지닌 온우주에 적응하기 위해 필요한 최소한도다.

말했듯이, [그림 부 II-1]에 주어진 겉보기에 단순하고 분명해 보이는 지도는 결국 그다지 단순한 것이 아니다. 그것은 분명 이미 주어진 세계의 지도가 아니다. 왜냐하면 다른 여러 가지 것들 중에서도 모든 사람이 그 대상을 볼 수 있는 것이 아니기 때문이다. 지도의 표상과 기표 안에 내재된 것은 다음의 항목들이다.

만약 내가 발달적으로 청록색 혹은 그 이상의 고도에 있다면, 나는 인지 지능 라인을 활용하여 적어도 청록색 수준에 도달한 다양한 분야로부터 전반적인 결론을 이끌어 내어 그것들을 [그림 부 II-1]과 같이 보이는 3인칭 격자 형태로 제시할 수 있다.

이처럼 [그림 부 II-1]에 묘사된 실재는 우연히 그것을 발견한 어떤 유정의 존재에 의해 인식되기를 기다리며 이미 주어진 어떤 세계 속에 존재하는 그런 실재가 아니다. [그림 부 II-1]에 묘사된 실재는 오로지 청록색(혹은 그 이상의) 세계 공간 속에서만 발견될 수 있다. 생태계는 빨간색, 혹은 호박색, 혹은 오렌지색 세계에선 출-현하지 않는다. 비전-논리는 빨간색, 혹은 청색, 혹은 오렌지색 세계에선 출-현하지 않는다. 원자는 빨간색 혹은 호박색 세계에선 출-현하지 않는다. 진공 잠재성은 빨간색, 혹은 호박색, 혹은 오렌지색, 혹은 녹색의 세계에선 출-현하지 않는다. 대부분의 경우, [그림 부 II-1]에서 묘사된 실재들은 오로지 청록색 세계(혹은 청록색 세계 공간) 속에선 출-현한다. [그림 부 II-1]은 '진짜 세계the real world'의 지도가 아니다. 왜냐하면 '진짜 세계'란 존재하지 않기 때문이다. 인식되기를 기다리는 이미 주어진 세계는 존재하지 않는다. 오직 실현을 기다리며 서로를 드러내는 관점들이 존재할 뿐이다.

이처럼 [그림 부 II-1]에 묘사된 실재들은 어떠한 주체에 의해서 보일 수 있는 것이 아니다. 그것들은 오로지 인지 발달의 청록색 수준에 있는 주체에 의해서만 보일 수 있다. 시스템적 홀라키는 빨간색, 혹은 호박색, 혹은 오렌지색, 혹은 녹색 주체에 의해 출-현하거나 보일 수 없는 것이다. 그것들은 오로지 청록색(혹은 그 이상의) 주체에 의해서만 실현될 수 있다.

고로, [그림 부 II-1]의 **기표들**의 **지시물들**(혹은 실제 객체)은 3인칭 차원/관점의 청록색 세계 공간 속에서 출-현한다. 그리고 그것들은 오로지 3인칭 관점 속에 있는 청록색 고도의 주체에 의해서만 보일 수 있다(나아지거나 실현될 수 있다). 말하자면 오직 이러한 **온우주** 주소를 지닌 주체들만이 [그림 부 II-1]의 기표들에 상응하는 올바른 **기의들**을 낳을 수 있으며, 따라서 그러한 **기표들**의 실재 **지시물들**을 보고 이해할 수 있을 것이다(즉, 그러한 **온우주** 주소에서 실현되는 현실의 윤곽을 결정하기 위해 함께 작업하는 앎의 공동체들 속으로 들어갈 수 있을 것이며, 어쨌든 무언가가 사실상 그러한 주소지에 존재하고 있다).

인식자와 인식 대상 둘 다의 **온우주** 주소를 기표화하지 않으면, 세계 혹은 실재에 대한 어떠한 진술도 그저, 단언컨대 절대적으로 무의미할 뿐이다. **소여의 신화**는 이것을 가리키는 가장 간단한 방법일 뿐이지만, 이제 우리는 소여의 신화가 빙산의 일각일 뿐이라는 것을 볼 수 있다. 주어진 세계는 없다. 상호 주관성이 객관적 ·

주관적 실재들을 구성하는 일부이기 때문일 **뿐만 아니라**, 상호 주관성을 명시하는 것만으로는 그 모든 차원 속의 신화를 극복하기에 그다지 충분치 못하기 **때문이기도 하다**. 형이상학이 아닌 다른 무언가에 관여하려면, 당신은 인식자와 인식 대상 둘 다의 온우주상의 위치를 명시해야 한다. 왜냐하면 우리는 이제 AQAL의 관점에서 바라본 형이상학이 일반적으로 어떤 계기의 분면, 수준, 라인, 상태 그리고 유형을 명시하지 않은(혹은 할 수 없는) 무언가를 의미한다는 점을 알고 있기 때문이다. 만약 어떤 작가가 의식적으로 이러한 구성 요소들을 명시하지 않는다면—즉, 만약 온우주 주소의 어떤 부분이 명시되지 않았다면—그것은 사실 그 작가가 무의식적으로 이 구성 요소들이 미리 주어진 것이며, 따라서 명시될 필요가 없다고 가정하기 때문이다. 그것들이 존재하고 변한다는 것을 알지 못한다는 이유로 그것들을 명시하지 않은 것이다.

예를 들어, 대부분의 작가들은 제7장에서 개술된 거대한 시스템 홀라키 같은 실재나 생명의-그물망 혹은 양자 진공 잠재성quantum vacuum potentials, 세피로트[17], 혹은 8식 등에 대한 일련의 주장들에 대한 지도를 제공할 것이지만 그러한 실재가 존재하는지에 대해 아무런 생각이 없으며, 만약 그것들이 존재한다 치더라도 특정한 관점과 더불어 특정한 세계 공간에서만 존재한다는 것을 알지 못한다. 따라서 그들은 실재에 대한 자신의 지도가 마치 이미 주어진 실재이고, 자신들이 그것을 올바르게 표상한 것인 양 제시할 것이다. 형이상학에 대한 탈근대의 정의에 비추어 보아도 참으로 끔찍한 형이상학이다! 하지만 난 여기서 한 걸음 더 나아가 보려 한다. 형이상학을 극복해야 한다고 주장하는 탈근대주의자들조차 사실상 미묘한 형이상학에 사로잡혀 있으며, 이는 어떤 계기의 AQAL 구성 요소 모두를 자기-의식적으로 드러내지 않는 모든 것이 형이상학이기 때문이다. 어떤 작가가 이 구성 요소들을 그려내지 않을 땐, 그것은 거의 항상 그 혹은 그녀가 그것들이 존재함을 알지 못하기 때문이다. 그리고 그것들이 존재함을 알지 못하면, 그러한 실재들이 무의식적으로 소여의 신화를 향해 변화하는 것을 막을 수 없다. 예를 들어, Laszlo가 양자 잠

17) 유대 신비주의에서 열 종류의 신의 속성은 각각 스물두 개의 길로 연결되고, 이것을 총칭하여 세피로트Sefirot라고 한다.

재성이 오직 청록색 수준에서만 출-현ex-ist한다는 것을 밝히지 않았을 때, 그것은 그가 이것들이 전부 주어진 것이라고 가정했기 때문이다. 고로, Laszlo의 경우 고도는 소여의 신화에 내포된 일부가 되었다. 그는 당신이 고도를 명시해야 한다고 생각하지 않을 것이다. 왜냐하면 그는 서로 다른 공간에 서로 다른 지시물들이 존재한다는 것을 알지 못하며, 따라서 그저 또 다른 버전의 소여의 신화 혹은 형이상학에 사로잡혀 있기 때문이다.

물론 형이상학의 필연적 의미는 '증거가 없는 주장'이다. 맞는 얘기다. 자신의 주장 기표들의 지시물들에 온우주 주소를 명시하지 않은 모든 접근은 무의미한 주장과 추상화에 사로잡혀 있다.

그리고 이는 분명 통합적 탈-형이상학에 대한 가장 흥미로운 요구로 귀결된다. **어떤 진술의 의미는 그것을 실현enactment하는 수단에 달려 있다.** 일단 우리가 이를 이해하면, 나는 우리가 영적 실재를 논하는 완전히 새로운 방법이 있음을, 그리고 그 속에서 이러한 영적 실재들의 존재를 입증할 방법과 수단을 지닌 누군가를 찾게 될 것임을 믿는다.

산타클로스는 어디에?

이번 글은 다시 한번 우리의 간단한 열 개-수준 고도의 지도를 언급하면서 시작하고자 한다(이것은 3인칭 관점 속에서 보라색 세계 공간에 나타나는 온우주의 특정 측면을 전반적으로 그려낸 지도다). 무언가에 대해 어떤 의미 있는 주장을 하고자 한다면, 당신이 인식자와 인식 대상 둘 모두의 온우주 주소(고도 + 관점)를 개괄적으로 명시할 수 있어야 한다는 것을 기억하자. **그렇지 않으면, 당신은 이것들이 암암리에 그냥 주어진 것이라고 가정하고 있는 것이며,** 그에 따라 형이상학, 혹은 의미 없는 주장에 사로잡히기 때문이다.

그렇다면 이번 글은 우리의 간단한 지도에 담긴 열 개의 세계 공간, 이러한 세계 공간 속의 다양한 앎의 공동체에 의해 결정되는 세계 공간을 실현하는 패러다임과 지시injunctions를 적절히 따르는 이들에게 나타나는 몇 가지 유형의 현상을 짧게 나

열하는 것으로부터 시작하고자 한다. 다음의 목록은 고도로 도식적이고 개략적이며, 몇 가지 지점만 짚고 모든 세부 사항을 정확히 밝히려 하진 않았다. 열 개의 수준들 중 여덟 개만 취해 그 안에 무엇이 포함되어 있는지를 제시하겠다.

진홍색: 마법적-물활론적

악마, 용, 마법사, 격노, 욕정, 바위, 강, 나무, 저주, 부두교, 조상, 씨족, 오두막, 마을, 말, 선봉

빨간색: 자아중심적, 권력, 마법-신화적

전쟁 군주, 부족, 다섯 원소(흙, 공기, 물, 불, 에테르), 분노, 질투, 권력, 거인titans, 지배, 억압, 노예제, 인종 학살, 원소력을 지닌 신과 여신으로서의 영

호박색: 신화적, 민족중심적, 전통적

대성당, 정의로운 사나이, 기사도, 구원, 자선, 2인칭 관점, 전지, 전능, 편재한 위대한 타자로서의 영

오렌지색: 합리적, 세계중심적, 실용적, 근대

원자, 전자, 양성자, 일백 개 이상의 원소들의 주기율표, 고층 빌딩, 로켓, 세계중심적 자비, 보편적 도덕이라는 이상, 텔레비전, 라디오, 3인칭 관점, $\sqrt{-1}$, 비행기, 자동차, 위대한 설계자 그리고/혹은 존재의 기반Ground of Being으로서의 영

녹색: 다원적, 다문화적, 탈근대

다원적 시스템, 인터넷과 월드와이드웹World Wide Web, 4인칭 관점, 가치의 공유지, 상상의 숫자, 하이퍼카hypercars, 심층 생태학과 인화human harmony로서의 영

청록색: 세계적 정신, 높은 수준의 비전-논리, 높은 마음

가이아 집단, 초끈, 미분/적분, n차원의 초공간, 5인칭 관점, 양자 잠재적 에너지

의 원천, 행성 차원의 홀라키로서의 영

남색: 파라-마인드, 초-세계적, 조명심

6인칭 관점의 명료함과 자비, 초-행성적인 사회적 이상, 초거대mega-부족, 전체 게슈탈트 속에서 스스로-나타나는 진/선/미, 무한한 빛/사랑으로서의 영

보라색: 메타-마음과 상위심

상위심의 빛나는 명확성, 7차원 관점과 그 너머의 무한한 사랑과 자비, 모든 유정의 존재를 그들의 관점으로부터 받아들이기, 초-차원적 사회적 이상, 급진적 내면성interiority과 무한한 홀라키로서의 신

앞서 살펴보았듯이, 우리는 이것들 중 무엇이 옳고 그른지를 말할 수 없다. 게다가, 이 모든 수준의 다양한 구성 요소는 이월된 것이다. 원자에서 분자에서 세포에서 유기체에 이르는 홀라키의 경우처럼, 우리는 "나는 유기체를 취해서 원자와 분자와 세포를 제거하고 싶어."라고 말할 수 없다. 이처럼 우리가 비록 자신의 세계관이 가능한 한 높다고 알려지기를 바랄지라도, 이것은 단순히 보라색에 집착하면서 나머지 모든 것을 포기하는 그런 문제가 아니다. 보라색에서는 온우주의 습관으로서—그에 따른 인간 발달의 단계들과 인간이라는 복합적 존재의 수준들로서—의 앎과 존재의 실제 열 개 수준이 존재한다고 말하는 것이 진정한 의미를 지닌다. (비록 어떤 수준에서의 어떤 요소들이 지속되는지, 그리고 어떤 것이 일시적이고, 환영적이고, 혹은 와전되는지를 결정하는 여러 가지 방식이 존재하지만, 핵심은 우리가 여전히 이러한 특정 요소들이 어떤 수준/세계 공간에서 존재한다고 말해지는지를 결정해야 한다는 점이다.)

요는 일종의 주요 수준과 세계 공간에서 일어난다고 알려진 모든 현상에 대한 '초거대-현상학mega-phenomenology'을 수행함으로써(앞에서 제시한 목록들은 매우 투박한 사례다.) 우리가 인간(진화 속에서 현재에 이르기까지)에 의해 발화될 수 있고, 자신과 상응하는 **기의**를 낳는 데 적합한 의식을 소유한 인간에 의해 이해될 수 있는

주요 **기표**들의 **지시물**들 위치에 대한 일종의 초super 사전(혹은 **초대형 용어사전**Giga Glossary)을 만들어 낸다는 점이다.

고로, 우리는 앞의 간단한 목록을 거대 용어사전의 사례로 활용하여 그렇지 않으면 기이하리만큼 답변이 불가능했을 질문들에 매우 쉽게 답할 수 있다. 여기 몇 가지 사례가 있다.

$\sqrt{-1}$ 은 그 **지시물**이 오렌지색 세계 공간에 존재하는 **기표**이며, 그 수준에서의 3인칭 관점으로 다양한 수학적 방법론을 통해 얻은 올바른 **기의**들을 마음속에 떠올리는 훈련된 수학자들이라면 정확히 인지하고 볼 수 있다.

지구 생태계는 그 지시물이 청록색 세계 공간에 존재하는 매우 복합적이고 다차원적인 홀라키인 **기표**다. 이 실재 **지시물**은 청록색 고도, 3인칭 관점에서 생태학을 연구한 주체에 의해 직접 인지되고 보일 수 있다.

산타클로스는 그 **지시물**이 진홍 세계 공간에 존재하는 **기표**이며, 진홍 고도의 주체에 의해 보이거나 인지될 수 있다(물론 좌하 사분면이 필수적인 표면 구조에 자신의 상호 주관적 배경을 가득 실었을 경우에 해당한다. 이는 이러한 모든 사례에 있어서도 진실이기 때문에 이를 간헐적으로만 언급하려 한다).

'순수한 물리적 대상(혹은, 감각운동적 대상)'의 경우, 그러한 것은 존재하지 않는다. '물질계physical world'는 지각이 아니라 해석이다(혹은 우리는 물질계가 지각이 아니라 개념적 지각 혹은 '공동지각conperception'이라고 말할 수 있으며, 이 또한 관점들을 포함하고 있다). 이미 주어진 세계는 없으며, 서로 다른 의식의 질서에 따라 존재하게 된(혹은 공동-출현한co-emerge, 혹은 사중-실현된tetra-enacted) 일련의 세계들이 존재할 뿐이다. 고로, 살아 있는 동물 영으로서의 개는 진홍 세계 공간에 존재한다.

생물학적 유기체로서의 개는 호박색 세계 공간에 존재한다. 진화의 산물인 생물학적 유기체로서의 개는 오렌지색 세계 공간에 존재한다. 진화하는 지구 생태계를 통해 작동하는 DNA/RNA 배열의 표현인 분자 생물학적 체계로서의 개는 청록색 세계 공간에 존재한다. 우리의 개념들이 다양하게 표상하는 하나이고 진실하며 이미 주어진 '개the dog' **같은 것은 존재하지 않지만**, 오히려 우리의 진화하는 개념과 의식과 더불어 존재하게 되거나 실현되는 서로 다른 개들은 존재한다. 물질은 존재 스펙트럼의 가장 밑단이 아니라 스펙트럼의 모든 수준의 외면이며, 따라서 사다리의 새로운 각 단과 더불어 새로운 물질이 존재하고, 전체 세계는 다시 한번 변화한다.

핵심은 서로 다른 세계 공간은 서로 다른 현상들을 담고 있다는 점이다. 그것은 어떤 공간이 '진짜' 세계 공간인지의 문제가 아니다. 왜냐하면 모든 세대는 자신의 관점이야말로 진실하다고 항상 느낄 것이기 때문이다. 하지만 '진실한' '이미 주어진' 세계는 없으며, 오로지 이 다양한 세계 공간은 창조적으로 진화하며 새로운 방식으로 펼쳐진다. 그다음에는 온우주의 습관으로 자리 잡아 그 뒤를 잇는 모든 인간은 그들 자신의 복합적 개인성 속에서의 자기 펼쳐짐과 수준들 속에서 단계들을 반드시 넘어서야 한다. 각각의 세계 공간은 그 내용물로서 발생하여 서로의 총합과의 관계 속에서 서로를 정의하는 수십억 가지 현상들, 고도와 관점을 포함한 관계의 총체를 담고 있다.

인간 존재는 다양한 실재를 표상하는 언어—기호와 상징의 체계—를 창조할 수 있다. 대부분의 경우, 이 기표들의 지시물은 하나 이상의 세계 공간 내에 존재하며, 주체들은 만약 그들이 이에 상응하는 발달 수준의 기의를 지니고 있다면 이 지시물들을 지각할 수 있다. 하지만 어떠한 철학적 주장이 실제로 의미를 지니기 위해서는 지시물의 온우주 주소가 지칭될 필요가 있다. 그것이 어떤 수준의 세계 공간에 존재하는가, 그리고 그것을 어떤 관점을 통해 바라보는가다. 그렇게 하지 못한다는 것은 화자가 다양한 세계 공간의 존재를 깨닫지 못한 채, 그 혹은 그녀의 세계 공간이 이미 주어진 유일한 세계라고 확신하고 있는 것이며, 이는 개인을 소여의 신화와 각종 (무의미한) 형이상학에 처하게 한다.

우리는 이 초거대-현상학과 초대형 용어사전이 우리를 어디로 이끄는지 살펴볼 것이다. 하지만 우선 마지막 정보 조각을 더하면, 우리는 결론을 이끌어 낼 수 있을 것이다.

신 같은 것, 신이 아닌 것 그리고 신인 것

일반적으로 말하자면, 우리가 3인칭 관점에서 무엇인가에 대해 말할 수 있는 세 가지 방식이 존재한다. 우리는 그것이 무엇 **같은지**를 말할 수 있다(은유적, 비유적, 유념적有念的 · kataphatic). 무엇이 **아닌지**(부정의, 무념적apophatic) 그리고 무엇**인지**(주장적, 실체적ontic)가 그것이다.

나는 저것들이 충분히 명백하다고 생각한다. 우리가(*), (-) 그리고 (+)의 기호로 이 담화 양식들을 표상할 수 있다고 해 보자. 고로, 만약 내가 영에 대해 은유적으로 말하고 있다면 이렇게 쓸 것이다. 영(*)은 천사가 비행하는 어두운 밤 속에 빛나는 성채다. 혹은 영을 무념으로 언급한다면, 이렇게 쓸 것이다. 영(-)은 빛이 아니라 어둠이며, 이것도 아니고 저것도 아니다. 그리고 만약 영을 실체적으로 언급한다면, 이렇게 쓸 것이다. 영(+)은 무한한 사랑이다.

하지만 영적 실재와 관련하여 첫 두 양식은 비판자들에 의해 결코 도전받지 않음을 바로 주목해 보자. 당신은 원하는 대로 영에 대해 시적으로 혹은 부정적으로 말할 수 있다. 하지만 당신이 긍정적 · 실체적 주장을 한다면, 비판자들이 울부짖을 것이다. 하지만 AQAL의 탈-형이상학과 더불어 영적 실재의 문제들은 다른 모든 지시물과 동등한 지위를 얻게 된다. 문제로서의 문제는 존재하지 않게 되는 것이다.

어떤 실체의 온우주 주소—혹은, 보다 정확하게는 인식자와 인식 대상 둘 모두의 온우주 주소—를 명시할 필요성에 대해 우리가 이야기를 나누었던 이전 지점을 떠올려 보자. 이제 그 지점이 분명해졌다. 우리의 단순한 초대형 용어사전을 참고하면, 무언가가 (영적 혹은 영적이 아닌지를) 말하기 위해선, 혹은 우리가 실체적 담화 양식 (+)을 쓰려고 할 때마다 그것에 대해 어떤 주장을 하고자 한다면 **우리는 반드시 그것의 온우주 주소를 괄호 안에 넣어야 한다.** 그렇지 않으면 우리는 쓰레기에 사로잡히게 된다. 우리는 그 실제 주소를 보여 주거나 찾을 수도 없는 대상이 존재한다고 주장하고 있는 중이다. 그것은 최악의 경우에 불모의 형이상학이며 무의미한 주장이다.

우리는 몇 가지 간단한 사례들을 제시하기 위해 온우주 주소의 수준들을 활용할 수 있다. 고로,

- 많은 어린이가 산타클로스[2]를 경험한다.
- 우리의 지구 생태계[8]는 유독성 폐기물들에 의해 서서히 파괴되고 있다.
- 무한한 초끈[8]은 이제 모든 물질적 존재물의 n번째 차원의 토대로 여겨지고 있다.
- Susan이 15세였을 때, 그녀는 압도적인 우주적 사랑[6], 그녀의 모든 세포를 투과하고 그 현존을 즉각 알리는 듯 보이는 사랑을 처음으로 경험하였다.
- 소수 인종에 대한 억압은 우리 사회의 인종중심적 측면[4] 속에 깊숙이 흐르는 경험이다.
- 지금으로부터 약 3년 동안 나는 명상 속에서 무한한 사랑[9]으로서의 영을 안정적으로 경험하였다.
- 나는 나의 개 아이작을 사랑[2]한다. 난 그가 작은 똥덩어리이고 물질적 기계[6]에 불과하다고 알고 있었는데, 어제 난 그가 지구 의식의 일부라는 믿을 수 없을 만큼 강력한 경험을 겪었다.

이 사례 속에서 우리는 간단한 온우주 주소인 고도를 활용해서 그 의미를 보여 주었다. 우리는 또한 특정한 의식 상태에서 나타나는 현상을 활용하여, 예를 들면 그 주소를 조대한 상태는 (S/g)로, 정묘 상태는 (S/s)로, 원인 상태는 (S/c)로, 그리고 비이원 상태는 (S/nd)로 나타낼 수 있다. 이때 주소를 단순화하기 위해 수준 대신 상태를 활용하면, 우리는 이렇게 말할 수 있을 것이다. 공(S/c)으로서의 영은 가장 오랫동안 수행한 명상가들에게는 실재다. 혹은 Eckhart는 언제나-현존하는 영[S/nd]을 위한 가르침들을 제시하였다.

점점 분명해져 가는가? 수준에 관점을 더해서 이 주소를 확장시킨 사례를 추가로 제시해 보겠다. (역주: 수준과 관점이) 주소를 위해 필요한 최소한이긴 한데, 아무튼 다시 한번 그 의미를 명시하기 위해서라도 최대한 단순한 방식으로 하겠다. 일단 1인

칭, 2인칭, 3인칭 관점을 각각 '1-p' '2-p' 그리고 '3-p'라고 지칭하자. 상태는 위에서처럼 'S/' 그리고 수준은 'L/'이라고 하자. 그러면 우리는 앞의 몇몇 사례를 다시 검토해 볼 수 있다.

- 지구 생태계(3-p, L/8)는 유독성 폐기물에 의해 서서히 망가지고 있다. 그것을 떠올릴 때면, 나의 가이아 의식(1-p. L/8)이 깊은 상처를 입는다.*
- 무한한 초끈(3-p, L/8)은 이제 모든 물질 존재자의 n차원 토대로 여겨지고 있다.
- Susan이 15세였을 때, 그녀는 압도적인 우주적 사랑(1-p, L/6), 그녀의 모든 세포를 투과하고 그 현존을 즉각 알리는 듯 보이는 사랑을 처음으로 경험하였다. 이 자각이 너무도 강렬하였기에 만물과 하나가 되는 깨달음이 촉발되었다(1-p, S/nd).

이전의 사례를 또 하나 들어 보자. "지금으로부터 약 3년 동안 나는 명상 속에서 무한한 사랑(9)으로서의 영을 안정적으로 경험하였다." 하지만 내가 '무한한 사랑'을 적어도 세 가지 관점에서 경험할 수 있다는 것에 주목하라. 온우주를 투과한다고 느끼는 3인칭 힘, 내가 친교를 나누는 2인칭 당신Thou, 나와 일치하며 모든 곳에 존재하는 1인칭 현존이 그것이다. 이러한 주소를 명시하는 것, 혹은 명시할 수 있음은 좋은 지식의 세 가지 요소 같은 것들을 거쳐 그 사실성actuality*을 결정하기 위한 첫 번째 단계다. 예를 들어, "나는 무한한 사랑(2-p, L/9)으로 살아 있는 영 앞에 엎드린다." 혹은 "사랑은 진화에 작용하며 스스로를 조직화하고 스스로를-초월(3-p, L/9)하는 우주적이고 무한한 힘이다." 혹은 "무한한 사랑은 바로 나 자신인 온우주의 자기Self다(1-p, L/9)." 등이다.

요지는 모든 실체적 혹은 주장적 양식(+)은 그 기표의 지시물의 온우주 주소를 반드시 명시할 수 있어야 하며, 이는 그 지시물이 물질적인지, 정서적인지, 정신적인지, 영적인지의 여부와 관계없이 진실이다. 영적 실재는 전자, 가이아, 바위 그리고 $\sqrt{-1}$과 정확히 동등한 지위에 머무른다.[18]

---

18) 어떤 특정한 홀론의 온우주 주소는 물론 AQAL의 매개변수 전체를 동원할 때, 그 매개변수들을 얼마만큼 정의하느냐에 따라 가장 온전하게 주어진다. 보다 많은 매개변수가 있을수록 그 주소도 더

많은 영적 실재(예를 들면, 가부장적 여호와)의 문제는 그들이 존재하지 않는다는

욱 정확해진다. 나는 사분면/관점과 고도/수준으로 주어지는 가장 간단한 주소를 제안했지만, 만약 아는 것이 있다면 누군가는 더 많은 매개변수를 포함시킬 수도 있다. 사분면이 3-p 같은 어떤 관점 혹은 보다 정확하게는 사분면 그 자체의 번호(#), 즉 제1분면(좌상 사분면), 제2분면(좌하 사분면), 제3분면(우상 사분면), 제4분면(우하 사분면) 둘 다로도 표현될 수 있다는 점에 주목하라. 비록 두 방법 모두 괜찮기는 하지만, 사분면이 더욱 근원적이다.

수준은 숫자로 나타낼 수 있지만, 이 숫자의 변화는 얼마나 많은 수준을 사용하느냐에 따라 달라진다. 이전보다 축소된 표준화된 표현 방법은 고도에 대해 색깔을 활용하는 것인데, 주요 수준은 ir, m, r, a, o, g, te, t, i, v, uv로 표기된다(고로, L/m은 진홍색이고, L/o는 오렌지색, L/i는 남색 등이다).

라인은 'l/'로 나타낼 수 있으며, 좌상 사분면에서의 주요 라인의 이름은 다음과 같다. 인지 cognitive: c, 도덕moral: m, 대인 관계interpersonal: ip, 심리성적psychosexual: ps, 미학적 aesthetic/예술적artistic: a, 운동감각적kinesthetic: k, 근접-자기proximate-self: s, 가치values: v, 음악적musical: mu, 논리-수학적logico-mathematical: lm, 개인내적intrapersonal: in으로 나타낼 수 있다. 유형Types은 't/'로 나타낼 수 있다. 좌상 사분면에서의 일부 유형은 다음과 같다. 남성적 masculine: m, 여성적feminine: f, 에니어그램enneagram: E 더하기 #, 예를 들어 E3(역주: 에니어그램 3번 유형을 표기), E7(역주: 에니어그램 7번 유형을 표기) 등으로 나타낼 수 있다. (다른 사분면에서의 라인, 유형, 상태들 또한 물론 선택에 따라 간단한 기호로 표현될 수 있다).

다섯 가지 요소를 더욱 많이 활용할수록, 온우주(Q/, L/, l/, S/, t/) 주소는 더욱 완전해진다. 이 요소들 중 한 가지 이상이 활용될 때, 우리는 저 순서를 따라야 한다(본문에서 고도와 사분면만을 쓸 땐 그렇게 하지 않았다. 왜냐하면 그것들에 대한 설명이 다른 순서로 소개되었기 때문이다. 그렇지만 이것이 올바른 순서다).

어떤 특정한 앎의 주체의 경우(사분면을 지닌 홀론), 이렇게 될 것이다. 연구자 홍길동은 3-인칭 관점(즉, Q/3-관점 혹은 그것-관점을 활용), 고도 수준 5 혹은 오렌지 (L/5 혹은 L/o), 라인/인지(l/c), 상태/거친 (S/g), 유형/남성적 (t/m)에서 비롯되었으며, 이 모든 것을 합치면 (Q/3, L/5, l/c, S/g, t/m)이다. 홍길동은 아마도 고체 상태(S/s), 호모 에렉투스homo erectus 계통이고(기호: he; 고로 l/he), 여성 유형(t/f)이며, 가이아(그 전체 윤곽이 높이 8 이전까진 출현하지 않는)라고 통상 알려진 지구 생태계의 한 구성원인 우하 사분면의 어떤 대상을 연구하고 있을 수도 있다. 이것을 다음의 문장으로 나타낼 수 있다. 홍길동(Q/3, L/5, l/c, S/g, t/m)은 자신의 주의를 가이아와의 상호 작용 중인 여성형 호모에렉투스에 기울이고 있다(Q/4, L/8, l/he, S/s, t/f). 이러한 상호 작용의 온우주 주소를 총칭하면 다음과 같다.

$$\text{주체}^{(Q/3,\, L/5,\, l/e,\, S/g,\, t/m)} \times \text{객체}^{(Q/4,\, L/8,\, l/he,\, S/s,\, t/f)}$$

이것을 과감하게 관점들만 사용해 단순화시키는 방법들 중 하나는 다음과 같다. 1p × 3-p × 3p, 혹은 나의 1인칭(홍길동)이 3인칭(복수형) 체계에 대한 3-인칭 관점을 취하고 있으며, 본문에서 이처럼 매우 단순화된 통합적-수학 버전이 활용되었다. 하지만 당신은 그러한 표현이 얼마나 정교해질 수 있는지 알 수 있다. 또한 당신은 아마도 홍길동의 문제점들을 보기 시작할 수도 있다. 그는 그것들—시스템에 대한 그것—관점을 취하고 있지만, 그 시스템은 높이 8에 존재하고 홍길동은 높이 5에서 날고 있다. 다른 무엇보다도 그는 대상을 인지 라인을 활용한 도구적 합리성의 관점

것이 아니라 존재와 앎의 하위 수준에 존재한다는 것이며, 이로 인해 상위 수준에 의해 의문이 제기되는데, 이는 전적으로 이해할 만한 일이다. 하지만 영적 실재 그 자체는 하위 수준에만 존재하는 것이 아니다. 그것들은 우리가 인식하고 있는 **모든** 의식 수준의 측면이다. 문제는 영적 실재가 존재하지 않음이나 입증하기 어려움이 아니다. 문제는 그 초기 형태가 하위 수준에 존재하기에 상위 수준만큼은 실재하지 않는다는 것이다. 하지만 이 상위 수준들 그 자체는 자신만의 영적 실재들을 지니고 있으며, 초대형 용어사전에 의해 확실히 밝혀질 수 있다.

당신이 초대형 용어사전에서 발견하는 첫 번째를 단순하게 표현한다면, 신의 수준이 존재한다는 것이다. 즉, 영적 지능이 "무엇이 궁극적 관심사, 혹은 궁극적 실재, 혹은 궁극적 근본바탕인가?" 같은 질문들에 대해 내놓는 답들에 수준이 존재한다는 것이다. 마법적 **근본바탕**, 신화적 **근본바탕**, 합리적 **근본바탕**, 다원적 **근본바탕**, 두 번째 층의 **근본바탕**, 세 번째 층의 **근본바탕** 등이 존재한다. 뿐만 아니라 그들 각각의 조대한, 정묘한, 원인적, 비이원적 버전이 존재한다. **하지만 이 모든 기표는 어떤 종류의 지시물이 어쨌든 존재하는 곳 안에서만 실재 지시물을 갖는다.** 모든 지시물은 만약

만으로 바라볼 것이다(보다 높은 수준의 복잡성을 보는 교차-패러다임적cross-paradigmatic 인지 대신). 그가 보는 모든 것이 왜곡되지는 않았을 것이다. 하지만 그 상호 작용의 핵심적 깊이는 왜곡될 것이다. 생물유전학에서 정확히 이 문제가 자연 선택의 실제 단위의 발견을 가로막는다. 어떤 복잡성 수준에서의 홀론이 그 실제 단위가 된다(다양한 복잡성 수준에서의 자연선택의 서로 다른 단위에 대해 『*SES*』(역주: Wilber의 저서인 『생, 생태, 영성』을 뜻함) 내의 논의를 참고하라). 심리학과 영성 분야에서 연구자들의 이러한 유형의 부적절한 고도의 문제들에 대해선 부디 내가 그 이야기를 꺼내지 않게 하시라. 마지막으로, 이 상호 작용의 온우주 주소(내가 굵은 글씨로 처리할)는 단지 '그 어디에도 속하지 않은 관점view from nowhere'일 뿐이지 않다. 만약 그러한 상호 작용(가이아를 연구하는 홍길동)이, 예를 들어 라인/인지에서 자외선 고도에 있는 어떤 남성(부디 내가 자외선 고도라고 해도 봐 주시기를 바란다.)이 취한 3인칭의 인지적 입장 속에서 표현되고 논의된다면, 그 계기의 온우주 주소는

$$\text{주체}^{(Q/3,\, L/10,\, l/C,\, S/nd,\, t/m)} \times (\text{주체}^{(Q/3,\, L/5,\, l/C,\, S/g,\, t/m)} \times \text{객체}^{(Q/4,\, L/8,\, l/he,\, S/s,\, t/f)})$$

이것은 1p × 3-p × 3p(1p × 3-p × 3p) 혹은 나의 1인칭이 3인칭 시스템에 대한 객관적(3-p) 관점을 취하고 있는 1인칭을 바라보는 3인칭의 관점을 취하고 있다는 식으로 관점들만을 가지고 단순화될 수 있다. 핵심은 '어디에도 속하지 않는 관점'은 결코 존재하지 않는다는 점이다. 하지만 현상계에서 모든 관점은 또한 언제나 관점들이니, 거울의 복도 속에서 온우주가 스스로를 만들어 내기 위해 끝없이 자신을 비추고 또 비추는 것과 같다.

그것들이 존재하기만 한다면, 세계 공간 내에 존재하며, 그 주소는 최소한 사분면(관여된 관점)과 높이/수준(실현된 의식의 구조)으로 제시된다.

만약 신의 존재를 입증하는 문제가 사라진다면, 의문이 제기된 영적 실재의 수준 혹은 상태(혹은 온우주 주소)를 명시하는 문제로 대체되며, 그것은—모든 온우주 주소가 그러하듯이—누군가 반드시 그 특정한 세계 공간을 야기하거나 실현하는 지시를 명시할 수 있어야 함을 의미한다. 이는 우리를 마지막 지점으로 데려간다. 어떤 주장의 의미는 그것을 실현하는 수단에 달려 있다.

의미는 지시다The Meaning is the Injunction

내가 다른 곳에서 자세하게 설명했듯이,[19] 모든 '좋은 지식'은 최소한 세 가지 주요 요소로 구성되어 있다.

(1) **지시**(패러다임, 표준례exemplar, 실험, 실현). 이것은 언제나 "만약 당신이 이것을 알고 싶다면, 이것을 하라."의 형태다.
(2) **경험**(자료, 교습, 파지, 인식). 이는 지시에 의해 야기되거나 실현되는 현상의 이해다.
(3) **공동체의 승인/거부**. 이는 첫 두 요소를 완수한 타인들과 함께 확인하는 작업이다.

이 모든 것은 우리가 보아 온 것과 일치한다. 만약 당신이 어떤 실체에 대한 긍정적 주장을 하고 싶다면, 특히 그 주장이 그것이 존재함을 주장하거나 암시하는 것이라면, 당신은 반드시 그 실체의 온우주 주소를 명시할 수 있어야 한다(즉, 기표의 지시물의 온우주 주소)—이는 인식 대상의 온우주 주소를 가리킨다—또한 당신은 인식자의 온우주 주소도 명시할 수 있어야 하며, 그것은 대상을 인식할 수 있는 온우주 주소지에 도달하기 위해 인식 주체가 반드시 수행해야 하는 지시가 무엇인지를 명

19) 예를 들어, 『아이 투 아이(Eye to Eye)』와 『감각과 영혼의 만남(The Marriage of Sense and Soul)』을 보라.

시할 수 있어야 함을 의미한다.

고로, 우리는 대상의 온우주 주소를 명시하지 않고서는 어떤 것이 존재한다는, 혹은 사실임을 주장하는 진술을 할 수 없다. 주체의 주소 명시 없이도 마찬가지이며, 이는 또한 대상의 세계 공간을 실현하고 접근하기 위해 주체가 반드시 지시를 수행해야 함을 의미한다.

우리는 담화의 지시적 양식을 (!)의 상징으로 표현할 수 있다. 그러므로, 예를 들어 이렇게 말할 수 있을 것이다. 영(!)의 한 형태는 무형상의 의식 상태에서 인식된다. 지시적 양식은 간단히 말해 의문이 제기된 대상 혹은 현상을 보기 위해 취해져야 할 실재 지시 혹은 행동을 공표하는 것이다.

그리하여 주장적 혹은 존재적 진술의 의미는 그것을 실현하는 수단 혹은 지시에 달려 있다. 그러므로, 예를 들어 만약 바깥에서 비가 내리고 있음을 내가 알고 싶다면, 나는 반드시 창가로 걸어가서 커튼을 젖히고 바라보아야 한다. 만약 당신이 Susan이 처음 우주적 사랑을 경험했을 때 무엇을 느꼈는지를 알고 싶다면, 나는 인식의 주체로서 최소한 인지와 도덕 라인 모두에서 오렌지색 고도까지 발달해야 한다. 만약 내가 양성자가 중성자를 때릴 때 Schroedinger의 파동 방정식이 어째서 붕괴하는지의 이유를 알고 싶다면, 나는 반드시 인지 라인에서 청록색 수준까지 발달해야 하며, 그다음에는 일이십 년 동안 양자 물리학과 수학을 전공한 뒤에 바라보아야 한다.

이와 비슷하게, 만약 내가 아인 혹은 신성Godhead에 해당하는 지시물이 존재하는지 알고 싶다면, 필요한 여러 방법 중 하나는 집중적인 명상을 실시하여 적어도 30분 동안 하나의 대상에 흔들림 없이 나의 마음을 집중하는 법을 배우는 것이다(평균적인 성인이 하나의 대상에 깨지지 않고 집중할 수 있는 가장 긴 시간은 1분이 채 안 된다). 이는 보통 매일 3년 정도의 수행 기간이 걸리는데, 일단 내가 그렇게 할 수 있으면 그때 나는 매 순간 일어나는 현상적 실재의 본성에 대해 끊임없이 바라보아야 할 것이다. 그리고 만약 그 모든 것에 대해 텅 비어 있는 근본바탕 같은 것이 존재하는지를 나의 의식에 직접 나타나거나 인식되는 대로 바라보아야 할 것이다. 그다음에 난 이 실재를 나의 평상시 의식 상태와 비교하고 무엇이 더욱 실재하는지를 결정해야 한다. 비록 정확한 숫자를 구하기는 어렵지만, 이 실험을 마친 이들의 대다수는 분명 아인 혹은 공이라는 기표가 지시적 패러다임에 의해 밝혀지는 실재 지시물을 지니고 있다고 보고할 것이다. 즉, 그러한 판단을 내릴 자격이 있는 이들은, 특히 영(!)이 그로부터 만물이 생성되는 방대하고 무한한 심연Abyss 혹은 공이라고 말하는 데 동의할 것이다.

우리는 만약 인식자와 인식 대상의 온우주 주소를 명시할 수 없다면, 우리가 증거 없는 주장 혹은 형이상학을 갖게 됨을 살펴보았다. 그리하여 우리는 이제 이것이 주체가 대상의 온우주 주소를 실현하기 위해 필요한 지시를 반드시 명시할 수 있어야 함을 의미한다는 것을 알고 있다. 그러므로 어떤 주장의 의미는 다른 여러 가지 것 중에서도 그 속에서 지시물들이 존재하거나 존재한다고 전해지는 세계 공간의 실현을 위한 지시, 혹은 수단, 혹은 표준례에 달려 있다(그리고 사실상 그 존재는 적합한 이들의 공동체에 의해 승인 혹은 거부될 수 있다). 따라서 핵심은 어떤 진술의 의미는 그것을 실현하는 지시에 달려 있다는 것이다. 지시 없이는 실현도 없고 의미도 없다. 즉, 단지 형이상학만이 있을 뿐이다.

이는 아주 간단하게 표현될 수 있다. 지시가 아닌 모든 언어는 형이상학이다. 이는 모든 사유의 영역에 적용된다. 하지만 영적 사유의 경우, 이는 모든 영(+)의 언어가 어떤 지시적 혹은 실제 의미를 갖고자 한다면 반드시 영(!)의 에너지로 대체되어야 함을 의미하며, 또한 현상을 낳는 데 필요한 지시들이 온우주 주소를 가지고 반드시 명시되어야 함을 의미한다.

고로, 만약 'ka'가 온우주 주소Kosmic address를 의미한다면, 우리가 형이상학을 벗어나기 위해서는 모든 영(+) 언어가 반드시 영(!)과 영(ka) 언어로 대체되어야 한다고 말할 수 있다. 그리고 이 언어는 주체가 영(ka) 언어(아인(1-p, S/c), 빅 마인드(1-p, S/nd), 혹은 가이아(1-p, L/8)에 의해 제시된 영적 대상, 혹은 지시물, 혹은 자료를 실현하기 위해 필요한 통합 방법론적 다원주의에 기초한 다양한 유형의 초대형 용어사전에 의해 결정되는 교육적이고 지시적인 언어(예: 표준례, 지시, 패러다임)인 영(!)이다.

영(!)과 영(ka)의 문장들 외의 다른 것들은 형이상학적 파워플레이[20]에 불과하다. 그 문장은 시일 수도 있고, 나름 훌륭하다. 혹은 은유적일 수도 있으며, 그것도 훌륭하다. 혹은 부정적일 수도 있다. 그것도 괜찮다. 하지만 그 속에서 그것들이 출-현하거나 출-현한다고 전해지는 세계 공간을 활성화시킬 지시를 명시하지 않으면 실재의 긍정도 없다.[21] 지시 없이는 실현도 없고, 의미도 없다. 지시 없는 문장은 더 이상 그런 이야기에는 깊은 인상을 받지 못하는 세대에겐 그저 형이상학적 지껄임일 뿐이다…….

간단한 요약

내가 종종 언급했던 것처럼('**독자에게 보내는 편지**'로 시작함), 앞에서 말한 모든 것은 가장 일반적인 정향적 일반화가 이뤄진 것이다. 내가 전달하고자 하는 바는 일련의 가능성들이다. 형이상학(어쨌든 사망했다. 죽은 건 신이 아니라 형이상학적 신이다.)으로부터 빠져나와 **통합적 탈-형이상학**으로, 혹은 간단히 형이상학에서 통합주의Integralism로 향하는 방법의 가능성들 말이다. 모든 게슈탈트와 마찬가지로 부분은 전체가 파악되기 전까지는 파악될 수 없지만, 전체 또한 부분들이 파악되기 전까진 파악될 수 없다. 그래서 난 **통합적 탈-형이상학**의 십 수여 부분들을 이해시켜 탈-형이상학의 전체 상이 개인의 인식 안에 최소한 일련의 가능성으로라도 형성될 수 있기를 바라면서 숨 쉴 틈 없이 달려 왔다.

따라서 이 요약에서 내가 하고자 하는 것은 이 극도의 단순화 작업에 발맞추어

---

20) 역주: 아이스하키에서 반칙으로 인해 링크에서 뛰는 선수가 한 팀이 다른 팀보다 많은 상태

21) 실증주의의 미덕은 환원주의적 격분 속에서도 "어떤 진술의 의미는 그것을 타당화하는 수단에 달려 있다."라고 결론을 내리면서 최소한 어떤 진실의 일부는 그것을 실현하는 수단이라는 사실을 적시하였다는 점에 있다. 초거대-현상학은 바로 저런 특정한 의미에서 초거대-실증주의다. 이것이 바로 '실증적 증거positive proof'가 초대형 용어사전에겐 문제가 아닌 이유다.
실증주의는 그것이 모든 세계 공간을 3인칭, 우상 사분면, L/5 그리고 보다 높은 실체(그리고 그것들을 나타내는 숫자들)로 환원시키려 할 때 문제에 봉착한다. 혹은 L/5와 그보다 높은 수준에서의 3p × 3-p × 3p. 그 자체는 좌상 사분면, L/5와 그 이상의 수준에서 존재하는 실증주의적 환원은 지시적 오류다(부록 II의 10)을 보라).

내가 지금까지 제시한 것보다 더욱 간단한 요약을 제시하는 것이다. 이것이 도움이 될지 아니면 완전한 혼란에 빠뜨릴지는 두고 보자…….

만약 당신이 [그림 부 I -3]에서 Smith의 도표 '위에서와 같이 아래에서도'를 본다면, 당신은 도표의 좌측 상단에서 '실재의 수준Levels of Reality'을, 우측 하단에서는 '자아의 수준Levels of Selfhood'을 볼 것이다. 어떤 형태로든, 이것은 세계의 위대한 지혜 전통에 대한 거대한 형이상학적 도식이다. 그것은 일련의 심오하고 지속적인 진리들을 전달하고 있다. 실재는 다차원적, 혹은 존재의 홀라키('실재의 수준')와 앎의 홀라키('자아의 수준')로 유기적으로 구조화되어 있다. 알려진 것은 앎을 수행하는 자기의 수준뿐만 아니라, 알려진 혹은 접근된 실재의 수준에 의존한다. 그리고 일상적, 경험적, 세속적, 존재의 물질 차원을 넘어선 존재와 앎의 수준들이 존재한다(물론 이 수준들은 문자 그대로 형이상학적 혹은 초-물리적인 것으로 여겨진다).

결론이 장황해지기는 했지만, 그것들은 그저 경험에 주어진 해석일 뿐이었다. 그 경험들은 진실했다. 해석이 낡았을 뿐이다.

특히 물질을 넘어선(즉, 문자 그대로 형이상학적인) 존재와 앎의 수준들이 존재한다는 생각은 재구성이 더욱 필요하다. 이것은 초-물리적 실재 따위가 존재하지 않음을 이야기하는 것이 아니다. 단지 고대인들에 의해 초-물리적, 혹은 형이상학적이라고 취해지는 항목의 대부분(예: 느낌, 사고, 관념)이 사실상 적어도 물리적 상응물을 지니고 있을 뿐이다. 근대는 이 사실을 발견하고는 위대한 지혜 전통을 거의 전적으로 거부했다. 물론 근대는 자신만의 숨은 형이상학을 지니고 있지만(탈근대도 마찬가지), 거대한 호박색의 신화적-형이상학적 체계가 무너져 내렸을 때 영성은 다시는 회복될 수 없는 타격을 받았다. 형이상학 없이도 위대한 지혜 전통의 영속적 진리를 재구축하는 것이 필요하다.

Smith의 도표에서 도식적으로 요약된 위대한 전통에선 종종 실제 영역 혹은 초-물리적 장소(천국, 세계lokas, 요소dhatus)로 여겨지는 실재의 수준들이 존재하며, 그 수준에 속한 대상들의 숫자와 종류가 **존재론**이 된다. 이처럼 독립적으로 존재하는 대상에 대한 지식은 **인식론**이 된다. 실재의 수준들이 존재하기 때문에 그에 상응하는 앎의 수준(혹은 자아의 수준)이 존재하는 것이다. [그림 부 I-3]에 표시된 것처럼,

몸은 물질 혹은 **지상계**에 속한 대상들을 알거나 인식할 수 있다. **마음**은 **중간계**에 해당하는 대상들을 볼 수 있다. **혼**은 **천상계**의 대상들을 볼 수 있다. 그리고 **영**은 무한계에 속한 대상들을 볼 수 있다.

문제는 형이상학적 실재(몸보다 상위의)의 영역 혹은 수준은 근대성(혹은 탈근대성)에 의해 결코 발견될 수 없었으며, 그로 인해 위대한 지혜의 전통 체계 전체가 버림받았다는 것이다. 그럴 법도 하다. 모두를 위해 기다리며 여기저기에서 보이는 독립적으로 존재하는 실재의 구조 혹은 수준은 존재하지 않는다. 그래서 근대성은 실재(존재론)의 수준을 취하여 그것을 그냥 앎 혹은 자아selfhood의 수준으로 붕괴시켰다. 전근대성에서 형이상학적 실재의 수준이라고 여겼던 것들(예를 들면, 아귀, 아수라, 거인, 사자령死者靈, 및 반신半神의 영역)을 그저 심리적 정서 혹은 원형들이라고 언급한 것이다. 그러고 나서 근대성은 자아의 수준(몸, 마음, 혼, 영)을 취해서 그것들을 몸이라는, 혹은 그저 물리적 실재라는 가장 낮은 수준으로 환원시켰다. 그 지점에서, 위대한 영적 전통의 유산은 골무, 물질이라는 골무에 구겨 넣어졌다.

근대성(그리고 탈근대성)은 그들의 반-형이상학 십자군 전쟁에 대해 그럴 만한 이유(알아야 할 필요가 있는 이유)를 갖고 있었지만, 그 과정에서 너무나 많은 아기가 너무나 많은 물과 함께 버려졌고 탈근대/근대의 서구의 특징인 허무주의의 만연과 무관점의 광기로 귀결되었다. 우리가 원하는 것은 한 걸음, 혹은 두 걸음 물러나 반-형이상학을 탈-형이상학으로 전환시키고, 전근대 **그리고** 근대 **그리고** 탈근대로의 전환 속에서도 지속되는 진리를 받아들이는 시도를 하는 것이며, 이는 위대한 지혜의 전통과 그들의 핵심 개념을 재구축하는 것으로부터 시작된다.

이러한 재구축의 첫 번째 작업 중 하나는 "실재의 수준"이라는 아이디어와 직결되어 있다. 말하자면, 그것들은 존재하지 않는다. 무수한 전통적 사고와는 달리, 선행하여-존재하는 것들의 존재론적 수준 같은 것은 없다. 오히려 이러한 "객관적" 수준은 앎의 주체에 의해 공동-창조되고, 공동-구축된다. 비판(칸트) 철학은 형이상학(혹은 존재론적 객체)을 인식론(혹은 주체의 구조)으로 대체하였으며, 이것은 탈근대/근대 세계 속에서도 전반적으로 피할 수 없는 움직임이다.

그러므로 실재의 수준은 사실상 자아(그리고 앎)의 수준이 구성한 것이다.[22] [그림 부 I-3]에서 그녀 '위에' 있는 모든 수준은 사실상(여러 가지 중요한 방식으로) 그녀 '안의within' 자아의 수준이다. 천상계, 중간계 등은 없다. 저 위의 수준에, 혹은 저 바깥에, 혹은 저 너머에 존재하는 그런 것은 없다. 오히려 이러한 실재의 수준들은 어떤 식으로든 자기의 수준(혹은 의식 수준, 앎의 수준)과 밀접하게 엮여 있다.

우리는 두 가지 중요한 수식어들을 더하고자 한다. 자아의 수준(빨간색, 호박색, 녹색, 청록색, 남색 등)은 이미-존재하는 수준이 아니라, 오히려 진화하는 수준이다. 하지만 그것들은 종 차원에서 진화하기 때문에 그저 심리 수준(혹은 그런 의미에서 자아의 수준)에 그치지 않는다. 일단 어떤 수준으로 진화하면, 그것은 그 우주에 존재하는 실제 구조가 되기 때문이다(그것들의 지위의 세부 사항에 대해 끊임없는 논쟁을 하지는 말자. 이는 그저 그것들이 존재한다는 사실로부터 벗어나는 것이다. 우리는 단지 이 구조들이 **온우주의 습관** 혹은 **온우주의 기억**의 사례라고 부를 뿐이다).

일단 어떤 구조가 진화하면, **그것은 어떤 특정한 인간으로부터 독립적으로 존재하며**, 모든 인간이 반드시 직면해야 할(즉, 통과하며 발달해야 할) 무언가가 된다. 그 지점에서 그것은 모든 영적 철학에 의해 획득된 '존재론적' 지위 전부를 취하게 된다. 그래서 이 '자아의 수준들'은 단지 그녀 '안에'만 있는 것이 아니다. 그 수준들이 어떻게든 그녀 안에 존재한다고 하는 것은 말이 안 된다. 오히려, 그것들은 사중-실현된 온우주의 구조이기 때문에 '저 위에up there'와 '여기 안에in here'는 둘 다 낡고 번거로운 비유다(그리고 분명 형이상학으로 포용할 것도 없다).

그것은 [그림 부 I-3]의 형이상학적 틀 구조를 거의 남겨 두지 않는다. 저 위에 존재하는 수준도 없고, 여기 안에 존재하는 자아의 수준도 없다. 그렇지만 우리는 여전히 [그림 부 I-3]에 제시된 동심원과 영적 실재들의 경험과 현상 전체를 생성할 수 있으며, 독립적인 존재론과 인식론 없이, 그리고 그것들을 심리학으로도 환원시

22) 사실상 사중-구축이다. 나는 내가 의식의 '공동-구축con-structions'이라고 말할 때마다 그것이 온우주의 사중-구축을 의미하는 것임을 명백히 밝히고자 한다. '의식의 공동-구축'이라는 말은 어떤 계기의 사중-구축과 사중-진화의 측면들인 좌상 사분면—특히, 좌하 사분면—의 구성 요소일 뿐이다(역주: Wilber는 여기서 따옴표 강조를 통해 '의식'이 아니라 '공동'에 방점을 찍고 있다. 즉, 의식의 '사중-구축'이라는 측면을 강조하는 것이다).

키지 않고도 그렇게 해낼 수 있다.

형이상학적 전통에서 대상(혹은 알려진 것)은 실재의 차원, 혹은 수준 안에, 혹은 표면에 존재하기 때문에 어떤 영적 진술의 지시물은 그러한 차원 혹은 영역들 중 하나의 안에 존재하는 실재였다. 주체 혹은 아는 자는 자아의 수준에 상응하여 존재하였으며, 이미-존재하는 대상을 인식할 뿐이었다. 하지만 탈-형이상학에서는 대상은 부분적으로는 앎의 주체에 의해 실현된 세계 공간 속에 존재하며, 모든 종류의 주체와 대상 둘 다 진화적 혹은 발달적 고도(이미-존재하는 존재론이 아니다.)와 실현을 행하는 **관점**(인식론의 인식이 아니다.)에 의해 정의된다.

이 구조들은 단지 주체이기만 한 것이 아니다. 일단 진화하면, 초-개인적 혹은 집단적인 **온우주**의 습관이 되어 모든 인간 심리를 밀어붙이며 그 성장을 안내하기 때문이다. '저 위'와 '여기 안' 둘 모두 **온우주**의 사중-실현 구조들 속으로 사라진다. 일단 그것이 자리 잡고 나면, 어떤 발화된 기표의 지시물의 **온우주** 주소(고도 + 관점)는 잠재적으로 명시될 수 있다. 왜냐하면 모든 지시물이 세계 공간 내에 존재하면, 모든 세계 공간들이 실현되면(혹은 모든 현상이 지시/패러다임에 의해 야기되며), 그때 어떤 지시물의 위치는 주체와 대상 안의 세계 공간을 야기하는 데 필요한 지시들과 직접적으로 엮이기 때문이다. (그에 따라 모든 긍정적 주장의 의미는 지시, 혹은 그 속에서 지시물이 존재하거나 존재한다고 전해지는 세계 공간을 불러일으키고, 실현하며, 혹은 개방하는 것과 관련된 지시들에 달려 있다).

이 지점에서 [그림 부 I -3]은 사실상 [그림 부 I -4]와 [그림 부 I -5]로 진보하며, 우리는 '존재의 대사슬로부터 탈근대주의까지 세 걸음(단계)으로 쉽게' 나아갔다. 형이상학은 비판 철학으로 대체된다. 존재론은 세계 공간으로 대체된다. 인식론은 지시로 대체된다. 물론 대부분의 미세 작업들은 여전히 남아 있기는 하다. 하지만 한 가지는 분명하다. 그렇게 하지 않으면, 전근대의 전통은 근대와 탈근대의 어떠한 지적 집단 속에서도 죽음을 맞이할 것이다.

탈-형이상학(혹은 통합적) 시대의 시작

신의 존재 증거 같은 문제들은 형이상학이 직면한 문제지만, 탈-형이상학이 직면한 문제는 아니다. 그 문제가 풀려서 그런 것이 아니라, 그것들이 애당초 일어나지 않았을 뿐이다. 대신, 모든 진정한 탈-형이상학은 통합 방법론적 다원주의와, 특히 그것(역주: 통합 방법론적 다원주의)을 가지고 증거의 문제를 온우주 주소와 그것을 실현하는 지시의 문제로 대체하는 다양한 종류의 초대형 용어사전 같은 것들을 어떻게 최선을 다해 만들 것인지의 문제에 직면하게 된다. 하지만 이것들은 단지 매우 어려운 문제들일 뿐이다. 반면, 형이상학이 직면한 문제들은 극도로 불가능한 문제들이다.

AQAL의 탈-형이상학이 밝혀낸 것을 감안하면, 영성에 대해 쓰인 거의 모든 것이 정말로 좋은-의미가 있지만 여전히 무의미하다는 것이 분명해진다. 영적 원고들은 거의 영적 실재에 대한 존재론적 주장의 끊임없는 연속이다. 그리고 지시 없는, 실현 없는, 고도 없는, 관점 없는, 인식자 혹은 인식 대상의 온우주 주소가 없는 주장들의 연속이다. 그것들은 모든 의미에서 무의미한 형이상학이며, 광범위하게 정교한 소여의 신화에 감염되었을 뿐 아니라 정당화가 결여된 다양한 존재론적 자기 주장들로 구멍이 송송 뚫려 있다.

또한 내가 엄청나게 노력하여 전달하려고 한 것처럼, 이 모든 것은 무척이나 쉽게 치유될 수 있다. 이 작가들이 언급한 여러 영적 실재는 사실상 그것들을 무의미한 형이상학에서 의미가 가득한 탈-형이상학으로 전환하기 위해 필요한 모든 것을 갖추고 있다. 그것들을 온우주 주소와 지시들을 명시하여 AQAL 매트릭스 안에 재배치할 수 있다. 통합 기구에서, 우리는 이러한 여러 영적 실재의 방대한 '재배치 작업'을 위해 일하고 있다. 하지만 이러한 유형의 통합적 업데이트 작업이 일어날 때까지, 종교와 영성은 지적인 남녀에 의해 무시당하는 형이상학으로 남거나 그것들의 신화적-수준으로 드러난 모습으로 환원되어, 솔직히 말하자면 덜 지적인 남녀에 의해 받아들여질 것이다. 궁극적 관심사에 대한 핵심 지능으로서의 영성의 밝은 미래는 그 신화적 어린 시절 수준에 구속되거나, 암녹색 혹은 청록색에 도달하려 노력한다면서 아무런 주소나 지시 없이 형이상학적 주장만 하거나, 심오한 실재를 지니고 있지만 온우주(사분면, 수준, 라인 그리고 유형)의 나머지 부분들이 잘려 나간 의식의 상태 속에 스스로 닻을 내리거나, 그리하여 결국 영적 수행자들을 파편화하고 산산조각 낼 것이다. 영적 지능의 밝은 미래가 있는 모든 곳에 있음에도, 나 자신의 궁극적 관심사가 절뚝이고, 잘려 나가고, 십자가형에 처해지고, 끔찍한 무시라는 막다른 골목에 부딪히고, 합리라는 주차장에서 강도짓을 당하고, 유물론의 구름에 질식당하고, 뉴에이지의 유아증infantilism으로 퇴행하며, 신화와 형이상학의 난센스에 머물고 있는 것이다.

언제쯤 멈출 것인가? 언제쯤 당신 자신의 가장 깊은 곳의 내일이 시작될 것인가? 그것은 새로운 시대, 새로운 날, 새로운 여명, 새로운 남성, 새로운 여성이다. 만약 당신이 최전선에 서고 싶다면, 에로스 그 자신과 하나가 되고 싶다면, 당신 자신의 가장 깊고 높은 가능성의 새로운 영토로 돌진하고 싶다면, 당신이 하는 대로 세계를 변화시키고자 한다면, www.integrallife.com에서 우리와 함께하자.

부록 III

소여의 신화는 계속된다……

여기, 순서와 관계없이 탈근대의 구성주의적 전환으로부터 혜택을 얻을 수 있는 (전근대와 근대의) 몇몇 접근들이 있다. 이 접근들은 진실로 훌륭한 기여를 하였지만, 인지를 관점으로 소여所與의 신화를 상호 주관성으로, 그리고 표상적 패러다임을 구성주의/계보학적 패러다임으로 대체했던 탈근대의 혁명에 대한 그 어떤 심화된 이해 혹은 통합도 분명 결여되어 있다. 다음에 소개할 접근들은 소여의 신화와 그로부터 비롯된 환상에 파묻혀 있는 대표적인 사례들이다. 그리고 여기서의 비극은 앞으로 여러 차례 반복하겠지만, 이것이 너무나 쉽게 고쳐질 수도 있다는 점이다.

특히 각종 영성학spiritual studies을 위해서 이것이 어째서 중요한지를 보여 주는 사례 하나로 서문을 열고자 한다.

두 문화

서구의 지식인들과 지식 노동자들은 C. P. Snow가 약 50여 년 전에 **두 문화**The Two Cultures—이른바, 과학과 인문학이라고 부른 것으로 여전히 분리되어 있다(이 두 문화가 **좌측 사분면**의 인문학과 **우측 사분면**의 자연과학이라는 것에 주목하라). 이 둘이 서로 대화하지 않는다는 것만으로도 충분히 나쁜 일인데, 오늘날 영성학은 이 둘 모두로부터 거부당하고 있다. 예를 들면, 불교 현상학, 베단타 철학, 카발라 해석학처럼 극도로 정교하고 합리적이며, 비-신화적이고 실험적인, 정교한 영적 사상 및 수행 체계들은 고등교육 주류에 의해 그다지 진지하게 받아들여지고 있지 않다.

흔히들 불교 현상학처럼 심오한 무언가가 지식인들에 의해 거부당하는 이유가 내성, 자각, 내면성interiority 등을 철저히 거부하는 유물론적인 과학 혹은 과학주의가 Wallace의 멋진 책 제목이기도 한 '주관성의 터부시'를 야기했기 때문이라고 이야기한다. 이것은 과학적 유물론이 고급 사상 내에서 너무나 강력하고 지배적이어서 정교한 영성학이 어느 곳에서라도 진지하게 받아들여질 가능성을 전소시켰다는 식의 생각이다. 그러므로 인문학 역시 영성학의 근처에라도 가지 않을 것이다. 비열한 유물론적 과학(그리고, 특히 뉴턴-데카르트식 과학)이 착한 영성학을 죽일 테니까 말이다.

하지만 그것이 이유는 아니다. 사실 이유에 근접하지도 못한다. 과학은 영성을 죽이지 않았다. 인문학 스스로가 그렇게 했다. 문제는 인문학이 내성, 내면성 그리고 주관성을 공격적으로, 그리고 철저히 거부하는 바람에 과학적 유물론이 손을 댈 여지조차 남겨 놓지 않았다는 것이다(오, 인문학이 영성학을 거부할 테니까. 그럴 기회가 결코 없겠네). 진실은 두 문화 모두 영성(그리고 내면성과 주관성) 보고 꺼지라고 말했다는 것이다. 대략 20세기의 절반에 해당하는 기간 동안(1950~2000년), 과학뿐 아니라 인문학 또한 내면성을 거부했었다. 만약 우리가 이러한 일이 벌어진 이유를 이해할 수 있다면, 우리는 근대와 탈근대의 세계 속의 영성이 처한 문제의 핵심에 바로 도달할 수 있을 것이다.

과학이 영성을 거부했다는 것은 전혀 놀랄 일이 아니지만, 도대체 인문학은 어째서 공격적으로 영성, 내성, 의식 그리고 주관성을 거부한 것일까? Dilthey는 이를 다음과 같이 요약했다. "내성이 아니라 오직 역사를 통해서만 우리는 자기 자신을 알게 된다." 자각의 주체는 일반적으로 그 자신의 자각을 내성하면서 자기 자신을 알고 이해하게 된다고 상상하지만, 새롭게 형성된 정신geist 과학(계보학에서 언어학까지)은 이것이 전혀 사실이 아니라는 점을 매우 분명히 밝혔다. 그들은 주관성이 자각 속에서 나타나는 거의 모든 것이 주관성으로는 보이지 않는 방대한 상호 주관적 그물망의 소산이라는 사실에 완전히 무지하기 때문이다. 부분적으로는 역사의 산물이기도 한 이 그물망은 Dilthey의 언급이 지적하였듯이, 주관성과 의식이 작동할 수 있게 하는 거대한 문화적 배경이다. 그리고 주관성은 내성으로 시간을 헛되이 보내며 스스로를 알고 있다고 상상하면서 여전히 이 형성적 그물망에 무지한 채로 지복 속에 머물러 있다. 이처럼 주관성은 정교한 거짓과 자기-기만의 그물에 사로잡혀 있는 것이다.

나선 역학Spiral Dynamics을 활용해 간단한 예를 들어보겠다. 나선 역학 그 자체는 초기의 발달 구조주의 선구자들이 남긴 특별할 것이 없는 유물이며, 그런 관점에서 꽤나 쓸 만한 편이다. 왜냐하면 20세기의 전환기에 탈근대 혁명을 선도하기 시작하였고, 우리가 논하고 있는 기간(1950~2000년) 동안에 활짝 꽃핀 것이 바로 이러한 류의 발견들이었기 때문이다.

일단 당신이 나선 역학 같은 발달적 도식을 학습하고 나면, 어떤 특별한 사실이 분명해지기 시작한다. 당신은, 예를 들어 **다원주의 수준**(오렌지 고도) 출신의 누군가의 이야기에 귀를 기울일 수 있는데, 이 사람은 분명 그러한 생각들을 스스로 떠올린 것이 아니다. 그가 말하는 거의 모든 것이 예측 가능하다. 그는 Graves나 다른 발달주의자들을 연구한 적이 없지만, 그럼에도 그의 가치들은 예측 가능하다. 그는 자신이 이러한 구조의, 거기에 있다는 것을 알지도 못한 그런 구조의 대변인이라고는 결코 생각치 못할 것이다. 그것은 마치 그가 화자話者가 아니라 **오렌지색 구조 스스로가 그를 통해 이야기하는** 것과 같다. 이 거대한 상호 주관의 그물망이 그를 통해 이야기하고 있는 것이다.

그는 자신의 모든 욕망을 관찰할 수 있겠지만, 안타깝게도 여전히 이것을 깨달을 수 없을 것이다. 그는 그를 통해 이야기하고 있는 구조의 대변인에 불과하다. 그는 자신이 독창적이라고 생각한다. 그는 자신이 사고의 내용물을 통제하다고 생각한다. 그는 자신이 스스로를 관찰하고 이해할 수 있다고 생각한다. 그는 자신이 자유의지를 지녔다고 생각한다. 그렇지만 그는 대변인에 불과하다. 그는 말하는 것이 아니라, 말해지고 있다.

주관성과 자각의 다른 여러 가지 측면도 마찬가지다. 그것들은 비인격적 구조와 상호 주관적 그물망의 산물이며, 안타깝게도 주관성 혹은 자각으로는 보이지 않는 구조와 그물망이다(아무튼 직접적으로는 보이지 않는다). 20세기 중반에 이르기까지,

특히 언어학, 문법, 구문, 의식의 구조 그리고 선험적 발달 구조에서 이러한 비인격적 구조와 상호 주관적 그물망에 대한 방대한 이해가 얻어졌다. 그리고 그것들은 전부 하나의 지점을 가리키고 있었다. 자각의 주체는 그가 거의 의심치 않는, 잘 알지 못하는 상호 주관적 그물망의 산물이다.

이에 따라 인문학에서 근대주의와 탈근대주의 사이에서 벌어지는 좌측 사분면의 대전Great Left-Hand War을 위한 무대가 마련되었다. 그리하여 다음과 같은 일들이 벌어졌다. 우리는 두 개의 문화를 지니게 되었다. 좌측 사분면의 인문학 문화와 우측 사분면의 자연과학 문화다. 우측 사분면 세계에서의 영원한 전쟁은 항상 일종의 원자론과 일종의 시스템 사고 사이에서 벌어졌다. 그리고 보통 원자론자들이 이기기는 하지만 결코 결정적인 승리는 아니었다. 하지만 이 둘은 모두 물리적 혹은 물질적이었다. Democritus 이후, 까불거리는 먼지들만이 실재한다고 생각하는 믿을 수 없을 만큼 지적인 남성과 여성들이 존재해 왔다. 그 먼지가 시스템 먼지인지 아니면 뉴턴식 먼지인지의 여부는 이 이야기의 핵심과는 아무런 상관이 없다.

좌측 사분면이 20세기 반세기 동안의 인문학을 정의하게 될 두 개의 지배적 진영들로 갈라지기 시작함에 따라, 내측 혹은 좌측 사분면의 문화 내에서도 대물 소송이 일어나고 있었다. 이 좌측 사분면 대전의 승자가 장래에 반세기의 문화, 인문학을 지배할 것으로 예측되었다.

좌측 사분면 대전: 주관주의자 대 상호 주관주의자

첫 번째 진영은 주관주의자였다(두 번째 진영은 상호 주관주의자였다). **주관주의자**는 사실상 내성, 주관성, 의식, 자각 그리고 내면성에 의존해 온 인문학에 대한 모든 접근을 포함하였다. 가장 저명한, 그리고 분명 이 다가오는 전쟁에서 가장 중심에 선 이는 현상학이었으며, 가장 뛰어난 옹호자는 Husserl이었다.

두 번째 진영은 **상호 주관주의자**였다. 그들의 차이가 무엇이든지 간에 그들은 의식이 대상을 인식에 전달할 때쯤이면 방대한 비인격적 시스템과 구조의 그물망, 그 중에서도 특히 언어 시스템, 문화적 배경 그리고 의식의 구조에 의해 주조되고 형성되며, 만들어지고 구성된다는 이해 속에서 하나로 뭉쳤다. 이 모든 것이 의식 그 자체에 의해서는 보이지 않는다. 이것들은 주관성에 의해서는 보이지 않는다. 그러므로 **주관성이야말로 의문의 대상이 되어야 마땅하다.** 그리고 최종적으로 분석해 볼 때 해체되어야 한다. 인식이 전달하는 현상은 인식이 주장하는 대로의 현상이 아니라, 오히려 방대한 상호 주관적 동력이 만들어 낸 결과 혹은 지하 구조물에 가깝다. 따라서 주관적 내성이 아니라 이 상호 주관적 구조의 이해에 의해 우리는 자기 자신을 알게 된다.

우리는 어떤 개인이 하루 종일 자신의 내면을 들여다보아도 "이것이 오렌지색 구조야." 혹은 "이것이 녹색 혹은 청록색 구조야."라고 말할 수 있는 그 무엇도 발견할 수 없다는 것에 대해 살펴보았다. 그의 인식 속에서 나타난 현상은 이미 그가 볼 수 없고 심지어 예측하지도 못한 구조에 의해 창조된 것이다. 하지만 현상은 그 자신이 마치 실재하고 스스로로부터 기인한 것처럼 나타난다—마치 사실상 당신의 생각, 욕망, 가치인 것처럼 말이다—분명 그렇지 않을 때에도 그러하므로 **당신 자신의 현재 인식이라는 바로 그 장애물이야말로 고도로 기만적이다.** 내성에 의존한 현상학은 이를 알지 못하며, 따라서 스스로에게 속은 현상학은 진실로 오인된 거짓의 학문이다.

상호 주관주의자들은 이러한 기본적 지적들로 대동단결하였다. 몇몇 하부 진영들이 존재하지만, 가장 중요하게는 **기호론**(Saussure), **문화적 배경**의 연구(Heidegger), 초기의 **구조주의자들**(Jakobson, Lévi-Strauss), **발달 구조주의자들**(Baldwin) 그리고 의식이 전달한 거짓들과 그것들을 식별하기 위한 **계보학**의 필요성으로 유명한 Nietzsche가 그러하였다.

달리 말하자면, 내면 혹은 좌측 사분면 문화의 대전에서 주관주의자들은 내면 홀론의 안쪽inside에 의존한 인문학자들이었으며(개인에게는 구역 #1이고, 집단에게는 구역 #3임), 상호 주관주의자들은 내면 홀론의 바깥쪽outside에 의존한 이들이었다. 개인에게는 구역 #2이고, 집단에게는 구역 #4이다([그림 1-2, 1-3, 1-4]를 보라).

이 임박한 대전에서, 특히 주목할 만한 인물이 바로 젊고 똑똑하며 소외되어 있던 프랑스의 지식인 Foucault였다. 20세기 중반에 이르기까지는 Foucault 같은 이가 어느 길로 가든 좌측 사분면의 문화의 세계가 그 길을 따라갈 것임이 분명했었다.

Foucault는 과학이나 과학적 유물론을 추종하지 않았다. 좀 아는 사람들은 그런 것에 흥미가 없다. 과학적 유물론은 그냥 늘 하던 짓을 하고 있기 때문이다. 게다가 과학 그 자체는 훌륭하다. Foucault는 과학을 뒤쫓지 않았다. 그가 뒤쫓은 것은 Husserl이었다.

Foucault를 열 받게 만든 사람이 바로 Husserl이다. Jean-Paul Sartre도 마찬가지다. 왜냐하면 둘 다 내성, 즉 의식이 본질적으로 거짓말을 하지 않고 나의 인식에 진실을 전달해 준다는 믿음의 챔피언들이기 때문이다. 현상학, 실존주의, 인문학 전부 주요 주관주의자 진영들이다. Foucault가 복수심을 품고 뒤쫓은 것이 바로 이것들이다. Foucault는, 특히 과학을 가장한 인문학을 산산조각 냈다. 마치 그들의 거짓말이 환원주의와 결합되어 재앙을 낳을 것인 양 말이다.

동성애자가 된다는 것이 깊은 소외와 사회적 힐난의 대상이었던 과거에 Foucault가 동성애자였다는 점은 논외의 사항이 아니다. 왜냐하면 상호 주관주의자들은 점점 더 다양한 형태의 사회적 억압이 사실상 이 거대한 상호 주관적 구조 체계 내에서 숨겨져 있다고 믿게 되었기 때문이다. 그리고 만약 당신이 그런 구조를 보기조차 못한다면, 어찌 그것들을 극복하기 위한 일을 하겠는가? 동성애자인 Foucault가 그냥 당신의 마음을 돌아보는 것만으로도 어떤 것의 '진정한 본질'과 '변하지 않는 의미'를 제공한다는 현상학의 설명을 읽었을 때, 경보가 요란하게 울렸을 것이다. 만약 현상이 의식에 도달하기도 전에 이미 피해를 입었다면 어떠하겠는가? Foucault의 동성애는 질병이라고 주장되었으며, 그의 이러한 소위 질병에 대해 현상학과 실존주의는 이의를 제기하지도 않았을 뿐더러, 이것이 억압이라는 것을 포착할 도구조차 갖지 못했다. 곧 유명해지면서 전 세계적인 영향을 끼친 그의 관점으로 보자면, Foucault는 그 자신의 담화가 소외되고 있음을 발견한 것이다. 그리고 그 결과는 '있는 그대로the way things are'라고 가장한 모종의 잔혹성이다(지배적 담화 양식을 조종하는 소외 주도 세력들의 목록은 다음과 같다. 인간중심주의, 종중심주의, 성차별주의, 종족주의, 연령주의가 그것이다. 곧 분명해진 것은 만약 주관이 상호 주관이라면, 개인은 곧 정치적이다).

좌측 사분면의 대전이 진행됨에 따라, 현상학, 실존주의 그리고 인문학이 언어나 언어적 의미 같은 근본적인 사항들조차 다루지 못한다는 것이 점점 더 분명해졌다. Foucault는 이에 대해 종종 다음과 같이 언급하고는 했다. "언어의 문제가 발생했고, 현상학이 언어적 유형의 구조에 의해 생산될 수 있는 의미가 끼치는 영향을 설명하는 구조적 분석과 연관이 없다는 점이 분명해졌다. 그리고 무척 자연스럽게도, 현상학이라는 신부는 언어를 다루지 못하는 그녀의 무능력에 의해 스스로 자격을 잃게 되었고, 결국 구조주의가 새로운 신부가 되었다."

Foucault는 어떤 단어가 의미를 갖는 것은 오로지 그 맥락 때문이라는 사실을 언급하고 있다(예를 들면, '개 짖는 소리bark of a dog'와 '나무껍질bark of a tree'에서 'bark'라는 단어는 이를 둘러싼 다른 단어들에 의해서만 의미를 지닌다). 그리고 이 단어들은 다른 단어들 덕분에 의미를 지니며, 결국 내 인식 속의 어떤 주어진 기호, 혹은 대상, 혹은 현상의 의미를 이해하기 위해서는 기호의 전체 그물망 혹은 체계가 반드시 연구되어야 한다. 주관주의자들은 발생하는 개인적 현상을 연구하였고, 그런 식으로 의미를 이끌어내려 하였다. 상호 주관주의자들은 현상 안에 존재하는 거대한 **체계**와 **그물망**을 연구하였고, 곧 실제 의미가 발견될 수 있다는 점이 분명해졌다. Foucault가 말했듯이, 현상학이 구조주의의 상대가 되지 않는다는 것이 분명해졌다. 주체가 의미를 만들어 내는 것이 아니라(오렌지 수준의 누군가는 사실상 자기 수준의 가치들을 만들어 내고 있다.) 오히려 거대한 체계와 상호 주관의 그물망이 의미를 만들어 낸다. 주체는 망가졌다.

따라서 '**주체의 죽음**the death of the subject'이나 '**무엇이 주체에 선행하는가**?' 같은 캐치프레이즈들이 두 진영의 본질적인 차이점의 일부를 요약하기 시작했다. 주관주의자는 모든 면에서 **근대주의자**였다. 그들은 내성, 경험주의, 주관성을 신뢰하였다. 이 모든 것이 조롱, 조로, 소여의 신화, 의식의 철학, 주체의 철학, 반영 패러다임 그리고 자연의 독백적 거울 같은 구절들로 알려지게 되었다.

상호 주관주의자들은 처음에는 구조주의, 기호학 그리고 언어학의 손 안에서, 그다음에는 탈구조주의, 신-구조주의, 해체, 문자학grammatology, 계보학의 손 안에서 점점 더 **탈근대주의자**가 되었다.

어쨌든 한 가지는 분명했다. 당신이 그것을 어떻게 바라보든, 상호 주관 시스템의 거대한 그물망—언어 구조에서 Graves의 가치 시스템에 이르기까지—이 누군가의 인식과 의식을 지배하고 있다는 사실은 그대로 남아 있다. 당신은 원하는 만큼 내성하고 명상할 수 있을 것이지만 그것들을 볼 순 없을 것이다—그렇다고 그것들이 어디 가지는 않는다. 우리는 이제 당신이 심오하고 반복적인 깨달음을 얻었다 할지라도—여전히 빨간색, 혹은 호박색, 혹은 오렌지색, 혹은 녹색 수준에 있을 수 있다는 것—**이 구조들이 계속 당신을 통해 이야기하고 있으며**, 당신은 계속해서 그들이 끌어당기는 줄에 따라 춤추게 될 것임을 알고 있다. 그렇지만 당신은 자신이 자유롭다고 계속 생각하겠지…….

좌측 사분면 대전의 승자

1968년 5월 파리, 이 전쟁은 결정적인 전환점에 도달했다. 주관주의자들은 엄청나게 두들겨 맞았고, 결국 근본적으로 회복되지 못했다(적어도 통합의 시대Integral Age가 그들의 엄청나게 중요한 부분적 진리를 되살리고 받아들이기 전까지는 말이다). 학계의 진지한 담화에서 인본주의, 실존주의, 현상학, 주관성, 의식이 사라졌다. 학계에서는 승전보를 울리며 상호 주관주의자들이 입장했다. 후기-구조주의, 탈근대주의, 기호론semiology, 문자학, 고고학, 계보학이 그것이다.

1979년에 이르러 Derrida는 미국 대학의 전체 인문학계에서 가장 자주 인용되는 저술가가 되었다. 대전은 끝났으며, 상호 주관주의자들이 승자가 되었고, 확실히, 철저히, 그리고 절대적으로 모든 영성, 내성적 명상, 관조적 의식, 주관성과 내면성interiority[23]을 거부하였다. 가장 단순한 이유는 이 모든 것이 소여의 신화에 사로잡

---

23) 언어적 게임이라는 것 외에 비트겐슈타인주의자Wittgensteinian 등은 스스로 어떠한 진짜 깊이나 내면성도 결여하고 있다. 탈근대적인 학계를 포함한 탈근대주의에서 당신은 그것들이 영적이지 않은 한에서 원하는 만큼 모든 영적 게임을 즐길 수 있다. 탈근대주의는 표피성과 온갖 수행적 모순으로 뒤덮여 있으니 그것은 진정한 영성이 아니다. 비록 어딘가에 진정한 영성이 될 수 있는 여지는 있겠지만 말이다.

혔다는 것이다.

근대주의와 탈근대주의 둘 다 영성을 거부하다

우리는 Snow의 두 문화 중 하나는 좌측의 인문학의 문화, 다른 하나는 우측의 자연과학 문화임을 살펴보았다.

우리는 또한 상호 전쟁 중에 있는 것이 이 두 문화만이 아니라는 것도 살펴보았다. 둘 다 자기 내면에서 전쟁을 벌이고 있었다. 우측 사분면 과학계에서의 주요 전쟁은 항상 원자론자와 시스템 접근 사이에서 벌어졌다. 좌측 사분면의 세계에서 지난 세기에 벌어진 절대적으로 중요한 대전은 근대의 주관주의자들(구역 #1과 구역 #3)과 탈근대의 상호 주관주의자들 사이에서였다(구역 #2과 구역 #4).

(당신은 아마도 네 개의 주요 진영들 모두를 통합할 어떤 사상이 있어야 한다고 생각했을 것이며—진실로 그러하지만—20세기의 막바지 그리고 통합의 시대의 여명에 이르러서야 그러한 사상이 사실상 빛을 보기 시작했다는 사실을 감안하라. 그러한 일이 벌어지기 위해선 이 모든 네 개의 접근들의 진실이 먼저 반드시 인정받고 받아들여져야 하며, 지금까지의 우리는 모든 면에서 그와는 거리가 먼 실정이다. 이 부록의 다음 부분에 논의된 책들만 보아도 말이다.)

핵심은 이것이다. 이 부록에 언급된 책들은 믿을 수 없을 만큼 정교한 영적 접근의 대표작들이며, 이들 중 그 무엇도 탈근대의 상호 주관주의자들의 중요한 진리를 아직 받아들이지 못했다. 그리고 이것이 그 무엇보다도 명상, 관조 그리고 인문학에서의 영성 연구를 절름발이로 만들었다. 과학이나 과학적 유물론이 이렇게 한 것이 아니다. 왜냐하면 그것은 시작할 이슈조차 아니었기 때문이다. 대전은 인문학 내면에서 벌어졌으며, 여기 영적 저술가들과 거의 모든 '**새로운 패러다임**'의 저술가들은 상황을 완전히 잘못 진단했고, 이는 재앙을 불러일으켰다.

Capra에서 Chopra에 이르기까지 영성주의자들은, 만약 그들이 **신비주의가 근대의 과학적 지지를 받는다는 것을** 보여 줄 수만 있다면 이것이 인문학 내에서 영적 세계관을 받아들이게 하는 데 도움을 줄 거라고 느꼈다. 이것은 모든 면에서 **정확**

히 잘못된 움직임이었다. 그 적은 결코 과학이 아니었다. 그들은 어떤 식으로든 들으려고 하지도 않으니까 말이다. 적은 상호 주관주의자들이었다. 그리고 영성이 양자 물리학, 혹은 역동적 시스템 이론, 혹은 카오스 이론, 혹은 자기생성autopoiesis 속에 뿌리를 내릴 수 있음을 보여 주거나 보여 주려고 노력함으로써 그들은 상호 주관주의자들의 손바닥 안에서 놀게 되었다.

그 이유는 탈근대의 상호 주관주의자들이 분명 근대 과학을 포함하여 근대성 전체뿐 아니라 내면의 영역에 대한 근대적 접근까지 공격하였기 때문이다. 그들은 우리가 본 것처럼, 현상학, 독백적 방법론 그리고 소여의 신화를 공격했다. 그리고 근대 과학—양자 물리학에서 시스템 이론까지—은 마찬가지로 동일한 문제로 공격당한 피해자이고, 출발 지점이 소여의 신화였다. 명상, 불교, 영성 그리고 새로운 패러다임이 전부 '신과학new science'에 근거하고 있음을 보여 주려고 노력하는 것은 **정확히** 상호 주관주의자들이 그동안 내내 관조적 영성이 그저 소여의 신화에 사로잡힌 독백접 접근에 불과한 것이 아닐까 의심해 왔던 바와 같다. 실제로도 그렇다. 하지만 누군가 실제로 그렇게 설명하게 내버려 두고, **물리학의 도**道 같은 끊이지 않는 주장을 보면서 상호 주관주의자들은 더욱 쉽게 철저히 독백적 물리학뿐 아니라 독백적 도를 거부할 수 있었다. 실제로 그렇게 했다.

좌측 사분면의 대전 이후에 벌어진 일은 두 문화의 변화가 있었다는 점이다. 여전히 과학과 인문학이 있지만, 인문학 쪽에서의 승자들—이른바, 탈근대의 상호 주관주의자들—에게는 근대의 인문학 전체(현상학, 실존주의 그리고 내성)가 전부 근대 과학(시스템 이론에서 카오스, 복잡성 이론에 이르기까지)의 일부 조각으로 간주되었다. 왜냐하면 이들이 실제로 한 일이 공통적으로 **소여의 신화, 주체의 철학** 그리고 심히 **독백적 방법론**이었기 때문이다. 이 매우 특정한 영역에서 주관주의자들과 과학적 유물론자들은 전부 방법론적 조각들에 불과했다.

실로 그러했다. 그리고 주관주의자들(영성 연구에서 불교, 새로운 패러다임, 명상, 관상 연구에 이르기까지)은 전부 상호 주관주의자들과 타협하는 데 처참하게 실패한 접근들이었기 때문에, 그리고 상호 주관주의자들이 인문학의 두 번째 문화를 지배했기 때문에 모든 영성 연구가 모든 진지한 학계의 연구에서 묵살되었다. 이들이 안쪽에 있다는 이유로, 근대 과학에 의해 거부당하고 여러 면에서 과학과 더불어 독백적 방법론을 공유하고 있다는 이유로 탈근대의 인문학에게 거부당한 채, 영성 연구는 그야말로 서양 학계의 문화에서 사망한 것과 다름없다.[24)]

다음은, 그동안 쭉 벌어져 결국 상호 주관주의자들이 승리한 이 대전을 이해하거나 심지어 알아차렸다는 어떤 징표도 제공하지 않음으로써 이러한 죽음에 의도치 않게 의도한 책들이다. 이 책들은 이 거대한 전쟁이 말하자면, William James와 과학적 유물론 사이에서 벌어졌다고 생각했겠지만, 사실 **그 둘은 이 전쟁에서 같은 편이었다.** 심지어 이 책들이 당신에게 왜 그렇게 되었는지의 이유조차 설명할 수 없다는 사실은 '새로운 패러다임'과 '새로운 신비주의' 책들이 얼마나 심각하게 무지한지를 보여 줄 뿐이다. 그들에게 축복이 있기를 바랄 뿐…….

무작위로 살펴본 몇 권의 책들

『리더십과 신과학: 혼란스러운 세상에서 질서를 발견하기(Leadership and the New Science: Discovering Order in a Chaotic World)』, Margaret Wheatley 저.

복잡계 이론을 비즈니스에 (독백적으로) 적용한 책이다. 카오스 이론과 복잡계 이론은 '신과학'이다—분명, 꽤 새롭긴 하지만 여전히 그 핵심은 독백적이다. 독백적 시스템을 확장해도 여전히 독백적이며, 오히려 더욱 독백적이다. 이것을 너무나 쉽사리 놓치고 있다. 통합적이고 전일적인 것처럼 보인다는 이유로 시스템 이론을 활용하지만, 최선의 경우에도 필요한 이야기의 절반을 얻을 뿐이다—그것은 우리의 모형이 우측 사분면 세계 전체를 다룰 수 있게 확장시키지만, 좌측 사분면의 세계로부터 나온 통찰들을 통합하는 모형으로까지는 확장시키지 못한다. 시스템 이론에 의존하는 것이 미묘한 환원주의인 이유가 바로 이것이다—시스템 이론가들을 끊임없이 혼란시키는 점이기도 하다.

샴발라 기구Shambhala Institute 같은 기관들이 이 확장된 시스템적 접근을 가지고 그것이 확장되었다는 이유만으로 법신法身 · Dharmakaya(혹은 비이원적 영)과 동일시

24) 언어적 게임 혹은 고고학적 견본으로만 남아 있다.

했을 때에도 똑같은 실수가 벌어졌다. 하지만 이 접근에서 확대된 것은 바로 소여의 신화였다. 그리고 확대된 신화의 가르침은 일반적으로 깨달음으로 여겨지지 않는다.

『고향 지구: 새 천년을 위한 성명서(Homeland Earth: A Manifesto for the New Millennium)』, Edgar Morin 저.

Morin은 여러 면에서 훌륭한 작가지만, 필수적인 통합적 메시지를 놓쳐 버렸다. 그는 방법론적으로 암녹색teal/청록색turquoise 수준의 '하나와 다수의 결합unitas multiplex(역주: 하나인 여럿, 여럿이자 하나인 것)'을 시도하였지만, 기본적으로 녹색 수준의 포용을 시도하는 근대주의자다. 그의 작품 방법La Méthode은 탈근대의 혁명 이전에 만들어졌고, 본질적으로 메타meta적인 방식으로 새롭고 보다 포용적인(그렇지만 여전히 독백적인) 영역을 향한 독백적 과학 방법론의 확장판이다. 달리 말해, 상호 주관성에 대한 진실한 이해가 그의 작품 전체에 결여되어 있다. 그는 또한 1인칭 · 2인칭 · 3인칭 지식의 지시적 성격을 파악하지 못하였으며, 따라서 그의 '통합적' 사유는 사실상 그저 최대한도로 봐줘도 3-p × 1-p × 3p에 불과하다(그 이유로 인해, Morin은 415-패러다임[25] 이론가들에게 환영받는다). 그러므로 그는 당신이 예술, 도덕, 과학 혹은 진선미 같은 것들을 반드시 포함해야 한다고 대범하게 열정적으로 주장할 것이다—정말 훌륭한 일이다—하지만 그럼에도 이러한 영역을 낳는 데 필요한 지시의 성격을 완전히 놓치고 있으며, 지시가 없으면 당신은 끔찍하리만큼 제국주의적이고, 미묘한 환원주의에 빠지게 된다. 그는 기본적으로 3인칭(1-p + 2-p + 3-p)에 불과하다. 즉, 그는 예술과 도덕 같은 항목들을 포함시켰지만 오직 3인칭 혹은 초超 · meta-독백적 포용에 불과하며, 예술과 도덕 나름의 지시를 자신의 통합unitas에 포함시키지 않았다. 이는 실로 제국주의적인 미묘한 환원주의다.

25) 역주: 415는 미국 샌프란시스코의 지역 코드에 해당한다. Wilber는 이 지역에서 유행하는 뉴에이지 문화와 접근에 대해 비판적인 태도를 취하고 있으며, 이를 위해 415-패러다임이라는 용어를 만들어 냈다.

『내면으로의 여행: 실재의 통합성에 대한 영혼의 깨달음(The Inner Journey Home: The Soul's Realization of the Unity of Reality)』, A. H. Almaas 저. (A. Hameed Ali의 필명).

Hameed는 오늘날 가장 훌륭한 초심리학자metapsychologist다. 나는 그의 열성팬이고, 그의 작품을 좋아한다. 하지만 탈근대의 조류에 대한 더욱 정교한 자각이 더해진다면 너무도 쉽게 작품이 개선될 수 있다. 원형, 형이상학, 에센스, 측면aspects 그리고 후설식Husserlian 현상학에 대한 그의 의존이 남긴 잔여물들—이 모든 것은 독백적이며, 심지어 자아초월적인, 소여의 신화가 가미되어 있다—은 그의 작품에 조금도 영향을 끼치지 않은 채 뺄 수 있다.

『있는 그대로의 사랑: 당신의 삶을 바꿀 수 있는 네 가지 질문들(Loving What is: Four Questions That Can Change Your Life)』, Byron Katie 저.

나는 이 책이 영적 지성과 원인적 공의 일별이 결합된 놀랍도록 새로운 기법의 좋은 사례면서도 소여의 신화를 이해하지 못했기 때문에 포함시켰다. 탈근대주의자들은 '작업the Work'을 완전히 묵살할 것이며, 이는 참으로 애석한 일이다. 그들이 그녀의 저작뿐 아니라 Hameed와 여기서 비판된 나머지 저자들의 책도 활용할 수 있었을 텐데 말이다.

『생명의-그물망: 생명의 시스템에 대한 새로운 과학적 이해(The Web of Life: A New Scientific Understanding of Living Systems)』, Fritjof Capra 저.

Capra는 이 세상의 기본적 문제가 역동 이론과 복잡성 이론을 이해하지 못했기 때문이라고 믿었다. (만약 사담 후세인이 역동적 복잡성 이론을 배우기만 했다면, 뉴턴-데카르트 패러다임의 연구에 시간을 그토록 허비하는 대신, 세상은 얼마나 달라졌을 것인가.) 하지만 인류의 내적 문제는 70%의 인구가 민족중심적 혹은 그 이하라는 것이며, 심지어 뉴턴-데카르트 패러다임을 포용**할 수 있을 만큼**의 수준에 도달하지도 못했다는 점이다. 그리고 10%의 인류가 녹색 수준에 도달할 때 비로소 복잡성 이론을 이해하기 시작할 것이고, Capra는 그 10%가 독백적인 시스템 이론을 받아들이길 원하겠지만 거기에는 완전히 내면 분면이 빠져 있고(그 자신의 관점으로 보아도),

특히 구역 #2과 구역 #4이 빠져 있으며, 이는 그의 과학적 방법론으론 볼 수 없는 것이다. 이는 전형적인 미묘한 평원식flatland 환원주의다. 소여의 신화를 보다 큰 영토로까지 확장시켜 거짓을 새롭고 보다 넓은 영역으로 퍼뜨린 것이다.

『파워 vs 포스: 인간 행동의 숨은 결정요인(Power vs. Force: The Hidden Determinants of Human Behavior)』, David R. Hawkins 저.

꽤 흥미로운 아이디어이기는 한데, 미묘한 환원주의와 소여의 신화에 사로잡혀 있다. 그가 부제에서 언급한 그 모든 '숨은 결정 요인들'은 사중-논리가 아닌 독백적이다.

『종교적 경험의 다양성(The Varieties of Religious Experience)』, William James 저.

이 부록에서 이 책은 좋은 소식/나쁜 소식의 전형적인 사례다. 좋은 소식은 이 책이 이전에는 학계에 의해 거의 무시당하던 자아초월적 종교적, 그리고 영적 경험들을 연구하고 탐구했다는 점이다. 나쁜 소식은 그 방법론이 독백적 경험주의(그리고 독백적 현상학)라는 점이다—그것은 의식에 대한 절름발이 철학을 새롭고 보다 넓은 영역으로 확장시켰다.

James는 여러 면에서 천재이자 선구자였으며, 그가 의식의 상태들을 진지하게 받아들였다는 사실은 분명 탁월했다. 하지만 독백은 독백이며, 이 경우 그는 단지 주체의 철학의 제국주의를 확장시켰을 뿐이다. 다행히도 James의 순전한 천재성은 그를 스스로 부과한 한계 너머로 밀어붙였다. 그의 제국주의는 해석학에 언제나 열려 있었으며, 표상적 패러다임은 퍼스식Peircean의 화용론으로 보완되었으며, 무엇보다도 그의 영혼은 여전히 성스럽고 깨지지 않는 진선미의 삼위일체 속에 머물렀다.

하지만 급진적 경험주의도 여전히 경험주의다. 즉, 급진적 경험주의는 급진적 독백주의다. 구역 #2의 단계들과 구역 #4의 구성적 속성은 그에게 낯선 것이었다. 만약 그가 그와 동시대 인물인 Baldwin의 작품을 좀 더 접했더라면, 그 모든 것이 얼마나 달라졌을까? 이 제국주의적인 경험주의는 그것만 아니었어도 탁월했을 작품의 중심부에 박힌 벌레와도 같다.

실제로, Peirce가 정확히 이 핵심 문제를 두고 James를 비판한 점에 주목해야 한다. James와 Peirce는 평생의 지기였다. James가 Peirce가 만든 용어 '실용주의 pragmatism'를 도용했다는 사소한 다툼이 있었음에도 불구하고 말이다(Peirce는 이후 그의 철학을 '실용주의 철학pragmaticism'으로 바꾸었으며, 이를 두고 그는 "이 용어는 너무 추해서 도둑질을 좌절시킬 정도다."라고 말했다). 그들의 우정에도 불구하고, Peirce는 '순수한 경험주의'라는 James의 접근에 심각한 결함이 있다고 느꼈다. 주지하다시피, 미국의 가장 위대한 철학 천재로 널리 인정받는 Peirce는 다음의 간단한 문장으로 James를 못 박았다. "지각perception은 기호semiotic다."

달리 말하자면, 지각은 이미 항상 해석이다. 최소한 부분적으로라도 말이다. 이를 보지 못하면, 온갖 형태의 순진한 현상학과 순진한 경험주의라는 흔한 실수를 저지르게 된다. 이에 대한 이해는 Peirce로 하여금 두 가지 문제를 추가로 지적하게 하였으며, 이는 사람들이 독백적 경험주의 그 자체의 문제를 최초에 파악하지 못할 경우 이해하지 못하는 것이다. 즉, 이는 Peirce로 하여금 James에 대해 "물론 그는 뼛속까지 유물론적이다."라고 말하게 한 것이다. 그리고 하나 더 "그는 데카르트식 유물론에 치우쳤다."라고 말했다. 내가 이것을 James의 팬들에게 말할 때마다 그들은 보통 충격을 표하며, 이를 통해 나는 그들이 탈근대의 혁명을 파악하지 못했음을 알 수 있다. 왜냐하면, 그 혁명만 아니라면 James의 말들이 완벽하게 이치에 맞기 때문이다. 이를 이해하지 못한 이들에게 James는 심지어 유물론과 이원론을 극복한 사람으로까지 보이겠지만, 그는 그저 자신의 보다 미묘한 독백적 형식을 구체화했을 뿐이다. Peirce는 James에게 내재된 독백주의를 두고 다음과 같이 유머러스하게 언급하였다. "방법론적 의미에서 종교적인 의미는 아니고, 그는 분리될 수 있는 영혼이나 내세를 부정하지 않는다. 왜냐하면 유물론은 그것이 발견한 우주가 이해가 가지 않아도 그냥 내버려 두는 철학의 형식이기 때문이다." Peirce가 말하고자 하는 바는 독백이 전달하는 것은 이해될 수 없다. 지각 그 자체가 사실은 기호니까 말이다.

게다가 우리는 James—뿐 아니라 거의 모든 명상과 현상학—가 자주 언급한 것처럼, 본질적으로 근대주의자인지 그리고 어째서 Peirce가 한 세기도 전에 위대한 탈근대주의자였었는지를 알 수 있다(그 누가 자연 법칙을 자연 습관으로, 진홍 수준의 마술로 떨어짐 없이 바라볼 수 있겠는가?). Peirce는 모든 지각이 이미 해석이고, 그 해석은 삼중 구조라고 주장하였다. 그것은 기호, 대상(지시물) 그리고 해석자를 요구한다. 당신은 이와 비슷한 것을 Saussure에게서도 찾아볼 수 있으며, 그는 기호가 해석의 차연deferral의 시스템 속에서 기표와 기의로 구성되어 있다고 주장하였다. Peirce는 '기호학semiotics'이라는 용어를 만들었으며, Saussure는 그가 하고 있던 것을 '기호론semiology'이라고 불렀다. AQAL은 둘 모두에 의지한다. 기호(기표 더하기 기의), 지시물, 의미론, 구문 그리고 화용론[26]話用論 pragmatics이 있다.[27]

James의 문제는 그가 전형적으로 기호학(혹은 좌하 사분면과 그에 내재된 구성적 성격)을 이해하지 못했다는 점이다. Peirce는 이해했다. James의 매우 정확한 비판에 대해 오늘날 순수 주의, 순수 자각, 순수 경험의 옹호자들은 주의를 기울이는 편이 좋을 것이다.[28]

---

26) 역주: 현실적으로 주어진 언어 자체만을 대상으로 하는 것이 아니라 언어를 있게 하는 언어의 주변을 설명하는 데 주력하는 언어학의 한 분야로, 말하는 이, 듣는 이, 시간, 장소 등으로 구성되는 맥락 속에서의 언어 사용을 다룬다(출처: 문학비평용어사전).

27) 사분면적 관점을 제공하자면 기호는 우상 사분면의 기표와 좌상 사분면의 기의로 구성되어 있다(그리고 물론 탈근대주의의 부류에서 그것들 사이에는 종종 커다란 틈이 존재하며, 의미의 차연deferral of meaning으로 귀결된다). 통합 이론은 기호를 '다른 어떤 것을 다른 어떤 것으로 기표하는 실재의 모든 측면'이라고 정의한다. 기호는 의미론(좌하 사분면)과 구문(우하 사분면)의 체계 속에 존재하며, 화용론에 의해 하나로 결합된다(그 목적은 어떤 의미론적 계기의 네 분면들을 통합하는 것이다. 그리고 비록 고등 동물들이 의미론적 언어 체계를 지니고 있긴 하지만, 모든 계기도 의미론적이다. 네 분면의 모든 하위 수준은 의미론을 지니고 있다). Whitehead는 본질적으로 실로 독백적이다(AQAL은 '사분면적 파지'의 언급을 통해 이를 바로잡고자 시도하였다).

28) 이것을 설명하는 또 하나의 방법은 실제로 비이원성 혹은 순수한 지각(이것은 또한 계량할 수 없는 공shunyata과 무형상, 비현현의 열반이기도 하다.)인 절대적 주관성Absolute Subjectivity(브라만-아트만)이 존재하며, 그때 상대적 주체와 객체의 현상계(이것은 순수한 지각이 아니라 관점들의 세계임)가 존재하게 된다는 것이다. 현상계에서 상대적 주체는 사실상 상호 주관성의 사슬 속에 파묻혀 있다(객체가 상호 객체성 속에 얽혀 있는 것처럼). 그리고 이를 보지 못한 것을 두고 소여의 신화, 주체(만)의 철학 그리고 의식의 철학이라고 언급한다. 따라서 어느 지점에서 서구는 절대적 주관성 혹은 여여한 의식, 혹은 보다 정확히는 순수 공Emptiness(사분면이 그려지는 종이)을 부정하려 들고, 동양은 소여의 신화와 주체의 철학에 사로잡혀 있다. 동양은 절대성을 올바르게

마지막 한 마디, 나는 이 비판을 저명한 동양의 스승에게 보여 주었다. 그가 말한 첫 번째는 "의식 철학의 거부는 부인은 영과 내면성에 대한 서구의 전형적인 부인이다. 그것은 그저 심화된 과학적 유물론일 뿐이다."이다. 이것은 매우 슬프게도 핵심을 놓치고 있다. 나는 순수한 공이나 수량화할 수 없는 의식 같은 것을 부인하는 것이 아니라 그것이 오로지 순수한 비현현에 속해 있는 무언가이고, 반면 현상계는 관점, 따라서 기호학의 세계에 속해 있음을 부인하는 것이다. 달리 말하자면, '의식의 철학'은 절대적인-수량화할 수 없는 의식 혹은 공空 · shunyata이나 무無 · nirguna에 대한 비판이 아니라, 현상계에서의 좌하 사분면과 이혼한 좌상 사분면에 대한 비판이다. 만약 당신이 네 개의 분면으로 이루어진 도표를 떠올린다면, 비이원 혹은 궁극적 실재는 바로 그 도표가 그려지는 종이다. '의식의 철학' 혹은 '주체의 철학'은 좌상 사분면을 가리킨다. 이에 대한 비판은 좌상 사분면이 좌하 사분면과 분리된 것으로 간주될 수 없는 점이다. 많은 서구의 사상가가 비이원적 종이를 부인했음은 사실이다. 하지만 동양의 사상가들은 현상계의 좌하 사분면을 부인(혹은 무시)했으며, 따라서 소여의 신화와 주체의 철학에 사로잡혔다—그리고 둘 다 틀렸다. 동양의 스승들이 이러한 근본적 문제를 파악하지 못하는 한, 그들은 근대와 탈근대의 세계에서 공정한 해명의 기회를 얻지 못할 것이다.

『명상 상태의 다양성(The Varieties of Meditative Experience)』, Daniel Goleman 저.

이 책은 여러 면에서 탁월하다. 제목부터 의도적으로 Wiliam James의 뛰어난 저작을 따라했다. 하지만 많은 사람이 이해하기 어려워하는 것은 명상이 훈련되고 확장된 독백적 자각이라는 점이다. 만약 비이원적 실재가 공과 형상의 통합이라면, 명상은 공은 바로 파악하지만 형상은 그렇지 못하다. 그것은 공을 올바르게 파악한다. 왜냐하면 잘못 파악할 여지가 없기 때문이다. 하지만 형상의 본성을 놓치고 있으며, 최소한 부분적으로라도 이는 명상적 자각(혹은 의식의 철학)이 단순히 구역 #2과 구

파악했지만, 현상계를 심하게 망쳐 버렸다. 우리가 이 책 전체에 말했듯이, 비이원은 실로 공과 형상의 합일이지만, 형상의 세계는 AQAL이고, 이를 보지 못하는 것은 적절한 틀 구조 혹은 관점을 갖지 못하는 것이다.

역 #4을 보지 못하기 때문이다. 따라서 명상은 당신이 자유롭게 해방을 얻을 수 있게 도와주지만 온전하게 **완전함**을 얻게 도와주진 않는다. 그것은 해방/공을 실현하지만, **완전성**/형상은 그렇지 못하다(그것은 사중-**완전성**을 얻지 못한다). 이것이 동양과 서양의 명상적/관상적 수행이 구조-단계도, 좌하 사분면의 관점도 포함하지 못한 이유다. 이는 그들의 포용성을 약화시켰으며, 안타깝게도 그들을 탈근대주의자들의 치명적인 공격에 노출시켰다(살펴보았듯이, Foucault는 Husserl을 노렸다).

이를 설명하는 또 하나의 방법은 명상이 개인에서 초개인적 영역으로 확장된 의식의 철학이며, 부적절성과 환영을 지니고 있다. 명상은 여전히 독백적이기에, 여전히 소여의 신화로 절뚝이고 있다. 여전히 내가 명상 혹은 관상기도 중에 보는 것이 문화적 배경(구문과 의미)을 통해 부분적으로 함께-구축되는 것이 아니라, 정말 실재한다고 가정하였다. 얼마나 많은 기독교 관상가가 명상을 하고 '내면의 신들 interior deities'을 보면서 그것들이 10,000개의 팔(동양의 관세음보살에 대한 흔한 묘사)을 지녔다고 보겠는가? 핵심은 심지어 상위, 초개인적 · 영적 실재조차도 언제나 내재된 문화적 배경이라는 방대한 그물망에 의해 부분적으로 주조되고 구축된다는 것이다. 명상과 관상적 실재는 결코 단순히 주어진 것이 아니며,[29] 오히려 구성 혹은 '사중-구축(이 경우, 구역 #4에 의해)'된 것이며, 이는 **명상이 당신에게 결코 말해주지 않으며, 말할 수도 없는 것이다.** 이미 보았듯이, 구역 #2과 구역 #4은 마음을 내성하는 것만으로는 보이지 않는다. 명상은 보다 상위의 실재로 소여의 신화를 확장시켰으며, 따라서 당신은 심지어 깨달음 속에서도 결코 그 깊은 환영에서 벗어나지 못하게 된다(이러한 그물망을 특히 중시하는 통합적 **틀 구조** 같은 무언가를 사용하고, 그것을 명상의 대상으로 삼지 않는 한……).

다시 한번, 명상은 잘못된 것이 아니라 부분적인 것이며, 그 부분성이 다뤄지지

---

29) 제3장에서 Brown에 대해 논한 것을 보라. 명상가들은 자신들이 실제로 법法 · dharma을 보고 있다고 생각하지만, 그렇지 않다. 연구에서 밝혀졌듯이, 서로 다른 문화적 배경과 틀 구조를 지닌 서로 다른 명상가들이 보는 것은 그들이 활용한 해석들이 공동-구축한 것이다. 자각과 명상 그 자체는 그저 소여의 신화와 그것이 만들어 내는 환상을 영속화할 뿐이다. 독백적 명상과 관상은 이러한 소여의 신화를 독백적 과학과 나눠 갖고 있으며, 이것이 바로 탈근대주의자들이 이 하나의 결정적인 측면을 가지고 이들을 도매급으로 취급하는 이유다.

않는 한 그것은 그 안에 내재된 거짓말들을 집에 들이는 것이기에 해방은 결코 진실로 완전할 수 없을 것이며, 심지어 **일별**satori조차 소여의 신화를 감추고 영속화시킬 것이다.

'신경현상학*Neurophenomenology*', 『의식 연구 저널(Journal of Consciousness Studies)』, Francisco Varela 저.

예상했겠지만 Francisco Varela는 그의 심오한 신경현상학에서 구역 #3의 **공유된 해석학적 현상학**을 포함시켰다(정확히는 그가 현상학, 혹은 구역 #1을 포함시켰기 때문이다). 하지만 그는 불행히도 구역 #2 그리고 그것과 구역 #4의 상호 연관적 측면을 보지 못했다—그러므로 상호 주체성의 전반적인 성격과 그 심오한 의미가 신경현상학에는 없다.

Francisco는 그의 이른 죽음 이전에 달라이 라마와 연관되어 정신과 생활 연구소Mind and Life Institute의 창립을 도왔으며, 이 조직은 좌상 사분면에서의 현상학을 전개인에서 개인, 초개인적 형태로 확장시키는 데 훌륭하게 기여하였으며(명상을 활용), 우상 사분면에서의 변화를 동시-추적하기 위해 두뇌를 모니터링하기도 하였다. 하지만 탈/구축적 상호 주관성의 결여는 이 조직이 탈근대주의자들로부터 혹독하게 공격받게(그리고 묵살되게) 만들었다. 이는 또한 불교 현상학이 학계에서 의미있는 영향을 끼치는 것을 방해하였다. 불교의 인식론(선불교, 위빠사나 그리고 금강승을 포함)은 소여의 신화에 깊이 물들어 있으며, 이를 효과적으로 다루지 못하였으며, 불교의 인식론은 서구에선 사망했으니 참으로 애석한 일이다. 난 이것이 일종의 문화적 재앙이라고까지 말하고 싶다. 통합적 틀 구조가 돕기에 아직 완전히 늦은 것만은 아니나, 앞으로 우리가 보게 될 것은…….

『과학과 아카식장: 모든 것의 통합적 이론(Science and the Akashic Field: An Integral The ory of Everything)』, Ervin Laszlo 저.

상호 주체성은 Erwin Laszlo에 의해서만 무시당한 것은 아니다. 안 그럴 때가 드물며, 심각하게 잘못 해석되었고, 널리 퍼진 제국주의적인 미묘한 환원주의에 사로잡혀 있다(그 포괄성에 대한 그의 의기양양함을 고려하면, 그야말로 내가 본 최악의 미묘한 환원주의라 할 수 있다). 부록 II에서 보았듯이, 당신은 의식을 실재를 볼 수 있는 수준으로 변용시킬 1인칭의 지시의 제공 없이는 당신이 주장하는 통합적 실재에 대한 3인칭적 묘사를 제시할 수 없다. 일련의 3인칭적 주장만 제시하는 것은 미묘한 환원주의이자 독백의 제국주의일 뿐이다.

이것이 바로 Laszlo의 세계에 진입하는 것이 독백적인 만물의 세계, 온우주의 모든 구석구석을 향해 퉁명스럽게, 그리고 숨 쉴 틈 없이 뻗어 나가는 세계로 들어서는 것인 이유다. 미묘한 환원주의와 공격적인 방법론적 제국주의의 진짜 본성이 당신을 실제로 숨 못 쉬게 만들었으며, 이 모든 것을 Laszlo는 '모든 것의 통합 이론'이라고 불렀다. 그저 부끄러울 뿐이다.

Laszlo는 실로 고전적인 3-p × 3-p × 3p이며, 내면interiors의 경우, 3-p × 1-p × 3p이다. 즉, 그는 결코 내면으로서의 내면에 도달한 적이 없다. 언제나 인지-과학류의 접근이었지 결코 해석학적 접근이 아니었다. 그는 그러한 의식이 근원적이고 모든 물질의 내면에 존재한다고 주장하였지만, 그는 그 모든 것을 객관주의적 열정으로 주장하였을 뿐, 결코 실제로 자기 자신의 관점으로 내면을 탐구하지 않았고, 심지어 그가 방법론 #1에서 #4까지를 알고 있다는 어떠한 이해도 제시하지 않았으며, 그런 경우가 거의 없었다. 그는 다시 한번 그것들이 거기에 존재한다고 주장했을 뿐이지만, 결코 그것들을 실현하는 지시들을 제공하진 않았다. 그는 생애 전반에 걸쳐 본질적으로 구역 #8의 이론가였다.

수년 전, 나는 샴발라 출판사에서 시리즈물—『신과학 도서(The New Science Library)』를 편집한 적이 있었다(나는 Varela와 Jeremy Hayward에게 공동 편집자가 되달라고 부탁했고, 그들도 동의했었다). 나는 이를 위해 Laszlo의 책들 중 하나를 받아들였다—『진화: 거대한 통합(Evolution: The Grand Sunthesis)』— 비록 Varela는 출판에 강력히 반대하였지만 말이다 ("Laszlo는 무게감이 떨어져"라는 말로 그의 염려를 날카롭게 기술하였다). 나는 그 책이 진화에 대한 멋진 개관이며 그러한 관점에서 출판할만 하다고 여겼으며, 그래서 우리는 결국 그렇게 하기로 하였다. 비록 그 미묘한 과학주의 아래에 다른 모든 방법론이 사실상 이미 제국주의적으로 병합되었지만 말이다. (그

땐 그것이 과학 출판물 시리즈라서 내버려 두었지만……).

그때, 나는 『**홀로그래픽 패러다임**(The Holographic Paradigm)』이라는 책도 편집하고 있었다. 아이러니하게도, 난 모든 이가 '새로운 패러다임'이라고 환호하던 그 선집에서 홀로 반대의 목소리를 내고 있었다. 그 시절에도—거의 30년 전이었다—나는 '홀로그래픽 패러다임'이 널리 퍼져 있는 모종의 부머리티스[30] 세계관의 기초가 될 것임을 직감했으며, 실제로 그렇게 되었다[다음의 〈우리가 아는 게 도대체 뭐지(What the Bleep Do We know?)〉를 보라]. 매년 물리학에서의 어떤 새로운 발견을 두고 마치 **당신의 바로 그 의식**이 양자 파속波速 · packet을 붕괴시키고 대상이 존재하게 만드는 증거인 것인 양 환호하고 있으며, 그에 따라 **주체의 철학**은 제국주의적으로 우주의 토대 그 자체를 향해 돌진하였다(고로, 부머리티스다). 지금까지 잘못 이해된 이 물리학을 퍼뜨린 Fred Alan Wolf라는 괴짜 유명인은 당신이 재떨이를 바라보는 것이 사실상 그 재떨이가 '짠' 하고 존재하게끔 한다고 말하였다. (난 궁금하다. 만약 당신과 내가 그 재떨이를 바라보고 있다면, 그것을 존재하게 한 것이 당신의 의식인가 아니면 나의 것인가?) 좌우간 이것은 상호 주관성이 지시물의 현실로 구성되어 있는 것과 동일한 것이 **아니며**, 사실상 정확히 반대다. 당신 자신의 에고가 현실을 만든다.

지금으로부터 10년 전, 양자 진공quantum vacuum이 강력한 경쟁자로 떠올랐다. 여기에 모든 것을 '새로운 패러다임'이라고 부르려는 갈급함이 결합되었다. 이 단어는 Thomas Kuhn이 제안한 것과는 정확히 거의 반대로 사용되고 있으며, Kuhn은 이것이 아무런 도움이 되지 않는다고 강력히 지적하였다. Kuhn의 실제 요지는 우리가 부록 II에서 이미 설명한 것, 이른바 모든 진짜 지식은 지시 혹은 표준례에 근거하고 있다는 것과 정확히 동일한 것이며, 만약 당신이 아무런 지시도 지니고 있지 않다면, 당신은 아무런 데이터도 의미도 지니지 못한 것이다, 끝.

---

30) 역주: 미국 베이비 붐 세대 특유의 문제를 가리키기 위해 Wilber가 쓴 책의 제목이다.

이것은 또한 어째서 Habermas가 시스템 이론을 **자아중심적**egocentric(그의 용어를 빌자면)이라고 언급하여 시스템 이론가들을 당황케 했는지를 분명히 해 준다. Habermas의 지적은 단순하고도 충분히 옳았다. 주체의 철학은 자신의 나르시시즘narcissism을 이론적으로 혹은 다른 방식으로도 바로잡을 상호 주관성을 갖고 있지 못하기 때문에 결국 주체가 제국주의적인 지배를 하게 된다(예를 들어, 시스템 이론은 자신이 모든 것을 포함하고 있다고 주장하면서 그것을 바로잡을 어떠한 여타의 것도 받아들이지 않는다. 따라서 자아중심적인 이론이다). 당신이 독백적 주체의 철학을 자아초월적 영역, 혹은 양자적 영역, 혹은 내면의 영역으로 확장시키는지의 여부는 중요하지 않다. 당신은 그저 제국주의적(자아중심적) 십자군일 뿐이다. 그리고 이렇게 되었을 경우, 이론적 나르시시즘은 종종 개인적 나르시시즘을 야기한다. 고로, 종종 부머리티스[31]들은 여기에 매우 근접하곤 한다.

그러므로 Laszlo가 제안한 '모든 것의 이론'에 대하여—내 무미건조한 표현을 양해 바란다—당신은 그것이 '홀로그램'이나 '양자 진공'과 연관 있음을, 그리고 그것이 '새로운 패러다임'이라고 불려야 한다고 알고 있다. **통합적 접근**Integral Approach이라는 용어의 대중성을 고려하면, 당신은 거기에 '통합적integral'이라는 단어가 들어갈 것이라고 생각할 수도 있다. 뭐 바로 여기에 그는 네 개의 그럴싸한 단어들을 모아 몇 가지 문장을 만들어 냈다. "우리가 이제 내놓을 가설은 용감하지만 논리적이다. **양자 진공은 우주의 기억을 담은 홀로그래픽의 장을 생성한다.** 이것은 놀라운 발전이다. 왜냐하면 **새로운 패러다임**이 우리가 오랫동안 추구해 온 **모든 것의 이론**을 위해 여태까지 있어 왔던 최고의 토대를 제공해 주기 때문이다(Laszlo가 직접 기울임)."

독백적 환원주의를 모든 것을 향해 밀어붙이는 것은 실로 거대한 프로젝트다. 하지만 비슷한 식으로 미묘한 환원주의에 참여하고 있는 누군가에겐 Morin이 훨씬 나은 이론가이자 철학자이며, 그는 보다 많은 통찰로 보다 많은 근거를 포함하고 있다. Laszlo는 사실상 구역 #8의 방법론을 활용하는 구역들에 대해 논의할 땐 훌륭

---

31) 역주: 부머리티스는 근대의 자유주의적liberal, 평등주의적egalitarian 세계관과 베이비부머와 그들의 자녀가 의심없이 받아들인 채 흔하게 지니고 있는 나르시시즘의 치명적인 결합을 나타내기 위해 Wilber가 그의 책『*Boomeritis: A Novel That Will Set You Free*』—역주: 우리말 모든 것의 목격자—에서 만든 용어다.

하다. 이른바, 역동적에서 카오스에서 복잡성까지 이르는 모든 고전적 그리고 최신 형태의 시스템 이론에 대해서 그러하다. Laszlo는 그 분야에서 전반적으로 대가다. 하지만 그가 자신의 제국주의를 다른 일곱 개의 구역들에까지 밀어붙였을 때, 그 결과는 그다지 행복하지 못했다. 당신도 예상하겠지만, 나는 Laszlo식의 접근에 특히 실망하곤 했다(그리고 좀 짜증도 났다). 왜냐하면 그것이 통합적이라는 주장하에 너무나 많은 영역에 커다란 피해를 입혔기 때문이다.

『비밀의 서: 당신 삶의 숨은 차원들을 드러내기(The Book of Secrets: Unlocking the Hidden Dimensions of Your Life)』, Deepak Chopra 저.

진지한 작가들은 Deepak을 "영적으로 가볍다spirit lite."라고 비판한다. 나는 그것이 공정하지 못하다고 생각한다. 그는 탐구적 지성과 탁월한 글쓰기 기술을 지닌 훌륭한 학자다. 내가 생각하기에 지식인들이 분개하는 것은 다양한 청중에게 간단하고 접근하기 쉽게 글을 쓰는 그의 능력 때문인 것 같고, 그 능력 덕분에 그의 책은 매우 유명해졌고, 종종 베스트셀러가 되었다(이것만으로도 **지식인들**intelligensia은 당신을 무시할 것이다). 오히려 내가 걱정하는 바는 이 부록에서 다른 작가들에 대해 표현했던 것과 유사하다. Deepak의 구역 #2과 구역 #4에 대한 이해(혹은 적어도 활용)의 결여는 그의 근대주의적 인식론으로 귀결되었으며(이른바, 경험적 혹은 현상학적 그리고, 특히 과학적 버전의 인식론), James식으로 내면 세계를 파고들었다—다시 한번, 어느 선까지는 괜찮지만 그 너머로 가지 못할 땐 엄혹해진다. Deepak은 **근대 물리학을 가지고 전근대의 형이상학**을 입증하려 노력하였지만, 결국 그 결과는 내가 우려한 대로 이론적 엉망이다.

내가 이러한 일부 접근들에 대해 갖는 두 번째 우려는 정확히 그것들이 종종 구역 #2의 단계들을 보지 못하고, 그러한 단계들이 저자들과 그들의 저술 속에서 어떻게 작용하는지를 보지 못한다는 점 때문이다. 그것들은 보통 이 단계들 중 하나의 가치를 제시하지만, 자신들이 말하고 있는 것이 단지 십 수여 개 혹은 그 이상의 가치 발달 단계들 중 하나의 단계에서만 진실이라는 것을 깨닫지조차 못한다. (게다가 부머리티스에서 볼 수 있듯이, 그들은 이 단계들 중 역기능적인 형태에 사로잡혀 있지만, 그것을 알지도 못할 것이다). Deepak은 구역 #1에서 일어날 수 있는 일종의 **현상학적 혹은 훈련된 상태-단계들**에 대한 훌륭한 이해를 갖고 있었지만, 구역 #2 혹은 그 단계들에 대한 이해를 포함시키지 못했다. 그 결과, 그 원천은 오직 녹색 고도에서만 비롯되었으며, 단 하나의 구역 #2의 가치 단계로만 구역 #1의 전체를 바라보았다.

녹색-파동, 규준, 인지의 가치를 지닌 영성의 걷잡을 수 없는 혼란은 아마도 인구의 약 20%인 녹색 문화 창조자들의 영향력으로 인해 이 문화 속에 널리 퍼지게 된 것으로 보인다. (이 녹색-파동 세계관의 가장 널리 퍼진 형태가 '415-패러다임'이다.) 이는 거대한 수준/라인 오류일 뿐만 아니라 보다 저명한 영적 저술가들의 작품들을 광범위한 부머리티스에 노출시켰다.

이러한 일반적 접근들의 세 번째 핵심 문제는 그들이 진리-권력-지식의 복합체에 완전히 무지하다는 점이다. 이는 포스트모더니즘 이론가들이 간과한 지점이다. 또한 상호 주관적 실재에 대한 민감성은 대부분의 포스트모더니스트들로 하여금 '진리'와 '지식'을 지녔다는 주장의 남용에 민감하게 만들었다—권력 관계와 무관한 것은 결코 존재하지 않는다. 심지어(혹은 특히) 영적 진리를 지녔다고 주장하는 누군가도 권력을 휘두르거나 미수에 그친 것이다. 어떤 형태의 지식 혹은 진리도 이를 완전히 피하는 방법은 없기 때문에 가장 최선의 방법은 그것을 인정하고 그에 대해 자기-비판을 시도하는 것이다. 이에 실패하면, 당신은 근대주의자와 탈근대주의자가 항상 주장하던 바로 그 형이상학을 갖게 된다. 권력이 전부가 되는 것이다. 그러니 조심하라. 형이상학에서 탈-형이상학으로 나아가는 움직임은, 특히 진리-권력-지식의 복합체를 중시하고, 그것을 단순히 휘두르기만 하던 형이상학과는 달리 의식적으로 다루는 것이다.

마지막으로, 우리가 더 이상 할 수 없는 것을 언급하고자 한다. 우리는 더 이상 다음과 같이 말할 수 없다. "우리는 진정으로 통합적인 접근을 만들기 위해 몸, 마음, 혼 그리고 영 그리고 가슴과 공동체를 결합하고 있다." 왜냐하면 진홍색, 혹은 빨간색, 혹은 파란색 등의 수준에 있는 누군가도 이와 같은 교의를 받아들일 수 있는 만큼, 그것은 통합적(혹은 AQAL식의 통합적)이지 못하기 때문이다. 간단한 사실은, 구역 #2과 구역 #4의 수준과 라인들(그리고 계보학적genealogical 세계 공간)을 포함하지 **않고** 인간 존재의 다양한 구성 요소('몸, 마음, 혼, 영 그리고 공동체 등')를 받아들인다는 것은 인간 존재의 파편화뿐 아니라, 매우 비도덕적일 수 있는 인간 존재를 낳을 수 있다는 점이다. 오히려 그 혹은 그녀 자신이 '통합적'이라고 상상하는 식으로 말이다.

그런 모습을 아직 본 적이 없다면, 디스커버리 채널에서 방영한 **〈나치: 오컬트 음모론**(Nazis: The Occult Conspiracy)〉 다큐멘터리를 구해서 보기를 강력 추천한다. 히틀러와 그의 내부 핵심 멤버들, 특히 Goebbels나 Himmler(나치 친위대SS의 수장) 같은 이들은 신비주의 수행과 의식의 신비적 상태에 천착했었다. 그들은 전쟁 전에 점성학을 활용했으며, 연합군의 전함을 찾기 위해 펜듈럼을 사용했고, 매일 명상 수행을 할 것을 권장했으며, 의도적으로 오컬트 상징과 신화를 채택하였고, 자기 자신의 전생이라고 느껴지는 것을 추적하였으며, '몸, 마음, 혼, 영혼'을 완전히 지지하였고, 다양하고 심오한 **신비적 합일**unio mystica의 경험을 겪었다. 정확히 당신이 수평적 상태 발달만을 촉진하고 수직적 단계의 발달을 촉진하지 않을 때 겪게 되는 일이 바로 이것이다(특히, 윤리, 인지 그리고 대인 관계 관점에서의 수직적 발달을 촉진하지 않을 때).

〈우리가 아는 게 도대체 뭐지(What the Bleep Do We Know?)〉

이 독립 영화의 깜짝 놀랄 만한 성공은 사람들이 보다 신비적 · 영적인 세계관의 타당화에 얼마나 목이 말라 있는지를 보여 주고 있다. 하지만 이 영화의 문제는 너무 커서 어디에서 시작해야 할지 어려울 정도다. 영화는 물리학자와 신비가들mystics의 일련의 인터뷰들로 구성되어 있으며, 전부 실재의 본질과—그렇다, 당신도 짐작하겠지만—'당신이 당신 자신의 현실을 만든다'는 사실에 대한 존재론적 주장을 하고 있다. 하지만 당신은 당신 자신의 현실을 만들지 않으며, 정신병자가 그렇게 한다. 근대 물리학에는 적어도 여섯 가지 주요 학파가 존재하며, 그들 중 누구도 이 영화에서 만들어진 식의 일반적이고 포괄적인 주장을 하지 않는다. 그 어떤 물리학파도 인간 존재가 슈뢰딩거 파동 방정식을 붕괴시켜 어떤 대상을 이루고 있는 원자 100%가 '짠' 하고 나타나게끔 만든다고 믿지 않는다. 이 영화에서의 물리학은 그저 끔찍할 뿐이며, 신비주의도 사정은 비슷하다. 레무리아 출신의 35,000살 전사라고 주장하는 어떤 사람('람타Ramtha')이 등장할 지경이니 말이다. 이 인터뷰 대상자들이 말하는 동안 그 누구도 신분이 밝혀지지 않았다. 영화가 이 사람들이 저명하고 널리-인정받는 과학자들이라는 인상을 주고 싶었기 때문이었다. 최종 결론은 뉴에이지 신비주의('당신의 에고가 모든 것을 결정한다'는 식)와 형편 없는 물리학의 결합이다(전부 415-패러다임이 뒤섞인 것이다. 심지어 만약 인간의 마음이 어떤 대상이 '짠' 하고 존재하게 하는 데 필수적이라고 하더라도—이것은 David Bohm조차 동의하지 않은 정신 나간 관념이다—핵심은 **빅 마인드**Big Mind가 매 순간 **모든** 현상이 '짠' 하고 즉각적으로 존재하게 한다는 점이다—그리고 새로운 차, 직업을 얻거나 혹은 승진하는 것처럼 다른 것 대신 어떤 것을 선택적으로 '짠' 하고 존재하게 하는 것도 아니다—다시 한번, 이것은 스테로이드제를 맞은 주체의 철학, 이른바 부머리티스다).

질 낮은 물리학과 엉망진창 신비주의 그리고 이런 종류의 것들에 굶주린 사람들, 그들에게 축복이 있기를. 근대주의(그리고 과학적 유물론)와 탈근대주의(그리고 깊이의 부인) 사이에는 혼의 일용할 양식이 아무것도 남아 있지 않으며, 고로 영화는 열렬한 호평을 받게 되었다. 분명 그 의도는 괜찮은 것이기에 지나치게 가혹하게 대한 것은 미안하다. 하지만 진짜 과학자들, 모든 탈근대주의자 그리고 입도 한 번 벙긋하지 않고 책을 읽는 진지한 사람들 사이에서 신비주의와 영성이 어마어마한 악명을 얻게 만든 것이 바로 이런 종류의 시시한 글들이다.

『헤테롤로지: 타자에 대한 담론(Heterologies: Discourse on the Other)』, Michel de Certeau 저.

나는 이 책을 좀 다른 문제의 사례에 포함시켰다. 상호 주관성을 이해하고 소여의 신화를 버렸지만 모든 라인에서 녹색 고도의 수준까지만 그러했고 따라서 영원히 서로 비교할 수 없고 소통할 수 없는 **다양성**multiplicities, 프랙탈이 되지 못한 조각과 파편들의 세계에 **붙들렸다**(즉, 결코 비전-논리의 공통성과 교감에는 도달하지 못한다). 이것은 발달이 (탈근대의) 다원적 파동에 붙들린 전형적인 경우다.

특히 이것은 해석학적 순환 고리를 탈출하지 못하는 탈근대주의에서 나타나는 전형적인 한계다(즉, 사분면 절대주의—이 경우, 좌하 사분면인데, 오직 녹색 수준까지만). 이것은 언어-바깥의 실재들은 존재하지 않는다는 주장, AQAL이 철저히 부정하는 주장 속에서 포착된다(Habermas를 비롯하여 다른 보다 통합적인 사상가들도 마찬가지다).

이 탈근대적-다원적 (녹색) 파동은 물론 지난 30여 년 동안 인문학계를 지배해 왔다. 그것은 스스로 역기능적인 형태로 굳어져 결국 녹색의 종교재판관Green Inquisitor으로 나타나는 다중pluralities과 부머리티스를 낳았다(미국 대학교에서 활약 중인 이 종교재판관들에 대한 등골이 오싹한 설명인, Kors와 Silverglate의 『그림자 대학교(The Shadow University)』를 보라).

사회학자 Jeffrey Alexander에 따르면, 이것은 또한 통합의 시대가 시작함에 따라 이제 서서히 죽어 가고 있는 탈근대 세계관의 해체 버전이기도 하다. 하지만 녹색-파동은 여전히 학계에서의 인문학을, 두 번째 문화를 꽉 쥐고 있으며, 문자 그대로 필사적으로 싸울 것이다. 왜냐하면 이제는 널리 알려진 바대로, 낡은 패러다임은 그 신봉자가 죽을 때 비로소 사라지기 때문이다. 지식의 탐구는 연이은 장례식을 치르면서 진행되기 때문이다.

『다시 태어난 유대인: 치유와 변용을 향한 길(Jewish Renewal: A Path to Healing and Transformation)』, Michael Lerner 저.

날카로운 영적 지능에 의해 놀랍도록 내달렸지만, 녹색의 무게 중심에서 해석되고 실현되었으며, 심지어 헌법 개정을 통해 세상에 녹색의 가치를 강요하는 결과를 낳았다(이것은 정치적 원형경기장에서 벌어지는 미묘한 제국주의다). 앞에서 보았듯이, 아마도 녹색이 가장 이해하기 어려운 것은 그 가치들—평화, 조화, 치유, 변용, 공유, 느낌, 체화embodiment—이 오직 녹색에 의해서만 공유된 가치들이라는 점일 것이다. 그것들은 진홍색, 빨간색, 호박색, 오렌지색, 암녹색, 청록색, 남색 혹은 보라색에 의해 공유되는 가치들이 아니다. 만약 당신이 세상을 바꾸길 원한다면, 그러한 욕망에 내재된 것은 다음과 같은 가정일 것이다. "넌 엉망이야. 하지만 난 네

가 필요한 것이 무엇인지 알아." 이런 식으로 나의 가치들을 타인에게 부과하는 것은 미묘한 가치 폭력이다. 반면, 의식의 두 번째 층은 사람들이 머무는 수준에 따라 달라진다는 것을 이해하고 있으며, 당신이 빨간색은 빨간색으로, 호박색은 호박색으로, 오렌지색은 오렌지색으로 존재할 수 있게 허용해야 한다는 것을 이해하고 있다. 물론 우리는 모든 인간의 성장과 발달을 위해 일하겠지만, 나의 가치 세트를 다른 모든 이에게 강요하는 식은 아니다. 깨달은 사회가 마주할 진짜 질문은 어떻게 모든 이를 녹색으로 만들지가 아니라, 다양한 **단계**stage를 반영하고 있는 **삶의 정거장들**stations of life을 어떻게 만들어 낼지이며, 특히 어떻게 하나의 정거장이 집단의 모나드를 지배하지 않게 할지를 물어야 한다. 나는 어째서 그의 관점이 녹색인지에 대해 Michael과 세 시간의 대화를 나누었으며, 그는 인지적으로는 이를 받아들이고 심지어 동의하였지만, 그의 무게 중심은 그것을 붙들고 있지 않을 것이다. 내 견해에 따르면, 그의 최신 저작인 『**신의 왼손**(Left Hand of God)』은 평소보다 더욱 양극화되었고 더욱 강렬한 녹색이 되었으며, 이는 좋은 조짐으로 보이진 않는다.

『자연의 재탄생: 과학과 신의 녹색화(The Rebirth of Nature: The Greening of Science and God)』, Rupert Sheldrake 저.

이 책은 내가 좋아하는 작가가 썼지만, 그의 인식론이 기본적으로 자연의 거울의 확장판 혹은 반영 패러다임(이는 우리가 보았듯이, 독백적 소여의 신화를 나타내는 또 다른 이름이다.)이라는 이유로 탈근대주의자들과 인문학 교수들에 의해 묵살당한 또 한 권의 책이다. 따라서 Rupert가 쓴 초기의 책들은 정확했으며, 인습적인 과학에 의해 답해지거나 심지어 다뤄지지조차 않은 문제들을 포함하였다. 특히 생명 시스템 내의 형태 혹은 구조의 발달을 다루었다는 점이 각별하다(그는 Waddington의 **형태형성장**morphogenetic fields 혹은 형태장morphic fields 개념을 활용하였으며, 이는 완전히 입증이 가능한 가설이 되어 버렸다). 이는 Sheldrake가 근대주의자와 탈근대주의자 모두에게 거부당하게 만들었으며, 그 결과 몇몇 극히 중요한 개념들이 곧바로 버려졌다—근대주의자들은 그의 작업이 자신들의 확립된 세계관을 위협한다는 것을 발견하곤 이를 거부하였고, 탈근대주의자들은 Sheldrake가 이 모든 것을 단지 근대주의자(독백적)의 인식론만을 가지고 제안하였다는 이유로 이를 거부하였다. 하지만 살짝 방향만 들어도 동일한 사고를 취해서 보다 맥락적인 방식으로 그 틀을 다시 짤 수 있다.

두 번째 문제와 관련하여 아마도 근대주의자와 탈근대주의자 모두에게 거부당해서인지 후기의 Rupert는 점점 더 복고-낭만적 세계관으로 후퇴하였으며, 이는 내 견해로는 불필요하고 불행한 일이다. 그것이 상태와 단계를 혼동하고(그에 따라 어린 시절의 상태와 진보된 단계를 동일시하였다.), 전-합리적을 초-초합리적인 것으로 칭송하였으며, 예를 들자면 전인습적 진홍색과 후인습적 청록색의 차이점을 분별하는 능력을 잃어버렸기 때문이다. Rupert는 언제나 훌륭한 전형적인 청록색 사상가였으나, 아마도 분노 때문인지 이제는 진홍색을 껴안고 있다. 하지만 어느 경우든 간에 탈근대의 맥락주의, 구성주의 그리고 무관점주의aperspectivism 개념들은 아직 그가 탈근대의 세계에서 발언 기회를 얻을 수 있을 만큼 충분한 정도로 그의 사고에 침투하지 못했다. 이는 참으로 불행한 일이다.

『몸의 미래(The Future of the Body)』, Michael Murphy 저.

동일한 문제 몇 가지—소여의 신화, 혹은 탈근대의 상호 주관성을 다루지 못함—가 앞의 경우와 마찬가지로 Murphy의 심오한 작품에 영향을 끼치고 있다. 그의 '정상-너머의 현상에 대한 자연사natural history of meta-normal phenomena'는 분명 이 주제에 대한 가장 중요한 논의다. 하지만 그것은 손상되었다. 그리고 똑같이 탈근대주의자들(고로, 사실상 거의 모든 인문학계)에 의해 거부당했다. 왜냐하면 상호 주관성의 구성적 본질을 설명하지 못하기 때문이다. Murphy가 제공하는 '자연사natural history'는 그가 상상한 것처럼 간단한 객관주의적 설명이 아니라, 오직 청록색 혹은 그 이상의 수준에서만 보이는 것이며, 교육받은—서구의—백인 남성에 의해 주어지고, 세 가지 특정한 지시를 받아들이고 활용하여 얻어진 것이며, 그 자신의 초-정상적, 정상-너머 그리고 초개인적인 상태와 단계들이 실현하고 야기한 지각능력이 그러한 특정 세계 공간 내에 존재하는 현상들을 드러낸 것이다. 그리고 바로 그 때, 오직 그때만이 Murphy가 제시하는 자료를 볼 수 있다. 그리고 그 자료, 그 사실들은 분명 진짜다. 하지만 그것들은 보편적이고 객관적인 자연사 연구자들이 저 바깥에서 빈둥거리며 기다리다가 우연히 그것들을 발견하곤 객관적으로 보고한 것이 아니다. 하지만 그것들을 우연히 발견해 객관적으로 보고했다고 생각한 결과, 그의 작품 전체는 탈근대주의자들에 의해 거부당하였으며, 이는 비극이다. 물론 통합주의자들integralists이라면 그의 훌륭한 작업을 포함할 것이겠지만, 그것은 핵심이 아니다.

이것은 진정 앞서가는 천재의 훌륭한 작품이며, 통합을 위한 필독서다. 하지만 공관적共觀的 synoptic 경험주의는 공관적 소여의 신화다. 혹은 정상-너머와 초-정상 현상의 자연사가 그러하듯이, 어마어마하게 방대하지만 여전히 독백적인 현상학이다. 이것은 이 부록의 다른 여러 접근과 마찬가지로 쉽게 치유될 수 있다. 어쨌든 이 책은 전근대의 형이상학을 뒷받침하기 위해 근대적 인식론들을 확대 적용한 것에 불과하고, '근대주의자'와 '형이상학' 둘 다 영의 탈근대적 전환을 고려하기 위해선 수리가 필요하다. 이 연구는 이러한 인식론적 그리고 방법론적 불완전함(잘못은 아니다.)이 다루어지기 전까지는 한계에서 받아야 마땅한 존중을 결코 얻지 못할 것이다. 내 견해로는 이야말로 비극이다. 왜냐하면 이 작품이 한 일은 모든 통합적 세계관의 필수 재료이기 때문이다.

『살아 있는 붓다, 살아 있는 그리스도(Living Buddha, Living Christ)』, Thich Nhat Hanh 저.

아마 탈근대/근대 세계에서 영적 전통의 모호함과 양면성을 틱낫한(Thich Nhat Hanh)보다 더 잘 상징할 수 있는 사람은 그 누구도 없을 것이다. 그 긍정적 측면은 의심의 여지가 없다. 위대한 가슴, 고상한 의도, 명상과 관상으로부터 나올 수 있는 선善이 그것이다. 하지만 그 전통이 전근대의 세계에선 통합적이었을지 몰라도, 근대와 탈근대의 세계에선 그렇지 못하다. 그러므로 오늘날의 세계에선 영적 전통들이 영혼을 갈가리 찢어 놓아 전일성이 있던 자리에 머잖아 파편과 조각들만 남겨놓는다. 영적 전통들은 형이상학에 대한 자신들의 이론적 측면들에 의존하며, 우리가 자주 보았듯이 다른 여러 부적절함 중에서도 상호 주관성의 파악 실패가 만연한다. 그리고 그들의 수행적 측면과 관련하여 전통들은 항상 명상과 관상에 의존해 왔으며, 이는 소여의 신화와 독백적 현상학으로 구현된다.

이러한 일련의 불완전함과 부적절함들은 전일성으로 귀결되지 않는다. 그러므로 영혼은 점점 더 파편화된 세계관 속에서 제공되는 한 줌의 심오한 영적 체험과 깨어진 틀 구조 그리고 환원주의적 태도만을 지닌 채 남겨진다. 제5장에서 논의된 것처럼, 이것은 실로 보다 깊어지면서도 보다 좁아지려는, 그보다 더욱 깊어지면서도 보다 좁아지려는, 한층 더 깊어지면서도 보다 좁아지려는 이를 위한 처방전이다.

정신활성용 틀 구조

우리가 제5장에서 살펴보았듯이, 이 모든 것은 영적 전통의 어떠한 기초도 바꾸지 않고 구조될 수 있다. 위대한 지혜 전통이 보다 통합적이 되거나, 혹은 영의 전근대, 근대 그리고 탈근대적 전환을 수용할 수 있게 하려면, 몇 가지 것들을 빼는 것이 아니라 추가할 필요가 있다. 우리는 이러한 변화를 **보완**supplement이라고 요약하였고, 좌상 사분면에서 특히 세 개의 S를 강조하였다. **그림자**shadow, **상태**states 그리고 **단계**stages가 그것이다.

모든 보완방법 중에서 아마도 가장 중요한 것은 보다 통합적인 틀 구조를 받아들이는 방법일 것이다. 당신이 활용하는 틀 구조의 유형이 무엇이든, 만약 진실로 통합적이려면 스스로 상처를 회복하고, 전통에 맥락을 부여하고, 그들의 한계를 줄이면서도 강점이 빛을 발할 수 있게 허용하는 것이다. 인지 라인은 필수적이지만 모든 영구적 성장과 변용을 위해선 충분하지 않다. 당신이 지닌 인지적 **관점**이 무엇이든, 그것은 다른 지능 라인들을 위한 가능성의 공간 전체를 설정해 준다.

진정으로 통합적인, 혹은 AQAL 틀 구조는 그냥 지도가 아니다. 그것은 **정신활성화용 지도**psychoactive map다. 그것은 당신의 몸마음 전체를 관통하면서 지금까지 쓰이지 않던 모든 잠재력을 활성화시키기 시작하는 정신활성화 시스템이다. 일단 당신이 AQAL(혹은 IOS-통합 운영 시스템Integral Operating System)을 다운로드하면, 간단하게 그리고 거의 자동적으로 당신이 지니고 있지만 의식적으로는 깨닫지 못했던 영역들을 탐색할 것이다. 어떤 분면, 수준, 라인, 상태, 혹은 유형이든지 말이다.

AQAL 틀 구조는 그것들을 활성화시키며, 빛을 밝히고, 당신이 이 모든 가능성을 자기 존재 안에 지니고 있었음을 깨닫게 해 줄 것이다. 만약 당신이 여기까지 읽었다면, 통합의 과정은 이미 당신 안에서 시작되었으며, 당신은 아마도 이것이 의미하는 것이 정확히 무엇인지 이해할 것이다.

단순히 AQAL을 배우는 것만으로 이 정신활성용 틀 구조Psychoactive Framework가 당신 자신의 시스템 안에서 작동하지는 않는다. 이것은 다른 모든 지능들의 발달을 가로막던 장애물도 치워 준다. 왜냐하면 인지 라인, 더불어-아는co-gnosis 라인은 모든 발달 라인을 위해 필수이지만 충분하지는 않기 때문이다. AQAL 틀 구조가 남색(그리고 보다 상위 수준)에서 나온 것이기 때문에, 그것은 당신 자신의 시스템 속에서의 공명을 일으켜 다른 라인들도 위로 끌어올리는 데 도움을 주는 남색 자석처럼 작용한다. 물론 다른 라인들 중 그 무엇도 수행될 수 있고, 수행되어야 한다. 하지만 그것들은 인지 라인이 설정한 가능성의 공간만큼만 성장할 수 있을 뿐이므로 가능한 한 높게 그러한 가능성들을 설정하고, 통합 운영 시스템을 다운로드해서 당신 자신의 내일의 보다 큰 가능성을 펼치기 시작하고, 위대한 전통 속에 뿌리를 내리며, 영 자신의 근대적 그리고 탈근대적 개화開花를 향해 나아가야 한다.

통합을 향한 길 위에서

더 이상 보완하지 않아도 아무런 영향이나 결과 없이 괜찮은 것은 아니다. 보완하지 않는 것—자신의 영적 수행을 통합적 영적 수행으로 전환하지 않는 것—은 정말 문자 그대로, 혹은 그 이상으로 서서히 당신을 죽일 것이다. 비유적으로 표현하자면, 그로 인해 죽는 것은 오늘날 통합의 시대 속에서 다시 태어나기 위해, 해방과 완전성이라는 자신의 가장 고귀한 유산을 위해, 전체 온우주를 껴안는 영을 인식하기 위해, 사랑과 관용으로, 용기와 연민으로, 돌봄과 의식으로, 내면성과 정체성으로, 광채와 광휘로, 엑스터시와 명료함으로, 동시에 마지막으로, 한 번 더 고군분투 중인 영혼이기 때문이다. 당신의 가장 깊은 곳에서, 당신은 당신You을 알고 있으며, 나도 나-나를 알고 있으며, 우리는 바로 이것This을 알고 있다. 당신의 바로 그 자기Self는 존재하는 모든 것 그리고 존재할 모든 것의 자기이며, 전체 온우주의 역사는 바로 당신 자신의 존재Being와 되어 감Becoming의 역사다. 당신은 그것을 뼛속 깊이 느끼고 있다. 왜냐하면 진정 자신이 누구이고 무엇인지에 대해 거짓말 하는 것을 멈추었을 때, 당신은 당신의 가장 깊은 곳에서 당신 자신을 알기 때문이다.

그리고 당신은 위대한 불생자Unborn이며, 무시간의 영원한 존재이고, 1인칭 관점으로 보면 위대한 나-나, 위대한 자기, 이 페이지, 이 방, 이 우주 그리고 그 속의 모든 것의 주시자로서 만물을 열정적인 평정심으로 바라보며 홀로 부동의 동자unmoved mover로 남아 있다. 이처럼 당신은 위대한 불생자이며, 무시간의 영원한 존재이고, 2인칭 관점으로 보자면 위대한 당신Great Thou, 위대한 타자the Great Other, 그 앞에서 당신은 완전한 놓아 버림과 철저한 투항 그리고 황홀한 항복의 무한한 행위로 조복하니, 축복과 용서와 영원한 은총과 더불어 그 대가로 온우주 전체를 받게 된다. 이처럼 당신은 위대한 불생자이고 무시간의 영원한 존재이니, 3인칭으로 보면 그 모든 완전함과 역동적 혼동 속의 위대한 완전성the Great Perfection, 성령the Holy Spirit, 위대한 생명의 그물the great Web of Life이다. 또한 약동하는 펄서pulsar와 폭발하는 성운, 별과 은하와 행성과 대양, 자신의 보다 높은 전일성을 추구하는 에로스의 단 하나의 심장을 통과해 흐르는 공통의 피와 맥박, 그리고 다시 한번 찾고, 언제나 그것을 발견하며, 그리하여 다시 또다시 그것을 찾고, 언제나 다시 한번 그것을 발견한다. 왜냐하면 당신은 언제나 당신이 여기에 존재한다는 것을 알고 있기 때문이다. 그렇지 않은가? 그러니 즐거움과 장난과 유희와 기쁨 속에서, 그리고 개탄과 공포와 고뇌와 유예 속에서 당신은 이 유희를 전부 다시 시작하기 위해 자신을 내던졌다. 이 속에서 당신의 가장 깊은 부분이 당신의 가슴속에서 은하수를 낳았으며, 그 별들이 당신의 두뇌 안의 뉴런들을 밝히게 하였으며, 사랑과 복종의 기쁨을 담은 작별 인사 노래를 부르게 하였으니, 이 모든 것은 당신이라는 공간, 당신이 당신 자신이라고 느끼는 나-나, 혹은 이 당신의 유희가 만들어 낸 형상들의 영원히 현존하는 주시자의 공간 속에 존재한다.

그리고 위대한 나-나 속에서 당신은 당신 자신이 유희 삼아 만든 온우주 전체라는 형상을 주시하고 있다. 바로 그 순간, 그것이야말로 무시간의 지금, 시작도 끝도 없는 지금이니, 동시다발적으로 1인칭, 2인칭 그리고 3인칭 형태의 영이 존재하니, 위대한 나와 우리와 그것이 서로를 느끼고, 그렇게 하나 된 천의무봉天衣無縫의 홍미진진한 지금, 당신이 무언가를 하기 이전의 바로 이 순간, 그것은 무척이나 간단하게 끝났다.

그 말은 무척이나 간단하게도 시작되었다.

Books by Ken Wilber

The Spectrum of Consciousness (1977). An introduction to the full-spectrum model, the first to show, in a systematic way, how the great psychological systems of the West can be integrated with the great contemplative traditions of the East. Wilber's first book, and still a favorite.

No Boundary: Eastern and Western Approaches to Personal Growth (1979). A simple and popular guide to psychologies and therapies available from both Western and Eastern sources; designated by Wilber as reflecting the "Romatic" phase of his early work.

The Atman Project: A Transpersonal View of Human Development (1980). The first psychological system to suggest a way of uniting Eastern and Western, conventional and contemplative, orthodox and mystical approaches into a single, coherent framework.

Up from Eden: A Transpersonal View of Human Evolution (1981). Drawing on theorists from Joseph Campbell to Jean Gebser, Wilber outlines humankind's evolutionary journey—and "dialectic of process"—from its primal past to its integral future.

The Holographic Paradigm and Other Paradoxes: Exploring the Leading Edge of Science (1982). An anthology of contributions by prominent scientists and thinkers (including Karl Pribram, Stanley Krippner, Renée Weber, William Irwin Thompson, David Bohm, and Marilyn Ferguson) on the dialogue between science and religion.

A Sociable God: Toward a New Understanding of Religion (1983). A scholarly introduction to a system of reliable methods by which to adjudicate the legitimacy and authenticity of any religious movement.

Eye to Eye: The Quest for the New Paradigm (1983). An examination of three realms of knowledge: the empirical realm of the senses, the rational realm of the mind, and the contemplative realm of the spirit. Includes important papers such as "The Pre/Trans Fallacy" and "A Mandalic Map of Consciousness."

Quantum Questions: Mystical Writings of the World's Great Physicists (1984). An anthology of nontechnical excerpts selected from the work of great physicists, including Heisenberg, Schroedinger, Einstein, de Broglie, Jeans, Planck, Pauli, and

Eddington.

Transformations of Consciousness: Conventional and Contemplative Perspectives on Development, by Ken Wilber, Jack Engler, and Daniel P. Brown (1986). Nine essays exploring the full-spectrum model of human growth and development, from prepersonal to personal to transpersonal.

Spiritual Choices: The Problem of Recognizing Authentic Paths to Inner Transformation, edited by Dick Anthony, Bruce Ecker, and Ken Wilber (1987). Psychologists and spiritual teachers contribute to this study of religious movements, aimed at answering the dilemma of how to distinguish spiritual tyranny from legitimate spiritual authority.

Grace and Grit: Spirituality and Healing in the Life and Death of Treya Killam Wilber (1991). The moving story of Ken's marriage to Treya and the five-year journey that took them through her illness, treatment, and eventual death from breast cancer. Ken's wide-ranging commentary is combined with excerpts from Treya's personal journals.

Sex, Ecology, Spirituality: The Spirit of Evolution (1995). The first volume of the Kosmos Trilogy and the book that introduced the 4-quadrant model. This tour de force of scholarship and vision traces the course of evolution from matter to life to mind (and possible higher future levels), and describes the common patterns that evolution takes in all three domains. Wilber particularly focuses on how modernity and postmodernity relate to gender issues, psychotherapy, ecological concerns, and various liberation movements.

A Brief History of Everything (1996). A short, highly readable version of *Sex, Ecology, Spirituality,* written in an accessible, conversational style, without all the technical arguments and endnotes; perhaps his most popular book and the place to begin for readers new to his work.

The Eye of Spirit: An Integral Vision for a World Gone Slightly Mad (1997). Essays explore the integral approach to such fields as psychology, spirituality, anthropology, cultural studies, art and literary theory, ecology, feminism, and planetary transformation. Includes a historical summary of Wilber's own work and responses to his critics.

The Marriage of Sense and Soul: Integrating Science and Religion (1998). Takes on the centuries-old problem of the relationship between science and religion. After surveying the world's great wisdom traditions and extracting features they all share, Wilber offers compelling arguments that not only are these compatible with scientific truth, they also share a similar scientific method.

The Essential Ken Wilber: An Introductory Reader (1998). Brief passages from Wilber's most popular books, imparting the essence and flavor of his writings for newcomers to his work. Compiled by Shambhala Publications.

One Taste: The Journals of Ken Wilber (1999). A lively and entertaining glimpse into a year in the life of Ken Wilber—as well as a thought-provoking series of short essays on current trends in spirituality and psychology, daily reflections, meditation experiences, and advice to spiritual seekers.

The Collected Works of Ken Wilber. The first eight volumes of this on-going series were published in 1999-2000.

Volume 1: *The Spectrum of Consciousness, No Boundary,* and selected essays.

Volume 2: *The Atman Project* and *Up from Eden.*

Volume 3: *A Sociable God* and *Eye to Eye.*

Volume 4: *Transformations of Consciousness, Integral Psychology,* and selected essays.

Volume 5: *Grace and Grit,* with a new introduction.

Volume 6: *Sex, Ecology, Spirituality.*

Volume 7: *A Brief History of Everything* and *The Eye of Spirit.*

Volume 8: *The Marriage of Sense and Soul* and *One Taste.*

Integral Psychology: Consciousness, Spirit, Psychology, Therapy (2000). A landmark study introducing the first truly integral psychology. This model includes waves of development, streams of development, states of consciousness, and the self, and follows the course of each from subconscious to self-conscious to superconscious. Charts correlating over a hundred psychological and spiritual schools from around the world include Kabbalah, Vedanta, Plotinus, St. Teresa, Aurobindo, Theosophy, and modern theorists such as Piaget, Erikson, Loevinger, Kohlberg, Carol Gilligan, Neumann, and Gebser.

A Theory of Everything: An Integral Vision for Business, Politics, Science, and Spirituality (2000). A compact summary of the Integral Approach as a genuine "world philosophy," noteworthy because it includes many real-world applications in various fields. A popular choice for introductory reading; compact, succinct, with many hands-on examples.

Boomeritis: A Novel That Will Set You Free (2002). The story of a grad student's journey to self-discovery, combining brilliant scholarship with wicked parody. The novel targets one of the most stubborn obstacles to realizing the integral vision: a disease of pluralism plus narcissism that Wilber calls "boomeritis" because it seems to plague the baby-boomer generation most of all.

The Simple Feeling of Being: Embracing Your True Nature (2004). A collection of inspirational, mystical, and instructional passages drawn from Wilber's publications, compiled and edited by some of his senior students.

Integral Spirituality: A Startling New Role for Religion in the Modern and Postmodern World (2006). A theory of spirituality that honors the truths of premodernity, modernity, and postmodernity—including the revolutions in science and culture—while incorporating the essential insights of the great religions. Critics have hailed this book for its revolutionary view of the nature and role of religion and spirituality.

The Integral Vision: A Very Short Introduction to the Revolutionary Integral Approach to Life, God, and Universe, and Everything (2007). An accessible book for anyone who wants an easy introduction to Ken Wilber's thought and its practical applications, both personal and global. The key components of his Integral Approach—a tool for "making sense of everything"—are distilled here into a simple and elegant full-color presentation.

Integral Life Practice: A 21st-Century Blueprint for Physical Health, Emotional Balance, Mental Clarity, and Spiritual Awakening (2008, with Terry Patten, Adam Leonard, and Marco Morelli). At last, a complete guide showing how to use Ken Wilber's acclaimed Integral Approach to design a personal program of transformational practice. With its combination of exercises, explanations, theory, examples, personal stories, and illustrations, *Integral Life Practice* will be the bible of a truly integrated approach to practice for years to come.

찾아보기

[인 명]

[내 용]

A

I

W

ㄱ

ㅁ

ㅂ

ㅅ

ㅈ

ㅍ

ㅎ

저자 소개

켄 윌버(Ken Wilber)

자아초월심리학의 대가이자 이 시대의 가장 중요한 석학 가운데 한 사람으로, 자연과학을 전공했으나 노자의『도덕경(道德經)』을 접한 후 큰 충격을 받고 동서양의 사상에 심취하였다. 23세의 나이로『의식의 스펙트럼(Spectrum of Consciousness)』을 저술하여 자아초월심리학의 패러다임을 바꾼 이래, 지금까지 20여 권의 저서를 통해 심리학과 철학, 인류학, 동서양의 신비주의, 포스트모더니즘 등을 총망라하며 인간 의식의 발달과 진화에 대한 특유의 통합 이론을 제시하고 있다. 이러한 업적은 프로이트나 융, 윌리엄 제임스의 업적에 비견되기도 한다. 선불교와 티베트 불교의 수행법을 오랫동안 직접 실천하고 있기도 한 윌버는 현재 통합 이론과 훈련을 연구하는 통합연구소를 주도하고 있다. 저서로는『켄 윌버의 일기(One Taste)』『아이 투 아이: 새로운 패러다임을 향한 퀘스트(Eye to Eye: The Quest for the New Paradigm)』『무경계(No Boundary)』『세상에서 가장 아름다운 용기(Grace and Grit)』『사교적인 신(A Sociable God)』『에덴을 넘어(Up from Eden)』『아트만 프로젝트(The Atman Project)』『성, 생태, 영성(Sex, Ecology, Spirituality)』『통합심리학(Integral Psychology)』 등이 있으며, 20개 이상의 언어로 번역·출간되었다.

역자 소개

김명권(Kim Myoungkwon)

상담심리 및 임상심리 전문가로 한국집단상담학회장을 역임하였고, 현재 한국영성심리상담센터 대표 및 초월영성상담학회 고문으로 있다. 온전한 영성을 위해서는 심리상담의 도움이 절대적으로 필요하다는 믿음을 갖고 있다.
주요 역서로는 『집단상담: 이론과 실제』(공역, 학지사, 2014), 『인간중심상담 훈련』(공역, 학지사, 2014), 『켄 윌버의 일기』(공역, 학지사, 2010), 『의식수준을 넘어서』(공역, 판미동, 2009), 『깨달음의 심리학』(공역, 학지사, 2008), 『자아초월심리학과 정신의학』(공역, 학지사, 2008), 『7가지 행복명상법』(공역, 김영사, 2007), 『집단상담: 과정과 실제』(공역, 시그마프레스, 2003) 등이 있다.

오세준(Oh Sejoon)

어린 시절부터 명상, 영성, 신비주의 같은 키워드에 관심이 많던 차에, 우연히 서울불교대학원대학교에서 켄 윌버와 관련된 공부를 할 수 있다는 소식을 듣고 입학 후 석사 · 박사 과정까지 마치게 되었다. 석 · 박사 논문은 모두 켄 윌버와 관련된 내용으로 써서 결국 입학할 때의 목표를 달성하였다. 그렇게 시간이 흘러 결국 전공 교수님과 함께 『통합 영성』을 번역하게 되는 소중한 기회를 얻게 되었고, 현재는 심리상담을 기업 환경에 맞게 제공하는 EAP 업계에 종사 중이다.

켄 윌버의

통합 영성

–근대와 탈근대 세상에서 종교의 놀라운 새 역할–

INTEGRAL SPIRITUALITY

-A starting New Role for Religion in the Modern and Postmodern World-

2018년 9월 30일 1판 1쇄 발행
2020년 4월 20일 1판 2쇄 발행

지은이 • Ken Wilber
옮긴이 • 김명권 · 오세준
펴낸이 • 김 진 환
펴낸곳 • (주) 학지사
04031 서울특별시 마포구 양화로 15길 20 마인드월드빌딩 5층
대표전화 • 02) 330-5114 팩스 • 02) 324-2345
등록번호 • 제313-2006-000265호
홈페이지 • http://www.hakjisa.co.kr
페이스북 • https://www.facebook.com/hakjisabook

ISBN 978-89-997-1542-6 93180

정가 20,000원

역자와의 협약으로 인지는 생략합니다.
파본은 구입처에서 교환하여 드립니다.

이 도서의 국립중앙도서관 출판시도서목록(CIP)은 서지정보유통지원시스템 홈페이지(http://seoji.nl.go.kr)와 국가자료공동목록시스템(http://www.nl.go.kr/kolisnet)에서 이용하실 수 있습니다.
(CIP제어번호: CIP2018009093)